• "十四五"国家重点出版物出版规划项目 •

万国通史

THE HISTORY OF RUSSIA

俄罗斯通史

（公元9世纪—1917年）

闻 一／著

序

一个民族、一个国家的历史大都起源于一本被该民族和该国家奉为神圣经典的编年史。俄罗斯民族和俄罗斯国家也不例外,这部编年史起源于《往年纪事》。它是1116年夏由基辅修道院的涅斯托尔修士写成的,也许正是由于在这本《往年纪事》之前没有什么可供查考的、有关俄罗斯民族和俄罗斯国家的记叙,因此《往年纪事》就成了俄罗斯民族和俄罗斯国家的历史之源。

一人读《往年纪事》,就有一人的俄罗斯民族和俄罗斯国家历史,而千人读,则有千人的千部历史。

谁真谁伪,谁是谁非,岁月悠悠,千古难定。

明则明,暗则暗,明明则明明,暗暗则暗暗。千年的俄罗斯民族史和俄罗斯国家史交织、流淌在那两条伟大的河流——第聂伯河和伏尔加河之中。河水慢慢流淌,史实在水镜中荡涤、闪光,等待人们的发现!

本书也是从《往年纪事》开始的,只不过它是我的讲述,一个人的讲述,一个人的俄罗斯民族史和俄罗斯国家史的讲述。

这本《俄罗斯通史(公元9世纪—1917年)》早在《俄罗斯通史(1917—1991)》(上海社科院出版社2018年出版)完成后就基本上写出来了,但我一直没有送给出版社。我还需要做什么呢?我还在等待什么呢?

研究苏联现代史前后也有40来年了吧,我常常碰到两个问题:

一是在研讨苏联的问题时,我总是纠缠于那个特定时期的种种人和事,却很少考虑苏联时期前前后后的历史进程,因此,就苏联问题得出的种种结论就总是觉得缺少了些东西——时代性过强,历史感不足,这样得出的结论就可能有一定的局限性、主观性。苏联这一问题的前因后果是什么呢?这是我思考得越来越频繁的问题,因而我也就越来越频繁地"前顾后盼","前顾"

苏联问题的历史脉络,"后盼"苏联历史问题的后续发展、现实状况。有了这种"前顾后盼",我的苏联史研究似乎有了柳暗花明、找到另一重天地的感觉。于是,我的研究对象就不自觉地转换到"罗斯—莫斯科公国—俄罗斯帝国—苏联—俄罗斯联邦"这整个历史进程上来了。当有人问我研究的对象是什么时,我总是回答:"俄罗斯史!"

二是在我就俄罗斯这个国家的历史或现实问题接受媒体采访时,或为年轻人解答问题并阅读他们的文章和书稿时,我也总觉得缺少了什么。评论时事的文章中,常常从当前的政治和政策出发,就事论事,理不清事情的来龙去脉,所以立论也就不能说服人;而研究者的文章,同样也出于这个原因,现实评论缺少历史性的分析,历史的文章没有对后续进程的考察,因此就不能起到应有的效果。

我想到,无论研究什么样的问题,现实的还是历史的,对俄罗斯这个国家的全面了解是非常必需的。因此,对于许多非专业的研究者来说,如果有一本简明的俄罗斯史,一览全册,就能对俄罗斯有个大致清晰的了解。即使对我这样一个专门研究苏联史的人来说,这样的俄罗斯通史也是必备之书。我自己写作一部《俄罗斯通史》的强烈愿望也由此产生。在我有这个想法时,事实上已经有不少有关俄罗斯历史的论著了。

历史著作的灵魂和价值全在于它的历史真相和撰写者对真相孜孜不倦的追求。在我看来,历史的真相就是曾经真实存在过、进行过、演绎过的真人真事。历史是由真相组成的,历史只有真相与伪相,没有真理与谬误。但是,数百上千年来,俄国历史的真相早已掩埋在沧桑烟雨和尘封黄卷之中了。历史研究者需要寻求、挖掘真相,而这种寻求与挖掘是极其艰难的。并且艰苦寻求、挖掘到的可能是真相,也可能是伪相,还可能初为真相后被推翻成伪相。

寻求、挖掘历史真相是一条艰难之路,因而,撰写历史著作需要的就是无休无止的、顽强不绝的、永远不要期待有终极真相的上下求索。当我一开始写作《俄罗斯通史》,我就走上了一条探寻俄罗斯国家历史的上下求索之路。我不敢期望有什么新发现、新理论,只祈愿能不走旧路,能给自己,也给能读到这本书的读者以某种启迪,从一个更广阔的角度去认识、了解俄罗斯这个国家,真正弄懂它的历史全过程,能更好地、更客观地判断这个大国、强国的未来发展之路。

我所说的"不走旧路"是什么意思呢？在《俄罗斯通史（公元9世纪—1917年）》这本书里，我遵循了几点自己必须坚持的原则：

一是在俄罗斯这个国家的舞台上，自基辅罗斯至俄罗斯帝国，从来都是帝王将相作主角，尽管粉墨勾勒有异，脸谱色彩斑驳，但他们是自己国家历史进程的主要推手。因此，帝王将相是我这本书的主角。我写了他们的决策、纷争、胜利、失败，甚至是恩怨情仇，让所有这一切组成了一幕幕活剧。这与我曾经读过的某些以农民起义、思想家的鼓动、革命者的谋划为主线的俄国史是有差异的。

二是千年的俄国史错综复杂，人物多如星辰，事件纵横交错。全部、全面列述整个历史进程，一本几十万字的书是做不到的，这需要大部头的、学院经典式的多卷本来解决。我人微言轻，能力有限，做不到，所以我只选择了帝王将相的主要活动及施政的主要轨迹来重现一个曾经存在过的俄罗斯。对于那些并非研究俄罗斯，而又热切关注俄罗斯历史和现实问题的读者来说，这些也是我尝试回答他们的努力。

三是我写的是我寻求、挖掘到的历史真相。历史就是故事，就是曾经真实发生过的事，写历史就得讲故事，就得用讲故事的方法展现历史，所以我这本书里没有史家们要求的历史编纂的原则、设置框架的理论，甚至阶级分析方法。读者就把此书当成故事来读吧。当然，故事不是随心所欲编造出来的，至于它们是否就是终极真相，我不敢说，也无法说。新的档案正不断暴露于世人面前，原先被认为甚至确认为"真相"的历史被怀疑、被否定，所以我觉得研究历史的人千万莫说："我的研究结论是终极真相！"

有此三点，当可见我写这本《俄罗斯通史（公元9世纪—1917年）》"不走旧路"的努力了。

贤哲的专家学者常常教导后辈要"十年磨一剑"，意思是说，你们不能急于出成果，不能匆忙出成果。可是，"剑"磨了十年，却从没有拿出来试用过，怎么能知道这"剑"磨得怎样了，哪里该磨，哪里不该磨，在不断变化的情况下，该怎么磨，该怎样改进自己的磨法？所以我总觉得，这"十年磨一剑"，似乎改为"一剑磨十年"更合适。十年中，不断地"磨剑"，不断地"用剑"，也许十年后才能磨出一把"好剑"。

《俄罗斯通史（公元9世纪—1917年）》磨了十年，今日才能脱稿，而《俄罗斯通史（1917—1991）》的准备和脱稿历经了二十多年的时光，现在距它问世的2013年又过去了八年多的时间。不过,我自己还是愿意就这两本书再磨它十几年的岁月,也许那时又可说:"我不走旧路了!"

在《俄罗斯通史(1917—1991)》的《序》里,我曾经写过这样的话:"我这本《俄罗斯通史》是我一人的力量完成的,我实在是希望能有更多的学者也来独立完成更多的学术著作。我们不应听一个声音,还应听多种声音。只有个人创作的繁荣,才会有集体创作的辉煌与传世。但愿如此!"今天,当我写《俄罗斯通史(公元9世纪—1917年)》的《序》时,我重复一次,唯愿如是!

闻 一
2021年暴雨酷暑二伏
于北京南横陋室

序 / 1

第一章　关于瓦良格人的传说和历史 / 1
　　第一节　第聂伯河和伏尔加河沿岸的居民 / 1
　　第二节　诺夫哥罗德的土地：神话、传说与历史 / 4
　　第三节　瓦良格人(维京人)不是沿河的居民 / 7
　　第四节　"海外来客"：留里克三兄弟，来自海那边的统治者 / 9
　　第五节　瓦良格人再不离开诺夫哥罗德的土地 / 13
　　第六节　斯洛温人和斯拉夫人、罗斯人和"罗斯"的称谓 / 16
　　作者点评 / 17

第二章　留里克公：南下征伐，向基辅方向 / 22
　　第一节　关于基辅的神话和传说 / 22
　　第二节　《往年纪事》里的基辅 / 23
　　第三节　南下基辅：阴谋和战争的兼并 / 25
　　第四节　马踏青草，挥戈西向 / 28
　　第五节　十字架和雷神相向而立，部族杂居混血联姻 / 30
　　第六节　作为一个大部族联合体的"罗斯" / 32
　　作者点评 / 37

第三章　弗拉基米尔大公：瓦良格至希腊之路 / 42
　　第一节　逃亡海外而又返回罗斯的弗拉基米尔大公 / 42
　　第二节　各部族游说基辅大公，弗拉基米尔定向希腊 / 44
　　第三节　遥远的、神秘的赫尔松涅斯 / 45
　　第四节　蜂蜜、克瓦斯加武力：第聂伯河见证的强权洗礼 / 49
　　第五节　为夺公位兄弟相残，留里克王朝血腥继承 / 51
　　第六节　瓦良格至希腊之路：传教士和文字，商人和贸易 / 53
　　第七节　拜占庭建筑：索非亚教堂和山洞修道院 / 57
　　第八节　"基辅罗斯"分崩离析，涅斯托尔呼吁一统 / 60
　　作者点评 / 63

第四章　大公们的天下和蒙古人毁掉了大公世界 / 66

第一节　基辅起义与"好大公"弗拉基米尔·莫诺马赫的善政 / 66
第二节　分封和庄园,庄园主和农民 / 69
第三节　城堡的修建与罗斯市镇的发展 / 71
第四节　贵族需要听话的大公,大公需要独立的山头 / 75
第五节　诺夫哥罗德公国的商业与"卫彻"制度 / 78
第六节　东北罗斯:克列亚济马河畔 / 81
第七节　西南罗斯:加利奇—沃伦的离心之路 / 84
第八节　《罗斯法典》、《伊戈尔远征记》、萨特阔和弗拉基米尔—苏兹达尔画派 / 86
第九节　蒙古人的入侵与萨莱金帐汗国的建立 / 92
第十节　两面大公:亚历山大·涅夫斯基 / 96
作者点评 / 98

第五章　一个封闭的内陆国家——莫斯科公国 / 101

第一节　东北罗斯的发展以及特维尔与莫斯科公国的争斗 / 101
第二节　卡里达的权谋与"全罗斯大公"之路 / 103
第三节　从"顿河王"到"全罗斯的君主":金帐汗国对罗斯统治的终结 / 108
第四节　从瓦西里三世的"统一"到伊凡四世加冕为"沙皇" / 115
第五节　"精英拉达"的组建与伊凡四世的改革 / 117
第六节　征服喀山与对"精英拉达"的清算 / 120
第七节　伊凡四世的残暴统治与对外扩张以及皇太子之死 / 124
第八节　俄罗斯民族的形成与文化建筑的发展 / 128
作者点评 / 130

第六章　罗曼诺夫,一个新王朝的建立 / 132

第一节　戈都诺夫的篡权与季米特里皇子之死 / 132
第二节　戈都诺夫时期的经济、宗教、战争与文化 / 135
第三节　戈都诺夫的暴政与他身后争夺皇位的混战 / 138
第四节　米宁和帕扎尔斯基反抗波兰入侵的斗争 / 143

第五节　16岁的沙皇开始的新王朝 / 146
第六节　双国君当朝：罗曼诺夫王朝建立之初的内政与外交 / 150
第七节　赫梅里尼茨基臣服莫斯科，尼康改革与拉辛起义 / 156
第八节　又一个费奥多尔沙皇，罗曼诺夫王朝第一阶段的结束 / 162
第九节　罗曼诺夫王朝初期文化艺术的勃兴 / 164
作者点评 / 166

第七章　彼得一世：为海洋和更多的生存空间而战 / 168

第一节　姐弟相争：彼得和索菲娅 / 168
第二节　"炮手彼得"：从亚速海到波罗的海 / 170
第三节　彼得一世的欧化尝试、"北方战争"以及建设圣彼得堡 / 172
第四节　波罗的海舰队的组建与圣彼得堡成为新都 / 176
第五节　从波尔塔瓦之战到"北方战争"结束 / 178
第六节　彼得的文化、政治、宗教与军事改革 / 180
第七节　钢铁、航运、土豆、海关 / 182
第八节　学校、书报、博物馆、科学院 / 183
第九节　彼得的德意志人大臣：开始了俄罗斯的"德意志化"进程 / 184
第十节　皇太子暴毙，反对彼得新政的动乱持续不断 / 188
作者点评 / 189

第八章　女人和孩子的俄国："宫廷政变" / 191

第一节　无能的叶卡捷琳娜一世和"万能"的缅希科夫 / 191
第二节　彼得二世时期的重臣之争与缅希科夫失宠 / 194
第三节　安娜女皇与"庇隆暴政" / 196
第四节　伊丽莎白的"宫廷政变"及其政变后的内政外交 / 199
第五节　卡尔·彼得和索菲娅·奥古斯塔 / 204
第六节　为普鲁士效劳的彼得三世 / 206
第七节　涅瓦河边耸立起一座宫殿 / 208
作者点评 / 210

第九章　叶卡捷琳娜二世：为"新俄罗斯"而战 / 214

第一节　叶卡捷琳娜废夫君自立为皇 / 214

第二节　给贵族特权和自由，让教会服从于帝王 / 218
　　第三节　女皇的"训谕"："开明专制" / 220
　　第四节　移民、屯兵以戍边 / 222
　　第五节　叶卡捷琳娜对乌克兰哥萨克的统治 / 226
　　第六节　一次普加乔夫起义，两次俄土战争，三次瓜分波兰 / 231
　　第七节　波将金与高加索军路 / 238
　　第八节　加斯科恩的加农炮与卢甘斯克铸造厂 / 242
　　第九节　叶卡捷琳娜时期艺术品的收集与宫殿、雕塑的建造 / 244
　　作者点评 / 246

第十章　亚历山大一世：不自觉地开启了一扇大门 / 249
　　第一节　从保罗一世到亚历山大一世——又一场"宫廷政变" / 249
　　第二节　"秘密委员会""立宪专制"的改革风向 / 251
　　第三节　俄罗斯的反法战争与《蒂尔西特和约》的签署 / 253
　　第四节　兼并格鲁吉亚以及将军们的"南高加索之战" / 255
　　第五节　从"我用我的军队征服的国家"到"芬兰大公国" / 259
　　第六节　1812年的卫国战争的胜利与神圣同盟的建立 / 264
　　第七节　亚历山大一世的转向 / 270
　　作者点评 / 272

第十一章　尼古拉一世：仁慈与残暴，铁腕和怀柔 / 275
　　第一节　没有继承权的沙皇与"十二月党人"起义 / 275
　　第二节　尼古拉一世的高压体制 / 277
　　第三节　乌瓦罗夫与"东正教、君主专制、民族性" / 279
　　第四节　检查、监控制度下的"精神病人时代" / 281
　　第五节　尼古拉铁路：帝国的工业 / 284
　　第六节　鼠疫、霍乱和"土豆骚动"，农奴制的调整及"宗教改革" / 287
　　第七节　帕斯凯维奇与高加索战争、俄波战争、俄土战争 / 290
　　第八节　镇压华沙起义，充当"欧洲宪兵"，以及克里米亚战争的败北 / 293
　　作者点评 / 295

第十二章　亚历山大二世：以"休养生息"之名行扩张之实 / 299

第一节　"俄国没有生气，俄国在凝神静思" / 299
第二节　古尼布堡之战的胜利与高加索战争的结束 / 301
第三节　亚历山大二世的农奴制"改革"与农奴起义 / 303
第四节　巴枯宁、赫尔岑与奥加廖夫，"土地与自由"及1864年波兰起义 / 306
第五节　"民粹主义者运动"的发展与刺杀亚历山大二世的尝试 / 309
第六节　亚历山大二世的军事改革以及军工发展 / 312
第七节　重返黑海，"解放巴尔干"，征剿中亚 / 314
第八节　亚历山大二世的战略"东倾"与对远东的侵略 / 317
第九节　工人运动与革命团体的发展 / 320
第十节　亚历山大二世时期的文学、艺术成就 / 323
作者点评 / 329

第十三章　尼古拉二世：残阳余晖，最后的帝国 / 332

第一节　亚历山大二世遇刺，亚历山大三世登基 / 332
第二节　唯一的君主专制政体和唯一的专制君主 / 335
第三节　维特：将俄国推进到一个全新阶段的神话 / 336
第四节　俄日战争：从旅顺口到朴茨茅斯 / 339
第五节　普列汉诺夫和列宁、布尔什维克和孟什维克、第一次俄国革命 / 342
第六节　斯托雷平的"改革"及其本人的命运 / 347
第七节　战争和沙皇，瘟疫和饥荒，危机和革命 / 351
第八节　罗曼诺夫王朝的终结与列宁的归来 / 355
作者点评 / 361

参考资料 / 364

第一章
关于瓦良格人的传说和历史

第一节　第聂伯河和伏尔加河沿岸的居民

在如今的圣彼得堡和莫斯科之间的特维尔州有一处海拔228米的高地，称为瓦尔代丘陵。此间多湖泊，最大的有谢利格尔湖和瓦尔代湖。这里森林稠密，草地苍翠，一片鸟兽鱼虫的世界。在它的南麓，更是山峦叠翠，潺潺泉水自地缝而出。它远离尘世、远离人群的寂静亘古未变。但由此南麓流出的两股清泉，从万籁俱寂中跃出后，就奔腾向前，历经数千公里浩荡入海。它们就是同发源于瓦尔代丘陵的第聂伯河和伏尔加河。

伏尔加河源自一个叫作上沃洛茨克的小村庄。伏尔加河自瓦尔代丘陵流出后，偏南而下，历经3 690公里的漫漫长途，汇流数千条河流，最后以浩瀚之水注入里海。而第聂伯河则自南麓的姆沙拉沼泽而出后就向南而下，经过水草繁茂的草原，缓缓而去2 285公里，流入黑海。这两条大河沿途的绝大部分地区是一望无际的平原，森林连着森林，草地接着草地，虽也有激流险滩、荒芜沼泽，但不影响它们成为通航坦途。两条河流虽源出一麓，但殊途异归，第聂伯河流入黑海，与连接广阔无边世界的大洋大海相通；伏尔加河则穿越俄罗斯的心腹之地，九曲十八弯地流入里海，最后永远囿于那里封闭的内部水陆世界。

伏尔加河是一条只流经俄罗斯境内的大河，它的河水、资源、沿岸平坦的土地都没有国界的标志。而第聂伯河则相反，它流经三国，河水、资源、航路不能由一国独享。第聂伯河最长的一段在乌克兰，长达1 121公里；在白俄罗斯是595公里，其中有115公里是乌克兰和白俄罗斯的界河；而在俄罗斯境内，第聂伯河则缓缓流过了485公里。对于这两河之间的密切关系，《往年纪事》有过详细的记叙："当波利安人居住在这里的山地,有条自瓦良格至希腊并从希腊沿第聂伯河上溯直至洛瓦季河的道路,并沿着洛瓦季河进入伊尔门大湖,而沃尔霍夫河是流入涅瓦大湖的,该湖有进入瓦良格海(如今的波罗的海)的海口。而沿这一海道可通达罗马,再由同一海路去帝都,从帝都则可去第聂伯河流入蓬蒂海。第聂伯河发源于奥科夫森林,流向南方,而德维纳河也发源于此森林,向北流入瓦良格海。伏尔加河也源自该森林,流向东方,汇七十条支流,流入赫瓦利瑟海。所以,沿伏尔加可通保加尔和赫瓦利瑟,再往东可到达闪部族的地方,沿德维纳河可到瓦良格,从瓦良格到罗马,再从罗马到含部族。而第聂伯河在汇聚支流后流入因罗斯海而声名远扬的蓬蒂海……"

在9世纪之前的二三百年间,这里的土地就吸引着来自两个方向的移民。一个方向是西南,大批的欧洲土地上的居民沿多瑙河,再顺第聂伯河,迁居到这两河的土地上来;另一个方向是西北,来自波罗的海那一边的斯堪的纳维亚人、被称为瓦良格人的维京人也跨海来到这里。《往年纪事》对来自这两个方向的移民都有叙述。对于前者,《往年纪事》这样写："又过了许久许久,斯洛温人沿多瑙河,在如今的乌果尔和保加尔地区居住了下来。一部分斯洛温人散居到各地并且有了自己的名称……还有一部分斯洛温人来到了第聂伯河沿岸,叫波利安人,来到森林里的那部分人叫德列夫利安人,而来到普里彼季亚河与德维纳河之间的那部分人叫德列戈维奇人;来到德维纳河的人叫波洛茨人,这是因为流入德维纳河的支流叫波洛塔,因而就有了波洛茨人的名称。来到伊尔门湖附近的人把自己叫作伊米扬人,他们建造了诺夫哥罗德并在那里居住了下来。还有一部分人来到了杰斯纳河、塞姆河和苏拉河沿岸,叫作塞维利安人。于是,就有了斯洛温语,并且有了称为斯洛温的文字。"而对于后者,《往年纪事》这样写："利亚赫人、普鲁士人和楚德人居住在瓦良格海附近,此海沿岸东到与闪族的属地交界处,西到英吉利和沃洛赫地区,居住的是瓦良格人。"

《往年纪事》把在两河沿岸和湖泊周边居住的斯洛温人都说成是"迁移"而来的人,是"外来者",并没有一字说在这方土地上有任何原住民。这显然是不可能的,即使再荒芜、再偏远,这里也应该是存在土著居民的。但是,关于土著居民的存在,历史记载有许多空白,而这种空白和不确定性也就如同斯洛温人从多瑙河迁来(什么时间、什么地点、多少人数)所留有的空白和不确定性一样。但有个事实是肯定的,那就是如果说斯洛温人都是从多瑙河迁入的,那他们定居下来的两河、沿湖土地原本就不是属于斯洛温人的,应该说,或者准确地说,这些蜂拥而至的斯洛温人和其他部族的人是这片土地的殖民者。因此,对来自西北方向的瓦良格人(维京人)也可以作同样的解说。

第聂伯河和伏尔加河最早的名称也说明了这些移民的来龙去脉。伏尔加河最早见于伊朗和拉丁文字的古籍之中,曾经有过"拉河""阿迪尔河""伊捷尔河"的名称,意思是"大河,河中之河"。《往年纪事》用了"伏尔加河"之称:"伏尔加河"自沃洛霍夫森林出,东流而下,流向赫瓦利瑟海。在这里,涅斯托尔修士指出,此河之所以叫伏尔加河就是因它源出沃洛霍夫森林,而在斯洛温语里"沃洛霍夫"是"潮湿之地"的意思。对于伏尔加河的另一种解释是,此称源于波罗的海—芬兰语。第聂伯河的西徐亚人将其称作"来自北方的河",罗马的典籍里叫作"达纳普里斯",而在古罗斯语里这条河叫"斯拉瓦季奇"。所有这些显然可以说明,在第聂伯河和伏尔加河之间广阔的土地上,即从波罗的海到北冰洋、从第聂伯河的南部到伏尔加河的北端,除斯洛温部族人外,还散居着为数众多的部族,其中包括芬兰部族、斯堪的纳维亚的一支维京部族——瓦良格部族。

但是,这些部族并不是一个不可分的整体,或者说他们尚不是一个统一的部族。斯洛温部族不能代表来自多瑙河沿岸的所有部族,而瓦良格人也不能代表越波罗的海和北冰洋而来的所有的斯堪的纳维亚部族和波罗的海—芬兰部族。他们都是各自远古祖先的后人。他们有各自膜拜的神灵,有各自的习俗和生活准则。这正如《往年纪事》所写的:"这些部族有其各自的风俗习惯,继承其各自祖先的条律和规矩。"《往年纪事》还征引了9世纪拜占庭史学家乔治·阿玛尔托尔的话来证实自己的说法:"每个部族,要么有书面的法令,要么有一定的风俗习惯,即他们祖先定下的规矩……他们将祖先定下的规矩作为法律……"

这些居住在两河沿岸的一系列部族虽然有很大的差异,但是有一根链条将他们联系在了一起,维系着他们的生存与发展,这就是贸易——通过第聂伯河和伏尔加河这两条大河建立起来的水路贸易。关于第聂伯河的水路贸易将在下章讲述,这里先讲伏尔加河的水路贸易。

伏尔加河水路有两支,一支沿着伊尔门湖南下,通往特维尔的五湖地区;另一支从沃洛格达的奥涅加湖、白湖东南下,最后通达里海。随着岁月的变迁,由于各部族交往的增多以及经济发展的需要,这条水路又从里海艰难地通向亚洲和东方,最终成为名震一时的"伏尔加河—白湖大道"。9—10世纪时,波罗的海沿岸甚为发达,所以这条水路贸易的主要得利者是这些地区的人。往这里溯流而上运送的是阿拉伯的银器,而斯洛温等部族运出的则是皮毛、蜂蜡、蜂蜜、手工制品以及工匠、奴隶等。

第二节　诺夫哥罗德的土地:神话、传说与历史

第聂伯河和伏尔加河两河沿岸一望无际的平原没有高山深壑,也少有雄关险途,在漫漫千里长途上有一个明显的中心地区。这个地区离伏尔加河较远,而离第聂伯河很近,这就是离如今诺夫哥罗德市只有6公里之遥的、位于其东南部的伊尔门湖。这个湖有个很有趣的特点,那就是有来自不同方向的许多河流流入,但从它流出的只有一条河——沃尔霍夫河。沃尔霍夫河由南而北,从诺夫哥罗德穿城而过,流经伊尔门湖低地,越过224公里后注入拉多加湖,它的左右两岸叫得上名字的支流共计有30条。这是一个水草丰美、森林密集、渔业资源丰富的地区。

伊尔门湖的南部是气候相对温和、更适宜于农耕和放牧的地区,而在此湖的北部和西北部则森林密布,便于狩猎。西北部虽因拉多加湖、白湖和伊尔门湖的水利有农耕的潜力,但由于气候条件的恶劣(漫长的冬季和短促的夏秋),实际上不适宜于农耕,因此居民多以渔猎为生。当来自多瑙河的斯洛温等部族的人和来自波罗的海沿岸的芬兰人、斯堪的纳维亚的瓦良格人(维京人)向两河地区移民时,伊尔门湖周边就成了未来居民的最佳选择。可以说,从移民浪潮涌进的伊始,伊尔门湖和沃尔霍夫河地区就成了来自西北部的各部族和来自波罗的海那一岸的部族混居的地区。也就是说,伴随着这些移民的不变宿命是:瓦良格人(维京人)、日耳曼人和芬兰人将在这里杂居和通婚。

《往年纪事》主要讲述的是斯洛温部族,对于来自波罗的海南部的部族,包括瓦良格人、日耳曼人和波罗的海沿岸的芬兰人则讲述其少,甚至将瓦良格人说成是与斯洛温人同一个部族。因此,在涅斯托尔修士的笔下,伊尔门湖和沃尔霍夫河周边的部族都是斯洛温部族,这些居民不是靠湖而生,就是沿河而居。所以,《往年纪事》的记述处处强调了这些居民的两个共同特点:一是这些居民都是从多瑙河迁居而来的,都属于同一个部族——"斯洛温族";二是这个统一的部族在散居到各地后,就"根据他们的所在地有了各自的名称"。只有"定居在伊尔门湖附近的斯洛温人仍然保留了原来的名称,他们建立了一座城市,称为诺夫哥罗德",在诺夫哥罗德附近还居住着一些别的

部族,如楚德人。

"诺夫哥罗德"一词是由"诺夫"和"哥罗德"两部分组成的。"诺夫"是"新"的意思,而"哥罗德"则是"城"的意思。斯洛温部族在伊尔门湖附近定居并建造了一座新城——诺夫哥罗德。这说明在斯洛温人建造这座新城之前,这里曾经有过"旧城"。考古发掘资料证明,如今在沃尔霍夫河流进拉多加湖的河口三角洲地区,仍残留着一些部族居住的遗迹。这里,在沃尔霍夫河右岸的高地上,有8—9世纪来自波罗的海南部部族的聚居地的遗址;而在河的左岸,则有着沿第聂伯河由南而北的、来自多瑙河的斯洛温人的聚居地的遗址。所以,这些"旧城"遗址可以说明,很久很久以前,这湖边、这河沿岸就有人居住,尽管他们的部族名称和他们的生活历程没有留下什么文字记录,只是把神话和传说留给后世的人去猜测、争议和评说。

公元8—9世纪的时候,伊尔门湖和沃尔霍夫河地区就成了两大部族聚居的场所。一部分是居住在伊尔门湖周边的斯洛温、克里维奇等部族,他们被统称为"伊尔门斯洛温部族"。伊尔门斯洛温人主要靠打猎、捕鱼、制盐、炼铁为生,并且逐渐地由伊尔门湖,沿沃尔霍夫河向拉多加湖、奥涅加湖和白湖地区扩展。另一部分居住在伊尔门湖的北部的、在诺夫哥罗德西北方向沃尔霍夫河流入拉多加湖的三角洲,在拉多加湖和白湖沿岸。他们被称为"波罗的海—芬兰部族"。据《往年纪事》记载,他们是"瓦良格人、瑞典人、诺曼人、格特人、罗斯人、盎格鲁人、高卢人、沃洛森人、罗马人、日耳曼人等"。这是些彪悍的、尚武的部族,其中的瓦良格人,还有诺曼人因武力征伐、掠夺欧洲各国各地,获得了恶魔般的"维京人"的名称。

在诺夫哥罗德土地上安家落户的斯洛温人事实上也不是就此过起了太太平平的日子,他们面临着两方面的残酷威胁。一是来自大自然的,他们不得不在这既潜藏有丰富的资源又未经开发的荒僻之地上为生存而拼搏斗争。猛兽,尤其是力大无穷的熊是稠密森林中的霸主,想从它们的口中夺食,那是生死之争。于是,斯洛温部族的人既恐惧熊又敬畏熊,在他们的原始信仰里,熊成了他们崇奉膜拜的尊神,又由熊而扩展到对所有他们不认识、不能制服的猛兽进行崇奉膜拜。对斯洛温人来说,不息的河水和浩瀚的湖泊同样具有神秘莫测、不可违抗的力量。于是,水中的鱼禽都成了神,成了图腾。更对斯洛温人的生存产生威胁的是这里夏短冬长的气候,而在漫长得几乎没有尽头的冬日里,酷寒和黑夜所具有的威力和死亡威胁则加深了他们对一切不可理解、不可抗拒的自然现象的敬畏。于是,酷寒和黑夜成了死神的标志,阳光和春日暖风则成了生命的象征。对于斯洛温部族的人来说,最重要的神祇是庇隆——雷神和战神,维列斯——牲畜和土地的保护神,莫克什——纺织等一切女工的保护神。这些神的出现和对他们的膜拜反映了此时此地的斯洛温部族以及毗邻而居的部族都尚处于族长(酋长)制的氏族社会中。

另一方面是与其他部族人之间的斗争。那些与斯洛温人一起在这片土地上落下脚来的其他部族,为争夺林中猎物、水里的鱼、居住的区域以及相互间的从属和纳贡关系而彼此争斗。更为严重的是来自波罗的海那一边的瓦良格人对他们土地和资源的威胁。《往年纪事》有清楚的记叙:"6367年(创世纪年,实为859年)。来自海那边的瓦良格人从楚德人、斯洛温人、梅里亚人以及所有的克里维奇人那里收取贡赋。而可萨人则从波利安人、塞维利安人和维亚迪奇人那里每户收取一个银币和一张灰鼠皮。"

到了9世纪中期,在拉多加湖、白湖和伊尔门湖周边以及第聂伯河上游就有了各部族之间联合的社会结构——"部族联盟之地"或者说是"部族酋长之地"(俄文史籍里用的是"Княжество"一词,最早用这一称谓的正是《往年纪事》),在这"部族联盟之地"中,有管事的酋长,他负责协调各部族之间的关系、征收贡赋、与"部族联盟之地"外的其他部族争斗甚至进行战争。关于这时期的斯洛温部族及其他部族的历史没有什么明确无误的文字记载可供证明,流传于世的只是神话传说和与实际交织在一起的"再神话"和"再传说"。

最早在这一地区管事的酋长是传说中的戈斯托梅斯尔。《往年纪事》提到了这一地区最早的"部族联盟之地",却没有指出这个部族酋长的名字。

在一本更早的编年史——《关于斯洛温和鲁斯以及斯洛温城的故事》中讲述了弟兄二人和一个城市的故事:在沃尔霍夫河沿岸早就有了一个强大的部族,他们由英明、英勇的酋长斯洛温和鲁斯进行治理。"老大斯洛温,既是族中老大也是其他部族中的老大,治理着身边当时叫作浑水河的地方,后来以老大斯洛温之名改叫沃尔霍夫,就称为沃尔霍夫河。斯洛温城开始建造后,就叫作诺夫哥罗德,是按照大斯洛温酋长的名字来称呼这个城市的……斯洛温的另一个兄弟鲁斯居住在离大斯洛温有一段距离的地方,大概离盐泉处50节(近百公里),他开始在两条河之间建城,并以自己的名字鲁斯命名,这就是现在叫作老鲁萨的地方……斯洛温和鲁斯彼此之间生活得极为友爱与和睦,共同治理、占有了当地的许多地方。他们的儿子和孙辈也是如此,用剑与弓征服并取得了永恒的光荣和无数的财宝……"

这份编年史还清晰地提到了这个"部族酋长之地"两次"荒芜"的事。第一次"荒芜"于当地部族间的争斗。第二次"荒芜"是由来自欧洲的移民潮——"斯洛温移民潮"的冲击导致的:"人群从多瑙河而来,多得不计其数,和他们一道来到斯洛温和鲁斯土地的,还有西徐亚人、保加尔人以及其他外族人,人群在伊尔门湖旁住下来,在旧斯洛温城的沃尔霍夫河下游的一个新地点重新建城,供活动等所用,它就叫作诺夫哥罗德。戈斯托梅斯尔成为部族的族长和酋长。"

这则故事,或者传说尽管有着矛盾的记叙,但无疑也证实了两件事:一是这一地区早有"土著"居民,他们建有自己的"城市",但这些旧城都被后来的移民毁掉了;二是至少在9世纪,伊尔门湖周边和沃尔霍夫河下游一带已经出现了"部族联盟之地",有了酋长之称,而这时的"部族联盟"包括了斯洛温部族、楚德部族和克里维奇部族等多个部族。

第三节　瓦良格人(维京人)不是沿河的居民

《往年纪事》里多次提到"瓦良格人"和"瓦良格海",并且清晰地指出此海在伊尔门湖北部,就是沃尔霍夫河注入的那片海。《往年纪事》这样写:当波利安人独自居住于山地的时候,就有一条自瓦良格到希腊和从希腊沿第聂伯河并溯河而上直至洛瓦季河,再顺洛瓦季河进入伊尔门湖,沿由此湖而出的沃尔霍夫河流入瓦良格海的通道。《往年纪事》还写道:"利亚赫人、普鲁士人和楚德人居住在瓦良格海附近。沿海而居的是瓦良格人:由此向东直到闪族之界,沿海岸向西,直到英吉利之地和沃洛斯之地。"

在斯堪的纳维亚的古代民间史诗中,很早就出现了有关瓦良格勇士的故事,说他们是生活在挪威北部瓦朗格尔海峡中的一个与海峡同名的半岛上的部族。这个瓦朗格尔半岛距离如今的俄罗斯摩尔曼斯克不远。瓦良格人为躲避酷寒,每年的冬季都要渡海到摩尔曼斯克这个地区来。于是,那里有了瓦良格人组成的勇士团体,有些斯堪的纳维亚人就不再归去,在这里娶妻生子。有些瓦良格人由此南下,经伊尔门湖,再沿第聂伯河远去希腊。

无论是古罗斯的编年史,还是斯堪的纳维亚的古民间史诗都展现了一个事实,即瓦良格海那一边的斯堪的纳维亚也是个多部族聚居的地方。西欧人把这些部族统称为"维京人",而斯洛温人则称他们是瓦良格人,当然他们还有诺曼人的称谓。维京人彪悍、善征战,在瓦良格海上或越海而出进行征伐、获取战利品是他们的日常生活。他们的海上征伐在9—10世纪达到了一个高潮,他们的剑锋所指之处无人敢于抗争。在欧洲方向,英格兰的东部和法国成了受"维京勇士"重创的地区。维京人也没有忽略东方,8世纪时他们就开始向波罗的海东岸渗透,9世纪中叶,他们已经在波罗的海的东岸地区向各部族收取贡赋了。

维京人显然是通过两条路线来到沃尔霍夫河沿岸和伊尔门湖地区的。一是从正北方向,越白海经拉多加湖来到了沃尔霍夫河的河口地区;另一是从西北方向,跨瓦良格海,再经拉多加湖到达伊尔门湖地区。他们筑舍而居,建堡防敌。考古资料表明,斯堪的纳维亚的"维京勇士"——一支维京人早在8世纪中期就出现在这一带了。除了维京人,还有芬兰—乌果尔人也纷纷而来。于是,在8世纪,在沃尔霍夫河河口沿岸就出现了两个大的居民点。8世纪初,芬兰—乌果尔人在这里建起了一座堡垒。而在河那一岸的不远处,几乎就同时,来自斯堪的纳维亚的"维京勇士"建起了房舍,有了自己的落脚点,并且以此为中心开始"做买卖"。芬兰—乌果尔人堡垒的名称没有留下文字记载,维京人的居住点则叫拉多加。拉多加是斯堪的纳维亚勇士精英的活动舞台,在拉多加的考古挖掘中发现的勇士精英的墓葬证明了这一点。

另一支维京人越海南下,到达了伊尔门湖附近的地区后,在如今的诺夫哥罗德附近建造了一座石头城堡。它高耸在沃尔霍夫河的河岸之上,扼守着这南下北上的通道,显然曾威风一时。它有个名称叫"留里克城堡"。多年来,尽管俄罗斯人自己对这座城堡是由瓦良格人(维京人)还是由斯洛温人建造的争论不休,但世界上仍然有不少学者认为这城堡是留里克家族所建。对拉多加和留里克城堡遗址的考古发掘资料表明,"留里克城堡"与北部的拉多加有着密切的联系,留有更多斯堪的纳维亚的痕迹。在这两处居民点和"城堡"中都发现了相同的珠串和形制、风格一致的陶器。在留里克城堡的早期土层里,不仅发现了作战的、军事的器物,而且有居民居住留下的生活物件。这一切都表明,这里曾是一个有着鲜明的斯堪的纳维亚文化特色的军事行政中心。然而,在8世纪中期,伊尔门湖的斯洛温人、克里维奇等部族的人就不断向拉多加发起攻击,剑锋所指就是维京人的扩张和劫掠。

到了9世纪,芬兰—乌果尔人的居住地、瓦良格人的拉多加和留里克城堡这三个"部族联盟"所在地却发生了很大的变化,这一地区进入了被来自南方的斯洛温等部族的人与来自瓦良格海那一边的瓦良格人激烈争夺的时期。斯洛温人等部族的内讧频繁而激烈,结果是斯洛温人击败芬兰—乌果尔人,在芬兰—乌果尔人居住的旧址上建起了另一座"新城",取名叫"柳勃沙",但战争和大火把柳勃沙烧成了灰烬;留里克城堡则只剩下瓦砾一堆。唯有拉多加躲过了完全覆灭的命运。

虽然这三座城堡的命运坎坷,但历史的真实并没有完全湮没,在其后的数十年中,来自南方的以斯洛温部族为主,包括芬兰—乌果尔等部族的"部族联盟"与来自海那边的瓦良格人的"部族联盟"联姻、混血、争斗和冲突交替频繁发生。瓦良格海那边的瓦良格人除尚武精神和精于征伐之道外,还在社会的组织结构、文化和教育的程度方面超过斯洛温等部族的人,他们的部族联盟相对稳定。所以,在这种南北"部族联盟"的争斗中,瓦良格人的优势是绝对的。而伊尔门湖斯洛温人、克里维奇人以及芬兰—乌果尔人等部族人组成的"部族联盟"频繁发生内讧,"部族联盟之地"动荡不安。

俄国的著名画家维·瓦斯涅佐夫作的《瓦良格人来了》是表明俄国人承认瓦良格人是来自波罗的海那一边的部族的杰作。多年来这幅画作成了俄罗斯国家起源的一个特定符号。在这幅画的右上角,在青葱的群山之巅有一座城堡,据考证这城堡就是毁于战火中的"柳勃沙"。

第四节 "海外来客":留里克三兄弟,来自海那边的统治者

到了9世纪中期,来自海外的瓦良格人对伊尔门湖周边地区各部族收取贡赋已经持续了很长时间。这时候伊尔门湖附近是斯洛温等部族与芬兰—乌果尔人的"部族联盟之地"。因内讧,"联盟"动荡并有了日渐发展成无序状态的趋势,因此处于弱势的他们不得不向强大的、以武力征伐为主的瓦良格人贡赋。《往年纪事》里记载过来自瓦良格海对岸的瓦良格人向楚德人、斯洛温人、梅里亚人和克里维奇人收取贡

留里克三兄弟

留里克来了

诺夫哥罗德人给留里克公献礼

赋的事。

根据前面提到的《关于斯洛温和鲁斯以及斯洛温城的故事》,这时的楚德人、斯洛温人、梅里亚人和克里维奇人属于一个部族联盟——斯洛温—芬兰部族联盟。尽管他们处于弱势,但对于瓦良格人的征收贡赋,他们一直不那么甘心,期盼着有一天不再向瓦良格人纳贡。

斯洛温—芬兰部族联盟的人终于等到了翻身的机会:862年。《往年纪事》写道:"6370(862)年,瓦良格人被赶回海那一边,各部族不再向其纳贡,开始自己管理自己,但他们中间没有法规,各部落起而对抗,他们间内讧不断,终至兵戎相见。于是,他们思忖:'我们给自己找个酋长来,让他来管理我们并按法规裁判。'他们就渡海去找瓦良格—罗斯人。那些瓦良格人被称为罗斯人,就像其他的被称为瑞典人,另一些人被称为诺曼人和盎格鲁人,还有另外一些人被称为哥特人那样,这些人也都是瓦良格人。罗斯人、楚德人、斯洛温人、克里维奇人和维西人说:'我们的土地辽阔和富饶,而那里没有秩序。你们来当酋长并管理我们吧。'于是,一族的三兄弟被选中,他们随身带着全部罗斯人来了,老大留里克坐镇诺夫哥罗德,老二西涅乌斯在白湖,而老三特鲁沃尔在伊兹波尔斯克。于是,因这些瓦良格人这里就有了罗斯之地之称。诺夫哥罗德人源自瓦良格族,而此前住的是斯洛温人。"

在《往年纪事》的这些记叙中,有两点是十分清楚的。其一,瓦良格人有两部分人,一部分是向这些部族索贡并最后被他们赶出去的,另一部分是这些被邀请来的部族;其二,无论是被赶出去的,还是邀请来的,记叙都用了"за море"(到海外去)这个词组。这里的意思很清楚,两部分瓦良格人都是与斯洛温等部族人隔海而居的部族。对于斯洛温等部族的人来说,居住在海那边的部族都是瓦良格人,他们都是海外来客。

但记叙也有不清楚的。其一,在记叙瓦良格人收取贡赋时,提到的部族及其顺序是:楚德人、斯洛温人、梅里亚人和维西人,而在记叙渡海去邀请瓦良格人时,提到的部族和顺序是:罗斯人、楚德人、斯洛温人、克里维奇人和维西人,这里多了一个罗斯族人,而且是排在首位的。其二,这些部族的人跨海西去邀请瓦良格人时,不可能全族的人都去,肯定是派遣代表,而且有领头的。但是,记叙中根本就没有提及这一点,只是突出了为首的是罗斯人。

在《往年纪事》以后的一些编年史中,对斯洛温—芬兰部族邀请瓦良格人一事也有着类似的记载,但是都提到了一位部族酋长的名字,这就是戈斯托梅斯尔酋长,并说"邀请瓦良格人"之事与他的死亡有关。正是这位酋长带头拒绝再向瓦良格人进贡并将他们赶出波罗的海东岸的土地。然而,戈斯托梅斯尔酋长并没有因此使部族兴旺发达起来,无序的状态逐渐发展成各部族之间的争斗,内讧频起。而在他死后,这个部族联盟就进入了一个"权力真空"。对于戈斯托梅斯尔继承人的问题,不同的部族提出了不同的候选人,"有瓦良格人,有波兰人,有哈扎尔人,有多瑙河人"。据史书记叙,斯洛温—芬兰部族的人最后还是听从了戈斯托梅斯尔的临终遗言。戈斯托梅斯尔临终前嘱咐:由他的二女儿的儿子留里克来继承酋长位,而这个女儿的丈夫是芬兰一位瓦良格酋长。

对于这个记叙,俄罗斯的一些史家留有疑问,但是,18世纪俄国的历史学家塔季谢夫却是相信的。塔季谢夫认为,戈斯托梅斯尔酋长是确有其人的,一个部族邀请另一个部族的酋长来管理自己,这是一件大事、壮举,并且没有极大的勇气、智慧和决断力的人不能胜此重任。他引据有关编年史的记叙表达了这一认可:"这个戈斯托梅斯尔是个具有极大勇气、极大智慧的大丈夫,所有的邻族都敬畏他,所有的人也都爱他,因他按法理事和审事。为此所有邻近的部族都尊敬他,向他馈赠和纳贡,从他那里换取和平。来自遥远国度的许多酋长也跨海越地而来聆教其智慧,看他判事,征询他的建议和教诲,因为他声名远播四方。"

瓦良格人来了

虽然《往年纪事》及以后其他的俄国编年史在有无戈斯托梅斯尔这位酋长上各执一词,但一个共同的事实却是存在的,即《往年纪事》中所邀请的瓦良格人来自海那边,而其他编年史所载戈斯托梅斯尔遗言邀请来主政的人也是瓦良格的后裔。这个瓦良格部族的人与斯洛温—芬兰部族的人不是同一个部族是显而易见的。俄国绘画史上有两幅名画相当准确地用色彩和服饰对这两个部族的不同作了区分。一幅画是维·瓦斯涅佐夫的《瓦良格人来了》,画幅左边的是被邀请来的留里克三兄弟,他们一身精致的铠甲和头盔,手执锐利的斧钺和坚盾,身后则是波涛中兵戎满仓的典型维京海盗船,而画幅的右边则是邀请瓦良格人的斯洛温—芬兰部族的人,他们都是长袍毡靴兽皮在身,长发在头,白髯垂胸,除了古老的弓箭和长枪,没有任何先进的武器,在他们身前则是他们向瓦良格人献上的欢迎之礼:兽皮和猎获物以及蜂蜜、克瓦斯之类的东西。这种对比是强烈的,它表明了生产、生活、战斗力和社会组织等方面,瓦良格人与斯洛温—芬兰人的巨大差异。瓦良格人的趾高气扬和斯洛温—芬兰人的虔诚随和几乎是不可调和的矛盾。还有一点值得注意的是,画家在斯洛温—芬兰部

挂在圣彼得堡近郊皇村中的《海外来客》原作

族人的中间画了一位须发皆白、身披由华贵兽皮缝制的棕色大氅的老者,这显然是位酋长。画家相信在这个行列中应该有个带头人——酋长,所以他画上了。至于是不是戈斯托梅斯尔,似乎已经不重要了,重要的是:瓦良格人是来自海那边的部族。

另一幅画是尼·雷里赫的《海外来客》。这幅画的背景是大面积的海水和海边的群山,从两山之间乘风破浪、跨海而来的正是留里克家族的船队,这支船队从画幅最前端的

主船向后延伸,直至遥远的海的那一头。这是一支庞大的船队,船上满载着士兵、武器和随员,留里克兄弟在船首得意地张望,而鼓胀的风帆和随风帆飞舞、在船首的海面、上空翱翔的大批海鸥表达了这些瓦良格人极端喜悦和期待的心情。画家清晰地指出,被邀请来的瓦良格人是住在海的那一边的,是地道的海外来客。

第五节 瓦良格人再不离开诺夫哥罗德的土地

漫长的岁月中,在斯洛温—芬兰部族联盟中间没有什么规章和法规,处理部族内部和各部族之间的事务全由酋长根据"父辈和祖父辈"的条规办事和审理。这种按照"父辈和祖父辈"的条规办事在伊尔门湖周边地区,尤其是在诺夫哥罗德地区是个约定俗成的传统。各部族传统不一,风俗习惯也各异,因此"父辈和祖父辈"的条规就不同,有些甚至迥异。关于这一点,《往年纪事》记叙得十分清楚。到9世纪时,在这里的部族间,"父辈和祖父辈"的条规已经起不了决定性的作用了,各部族都觊觎着更大的权力和更多的利益,没有一个统一的条规来进行管束了,于是争斗四起,内讧频发。

最终,"邀请瓦良格人"事情的发生,其主导原因就是部族联盟的酋长希冀借助于强力,也就是说,邀请瓦良格的勇士作为"雇佣兵",来替他们摆平争斗和内讧。斯洛温—芬兰各部族似乎都同意了这条出路,请尚武的瓦良格人来当"雇佣兵",但他们之间有个"契约":请来的瓦良格人只是酋长重建管理权的工具,不得越权。关于"邀请瓦良格人"的这一实质,俄罗斯皮霍亚教授主编的《俄国史》有这样的记叙:"斯洛温人、克里维奇人和楚德人之间纷争的结果是依据契约(条约)邀请另一边的公来(根据西方编年史的记述,他可能是留里克·尤特兰茨基公——一位有着丹麦王系血统的勇士),契约的条件就是8—15世纪诺夫哥罗德人所谓的'父辈和祖父辈'的法律。第一,公和他的勇士没有在所治理的土地上获取土地的权利。第二,所有的税和贡赋由诺夫哥罗德人自己收取并将所收的部分赋税献给公。考古挖掘证实了编年史的记述。斯堪的纳维亚人不仅出现在拉多加,瓦良格的军队到过戈罗季谢(在现在的诺夫哥罗德郊区,而诺夫哥罗德是在10世纪中叶才出现的),瓦良格人的劫掠在克里维奇人和楚德人的土地的交界处(伊兹波尔斯克和白湖)和芬兰部族村庄的土地上都发生过。"

被邀请来的瓦良格人并没有遵守"契约"规定的"父辈和祖父辈"的条规,

而是把斯洛温—芬兰部族联盟的土地视为自己的"瓦良格之地""留里克之地",三兄弟不仅占领了大片的土地,而且将其他的土地分封给同族的亲人、勇士团的勇士甚至随员,与此同时,他们还替代部族酋长独霸征收赋税的大权。不执行"契约"所造成的结果是他们完全违背了斯洛温—芬兰部族联盟邀请他们来的初衷,各地纷纷出现反抗瓦良格人武力收取贡赋的行动,而留里克家族不得不依靠斧钺坚盾来对付这些行动。他们的镇压产生了严重的后果,一是伊尔门湖地区的人纷纷向南逃亡,另一是爆发了更强烈的骚动甚至起义。

在《往年纪事》以后的一些编年史中记叙了一次影响重大的起义。这一起义是由名叫"勇敢的瓦季姆"的酋长领导的:他对留里克家族的独揽大权、横征暴敛极度不满,振臂一呼,斯洛温等部族的人群起响应。"勇敢的瓦季姆"甚至一度占领了老大留里克的诺夫哥罗德,声势大振。但是,拥有先进武器——斧钺坚盾和铠甲的留里克勇士最终镇压了这次起义,"勇敢的瓦季姆"被留里克杀死。

根据这些编年史的记载,"勇敢的瓦季姆"起义发生于公元864年,也就是"邀请瓦良格人"后第二年。《往年纪事》里没有一字提到"勇敢的瓦季姆","6372(864)年"条下是个空白,但是,其中还是有文字透露出了留里克的实际作为:"两年后,西涅乌斯死去,特鲁沃尔被抓捕。留里克掌权,将一些城堡,波洛茨、罗斯托夫,还有白湖分给自己的勇士。"

"勇敢的瓦季姆"的起义和《往年纪事》的上述文字表明了一个真实存在的情况,即留里克直到864年才在伊尔门湖周边和诺夫哥罗德的土地上站稳了脚跟,而斯洛温等部族的人并不都全心全力支持和拥护他。

大概是这一事实不符合"留里克王朝"顺乎人心的记述,所以18世纪以后的俄国史家,诸如索洛维约夫和卡拉姆津这样的大家都对"勇敢的瓦季姆"的存在表示怀疑,认为这只不过是"民间传说",是一种想象和附会。但是,在18世纪以前,甚至在叶卡捷琳娜二世"开明专制"的黄金时期,却是对"勇敢的瓦季姆"表示认同,甚至赞颂的。叶卡捷琳娜女皇一生除酷爱收藏名画和珍宝外,更好宫廷宴乐和戏剧表演,冬宫中辉煌的爱尔米塔什剧院就是在她的执政时期扩建,并成为上演宫廷戏剧的绝佳场所的。这位女皇本人还经常动笔写宫廷戏剧,其中有一部就写到了"勇敢的瓦季姆",这部剧叫《留里克一生中的历史片段》。叶卡捷琳娜二世把瓦季姆写成留里克的堂兄弟,说留里克和瓦季姆之间有争斗,而瓦季姆是好汉。至于这位女皇为什么要写瓦季姆,她自己说是瓦季姆该受人关注。1795年,叶卡捷琳娜二世在一封信中谈到过为什么要写瓦季姆:"谁也没有注意到这件事,而它又从来没有被玩过……我岂敢将自己有关留里克的结论写进'历史',因为这些结论所依据的仅仅是涅斯托尔编年史中和达连'瑞典史'中的几句话,然而,当我了解了莎士比亚时,就在1786年想到要把这些结论用戏剧的形式表现出来。"

叶卡捷琳娜二世明确的态度表现在两个方面,一是对涅斯托尔《往年纪事》中只有几句话的"历史"陈述不满意,二是提出瓦季姆是评价留里克时不可或缺的人物。史学家塔季谢夫就像承认有戈斯托梅斯尔酋长一样,也认为有"勇敢的瓦季姆"的存在。俄国伟大的诗人普希金更是动手创作过歌颂瓦季姆的长诗,而莱蒙托夫则赋诗歌颂瓦季姆是"最后一个自由的斯拉夫人":

"难道我们只能够去歌颂,
或者装聋作哑无望地
瞧着故土的奇耻大辱,
我的朋友们?"——瓦季姆问。——
"我发誓,伟大的罗斯之神,
没有第一次,也没有最后一次:
我永不会俯伏于瓦良格人的脚下。——
非他即我:我们只容一人。
这人必死!死作他人楷模!
关于他的事迹将代代相传
这故事永远流传下去;
不共戴天也要传之遥远!"他说完了。
他倒了下去,
紧握双手,抬眼向上,
眼睛闪烁着严峻的光亮,
一颗暗红色的流星
穿过层层乌云在陨落!
瓦季姆静静地倒在了大地之上,
顾不上再看一眼,也没有呻吟一声。——
他倒在了血泊之中,他是一个人倒下的——
最后一个自由的斯拉夫人!

从这些诗行至少可以看出,对于莱蒙托夫(当然,还有普希金这样的俄国知识精英)来说,瓦良格人的到来是"故土的奇耻大辱",是他所不能接受的。由于瓦良格人的到来,人们失去了自由,所以他歌颂"最后一个自由的斯拉夫人"。因此,瓦季姆是否是事实上的存在已经退居次要地位,更重要的是这反映出瓦良格人的到来并没有重建"秩序",而是带来了新的争斗与动乱。

第六节　斯洛温人和斯拉夫人、罗斯人和"罗斯"的称谓

在有关瓦良格人的传说和历史中,有个问题是很值得关注的,那就是斯洛温人和斯拉夫人、罗斯人和"罗斯"称谓的问题。这个问题牵涉到部族、人和土地三者的关系。在《往年纪事》中,涅斯托尔修士对这三者既有区分,又有交叉使用。"斯洛温"(словен)和"罗斯"(русь)这两个词的使用频率极高,几乎在每个条目下都可见到。对于涅斯托尔来说,"斯洛温"就是部族和部族人,而"罗斯"则有三指:一指部族,二指部族人,三指部族之地。

在《往年纪事》开篇的记叙中,斯洛温部族是上帝造出的三兄弟之一雅弗的后代。根据涅斯托尔的记叙,首先,斯洛温部族并不是雅弗领地里唯一的部族,与它同时存在的有一系列其他的部族。从一开始,斯洛温部族和罗斯部族就同列在相关的叙述之中。就居住地而言,斯洛温部族沿第聂伯河而居,罗斯部族在伏尔加河流域。在贡赋关系上,斯洛温部族和罗斯部族也不相同。较之斯洛温人,罗斯人处在收取贡赋的水平上,"向罗斯纳贡的部族有:楚德人、梅里亚人、维西人、木罗姆人、切列米斯人、摩尔多瓦人、彼尔姆人、佩乔拉人、雅米人、立陶宛人、济米戈拉人、科尔斯人、那罗瓦人、立沃尼亚人",但居住于伊尔门湖一带的罗斯人又向瓦良格人进贡;而斯洛温人则是处于纳贡状态下的部族,纳贡的对象就是瓦良格人。从《往年纪事》的一系列记叙得出的结论应是,斯洛温和罗斯是两个不同的部族。

其次,《往年纪事》写明,斯洛温人虽然散居各地,但是他们讲同一种语言,"有斯洛温话"。而罗斯人并不完全讲同一种语言,在罗斯部族的居住地——罗斯,罗斯人中的"波利安人、德列夫利安人、诺夫哥罗德人、波洛茨人、德列戈维奇人、塞维利安人、布然人"讲斯洛温话,而向罗斯部族纳贡的一系列部族,则"分别讲各部族的话"。这一切,《往年纪事》以自己的记叙否定了自己的结论:"上帝从天国下来,看到了人们所建的城和塔,就说:'他们是同一种族,讲同一种话。'"尽管各部族都讲自己的语言,但他们有语言而没有

文字，因此不能说有了同一的语言，所以也就没有可考的文字记载，因此，《往年纪事》所依据的是神话和传说，是上帝造人和划分世界的"历史"。

最后，在《往年纪事》里，罗斯不仅是部族的名称，还是地方和人的称谓：在拜占庭皇帝米哈伊尔三世开始执政的那一年就有了"罗斯之地"（Руска земля）的名称，同时罗斯人（Русь）曾经到过君士坦丁堡。这个"罗斯之地"显然在第聂伯河中下游的某个地方，因为《往年纪事》在记叙来自瓦良格海那边的瓦良格人向伊尔门湖地区的各部族收取贡赋以及后来各部族将这些瓦良格人赶走时，并没有提到有罗斯人。而在各部族邀请来自海那边的另一批瓦良格人后，《往年纪事》则写道："瓦良格人来后，就有了罗斯之地的称谓。"它还特别指出，此地原先住的是斯洛温人，而现在是诺夫哥罗德人。在这里，涅斯托尔修士再一次将部族混淆起来，在斯洛温人、罗斯人和诺夫哥罗德人之间画上了等号。由此得出的结论应该如下：一是瓦良格人来后的这块"罗斯之地"与拜占庭皇帝说的"罗斯之地"并不是同一个地方；二是来自海那边的瓦良格人与伊尔门湖周边的罗斯人并不是同一个部族。在这里，涅斯托尔修士所指明的是，海那边的那支瓦良格人被称为"罗斯人"。为什么？这位修士没有再多费笔墨，留下了"此罗斯人是彼罗斯人"还是"此罗斯人非彼罗斯人"的千古疑问。

作者点评

在"邀请瓦良格人"这个问题上，俄罗斯有着长达200多年的争论，并且由学术争论发展成为国家政治大事。在俄罗斯这个国家，"留里克公在诺夫哥罗德的治理"被看成俄罗斯国家的起源，也就是说是俄罗斯民族的起源。因此，这里牵涉到的一个核心问题是，俄罗斯国家和俄罗斯民族究竟是外来的还是土生土长的？或者说，被邀请来的瓦良格人对俄罗斯国家的形成有过怎样的影响，还是根本就没有产生过影响？

事实上，《往年纪事》本身就对这个问题作出了自己的解释。《往年纪事》记叙得很清楚，邀请瓦良格人来就是为了重建部族的秩序，进行管理。它明确指出，因为瓦良格人来了，所以两河之间的土地才叫作"罗斯之地"。在这里，涅斯托尔修士所要告诉人们的是：瓦良格人奠定了或者开创了"罗斯之地"。与此同时，《往年纪事》还写明邀请的是瓦良格—罗斯人。涅斯托尔在瓦良格人和罗斯人之间画上了一个等号，他所要强调的是，海这边的罗斯人和海那边的瓦良格—罗斯人同属于一个大的部族。但是，涅斯托尔修士并没有提出支持这一说法的依据:为什么瓦良格人成了罗斯人了?

于是,《往年纪事》也就留下了一个至今仍不能解开的谜题:"瓦良格—罗斯人"问题。

俄罗斯国家的历史学对这个问题的争论是激烈的、针锋相对的。尽管有着激烈争吵、彼此争斗、为了各自的利益而诉诸非学术性手段,甚至动用武力和镇压手段来制服对方的非常时期,仍存在一个十分奇特、矛盾的现象,即支持"瓦良格人即罗斯人"和支持"瓦良格人非罗斯人"的人们从来都不否认邀请来的瓦良格人是"外来者",是"诺曼人",是"斯堪的纳维亚人",不是在第聂伯河和伏尔加河两河沿岸土生土长的部族居民。他们彼此争斗的焦点就在于对这些"外来者"——"诺曼人""斯堪的纳维亚人"作用的解释上。

在发生"邀请瓦良格人"事件前后这一历史时期,尚没有"国家"的概念出现,人们的思维里没有"祖国"的概念,也就没有什么"爱国家"的意识,甚至部族的概念也是淡薄的。对于伊尔门湖周边地区的各部族来说,居住地就是"乡土""家园"的意思。所以,这一地区存在这样一个习俗:可以邀请其他部族的人到本部族来治理(这种现象一直持续到帝国时期的俄国,叶卡捷琳娜二世实质上不就是个被邀请来的"外来者"帝王吗),所以,各部族才经过协商后同意邀请"会治理"的瓦良格人前来。对于这些邀请他族酋长的部族来说,他们并不把被邀请来的酋长(在我们讲述的这段历史中是瓦良格的酋长)看成外来者,所以《往年纪事》从没有用过"外来者"这个词。

在其后的一些编年史中,也都讲述了这个"邀请瓦良格人"的故事,但依然没有"外来者"的词语出现。即使在逐渐强大起来的莫斯科公国时期,"邀请瓦良格人"的事实仍得到肯定和尊重。似乎也没有什么人回避瓦良格—罗斯人就是斯堪的纳维亚人,就是维京人;也没有什么人为"罗斯之地"的留里克家族起源,或者说斯堪的纳维亚维京人起源感到羞辱。

随着俄罗斯民族的形成和俄罗斯国家的定型与发展,尤其是在1812年战胜拿破仑军队的入侵之后,俄罗斯民族的自我意识空前高涨、爱国主义思潮澎湃发展,对自己国家历史的深切关注和民族优越感引发了对民族命运和国家未来的深刻思考和探索。由于思考的不同,选择就各异,于是,在俄国就出现了"斯拉夫派"和"西方派"等各种政治力量。而在"瓦良格—罗斯人"问题上,也就有了壁垒分明的两大派——诺曼派和斯拉夫派。

诺曼派的一个基本论点是,瓦良格人是诺曼人、斯堪的纳维亚人。他们的主要依据是:所有罗斯公(酋长),如留里克、特卢沃尔、阿斯科尔德、奥列格等的名字都是诺曼的名字。他们还认为,罗斯人和瓦良格人因居住地不同而属不同的部族,罗斯人生活在南方的黑海沿岸,瓦良格人生活在波罗的海沿岸。最后,罗斯(Русь)这个名称来源于哥特部族的"Рос"。因此,结论就是,瓦良格—罗斯人源起诺曼、哥特部族,与斯拉夫—罗斯人不同族。

斯拉夫派的一个基本论点是,斯洛温即斯拉夫,罗斯自古就是属于斯拉夫部族的,两河沿岸的斯拉夫部族和波罗的海沿岸的瓦良格—罗斯人同属一个大部族,因此,此罗斯人即彼罗斯人。与诺曼派主张将罗斯人与瓦良格人分开的观点针锋相对,他们力挺罗斯人与瓦良格人的合流与一统。

诺曼派和斯拉夫派这种学术上的争论最终所显示出的政治诉求是显而易见的。那就是,诺曼派坚持,俄罗斯国家、民族起源于斯堪的纳维亚、哥特,甚至日耳曼,瓦良格人对邀请他们来的各部族的生活、社会以及随之而来的部族联盟的发展和国家的建立产生了极大的、无可代替的影响。而斯拉夫派则辩驳说,俄罗斯国家、民族有自己形成和发展的基因,我们就是我们,我们是大斯拉夫,与诺曼、斯堪的纳维亚无关,更不用说什么日耳曼、德国起源了,我们社会内部条件的成熟是部落联盟的建立,随后是国家发展的决定性因素的出现,瓦良格人的到来没有对这一过程产生重大的影响。

当历史进入苏联时期,诺曼派和斯拉夫派的争论就完全变成一场无情的政治运动。俄罗斯国家起源的大斯拉夫观点成了国家政权确认的唯一科学观点,诺曼派则被打成"资产阶级的""反动的""反苏维埃"的"伪科学",占绝对统治地位的大斯拉夫学派则采用了多种方法将"邀请瓦良格人"非诺曼化、非斯堪的纳维亚化,实行了彻底的"苏维埃—斯拉夫化"。其中有五个重要的方法:

一是将被邀请来的瓦良格人"罗斯化",也就是说强调这些瓦良格人原本就是罗斯人,他们都是在民族大迁移时期从多瑙河迁居到斯堪的纳维亚的。这一论述的证据是,这些瓦良格人,也就是与罗斯人隔海相邻的芬兰—乌果尔部族自称为是"Roths"或"Ruotsi"(音译为"罗斯")。而这个古斯堪的纳维亚语"罗斯"的意思是"划船人",而瓦良格海这边的"罗斯人"的意思也具有相同的意思——"沿河而居的人"。

二是强调留里克家族的酋长(公)被邀请来到诺夫哥罗德后,其权力是受到契约规定的限制的。正是这种限制表明留里克家族必须遵照诺夫哥罗德"父辈和祖父辈"条规的约束。

三是他们甚至将留里克家族的公(尤其是第一代留里克公的继承人奥列

格公)说成"土生土长的罗斯人",这就一劳永逸地解决了留里克家族的斯堪的纳维亚血统问题。

四是在无法回避留里克家族来自斯堪的纳维亚这个前提下,强调这个家族、这些瓦良格人很快就被斯拉夫人同化了,淹没于斯拉夫部族之中。与此同时,一些历史学家甚至提出,瓦良格人根本就不是一个独立的部族,他们只不过是由一些在各地充当雇佣兵的勇士组成的群体,所以他们不可能对罗斯社会的发展、国家的奠定、民族的形成起到什么作用。

五是在《往年纪事》里只出现过"斯洛温"一词,从没有出现过"斯拉夫"这个词。此外,在《往年纪事》里,斯洛温部族和罗斯部族是并列的,谁也不包容谁。但在俄罗斯国家其后的历史编纂学中,用"斯拉夫"这个词代替了"斯洛温",将罗斯部族归并于斯拉夫人。这样做的依据是,他们认为"斯洛温"一词是"斯拉夫"的古写。

现代的考古挖掘提供了越来越多的资料,证明罗斯人与瓦良格人是两个不同的部族。罗斯人生活于黑海沿岸,并曾在那里建造过自己的城市——卢西亚,与哈扎尔和佩岑格等草原游牧部族为邻。而瓦良格人生活于波罗的海沿岸,也曾有过自己的部族之地——瓦拉几亚,他们属于斯堪的纳维亚—维京部族。他们是勇士,也是精明的买卖人。他们早就觊觎瓦良格海这边的财富和土地,早在公元752年,老拉多加出现并且成为当时最繁华的"买卖中心"一事与留里克家族跨海来此就有着密切的联系。

考察"邀请瓦良格人"时,有两点似乎是不可忽略的。

一是留里克家族毕竟是外来者,与"土生土长"的斯洛温、罗斯、楚德等部族不是同一个大部族。他们来到诺夫哥罗德后的活动无疑奠定了权力使用、社会管理和处理部族间人际关系的新的准则。就权力而言,他们来到后,诺夫哥罗德传统"父辈和祖父辈"的法律不再起作用,那种"卫彻(民众大会)"的自由和民主也不复存在,一切都由留里克公的意志来决定。他们开始了维护家族利益的分封制度,实行了随心所欲的、掠夺式的"巡行纳贡"。而就部族间人际关系来说,"被邀请来"的瓦良格人(维京人),甚至诺曼人已经不是客座,而是完全以统治者的身份来行使权力了。他们成了真正的王者,并且再也没有离去过,没有回到瓦良格海的那一边去。

二是在"邀请瓦良格人"的这个时期存在一个大的、统一的"斯洛温部族"的结论并没有确信的论据。《往年纪事》里也没有回避一个基本事实:移民而来、迁居在两河土地上的各部族都保存着各自的习俗、信仰和生活结构,都遵守着各自的"父辈和祖父辈"的条规。如果真的存在这样一个统一的"斯洛温部族"的话,那这个部族群已经可以说是一个完整的"民族群"了,它在新居地的演变和发展就不是一个新民族的形成过程,而是一个旧有民族的完善过程了。

认可那时的"斯洛温部族"就是一个统一的"斯拉夫部族"的说法是建立在下述理论基础上的:从法兰西到乌克兰的广大土地上的丧葬习俗是一样的,之所以有相同的丧葬文化,是始于同一时期、进程相同的由西向东的移民浪潮,一个部族群从维斯杜拉河沿岸和波罗的海南岸迁徙而来。统而言之,尽管存在被邀请来的留里克家族勇士,但因族源相同、丧葬文化相同、移民过程相同,所以从基辅至诺夫哥罗德这片地区的部族是一个早就形成的斯拉夫民族群——东斯拉夫人,换言之,这地区自古就是属于斯拉夫人的。

最后,还有一点似乎也是值得一提的,即斯洛温、罗斯、罗斯国的中文译名给我国历史学界和读者带来的混乱。《往年纪事》里的斯洛温(словен)被直接翻译成了"斯拉夫",罗斯(русь)被译成了"俄罗斯",罗斯之地被译成了"罗斯国"。这种译法误导人们去相信斯洛温就是斯拉夫,罗斯就是俄罗斯,同时它也让人们去接受一个不存在的事实:留里克来后的诺夫哥罗德的部族联盟就已是一个国家了。

第二章
留里克公:南下征伐,向基辅方向

第一节　关于基辅的神话和传说

　　基辅这个地方位于第聂伯河的中游,河道宽敞,港汊交错,森林和草原相接,田野与山丘毗连,是个既可渔猎又可农耕的富饶之地和宜居家园。正是由于水草丰盛、林木稠密,这里的原住民相信在沼泽和密林中存在许多凶恶的鬼怪,因此膜拜这些鬼怪神灵。在所有的恶煞中,蛇被看成最厉害、最不吉祥的。于是,勇士基里尔战蛇妖就成为这片土地上古老的神话和传说中最为重要的组成部分。

　　早在6世纪,有关"基辅城"就流传着一个传奇故事:兄弟二人,德美特尔和基萨奈伊,被赶出故地,他们在瓦拉尔沙克皇帝那里得到了避难之处,皇帝把塔罗伊之地赏给了他们,他们就在那里建起了一座城市维沙尔。后来他们在蛇城塑起了两尊自己的保护人的偶像。15年后,瓦拉尔沙克皇帝杀死这两兄弟,让他们的三个儿子——库阿尔、梅里泰伊和霍列安分地掌权。三人各在自己的领地建了一座城池,都以自己的名字命名。又过了一段时间,兄弟三人来到了库尔凯伊山上,并在那里找了一块凉爽和便于行猎的好地,然后就在那里筑舍而居,并且塑起了两尊偶像,以父亲的名字命名,一尊叫德美特尔,一尊叫基萨奈伊。

　　在这个神话和传说中,并没有指明这是个什么部族,只是说这个部族在第聂伯河中游一带,不仅繁荣,而且其酋长已经很有势力。基辅的居民"选举"自己的酋长,对他们表示认可或者反对。这个部族有着自己的风俗习惯,比如,当女儿欲与一个不讨人喜欢的男人婚配时,她必须在阴雨天将点燃的蜡烛送到自己选择的人的住处去,只有在蜡烛不灭的情况下,婚事才能得到允许。还有一本编年史记载过这个神话和传说中部族的名称：早在5世纪末和6世纪初时，基辅地区的波利安酋长就曾经去君士坦丁堡会见过拜占庭的皇帝。而且这位酋长还继续西行，并在多瑙河上建起了一座"小基辅城"。

另有一个古老的传说提到了基辅的酋长有个妹妹：这个叫雷别节的姑娘极为任性，总是嘲笑来向她求婚的勇士并将他们赶走。久而久之，勇士们就不再来登门向她求婚了。雷别节忧伤起来，闭门不出。随后就索性在山上盖了座房子，自己一个人住了进去，整日啼哭，顾影自怜。她的泪水流淌于地，变成了一条河，于是这河就叫作雷别节河，或者少女河，她盖房子的那座山就叫作雷别节山。

这些神话和传说都有一个核心，那就是：很久很久以前，基辅地区的第聂伯河沿岸就有部族居住，有自己的酋长和社会结构，有自己独特的习俗。他们以渔猎为生，在近乎蛮荒的岁月中度过了一代又一代。到了8—9世纪，来自南北的两股人流深刻地影响了基辅地区部族社会的生活。从南方来的是从多瑙河沿岸汹涌而来的大量移民，从北方来的是跨过瓦良格海而来的斯堪的纳维亚维京勇士与买卖人。从南方来的移民中有大量放牧的部族，他们逐水草而居、驱赶牲畜、四处奔袭的生活方式对独居的"基辅人"产生了极大的影响，"基辅人"走出了森林沼泽。基辅原住地居民开始与"移民"混杂而居。

而来自斯堪的纳维亚的维京人是一生与大海打交道的人。他们来到陆地上既是为了获取新的财富和土地，也是为了将掠夺来的财物通过交易换成所需的东西。维京人是原始意义上的商人，他们给第聂伯河沿岸，尤其是基辅地区带来了从未有过的经济活动——交易和买卖，也在当地居民生活的各个方面引起了深刻变化。随着交易和买卖的地点由西北向东南不可阻挡地开始扩张，基辅地区成了重要的渡口和转运站，南北部族的混居和交融就日益发展和错综复杂起来。

第二节　《往年纪事》里的基辅

以酋长为首的部族生活的存在得到了涅斯托尔修士的确认。他在《往年纪事》的6614（1106）年一条中明确写道："这一年，杨去世，他是一个善良的老人，享年90岁，德高望重，备受人们的尊重。他一向敬奉上帝，遵守上帝的训诫，不逊于那些前辈圣贤。我从他那里听到过许多往年的故事，并记叙在这本史书之中。"涅斯托尔所提到的"杨"是个与基辅酋长有着密切关系、为酋长效忠的家族中的一员。从9世纪中期起,杨·维沙特和杨·维沙基奇父子两代人就是为基辅酋长效劳的,因此他们对基辅的讲述就成了《往年纪事》最为重要的历史依据。

《往年纪事》成书于一个特殊的时代。社会需求和政治气候,以及部族的统领都需要一种能使自己的权威凌驾于其他部族之上的"说法",于是,在涅斯托尔修士的笔下,神话和传说就被借用、想象、延伸、扩充、定格为有关基辅和"基辅人"的"历史"。关于这段"历史",《往年纪事》是这样写的:很久很久以前,基辅这地方居住的是波利安人,他们独居,按族分居自理。实行按族分居自理的波利安人是从斯洛温人分出来的,只是后来才叫作波利安人。又过了许久,到了三兄弟的时代:老大叫基,老二叫契克,老三叫霍利夫,而他们的妹妹叫雷别节。基住在如今叫作鲍里切夫丘的山上,契克住在如今叫作契克丘的山上,霍利夫住在第三座山上,如今此山因而得名霍利夫山丘。他们建造起一座城,并以长兄之名取名基辅。城市周围是大片森林,于是他们狩猎而生。他们聪慧机智,自称波利安人,自他们开始波利安人就在基辅一直居住至今。

《往年纪事》把三兄弟生活的时代背景和基的生平及其弟弟妹妹的经历也写得十分明确:这时第聂伯河的水道运输已经繁荣,基辅已经成为一个重要的渡口,而这个渡口因地处基的地方,所以被称为"基的渡口"并且属基管辖,所以基被称为"渡手"。但是,基不是一个普通的"渡手",而是一个"渡之首",否则他就不会去君士坦丁堡了。基作为酋长,曾经去过君士坦丁堡,拜会过那里的皇帝,皇帝给过他很高的荣誉,至于究竟是哪位皇帝接待了他,已经无从考证了。当基从君士坦丁堡返回时,来到多瑙河的一处地方,为它的环境之佳而留恋不舍,随即在此筑起一座小城,准备将族人迁居于此。但基的决定和行动遭到当地居民的坚决反对,于是基不得不快快不乐地返回原地。基回到自己的基辅城之后不久就去世了。他的弟弟契克、霍利夫和妹妹雷别节相继管理族中事务,最后也相继离开人世。而基当年在多瑙河畔所筑的小城也逐渐荒废,但仍被当地人称为"小基辅"。

三兄弟死后,波利安人仍然居住在这个地方,却经历了各个部族的大融合和频繁移居的激烈动荡时期:有些部族兴盛了,有些部族衰败了甚至整个部族都不存在了。《往年纪事》对此的形容是:"当时,这些部族人数极多,居住地从第聂伯河一直延伸到海岸,他们建的城池至今尚存,所以当时希腊人称之为'大斯基泰'。"而三兄弟后代掌管的波利安部族势力逐渐衰微,受到了其他部族,如德列夫利安人、可萨人的压迫,甚至不得不向他们纳贡。可萨人对波利安人说:"你们要向我们纳贡!"于是,波利安人每户献出利剑一柄作为贡品。收到贡赋的可萨人将贡品呈给自己的酋长,酋长问:"这是收的哪里的贡赋?"收到贡赋的可萨人说:"是从山地森林里的波利安人那里收来的。"可萨部族中的老者一见此剑就大呼:"不祥之物!此非我们的兵刀,而是双刃剑,总有一天它会伤及我们的。"

涅斯托尔修士在讲述这段历史时,依然借助了神话和传说:圣徒安德烈逆流而上,途中看见了一座大山,不禁对左右门徒说:"这是上帝的恩赐!这里将会有一座大城池,上帝将在这里建许多的教堂。"于是,后来这里就出现了基辅城。随后,安德烈继续溯第聂伯河北上,在斯洛温人那里发现了与第聂伯河下游以及赫尔松一带部族不同的风俗:他们用木头建成浴室,室内放置石块,用火烧红,再喷之以水,人们赤身裸体在蒸汽中用树枝拍打自己,周而复始,直至精疲力竭。圣徒安德烈得出的结论是,对于斯洛温人来讲,"这不是痛苦之事。而是洁身之道"。

在《往年纪事》的记叙中,确定了开拓基辅城的是波利安部族的人,而且这个波利安部族属于斯洛温部族。涅斯托尔修士还舍弃了一些神话和传说中的人名,将建造基辅城的四兄妹的名字"斯洛温化",于是按照基辅的苦修士涅斯托尔的编年史《往年纪事》的说法,基辅城是由斯拉夫族的波利安人建造的,是其中一个叫"基"的波利安四兄妹建成的。基辅城的名字是用大哥"基"的名字命名的,即"基的城市"。现在,在基辅市的第聂伯河边上耸立着这四兄妹的纪念碑——基辅建城 1 500 周年纪念碑:一艘大帆船,船身上站着手执长矛和大弓的三兄弟,船头上站着他们的妹妹——她昂首挺胸,肩上的披巾向后飘起,恰似鼓足的风帆。

不管怎样,基辅波利安人的部族社会依然按照古老的规则生存着,直到北方的斯洛温等部族将海那边的瓦良格人邀请过来后才发生了翻天覆地的变化。

第三节 南下基辅:阴谋和战争的兼并

在留里克三兄弟率领家族的全部人马来到诺夫哥罗德后,执掌大权的是老大留里克。他所做的事情就是给自己的族人、勇士和亲随分封土地,而他分封的土地除诺夫哥罗德外,还旁及波洛茨、大罗斯托夫、白湖、伊兹波尔斯克和木罗姆等地。通过分封土地,留里克家族一方面严密地控制了曾经内讧不止的各个部族,保证了自己能在一个相对稳定的环境中向治下的各部族征收贡赋,而另一方面则全力维护留里克家族赖以生存的"贸易之路",尤其是始自瓦良格海经白湖、伊尔门湖、沃尔霍夫河直下第聂伯河的水路。

留里克和他的兄弟一起统治此地两年,他的兄弟死后,他又治理此地15年。他没有遵从诺夫哥罗德人一开始提出的条件,而是把此地看成自己的财富,并且随意把原住地居民的土地、村庄分封给跟随他到来的瓦良格人,于是开始出现新的阶层——拥有土地的人(波雅尔)。在这17年中,尽管"从瓦良格至希腊之路"并没有完全开通,但在伊尔门湖和沃尔霍夫河沿岸的水路却已经日渐繁忙和发达起来,这使留里克家族治理的土地获得迅速发展。运载着诺夫哥罗德土地上的蜂蜜、蜂蜡和毛皮以及其他的贡品和来自斯堪的纳维亚的贵金属、金属和玻璃制品等货物的船只来往于这条水道,基辅城成了一个繁忙的货物集散地。

对于留里克家族来说,基辅城逐渐成了一个挡不住的诱惑。留里克家族的第一代治理者还顾不上这个较为偏远的地方,但是他们的手下,那些获得了分封土地的贵族——波雅尔并不满足于已经获得的封地,他们觊觎着更大的土地和更高的贡赋。于是,基辅成了这些人的最佳选择。最早来到基辅地区的是留里克手下的两名波雅尔——阿斯科尔德和基尔。他们的本意是要顺第聂伯河远下君士坦丁堡,但在路过基辅所在的山丘时,看见山丘上围有城墙,山丘下河运繁忙,就问当地居民:"此乃何家城池?"居民回答说:"乃基、契克和霍利夫三兄弟建造的城池,现在他们去世了。我们是他们的后代儿孙,住在这里,向可萨人纳贡。"阿斯科尔德和基尔已经被这块风水宝地吸引住了,一听居民的话马上就说:"从今往后,你们不要再向可萨人纳贡了,我们留下来管理这座城池。"随后,阿斯科尔德和基尔又把大批的瓦良格人集聚到了基辅,于是这个原先由波利安人居住的地方就归他们所有了。

基辅城池虽好,但阿斯科尔德和基尔并不满足于此,他们惦记着君士坦丁堡。866年,二人率军进攻希腊,一路乘胜前进,一直打到了君士坦丁堡城下。这是留里克家族统治诺夫哥罗德后,瓦良格人第一次大规模进军希腊。关于这场征战的残酷,《往年纪事》是这样写的:"阿斯科尔德和基尔的军队攻占苏德城后,屠杀基督教徒并用200艘战船包围君士坦丁堡。"但是,他们遭到海上风浪的袭击,征战彻底失败。《往年纪事》借助神话描述了瓦良格人的败北:拜占庭皇帝和主教向圣母祈祷,"刹那间风暴突起,巨浪翻滚,席卷了不信神的罗斯战船,将它们在岸边摔成齑粉,只有少数人保住了性命,得以返回家乡"。阿斯科尔德和基尔属于这些少数能返回故乡的人,他们继续着对基辅和波利安人的统治。

在17年的治理之后,879年,留里克去世。因为儿子伊戈尔年仅两岁,所以他在临终前嘱其族人奥列格摄政,待伊戈尔长大成人再原业归宗。奥列格是个与留里克不完全相同的公,他雄心勃勃,眼光越过了伊尔门湖和沃尔霍夫河沿岸的土地。他知道留里克家族的统治和命运与水路有极其重要的关系,眼看着这条水路的中段被阿斯科尔德和基尔统治的基辅控制,时刻担心基辅人会切断第聂伯河的水路,运输的船只将不能通行,随之各个部族将有可能不再向诺夫哥罗德而向基辅人纳贡,而且他还有着对君士坦丁堡的企图,于是他决定征讨基辅。

882年,奥列格召集了一支由瓦良格人、楚德人、斯洛温人、梅里亚人、维西人和克里维奇人组成的大军南下基辅。攻克斯摩棱斯克和柳别奇等城池后,派兵驻守。然后,奥列格的大军顺第聂伯河直达基辅城边。阿斯科尔德和基尔在乌果尔山丘上坚守城池,奥列格的军队强攻不下,就决定以阴谋诡计取胜。于是,奥列格设计了一个"鸿门宴"式的计谋,以伪装的友好与亲善,请阿斯科尔德和基尔入瓮:他将大部队布置在不远处的大船里,让他们等待自己的信号采取捕杀基辅酋长的行动。随后,他自己则携带伊戈尔乘坐一艘舱内密藏部分士兵的船向基辅驶去。当他的船驶近乌果尔山时,他下令停船,派人去见阿斯科尔德和基尔,对他们说:"我们是前往希腊的买卖人,是奥列格和伊戈尔公的人,你们是瓦良格人,我们也是,我们是同一个部族的人,是基辅人的兄弟和朋友来了,请来和我们见面吧!"

阿斯科尔德和基尔相信了这样的话,随即大开城门,亲自乘船到第聂伯河上来迎接这些同一部族的人。而这时,奥列格却举信号为令,藏身于大船内的士兵从后面包抄了阿斯科尔德和基尔乘坐的船只,蜂拥而上,将两位基辅酋长执于剑下。奥列格来到船头厉声说:"你们不是公,也不是与我们等同的王族,我,奥列格才是!"他又命人将伊戈尔带到船头说:"这是留里克公之子,他才是名正言顺的公!"说完他让士兵们杀掉了阿斯科尔德和基尔,率大军拥进基辅城。奥列格十分喜欢基辅,暂时将西去希腊的想法搁置一边,留下不走了,自称为基辅公,将瓦良格人、斯洛温人和其他自称为"罗斯"的人置于自己的治下。这时,奥列格开始使用"罗斯人"来称呼他治下的所有部族,并向基辅和诺夫哥罗德的所有部族收取贡赋。奥列格不再把诺夫哥罗德视为统治的中心,而是将基辅推到了自己统治的首要位置,所以他踌躇满志地呼喊:"基辅将成为罗斯众城之母!"奥列格的这句话道出了留里克家族的雄心:未来的罗斯众城都必须听命于基辅!于是,奥列格用土木扩建基辅城,使之具有防卫功能并成为第聂伯河上一个不可替代的政治和贸易中心。

奥列格将历史翻开了新的一页:以"友好与亲善"为幌子,通过阴谋和战争的兼并开始了留里克家族在基辅的全新统治——一个以"罗斯"命名的新的大部族联盟。

第四节 马踏青草,挥戈西向

奥列格称公基辅后,基辅周边地区并不太平。居住在第聂伯河下游的部族乌利奇人和特维尔人是草原游牧部族。他们人数众多,《往年纪事》对他们的记载是:"这些部族人数极多,居住在从第聂伯河直到黑海沿岸的广阔地区。"这些部族逐水草而居,过惯了奔袭式的生活。在基辅的西南部、第聂伯河右岸的稠密森林中则居住着天性彪悍、放荡不羁的德列夫利安部族,而"德列夫利安"的名称就是"居住在森林中的人"的意思。他们有着较为发达的社会化结构,甚至有了某种意义上的部族组织。而在第聂伯河的左岸,平原上农耕部族也已有了较为发达的社会结构。所有这些部族都有个共同的特点,那就是长期处于放荡不羁的生活状态之中、不愿听命于他人、渴求自由。而奥列格称公基辅后的执政所指就是要让这些部族听命于自己,就是要他们承认基辅的权力是最高的权力,并且要对这种权力顺从。

而在所有这些部族中,德列夫利安部族是最桀骜不驯的。《往年纪事》这样描述这个部族:德列夫利安人风俗野蛮,像牲口一样群居,吃不洁的事物,无婚娶习俗,在近水地抢劫女人为妻,所以奥列格公以征收贡赋来使各部族归顺、臣服的行动就首先遭到了德列夫利安人的强烈抵制。奥列格公随即在883年率军攻打德列夫利安部族,对他们说:"你们不许再向可萨人纳贡,贡赋要送给我!"最后,德列夫利安人被征服,不得不向奥列格缴纳黑貂皮等贡赋。

解决了德列夫利安人的抵抗之后,884年,奥列格公又策军北上,以武力威胁塞维利安部族,不准这些族人再向可萨人纳贡。奥列格公说:"可萨人是我的仇敌,你们不能再向可萨人纳贡!"于是,塞维利安人在武力威逼之下顺从了基辅公的意志,把大量的贡赋献给了奥列格公。

奥列格公的觊觎之心并没有终结,他又派使节东去拉迪米奇部族,责问他们:"你们向谁纳贡?"拉迪米奇人回答:"向可萨人。"奥列格公还是那句话:"你们再不可向可萨人纳贡,贡赋只能交给我!"

在征服了波利安人、德列夫利安人、塞维利安人和拉迪米奇人之后,奥列格公又马踏青草,挥师北伐与南征,先后与乌利奇人和特维尔人等部族作战,以武力强征贡赋。与此同时,奥列格公还往各部族派遣亲信,作为驻当地的官员,监督贡赋的收取,迫使基辅周边的各部族归顺于自己麾下。经过15年左右的刀光剑影、马革裹尸,奥列格公作为最高统治者的权威才算确立,这个部族大联盟内部才大体稳定下来,基辅作为这个部族大联盟的权力和政治中心才得到确认。在俄国的史书上,把这个在基辅建立的大部族联盟称为罗斯土地上最早的国家,用了"基辅罗斯"这样一个后人想出来的名称。因为《往年纪事》里一再重申,"基辅"属下的所有部族都是属于"东斯拉夫部族"的,所以罗斯的后人们就把"基辅"和"罗斯"放在了一起,称"基辅罗斯"为罗斯土地上的东斯拉夫人国家的起源。

随着"基辅罗斯"的成立,罗斯国家的统治中心南移了。在发展上处于优势的诺夫哥罗德以交易为主的经济形态战胜了传统的狩猎、放牧、农耕的形态。此外,这一移动更加强化了奥列格意欲通过水路来扩大"基辅罗斯"疆土的野心,使他对君士坦丁堡的觊觎难以抑制。

903年,留里克的儿子伊戈尔已经长大,到了亲政的年纪,却一直跟随奥列格到处"巡行纳贡"。奥列格也并没有将基辅公的权力交给他,而只是让他成亲了。奥列格为伊戈尔挑选了一位北方普斯科夫的姑娘奥莉加作妻子,让他幽居在基辅。907年,奥列格独自率军出征君士坦丁堡,其军队包括了"基辅罗斯"属下的所有部族:瓦良格人、斯洛温人、楚德人、克里维奇人、德列夫利安人、波利安人、塞维利安人和拉迪米奇人等。奥列格统领2 000艘单桅帆船,每船四十名士兵,跨海西征君士坦丁堡。拜占庭皇帝下令紧闭城门,用铁链封锁港湾。

奥列格是个惯用计策的公,一见船只被阻隔在海上,就下令士兵制造车轮,并将其安装到帆船的底部,将帆船改成战车。这些战车乘风势朝君士坦丁堡杀奔而去。君士坦丁堡的守军和皇帝从没有见过这种阵势,惊慌失措地要求奥列格停战议和,表示愿意向奥列格纳贡。作为胜利者,奥列格退兵君士坦丁堡的郊区并派出自己的亲信去和拜占庭的皇帝议和。奥列格的要求是很多的:要给2 000艘船上的80 000名士兵发犒赏;要向罗斯的城市——基辅、切尔尼戈夫、佩列亚斯拉夫里、罗斯托夫和柳别奇等城市纳贡。而奥列格最主要的要求就是:准予罗斯与拜占庭免税通商。在使者、商人待遇方面,奥列格是极为强势的:罗斯派使者来,拜占庭要发俸金;罗斯的商人来要发足够半年的食物,要给他们修建蒸汽浴室,他们返乡时要提供旅途所需的一切食物和物品。然而,拜占庭的皇帝并没有全盘接受奥列格的条件,而是坚持不经商的罗斯人不发口粮,罗斯来人要登记注册,在指定地点居住,不得胡作非为。"他们要在我们皇帝的勇士的监督下只从一个城门进入,不得携带武器,一次进50人。生意数额不计多少,一律免税。"

这是罗斯历史上第一次与外国打交道,也是其后数百年中罗斯(俄国)与拜占庭间第一次武装较量,是罗斯向国外扩展的第一次战争——"罗斯—拜占庭战争"。但是,奥列格并没有要求拜占庭的土地,也没有留在君士坦丁堡不走,而是在"和约"谈妥后,趾高气扬地命令士兵将自己的战盾高悬于君士坦丁堡的城门之上。也许,奥列格所要表示的是:君士坦丁堡,别忘了我是胜利者!

奥列格班师返回基辅,但他一直对君士坦丁堡耿耿于怀。911年,他派出一个由"全罗斯人"组成的使团去君士坦丁堡签订新的长期和平条约。这份和约的主旨是"信仰与友爱",是"罗斯人与希腊人的讲和"。和约涉及面很广:有对杀人越货者、偷盗者的惩处规定,有对各自商船遇险后的处置办法,有对在对方国家效力者的安排及其死后在效劳国家的遗产的继承规定,甚至还有"将犯法后滞留希腊的罗斯人强行遣回罗斯"的要求。

这份长期和平条约可以说是"基辅罗斯"成为一个国家之后的第一份正式外交条约,它既体现了"基辅罗斯"越过海峡向西方发展的欲望,也表达了"基辅罗斯"欲与拜占庭帝国平起平坐、分庭抗礼的野心。

第五节 十字架和雷神相向而立,部族杂居混血联姻

奥列格觊觎拜占庭帝国并不是出于仰慕那里人们的信仰,无论是在兵临城下,还是班师回基辅的时候,他始终是一个多神膜拜者。他将自己护身的盾牌高悬在君士坦丁堡的城墙之上,就是相信这盾牌就是他膜拜的神灵,在他离开君士坦丁堡后它将替他监护这座帝国的城堡。当他和拜占庭皇帝缔结和约后,双方在一起发誓永远信守诺言。希腊人按照基督教的方式发

誓——亲吻十字架；而奥列格则按照罗斯的方式发誓：以手中的武器，向罗斯人最信奉的两位尊神——雷神庇隆和畜牧神沃洛斯发誓保持和平。

《往年纪事》里记叙了他的死亡：从君士坦丁堡回到基辅后，奥列格仍然大权在握，没有让伊戈尔亲政。912年的某一天，奥列格闲暇无事，突然想起了早年他曾询问过巫师："我将死于何物？"巫师的回答是："您将死于您的战马！"奥列格听后恐惧不已，忙令人将战马牵走，从此再也不敢骑这匹马。多年后，当奥列格回忆起这个不祥的预言时，他认为自己已经是个权倾国、无所畏惧的人了。于是，他问管马的人："此马何在？"管马的人说："早已死了。"奥列格听罢忙去看死马的骸骨，对马的颅骨踢了一脚，大笑说："你死了，我健在，难道现在我还会死于这个颅骨吗？"刹那间，从颅骨里窜出一条蛇来，猛咬了他的脚一口。奥列格因此死亡。

这里的奥列格之死充满了对自然现象不解的诡秘莫测的气氛，以神话来解释奥列格之死是多神膜拜之故。这种描述完全沉浸于对多神的恐惧之中，同时表明了罗斯人和希腊人在信仰、宗教和文化上的巨大差异。总的来讲，这一时期，罗斯人的多神膜拜和希腊人的一神信仰仍是壁垒分明的。罗斯人不仅不看好基督教，而且对拜占庭的基督教（即后来的东正教）教徒表示蔑视。《往年纪事》这样写："从此以后人们称奥列格为先知，因为这些人都信奉异教，愚昧无知。"基督教徒信奉上帝，罗斯人信奉巫师的预言和奇迹，所以涅斯托尔说："巫师的预言变成事实，这并不稀奇。"

奥列格对拜占庭的征战、与希腊人的通商以及随之而来的大规模人员交往，这一切所产生的后果是，拜占庭基督教和文化必然会不可遏制地影响罗斯人，尤其是在与拜占庭距离较近、交往更为容易的地区。这些地区正好是第聂伯河的下游，即基辅的西部和南部。这些地区的特点为：一是部族间交往频繁，二是不断的征战和部族的迁移。这造成居民的混血联姻和易于舍弃多神膜拜转而皈依基督教。

早在奥列格以武力"巡行索贡"的极盛时期，这种变化就悄悄开始了。898年，不曾归附于"基辅罗斯"的乌果尔人先后占领了基辅周边的一些地区，征服了居住在那里的斯洛温人、波利安人并与他们混居在一起。后来，乌果尔人又在奥列格之前远征希腊，一直打到马其顿、多瑙河地区。这些与基辅周边地区居民混血而居的乌果尔人又与当地的居民杂居。因此，在第聂伯河下游一带，各个部族语言的混杂和沟通，文化习俗的模仿与交融就实际上促进了各个部族的融合。在各部族进一步融合的进程中，基督教被这里的王公所接受。

早在9世纪时，拜占庭就向第聂伯河下游和北高加索地区不断派出基督教使团去传教。也就在898年，基辅西部和西南部的一些斯洛温王公就接受了拜占庭基督教的洗礼。应该说他们在罗斯人中最早放弃多神原始膜拜、敬仰一神上帝。至于他们是从希腊人还是北高加索人那里接受的基督教，并没有准确的文字记载。但是，有个事实可以说明第聂伯河下游和北高加索地区是早于基辅接触到基督教并受其影响的，那就是在奥列格征讨君士坦丁堡的907年，拜占庭的第一个传教士使团就来到了阿兰地区（如今的北奥塞梯地区），并在那里设立了阿兰大主教。但是，由于西部和西南部这些王公的地位不显贵，所居住的地区远离政治中心，他们的皈依并没有对整个"基辅罗斯"的历史进程起到重大作用。

各部族的混居必然促使联姻和混血。原本"没有婚娶习俗"的各部族变得更为放荡不羁，部族的界限和祖先的习俗变得不再那么重要和具有约束力。奥列格指定遥远北方的普斯科夫女子为伊戈尔之妻，也许就是王公贵族部族混血的肇始，而这种部族之间的混血，实际上也就开启了新民族形成的过程。随着"基辅罗斯"的强盛和地区的扩张，这种部族间的混血也愈益强化和深化，而在这潜流中躁动的正是未来民族的胚胎。"基辅罗斯"的最高统治者身体力行了这种躁动，不断地与拜占庭的皇族、贵族以及诸如阿兰等地区部族王公的公主婚配，不过这都是后话了。尽管如此，显然从"基辅罗斯"开始，瓦良格人就不再是纯血统的瓦良格人了，所有其他的部族，斯洛温、波利安、德列夫利安、塞维利安、乌尔齐、拉迪米奇，诸如此类，也都不再是纯血统的本部族的人了。在"基辅罗斯"统辖的土地上开始了一个轰轰烈烈的民族形成过程，而这个过程会愈演愈烈，是任何力量也阻挡不了的。

第六节　作为一个大部族联合体的"罗斯"

911年，当奥列格派出十五名使者去君士坦丁堡议和时，这些使者向拜占庭皇帝递交的和平条约的文本中，有两点是新鲜的，一是将奥列格升格为"罗斯的大公"，他们递交的是"罗斯大公奥列格"的信件（от Олга, великого князя рускаго）；二是写明这些使者全都是"罗斯部族的人"（от рода рускаго），是受大公的委托，也是大公治理下的各部族王公贵族，亦受大公治理下的所有罗斯人的委托（от всех иже суть под рукою его сущих Руси）来完成和平使命。与此同时,这份条约文本中,仍然坚持了一个明确的概念,即"我们罗斯人"和"你们希腊人"不同,而这种不同就是信仰上的差异。这份条约再次强调了在907年的和谈时已经表达出的"十字架与雷神庇隆"的相向而立:条约要求拜占庭皇帝亲笔签署,并向十字架以及"你们的三位一体之唯一真神宣誓",而"我们罗斯人"将"按照我们的信仰和习俗,以手中的武器发誓"。

这表明在基辅出现的这个部族联盟与以往这片土地上有过的任何一个部族联盟都不同。基辅的这个罗斯部族联盟有了几个新元素,一是它自称是统领所有部族的联盟;二是这个部族有了一个各个部族都必须听命的大族长——大公;三是所有的部族有了一个统一的名称——罗斯人。罗斯部族联盟出现后,奥列格所做的是两件事:一是亲率勇士队伍到各个部族索取贡赋,并且通过这种"巡行索贡"亲自处理各种事务,显示大公不可抗拒的声威;二是利用索取到的贡赋,不断扩大与拜占庭的交易,而这种交易又是伴随着武力征伐进行的。

在罗斯,巡行是大公主要的"国务"活动,而向君士坦丁堡的推进则体现了"基辅罗斯"统治者不愿屈居于基辅一带,而欲与拜占庭平起平坐的愿望。奥列格开启了这种以"巡行索贡"为核心的"国务",所以他也承担了来自两方面的强大压力,一是"基辅罗斯"内部的各部族并不是心悦诚服地归顺的,潜在的抵触和明里的反抗此起彼伏;二是拜占庭的皇帝也不是拱手把自己的权益让给他人的傻瓜,他们对"基辅罗斯"的西进总是保持高度警惕并准备随时以弓箭相迎。

伊戈尔是在奥列格30多年的摄政下成长起来的,他总是伴随奥列格的武力"巡行索贡",谙熟奥列格对部族的管理方法和企求。当他于913年成为大公后,他既继承了奥列格的治理手腕,又承继了奥列格留下的"遗产":内部各部族的叛乱和外部与君士坦丁堡的摩擦与对抗。可以说,伊戈尔接受的是一种极为危险的权力。

在伊戈尔治理的32年中,原本就没有心悦诚服的德列夫利安人起而抗拒伊戈尔的"巡行索贡"。914年,德列夫利安人拒绝再向基辅纳贡,酝酿着一次抗赋行动。伊戈尔旋即大兵压境,镇压了德列夫利安人的反抗,迫使他们继续向基辅纳贡。但是,基辅治理下的局势仍然极不稳定,伊戈尔大公碰到了新的麻烦。南部草原的游牧部族佩切涅格人经常向左邻右舍奔袭,他们不是为了寻求土地,而是为了掠夺财物和奴仆。他们的势力从克里米亚逐渐向第聂伯河下游扩伸。915年,佩切涅格人欲越过基辅的土地,再经过希腊,奔袭多瑙河流域,而这时的希腊也正处于内部的动乱之中,挡住了佩切涅格人的去路。佩切涅格人不得不收兵返回基辅的土地,这对伊戈尔大公造成了很大的压力。920年,伊戈尔出兵攻打佩切涅格人,开启了此后数十年间,甚至数百年间断断续续进行的罗斯人与佩切涅格人的战争。罗斯人和佩切涅格人的这第一次武装对抗和争夺以佩切涅格人的失败结束。由于希腊局势的反复变化、持续不断,佩切涅格人最终不得不在武力威胁下表示愿意向罗斯纳贡。

但是,伊戈尔大公最关注的还是要在第聂伯河和德涅斯特河的河口地区扎下根来,将克里米亚和塔曼地区控制于己手,只有这样才能保住那些用贡赋建造起来的要塞堡垒,才能以贡赋去贸易,换回必需的物资。而这方面最大的障碍就是希腊,因为这些地区一直处于拜占庭帝国的治理之下。奥列格已经为这个目的与希腊较量了两次,而现在轮到伊戈尔了。941年,伊戈尔亲率大军进攻希腊。罗斯人的万艘战船向君士坦丁堡进发,浪滔滔,风萧萧,刹那之间便攻下了希腊的大片土地。伊戈尔的征讨是极其残酷的,《往年纪事》没有回避这种残酷,而是哀叹希腊人失败的不幸:罗斯人鞭挞希腊俘虏,把他们当射击的靶子,把他们捆绑于柱子上,将铁钉钉进他们的脑袋;罗斯人还将财物抢劫一空,到处放火,将希腊人的教堂、寺庙和村庄化为灰烬。

但是,处于绝境的希腊人得到了来自各地的其他部族的支援,他们将罗斯人包围了起来,并且用猛烈的希腊火摧毁了罗斯的战船。伊戈尔的这次兵伐希腊是罗斯与拜占庭的第二次战争,但它以失败告终。除一系列其他原因外,伊戈尔的败北还由于此时的罗斯在生产力的发展上还远逊于希腊。罗斯人没有先进的武器——希腊火,那些得以逃命返回基辅的人对亲人讲述过这种他们不明白的"猛烈火焰":"希腊人喷火烧我们,快得像闪电,所以我们败了"。

伊戈尔不甘心于此,944年,决定集军再伐希腊,打一场罗斯人与希腊人争夺地中海、里海和黑海控制权的第三次罗斯—拜占庭战争。除被强迫纳贡的罗斯人自己,以及波利安人、斯洛温人、克里维奇人和特维尔人外,伊戈尔还以人质为押,让佩切涅格人当雇佣兵,并且派人渡海去斯堪的纳维亚请瓦良格人来参战。这场征伐的大军是在克里米亚的赫尔松涅斯集结并从那里扬帆出征的,处于希腊人治理下的赫尔松涅斯人向拜占庭皇帝密报了军情。这次伊戈尔的精兵良将令希腊人害怕了,希腊人遣使求和。伊戈尔的大军实际上也没有在大海上作战的经验,所以他的部下建议:不能打了,这不是在陆地上,而是在茫茫大海上作战,海浪无情,我们会死于海上的。伊戈尔收取了希腊人的金银珠宝后,撤军回到基辅。第二年,伊戈尔派遣了一个由一名特使和多名一般使臣组成的代表团去希腊签订和约。

在最后议定的和约中,双方人员的通商和交往仍是核心主题,强调的是屡次被强调又屡次遭破坏的双方"直到日熄世毁也永不改变的"友好与和平。但条约中对于赫尔松涅斯地区问题却作了特殊的规定。希腊方特别强调,赫尔松涅斯地区以及其中各城不受罗斯支配,罗斯大公无权在该地区和各城作战;罗斯人无权在第聂伯河河口以及附近地区过冬,秋天到来时他们必须返回罗斯的家乡;罗斯人如果在第聂伯河河口遇见赫尔松涅斯居民,不得加害。

从这份和约可以看出,当时的罗斯人有的已经接受了基督教的洗礼,有的仍然坚持自己的原始膜拜,所以和约里是这样写的:已经接受洗礼的罗斯人将在教堂面对圣十字架宣誓永远遵守这一和约,而未接受洗礼的人将面对自己的盾牌、出鞘之剑等武器宣誓。伊戈尔大公接受了这份和约,也就是说,除了历来和约中有关通商、人员往来的规定外,这位基辅大公承认了赫尔松涅斯不是基辅治理下的部族之地。伊戈尔大公也没有改变信仰,所以他对这一和约的宣誓是选择在有庇隆神像的山岗上,面对盾牌、兵器和各式财宝进行的。

945年的秋天,伊戈尔又亲自去德列夫利安人那里索取贡赋,并且将贡赋的数额增加了一倍。德列夫利安人在刀剑和武力下,还是纳贡了。于是,"巡行索贡"的军队返回基辅,而行之中途,伊戈尔还觉得向德列夫利安人索取得不够,决定返回德列夫利安人那里再索取贡赋。伊戈尔的再次索贡令已经有所不满的德列夫利安人忍无可忍了。于是,德列夫利安人的酋长玛尔率兵丁杀死了伊戈尔。也有编年史记载,说他是被德列夫利安人绑在大树上吊死的。

伊戈尔的妻子奥莉加长于运筹帷幄。为报夫仇,她通过三次阴谋征服了德列夫利安人,保住了面临各部族反叛的基辅。她还将儿子斯维亚托斯拉夫扶上公位。比起自己的父亲和先辈来,斯维亚托斯拉夫更为崇尚以武力"巡行索贡"。对罗斯内部,他以武力征剿伏尔加河及其支流奥卡河沿岸,强迫各部族向其纳贡;而对外部,他发兵希腊,打下了多瑙河沿岸的80座城池,并亲自驻扎在那里的佩列亚斯拉韦茨城。斯维亚托斯拉夫说,他之所以喜欢佩列亚斯拉韦茨城,是因为那里应该是"我治理下国土的中心",来自各部族的贡赋,无论是来自希腊的黄金、锦缎、名酒和鲜果,还是来自捷克和乌果尔的白银和宝马,或是来自罗斯的毛皮、蜂蜡、蜂蜜和奴仆,都应该送到那里去。就在他忘情于佩列亚斯拉韦茨城时,佩切涅格人再次奔袭罗斯,并且打到了基辅城下,他这才率兵返回基辅。

佩切涅格人的反叛并没有因此终结,斯维亚托斯拉夫向希腊、向多瑙河沿岸的征讨也没有因此结束,"基辅罗斯"内部各部族的内讧反而愈演愈烈。971年,斯维亚托斯拉夫再次出兵多瑙河沿岸;972年,他兵败于第聂伯河下游的石滩地区。佩切涅格人杀死了他,并将他的头颅制成了酒器。"基辅罗斯"经过了奥列格大公(879—912)、伊戈尔大公(912—945)、斯维亚托斯拉夫大公(945—972)以及其后的雅罗波尔克大公(972—980)的治理。但是"基辅罗斯"外征希腊和更远地区,内压各部族使他们纳贡和归顺的总格局没有发生实质性的变化,"基辅罗斯"彰显武力、兵临城下的做法也代代传承,延续了下来。

这期间,有件事表明"基辅罗斯"的多神膜拜的传统已经发生变化,来自拜占庭的基督教的影响日渐加深。奥莉加接受基督教洗礼是个明证。955年,奥莉加"巡行索贡"来到了君士坦丁堡。拜占庭帝国皇帝和总主教为她亲自主持了洗礼仪式,并且为她取教名叶莲娜。她在接受主教祝福后这样说:"我的臣民和我的儿子仍是多神信仰者,但这不会影响上帝保佑我远离罪恶。"返回基辅后,奥莉加一再劝说儿子斯维亚托斯拉夫接受洗礼,改信基督教:"我信奉上帝了,所以我感到无比的快乐,你若是也信奉上帝,你也会感到幸福的。"作为大公的儿子回答:"我不会一个人改变信仰!"

尽管奥莉加是一个人接受了洗礼,尽管斯维亚托斯拉夫不愿一个人改信基督教,但是基督教在罗斯土地上的传播正在不可阻挡地前行。

综上所述,说"基辅罗斯"是俄罗斯国家的雏形也好,说它已是俄罗斯的国家形式也好,实质上,"基辅罗斯"是各个部族的大联盟。在这个联盟中,没有什么管理机构,一切事务都是大公自己处理,也没有什么明确的土地疆界的划分,部族的联合以及他们的居住地区都是动荡变化的,而且各个部族都仍然拥有自己的王公和勇士(军队),不顺从和抗逆时常发生。而在"基辅罗斯"的发展进程中,大公本人的性格和能力起着决定性的作用。聪明者、善于计谋者、事能躬亲者、勇敢者则成为强君,能控制局势,而愚笨者、穷于计算者、无力决策者、懦弱者则成为弱君,或被他人玩于股掌之中,或难以为政继。所以,后人在书写历史时,常常有"圣者弗拉基米尔""智者雅罗斯拉夫"这样的说法。这是后话,暂且搁下。

作者点评

在论述这一时期的罗斯历史时,有两件事是必须重点关注的。一件事是留里克家族南下基辅称公,另一件事是关于"基辅罗斯"的立国论及其名称的来源。

关于留里克家族南下基辅,传统的意见,也就是俄罗斯国家史学占主导地位的看法是,奥列格称公基辅是"兄弟的、和平的联合",甚至是俄罗斯人与乌克兰人自古以来亲情的融合。但是,即使是按照《往年纪事》的记载,也根本不存在什么"兄弟的、和平的联合"或什么"亲情的融合",奥列格是用武力占领的基辅,这是阴谋和杀戮的兼并。如果不戴着有色眼镜,这本来是很容易看清的事。

《往年纪事》的记述表明,留里克三兄弟开始治理诺夫哥罗德的同时,他们旗下的一支贵族就南下占领了基辅,镇压了那里的土著部族——波利安人、斯洛温人和罗斯人等,自称为王公。这样的事实给诺夫哥罗德的留里克造成的局面是:北方的诺夫哥罗德和南方的基辅本是"一家亲"。《往年纪事》的这些记述毋庸置疑地表明了下述几点:一是奥列格"称公基辅"是北部的留里克公不满足于诺夫哥罗德的弹丸之地,渴求向南方更远地区扩张的必然结果;二是这种扩张实际上是占统治地位的留里克公家族与其属下分支或贵族勇士间内讧发展、深化的必然结局;三是这种部族间的内讧是通过狡诈的手段、武力的方式实现的;四是在这种部族内部的内讧和争斗中,不仅诺夫哥罗德人对事态的发展无能为力,而且基辅地区的原住民——波利安等部族的人也是被统治者,"称公基辅"的公及其掌权层都是留里克家族的成员或其亲信,是来自海外的那帮人,而不是沿河而居的原住民;五是奥列格"称公基辅"并不是留里克家族内讧的结束,而是它新扩张的开始,只不过从诺夫哥罗德到基辅之路是一条"家族内讧之路",而从基辅之始,则是一条以"称公基辅"为形式的扩张,是与南部更远的草原甚至到克里米亚,及与西方的拜占庭帝国的部族间、国家间的杀伐和军事争夺之路。

无论是奥列格,还是伊戈尔、斯维亚托斯拉夫,甚至是摄政的奥莉加,都是惯于阴谋诡计的统治者,都习惯于使用大军扬威和兵临城下的恫吓手段,都对财富的贪求永无止境,都对不顺从者、反抗者手段残忍,所以从奥列格"称公基辅"时起,罗斯这个新的部族联盟就处于内部各部族不断的叛逆和反抗、外部无休止的争夺和杀伐之中。而基辅公的最后结局也多是十分不幸和残酷的:或死于貌似神话实为谋杀(如奥列格大公),或死于辖下不能忍受索贡和暴力的部族杀害（如伊戈尔大公和斯维亚托斯拉夫大公）。

关于"基辅罗斯"的立国论及其名称的来源，在这里，我们使用了奥列格"称公基辅"这个概念，而不是传统上的"基辅罗斯"这个概念。因为"称公基辅"是《往年纪事》的准确用语，而"基辅罗斯"这个名称在《往年纪事》里根本找不到。《往年纪事》里有几点很值得人们思考：一是它用了奥列格"称公基辅"，而没有说"在基辅立国"，更没有明确记载发生这一切变故的882年就是"基辅罗斯"立国之年；二是没有出现"基辅罗斯"这样准确的名称，翻遍《往年纪事》，这位山洞修士只用了"罗斯"（Русь）和"罗斯之地"（Руская Земля）这两个概念，根本就没有作为一个国家概念的"基辅罗斯"；三是书中不仅没有提及"国家"这个概念，甚至连"部族联合"的概念都没有，《往年纪事》里详细记载的是奥列格率军对基辅四周的其他部族的征剿、作战和强行索取贡赋，最后是向西对拜占庭的讨伐，这是一幅扩张和征战的全景图。

由此，可以得出几个结论。一是奥列格"称公基辅"后，只是他一人掌权，一人处理事务，而掌权和处理事务的主要办法或者手段就是"巡行索贡"。在这种巡行中，他所去的地方也就是他能到达、能索取到贡赋的部族居住地。二是大公治理的土地并没有明确的疆界或者说"国界"，没有任何文献记载中有关于这种疆界的文字和地图。三是由于罗斯部族的一切"政务"都是由大公本人负责解决的，大公只有卫队、亲随和左右的波雅尔贵族，而没有任何的管理机构，所以位于基辅的这个罗斯部族联盟没有"国家管理机构"。四是各个被基辅大公强令纳贡的部族仍然独立存在，即他们仍有自己的公在管理事务，仍然按照自己祖传的风俗习惯和条规办事和生活。基辅大公来时俯首纳贡，大公去后仍然自成一统。此外，这个罗斯部族没有公布过任何法令或者任何文字记载来表明自己作为一个国家而存在。即使后来，到了有文字记载的"罗斯法典"时期，所有的法典也从来没有使用过"基辅罗斯"这样一个名称，比如著名的《雅罗斯拉夫子孙法典》《莫诺马赫法规》《罗斯增补法典》等。还有一点同样是重要的，在古老的编年史或者远征记中，罗斯的公都是用"基辅公"或"基辅大公"来表述，从没有出现过"'基辅罗斯'大公"这样的称谓。

事实上，出现"基辅罗斯"这样的名称并不是一个纯学术事件，而是一个有着强烈政治意义和内涵的事件，它所要强调的是"罗斯土生土长"论，批驳的是"罗斯外族起源论"。对于始自《往年纪事》的全部俄国史学来说，有两个日期是神圣不可亵渎的，一是862年，一是882年。862年是留里克家族应邀来到诺夫哥罗德的那一年,882年是奥列格"称公基辅"的年份。862年被称为"在罗斯建立第一个王朝"的年份,882年被确认为"罗斯的立国之年"(在《往年纪事》里找不到"建立第一个罗斯王朝"之说)。这样一种纪年方式事实上就是将这两个年份神圣化起来了,而神圣化的缘起,一是强调留里克家族绝对的"罗斯"起源和身份;二是强调奥列格的"称公基辅"是绝对的罗斯起源;三是强调来自北方的留里克家族对第聂伯河和伏尔加河两河沿岸各斯拉夫部族及其文明和文化的绝对优先地位和统领权威。

应该说,"基辅罗斯"这一概念的使用并不缘起于政治家,而是史学家。俄国史学家谢·索洛维耶夫和乌克兰史学家米·格卢舍夫斯基是极具代表性的两位。索洛维耶夫是在对俄国历史进行分期时使用这一概念的。他认为应该将"罗斯"分为几个阶段,而他分阶段的标准是以国家的首都在哪里为唯一依据的。根据他的分期法,罗斯有四个发展阶段:"基辅罗斯"、弗拉基米尔罗斯、莫斯科公国罗斯和彼得堡罗斯。这只是索洛维耶夫用以分期的标准,或者说是他模拟的一个符号,并不具有实质上的政治、社会和经济意义。也就是说,索洛维耶夫并不是肯定在俄国的历史进程中存在过"基辅罗斯""弗拉基米尔罗斯""莫斯科公国罗斯"和"彼得堡罗斯"这四个国家的国名。

尽管如此,索洛维耶夫还是在事实上为后来的俄国史学奠定了两个基础,一是"基辅罗斯"这个名称,二是"基辅罗斯"作为俄罗斯国家起源的说法。这种分期法强调了作为大民族的"大俄罗斯民族"的地位、作为小民族的"小俄罗斯"和"白俄罗斯"对"大俄罗斯"的依存和附属地位,因而受到维护"大俄罗斯"利益和国家权威者的热烈拥护和支持,于是广为流传并最终定格为一种经典的国家学说。到了苏联时期,一切都源于大俄罗斯,一切都决定于大俄罗斯,一切都得服从于大俄罗斯的理论是符合当时的"苏联世界第一""苏联优越于世界各国""苏联的利益就是社会主义的利益"理论路线和方针的。因此,在1937年斯大林亲自主持并审定的《联共(布)党史简明教程》中就有了这样明确的结论:"从10世纪起,斯拉夫人的基辅公国就被称为'"基辅罗斯"'。"《联共(布)党史简明教程》的结论是指示性的,也是命令性的,它对苏联时期的史学和整个意识形态所产生的影响和起的作用是极其深远的。

而格卢舍夫斯基大概是最早使用"基辅罗斯"这个概念的乌克兰史学家之一,不过他并没有单独使用,而是用了这么一个短语:"'基辅罗斯'-乌克兰"。他在十卷本的《乌克兰-罗斯史》一书中旗帜鲜明地提出了一个与"基辅罗斯"针锋相对的概念——"乌克兰-罗斯"。格卢舍夫斯基的意思是很明确的：乌克兰自古就是罗斯的土地，而这个罗斯就是乌克兰的罗斯。他认为，现在乌克兰土地上自公元1世纪起就有斯拉夫居民居住了，而这一居民有着自己的、与其他东斯拉夫部族不同的特点。因此，他的结论是，所谓"罗斯"实质上就是"乌克兰国家"，而不是其他部族，诸如留里克家族的国家，"乌克兰-罗斯"就是由此而来。在"乌克兰-罗斯"这个短语的含义中，乌克兰人和俄罗斯人在起源和发展进程方面都是有原则性差异的。格卢舍夫斯基所要强调的是，乌克兰才是"基辅罗斯"的真正继承人。在《乌克兰-罗斯史》中，还有一个重点，那就是格卢舍夫斯基不同意俄国人所说的"大俄罗斯""小俄罗斯"和"白俄罗斯"民族之分，强调乌克兰人和俄罗斯人是平等的，不应有大小、尊卑之分。

因此，事实上索洛维耶夫和格卢舍夫斯基都从各自的角度表达了本民族的优越性和优势地位。但他们也有相同的思想，即将罗斯起源论神圣化。而这种神圣化的最终目的是彻底否定和批驳"罗斯外族起源论"，这在沙俄时期造成了"大俄罗斯民族主义"的盛行。到了苏联时期，阐述"基辅罗斯"的"罗斯说"发展成了一个独立的学科。在苏联（包括后来俄罗斯）的史学著作里，为了解释这种难以接受的"罗斯外族起源"说，曾经出现过一系列的"科学论证"和"真实解说"。其中有一种说法甚至改变了在"基辅罗斯"中有过丰功伟绩的伊戈尔公的起源和身世。虽然《往年纪事》被奉为经典，但"必要的解释"还是与时而现。《往年纪事》明确记载伊戈尔公是第一代留里克公的嫡传，而新的一种解释是：伊戈尔公并不渊源于留里克家族，而是斯拉夫族土生土长的公，这样一来，连留里克家族都不是"被邀请来"的了，也是"土生土长"的了。所以，"基辅罗斯"这一名称的出现就是应这种科学论证和解说而来的。这个名称实际上应该反过来读，即应读成"罗斯基辅"，意思就是"罗斯的基辅"，留里克家族是土生土长于罗斯的，因此他们称公基辅也是对自己斯拉夫土地的治理，是天经地义的事。

当今时代，在俄罗斯和乌克兰，关于"基辅罗斯"的争论已经完全变为政治上的争吵，声音渐高，语调渐狠，气势霸道，几乎达到了难解难分的程度。总的来说，"基辅罗斯"从学术上的争论拔高、进化为由俄罗斯还是由乌克兰来继承"基辅遗产"的政治较量。

在俄罗斯方面，"基辅遗产"的内涵是下述几点：一是俄罗斯和乌克兰从远古部族时代起，就是统一的、不可分离的整体，因为他们有共同的语言、文化和信仰；二是从远古以来，俄罗斯就处于领先的发展地位，语言的出现比乌克兰要早,文化的形成是源于俄罗斯的,乌克兰是处于从属地位的;三是俄罗斯从多神膜拜转为单一信仰的时期要比乌克兰早,因此乌克兰是统一信仰的后进者;四是大俄罗斯和小俄罗斯之分不是政治的、意识形态的,而是历史发展的必然结果,遵从和维护这种大小之分是理所当然的。

在乌克兰方面,"基辅遗产"则表述为:强调"基辅罗斯"这个概念的实质,就是要把这个概念强加于事实上并没有存在过的"罗斯国家"的头上;而且这个在基辅存在过的"罗斯"也从来不是俄罗斯的,而是乌克兰的。

乌克兰的阿·托洛契柯在《"基辅罗斯"和19世纪的小俄罗斯》一书中的一段话是耐人寻味的:"'基辅罗斯'已经死了,没有留下遗嘱,也没有安排好后事。它死的时候,事情分崩离析,而财产则被没收殆尽。亲朋好友们把残存的据为己有,让自己脑满肠肥,无所顾忌地挥霍掉曾经是恢宏庄园的尚存的一切。随后,可疑的文书和与逝者不确定亲属关系的继承人纷纷出场。就像在类似情况下常见的,对权利的探究演变成了觊觎者之间的一场旷日持久的争讼。相互指责对方冒名顶替,对血缘、土地的呼吁,对逝者特殊的爱恋太过分了。当这一过程还在继续时,庄园已经瓦砾废墟遍地。但这恰好赶上了对废墟的崇尚……乌克兰继承的是庄园肢躯的残存,而俄罗斯继承的是它所掌控的文书。对'基辅遗产'放至首位要追索的是什么,以及按照什么法律来继承,是按照'土地'法,还是按照'血缘'法,这场争论从19世纪末就开始了。"

似乎应该有个结论:作为史学概念的"基辅罗斯"是存在的,也许还会长期存在下去,但作为国家概念的"基辅罗斯"并没有存在过,未来也不应该存在。所以,本书中为了读者阅读的方便,仍然使用了"基辅罗斯"这个词,但都打上了引号。

第三章
弗拉基米尔大公：瓦良格至希腊之路

第一节　逃亡海外而又返回罗斯的弗拉基米尔大公

基辅留里克第三代大公斯维亚托斯拉夫被佩切涅格人杀害后，"基辅罗斯"就开始了一个为争夺基辅的大公权而残酷内讧的时期。这时期中，一方面是阴谋横行的弟兄相残，另一方面是混血联姻的加剧。

分封土地是始自留里克的一种政治手段，这既可不断地扩大征伐之地，又能保证兄弟、子嗣们分隔各处，难以形成统一对抗基辅公的力量。第四代大公雅罗波尔克掌握基辅大权后，将他的一个弟弟奥列格分封到了德列夫利安人居住的地方，而将另一个弟弟弗拉基米尔分封到了北方的诺夫哥罗德。雅罗波尔克因奥列格猎杀了自己大将的儿子而与他结怨。弗拉基米尔想娶一个显贵的女子罗戈迭达为妻，但得到的回答是："我不想做一个女奴之子的妻子，我要嫁给他高贵的哥哥雅罗波尔克。"此话激怒了弗拉基米尔，于是他与兄长势不两立。

977年，雅罗波尔克亲率大军征讨在德列夫利安部族中的奥列格。兄弟对垒混战、厮杀，恶战之后，奥列格溺水而亡。诺夫哥罗德的弗拉基米尔得知此消息后，吓得魂不附体，为躲避临头大祸，逃亡到海外的斯堪的纳维亚。在那里躲藏了两年后，他借得瓦良格人（应允将给以金银财宝为雇佣费）的军队回到诺夫哥罗德，并派人向基辅的哥哥——雅罗波尔克宣战。980年，弗拉基米尔率由瓦良格人、斯洛温人、楚德人和克里维奇人组成的大军先是进攻罗戈迭达的家乡，杀死了她的父亲和两个兄弟，又抢罗戈迭达为妻，随后兵发基辅。

根据《往年纪事》的描述，雅罗波尔克不敢应战，闭城不出。于是，弗拉基米尔开始了暗中策划。他首先私下联络雅罗波尔克的大将布鲁特,要他杀死自己的哥哥,许诺的回报是:"我将认你为父。"布鲁特愿意合作,随即在基辅城中制造谣言,蛊惑人心,扬言基辅的出路只有一条,那就是雅罗波尔克必须亲自出城与弗拉基米尔谈和,但他在私下却密报弗拉基米尔:"我把雅罗波尔克带来,你杀他。"就在雅罗波尔克出城,刚走进弗拉基米尔的营帐时,埋伏在那里的两名瓦良格士兵将其杀害。

这位被后来的史书描述成开启了罗斯基督教文明之门、雄图大略的弗拉基米尔就在阴谋诡计、背信弃义中登上了基辅大公的宝座。说他背信弃义,一是最后他并没有把布鲁特认作父亲,而布鲁特后来不得不逃亡他乡;二是他借助瓦良格人的大力才得以实现精心策划的阴谋诡计,但并未付给瓦良格人"雇佣费",而是让他们去攻打希腊,向希腊人要钱财。与此同时,他又在瓦良格人的军队开拔之前派人密报拜占庭皇帝:"瓦良格人要来攻打你们,千万别让他们进城,否则他们会像在罗斯一样,胡作非为,应将他们分而遣之。"

弗拉基米尔称公基辅之后,首先恢复和强化了因奥莉加接受洗礼而正在被淡化的多神膜拜。他重塑雷神庇隆、畜牧神、太阳神、风神和生育神的神像,将它们高置于山岗之上,让人膜拜。同时,还将这些尊神安置于诺夫哥罗德的沃尔霍夫河沿岸。一时间,参拜神灵之风兴起,敬畏鬼神之势大振。

雅罗波尔克的妻子是希腊人,弗拉基米尔将雅罗波尔克杀死后就与他的希腊妻子同居,生有一子。而他抢来的罗戈迭达为他生了四个儿子。另外他还有捷克和保加尔女人为妻妾,还有分置各处"行宫"的 800 名"嫔妃"。所以,《往年纪事》称弗拉基米尔"极为好色","像所罗门一样,荒淫无度"。传统观点认为,无论是罗斯的大公,还是他国的皇帝,嫔妃成群,后宫藏秀,都是正常的,因此不可以此来评说弗拉基米尔,但有一点却是对留里克家族其后的繁衍和社会的发展起到了深刻的作用,那就是源自瓦良格人的血统在这种情况下更为迅速地发生变化,罗斯土地上各个部族的混血正在加速进行。

雅罗波尔克因为其祖母奥莉加的出身显然已经不是纯正血统的瓦良格人,而弗拉基米尔女奴之子的身份也表明他不是正统的瓦良格人。后来继承了他的基辅大公位的斯维亚托波尔克就是他与上述希腊女子所生的儿子,而他与罗戈迭达所生的四个儿子都成了分封各地的公和贵族。因此,也许下述论断并不为过:从弗拉基米尔大公起,留里克家族的血统已经不可逆转地被混杂,一条民族形成之路已经起始。

弗拉基米尔为索取更多贡赋四处征战和讨伐,从而使这种民族混血更加深化和激烈。在981—985年,弗拉基米尔先后两次征讨反叛的维亚迪奇人、雅特维雅吉人和拉迪米奇人,将基辅周边地区牢控于手。这一方面导致基辅大公威震四邻,另一方面也导致四邻对基辅大公畏惧而警惕。这一切首先表现在了信仰上,弗拉基米尔对多神膜拜的大力推崇令不同信仰的四邻部族感到不安和惊悚。于是,四邻的部族——信奉伊斯兰教的保加尔人,信奉天主教的罗马人,信奉犹太教的可萨人,信奉基督教的希腊人都纷纷遣使来试探弗拉基米尔的态度和进行结盟的游说。于是,"基辅罗斯"面临着调整与四邻关系的难题,也就是说,弗拉基米尔将要考虑与哪些四邻部族结成较密切的联盟来保证罗斯的进一步发展。

第二节 各部族游说基辅大公,弗拉基米尔定向希腊

弗拉基米尔大公选择宗教

首先来游说的是保加尔人,他们劝弗拉基米尔改信伊斯兰教。

罗马人来了,他们对弗拉基米尔说,我们的土地相同,但信仰各异。我们信奉创造了日月星辰世间万物的上帝,而你们却膜拜木偶神灵;我们要戒斋,吃饭喝水,一切都是为了上帝。弗拉基米尔听了大怒:罗斯人不受约束。

接着来的是信奉犹太教的可萨人,他们说,我们的祖先因有罪受到了上帝的惩罚,把土地给了基督教徒,将我们遣居世界各地。弗拉基米尔听罢拒绝了犹太教:要我们信你们的教,不是也要我们受上帝的责罚吗?

最后来到的是希腊人,他们对弗拉基米尔历数了其他宗教的不是,还说了他们的信仰与罗马人信仰的差异:罗马人用不发酵的面饼做弥撒,我们用发酵的软饼做弥撒。发酵的饼和鲜红的酒是上帝的身体和血液。希腊人还详尽地讲了上帝造人、罚人和拯救人的故事:遵教者将进无比美妙的天国,而

有罪之徒将永沉烈火中的炼狱。弗拉基米尔动心了,但他仍不敢贸然决定,因为他对面临的两个问题尚犹豫不决:一是他从祖先那里继承下来的对希腊土地、财富和权势的觊觎是否将通过这种信仰的改变得以变成现实,能否将从赫尔松涅斯起始的罗斯扩张之路深入希腊的境内,保证"瓦良格至希腊之路"成为罗斯永不枯竭的生命之路;二是如何向自己的臣民解释他为什么要将亲自兴起的多神膜拜热归于沉寂。

弗拉基米尔要争取时间,等待时机,便派出十位使节到各个宗教信仰地区实地考察。使节先后考察了保加尔、日耳曼和希腊。他们在希腊受到了最隆重的礼遇,受到了拜占庭皇帝的接见,目睹了拜占庭教会给他们特意安排的全套豪华的宗教圣典。使节们大喜而归,极其兴奋地对弗拉基米尔说:保加尔人祈祷时,没有规矩,左顾右盼,心神不定,愁眉苦脸,无快乐可言;日耳曼人在教堂举行的各种礼仪毫无美感可言;但在拜占庭的教堂里,他们见到了从未见过的美妙情景,那种人与上帝同在的情景让我们不知道置身于天上还是人间。因此,使节们力劝弗拉基米尔改信拜占庭的基督教,正当弗拉基米尔犹豫不定时,他的贵族亲信劝说:奥莉加是个绝顶聪明的人,她都信基督教了,可见基督教的好处。

实际上,使节和贵族的话让弗拉基米尔再次确认了拜占庭对罗斯未来的重要意义,罗斯不仅不能失去拜占庭,而且要借助希腊成为与拜占庭同样强大、同样有影响力的国家。而让居民改变多神膜拜、皈依基督教也就有了说辞:信仰上帝会比信仰诸神灵更美妙,因为这是使节们亲眼所见。于是,弗拉基米尔最终下了接受拜占庭基督教的决心。

第三节　遥远的、神秘的赫尔松涅斯

赫尔松涅斯自公元前 4 世纪以来就是兵家必争之地,先后是古希腊的殖民地、古罗马的"自由城邦"、博斯波尔国的附属以及斯泰基人争夺的要地。这个曾经是多神膜拜之地的赫尔松涅斯在公元 1 世纪时,受罗马人的影响开始接受基督教,修建起了大小教堂。但在 4—5 世纪时,赫尔松涅斯受到了匈奴等异族人的侵犯。进入 5 世纪,它成为拜占庭帝国的殖民地。在这漫长的岁月中,赫尔松涅斯发展成为地中海北部地区最大的政治、经济和文化中心。

这显然是由赫尔松涅斯独特的地理位置所决定的。它位于克里米亚半岛的最西南端，西、南、东三面被浩瀚的黑海所包围。由此西南可直下连通爱琴海的海峡沿岸地区，并由爱琴海进入地中海。在"基辅罗斯"出现的9世纪，赫尔松涅斯是拜占庭的领地，是拜占庭帝国的一个正式的军事行政区，是黑海岸上的一个重要的桥头堡。由于长期处于罗马、拜占庭帝国的控制下，大部分居民对基督教的信奉传承了下来，基督教对当地社会结构和居民生活产生着重大影响。尽管如此，在赫尔松涅斯的四周，居住的却是各个游牧部族，他们的宗教信仰各异，有伊斯兰教，有卡拉伊姆人的卡拉伊姆教。由于赫尔松涅斯地理位置的重要，所以它历来是各游牧部族争夺的对象。生活于赫尔松涅斯以及克里米亚半岛北部的游牧部族常常越过南部草原，向基辅奔袭，而且它还是游牧部族佩切涅格、波洛伏齐与可萨汗国以及拜占庭帝国角逐的场所。

而"基辅罗斯"是后来者。对于基辅的大公来说，赫尔松涅斯这个地方远离基辅，神秘莫测。基辅的力量不仅无法触及这个地区，而且频繁经受来自这里的草原部族的奔袭掠夺。赫尔松涅斯成了基辅大公避之无法、攻之不成的心头之患。此外，他们对希腊的觊觎是必须通过赫尔松涅斯跨海西征才能实现的，但赫尔松涅斯却归属于拜占庭帝国。由此，"基辅罗斯"对希腊的觊觎和争夺首先就是从赫尔松涅斯开始的。

把赫尔松涅斯掌控在自己的手中，就成了"基辅罗斯"的开国决策之一。"这个地方应归属罗斯"是大公们心中的隐秘愿望，赫尔松涅斯是希腊名称，而罗斯人叫它"赫尔松"。从"基辅罗斯"的第一代大公奥列格起，赫尔松涅斯就是罗斯大军西征希腊的出发点，奥列格的2 000艘单桅帆船，伊戈尔的万艘战船都是从这里扬帆出征，兵临拜占庭君士坦丁堡的。在最初三代大公对希腊的征讨中，"基辅罗斯"俨然自认为拥有了对自赫尔松涅斯至希腊海岸的海上权益：罗斯人有权护送商船绕过危险水域，有权进行海上救护，有权要求希腊商船对遇险的罗斯人进行保护并送回罗斯等。

每次征讨希腊后，大公自己班师回基辅，却将人数众多的罗斯人留在了赫尔松涅斯和第聂伯河河口地区，名义是在那里过冬和防范游牧部族的奔袭，所以每次征伐后，赫尔松涅斯就因为罗斯人的滞留，不断发生罗斯人与希腊人的冲突，尤其是双方渔船和商船的冲突，而罗斯人与奔袭的游牧部族的战事也频繁发生。在945年的伊戈尔与拜占庭皇帝的和约中，拜占庭皇帝就特别提出两点：一是罗斯大公无权在赫尔松涅斯地区作战，该地区也不属于罗斯；二是在第聂伯河河口捕鱼的罗斯人不得在那里过冬，秋天来临他们必须返回罗斯。这份和约显然是"基辅罗斯"和拜占庭之间确认赫尔松涅斯是拜占庭土地的第一份"外交文件"。

987年,弗拉基米尔决定信奉拜占庭基督教,但他却在思考另一个问题:自己作为基辅大公是作为一个胜利者,还是一个臣服者去接受东正教。经过一年的思考,弗拉基米尔拒绝了臣服这个概念,最后决定以胜利者的身份接受东正教。而这种胜利者的姿态是以对赫尔松涅斯的征讨开始的,弗拉基米尔以此表明:我将夺取赫尔松涅斯,拥有了该城的基辅大公将与拜占庭皇帝平起平坐。

于是,988年,弗拉基米尔率大军进攻拜占庭城市赫尔松涅斯。赫尔松涅斯壁垒森严,弗拉基米尔下令运土筑台准备攻城,但进展缓慢。被阻于城下的弗拉基米尔大怒,发出话去:速降,否则围城三年,困死你们。赫尔松涅斯拒不投降,但最后被一个亲罗斯的赫尔松涅斯人阿纳斯塔斯出卖了。他建议切断城里的水源,而这水源正好在罗斯军队的阵地之中。弗拉基米尔切断了水源,赫尔松涅斯被迫投降。罗斯军队进入该城后烧杀掳掠,全城废墟一片。

赫尔松涅斯成了弗拉基米尔手中的一张王牌。他向拜占庭的两个皇帝巴西尔和君士坦丁高傲地宣称:"我已经将你们引以为荣的城市夺为己有。"弗拉基米尔明白拜占庭的处境:一面要和保加尔人作战,一面要面对自己将军和士兵的叛乱,于是就进一步威胁拜占庭皇帝,要求娶得拜占庭皇帝的妹妹,否则让君士坦丁堡遭受如赫尔松涅斯一样的厄运。拜占庭皇帝被迫接受这城下之盟,劝说妹妹安娜下嫁弗拉基米尔,安娜起初不肯,理由是罗斯人既不服从于任何法律,也没有真正的信仰。皇帝规劝妹妹:罗斯人带来了太多灾难,如果不嫁,君士坦丁堡可能面临与赫尔松涅斯一样的命运。

安娜被说服了。与此同时,拜占庭皇帝也向弗拉基米尔提出了条件:信仰基督的人不能将女子嫁给异教徒,如要娶安娜,就必须受洗礼。弗拉基米尔依然表示了强硬立场:受洗可以,但要皇帝和主教一起来

弗拉基米尔大公接受东正教洗礼的赫尔松涅斯遗址

弗拉基米尔大公受洗教堂的遗址(局部)

弗拉基米尔大公受洗礼

赫尔松涅斯行洗礼。面对据城而立、实力强大的基辅大公，拜占庭皇帝唯一的选择就是听命。弗拉基米尔在赫尔松涅斯城中的一处教堂接受了拜占庭主教的洗礼，宣誓信奉由万能的圣父、圣子和圣灵组成的三位一体的唯一上帝。

弗拉基米尔起誓后，与安娜，还有那个亲罗斯的阿纳斯塔斯，随队携带洗礼时用的圣像、祭器和十字架等返回基辅。出于对拜占庭皇帝的亲善、罗斯与拜占庭的结盟，弗拉基米尔把占领的赫尔松涅斯作为彩礼退还给了拜占庭。至此，这座黑海边的要塞和港口仍归属拜占庭。

在赫尔松涅斯，到处都耸立着希腊式的教堂。尽管希腊人信奉东正教，但在赫尔松涅斯依然存在各种宗教，人们的信仰并没有统归于东正教一宗，因此其他宗教的教堂建筑也纷纷耸立在这土地之上，到15世纪时，教堂的建造达到了顶峰。有资料表明，在赫尔松涅斯，一直挺立到15世纪的东正教教堂及其他宗教建筑都是在罗马帝国和拜占庭帝国时期建造起来的。这些教堂后来又多毁于战火。16世纪时，一位波兰的使节在访问过变成废墟的赫尔松涅斯后记录下一段文字，证实了这种"希腊人的建筑"："废墟着实令人惊讶，这极为明显地证明，在某个时候这里曾是一座富丽堂皇的、富有而光荣的希腊人的城市，它人口众多并且以自己的港湾而享有盛誉。在这辽阔的半岛上,从这一岸到那一岸,现在还耸立着高大的城墙和大量的塔楼,它们都是用砍削平整的大块石头建造的。"

这个衰败的赫尔松涅斯显然不是弗拉基米尔大公所期望的,不过,这都是后话了。

第四节　蜂蜜、克瓦斯加武力:第聂伯河见证的强权洗礼

弗拉基米尔接受洗礼后,改变了过去对多神信仰无限崇奉的状态。回到基辅后,他做的第一件事就是清除多神膜拜的偶像。他下令毁掉所有的神像,将主神雷神庇隆像绑在马尾巴上,从山岗上拖向河边,并让12个彪形大汉沿途鞭打庇隆神像。他对沿途观看并惊愕不止的臣民说,雷神庇隆欺骗人们,它应该受到责罚。

但自古以来就对原始神膜拜听命的臣民却无法理解这种昔日受崇敬、今日被咒骂的景象,对沦落尘埃的庇隆神像悲伤嚎啕不止。弗拉基米尔顿时大怒,吩咐将雷神庇隆像抛进第聂伯河。他知道,基辅没有东正教堂,也不可能有大量的神职人员按照拜占庭的方式来诵经主持洗礼,就想到以第聂伯河为洗礼场,于是就下严令,所有的基辅人,不管是贵族富人,还是贫穷卑贱之人,都要跳进第聂伯河去受洗。谁若不从,就是大公的敌人。第二天,几乎全城的人都被赶到了第聂伯河岸边。弗拉基米尔的亲信和贵族带头下河受洗,他们并不知道自己要接受的东正教为何信仰,但他们坚信大公的信仰一定是正确的。

但是,基辅那些祖辈膜拜多神的居民对接受东正教并不感兴趣,迟迟不肯跳下河去。这令弗拉基米尔大为恼火,就让勇士和亲信挥戈执戟地驱赶居民下河。然而武力威胁效果不佳,于是,弗拉基米尔又想出了新办法,宣布自愿投入第聂伯河受洗者,赏以蜂蜜和克瓦斯。蜂蜜和克瓦斯也没有起什么作用,弗拉基米尔大公最后还是动用了更猛的武力,逼迫基辅的居民跳进第聂伯河。与此同时,士兵们将原始膜拜的偶像、器物等都扔进了第聂伯河。基辅的居民一片吵闹哭喊,拒绝接受这个陌生的宗教。弗拉基米尔和来自拜占庭的神职人员站在河岸上,算是主持了罗斯土地上的第一次大规模的蜂蜜、克瓦斯加武力的洗礼。关于这场洗礼的景象,编年史里是这样描述的:"许多居民如同牲畜般被赶进河里","另一些人在统治者的面前接受洗礼,不是出

基辅洗礼 1

基辅洗礼 2

于爱,而是出于恐惧"。在俄国历代有关"罗斯洗礼"的一些著名油画中,画家们着重描绘的是在第聂伯河岸上高高站立的弗拉基米尔大公的脚下,拥挤在河水中芸芸众生的惊恐眼神和难以平复的不安。

第聂伯河洗礼之后,弗拉基米尔下令在过去耸立庇隆等神像的地方建立东正教教堂。989 年,他请来希腊工匠建造圣母大教堂,教堂内部以圣像画作装饰。他还让自己亲自带回的赫尔松涅斯人阿纳斯塔斯来管理这座教堂,并将从赫尔松涅斯带回的圣像、祭器和十字架等物赐给这座教堂。996 年,弗拉基米尔来这座教堂祈祷后许愿:他将把基辅和其他各城财富的十分之一捐献给圣母大教堂,并让阿纳斯塔斯掌管这笔财富。由是,"基辅罗斯"就有了"圣什一教堂"。

弗拉基米尔为保卫基辅的安全和基辅大公权力,在基辅周边各部族聚居的地方建造城池,对这些居民加以防范。他将自己的儿子们分封到这些城池:与捷克女人生的长子维舍斯拉夫被分封在地位上仅次于基辅的诺夫哥罗德,但维舍斯拉夫早逝,弗拉基米尔又转封给与罗戈涅达所生的雅罗斯拉夫,罗戈涅达所生的其他三个儿子被分封在波洛茨人的地方;弗谢沃洛德在弗拉基米尔城;斯维亚托斯拉夫在难以驯服的德列夫利安人的居住地;保加尔女人所生的两个儿子——鲍里斯被分封在罗斯托夫,格列布被分封在木罗姆人的居住地。

弗拉基米尔推行的洗礼并没有止步于第聂伯河，而是以更快的步伐推向诺夫哥罗德。流传至今的一句俄国谚语准确地反映了当时的情况："顺从者施以蜂蜜，叛逆者处之刀火。"弗拉基米尔试图按照"第聂伯河模式"让该城的居民在沃尔霍夫河中进行"集体洗礼"。但是，西北部那些信奉熊和彪悍野兽的斯洛温人、楚德人，甚至瓦良格人对东正教的抵触和反抗更加激烈，于是"武力洗礼"几乎成了当地居民接受东正教的唯一方式。

基辅的山岗上竖立起十字架

弗拉基米尔的强权洗礼实际上受到了极大的阻力，减缓了罗斯土地上接受东正教的进程。不少居民仍然受原始膜拜的强大影响。这是一个基督教和多神膜拜并存的双重信仰时期。一系列多神膜拜的习俗保存了下来，并且融进了基督教，成为发展起来的俄罗斯东正教千年不变的内涵。各种自然神灵依然是不少人信仰的对象。树木花草鸟兽成了皇室、贵族、城池的徽章和标记。北方的城市崇尚熊，于是熊成为雅罗斯拉夫尔、诺夫哥罗德、特维尔等城市的徽标；邻近森林的城市崇尚动物和林中万物，于是鹿成为罗斯托夫、下诺夫哥罗德的城徽，孔雀成为谢尔普霍夫的城徽，狼成为阿尔罕格尔斯克的城徽，狐狸成为彼尔姆的城徽，插双翅的龙成为喀山的城徽，奔跑的类似虎豹的动物成为其他城市的徽章；临海和江河湖泊的地方则崇尚鱼，以鱼为徽。

而在此基础上，出现了俄国独特的"古老教派"——一种在从希腊传入的东正教中杂糅了罗斯人自古膜拜的多神信仰的教派。

第五节　为夺公位兄弟相残，留里克王朝血腥继承

第聂伯河洗礼吹响了东正教向罗斯多神膜拜的进军号，其所引起的是各

个部族之间信仰的冲突。而弗拉基米尔大公的权力扩张,则是以土地的占领和兼并来进行的。这双重的扩张使基辅与周边各部族的矛盾激化、对抗加剧。反抗最激烈的是佩切涅格人,他们与弗拉基米尔军队的战事此起彼伏。996年,佩切涅格人来犯,弗拉基米尔亲自应战,结果被打败,藏到了桥下才算躲过一劫。这一天正是东正教的主显圣容节,弗拉基米尔下令建造教堂,于是"基辅罗斯"有了"主显圣容教堂"。他回到基辅后,又为此在教堂举行典礼感谢上苍。这一天恰逢东正教圣母升天节,故"基辅罗斯"自此有"圣母升天教堂"。弗拉基米尔打不过佩切涅格人,不得不经常求助于分封于各地的儿子。997年,佩切涅格人又大举侵犯,他就不得不亲自去诺夫哥罗德请儿子雅罗斯拉夫出兵救助。因此,这位不可一世的大公在扩张领土和权力的进程中常常处于两边受困的境地,一边是反抗的部族,另一边是与其貌合神离的亲儿子们的较量和争夺。

尽管儿子们分封各地,但他们必须定时定额地向基辅缴纳贡赋,可儿子们却总是赖账,甚至表示不愿缴纳,雅罗斯拉夫尤为激烈,既不肯出兵,不肯对遭遇他部侵扰的基辅施以援手,也不肯纳贡。这令弗拉基米尔大公大怒,1014年,他兵伐诺夫哥罗德。雅罗斯拉夫使用起了他父亲当年使用过的招数,派人到海那边,请瓦良格人来救援。于是父子恶战一场,亲情大伤。弗拉基米尔郁郁寡欢,在返回基辅的途中一病不起。又因波洛伏齐人乘他病重来犯,弗拉基米尔终致沉疴不起、溘然而亡。

执掌大公位以来,弗拉基米尔将两个儿子留在了身边,一个是鲍里斯,一个是斯维亚托波尔克。当他外巡时,鲍里斯随行,而让斯维亚托波尔克留守在基辅。弗拉基米尔病死外地,鲍里斯不敢发丧,而在基辅的斯维亚托波尔克当即宣布继承公位。鲍里斯的人对斯维亚托波尔克自行宣布继承公位十分不满,他们拥戴鲍里斯。鲍里斯委婉谢绝,但斯维亚托波尔克却担心鲍里斯夺位,于是设计谋害自己的亲弟弟。他一边派人告诉鲍里斯,他和弟弟将和睦相处,并要给鲍里斯大权,而另一方面却秘密派人去暗杀鲍里斯。据《往年纪事》的记载:斯维亚托波尔克的人野兽般冲入鲍里斯的营帐,用长矛刺向他,但鲍里斯没有断气,斯维亚托波尔克又派两名瓦良格人去杀死了他。

杀死了鲍里斯后,斯维亚托波尔克还担心其他的兄弟来争夺基辅的公位。另一个兄弟格列布听到这一系列不幸消息时,正船行在伏尔加河上。就在他嚎啕痛哭时,斯维亚托波尔克的人冲进船舱将他杀死。斯维亚托波尔克又派人去了乌果尔山区,杀死了分封在那里的另一个兄弟斯维亚托斯拉夫。当他得知斯维亚托斯拉夫已经被杀,竟狂笑而呼:"我要杀死所有的兄弟,罗斯将归我一人统治!"

最后,轮到分封在诺夫哥罗德的雅罗斯拉夫了,他是最难以对付的一个兄弟。雅罗斯拉夫组建了一支由1 000名瓦良格人和40 000名其他部族的士兵组成的军队,直下基辅,讨伐篡位、屠戮兄弟的斯维亚托波尔克。1016年,雅罗斯拉夫和斯维亚托波尔克的军队在第聂伯河上的柳别奇地区对峙了3个月后,斯维亚托波尔克兵败逃跑。雅罗斯拉夫杀进基辅,火焚弗拉基米尔大公兴建的教堂。

斯维亚托波尔克寻求到另一个兄弟博列斯拉夫的帮助,率军攻打雅罗斯拉夫。这次,雅罗斯拉夫被打败,欲逃亡海外,但得到贵族的支持,用大量的金钱组建了一支基本由瓦良格人组成的大军,再次打败了斯维亚托波尔克。斯维亚托波尔克逃往佩切涅格人地区,借佩切涅格人的军队,与雅罗斯拉夫再战,结果再一次兵败,在被追逐时惨死于途中。

雅罗斯拉夫进入基辅,称公于该城,执掌大权。留里克王朝的继承传统染上了兄弟相残的血色标记,从此相传不绝。

尽管坐上了大公位,但雅罗斯拉夫并没有停止"基辅罗斯"权力和领土的扩张。他不断地与周边各部族作战,打楚德人、打佩切涅格人、打利亚赫人。打败了其他部族的人,兼并了他们的土地,就在他们的土地上兴建堡垒和城池,建造标志胜利的高大城楼建筑——金门。在雅罗斯拉夫的军队中,瓦良格人是主力。正如《往年纪事》所描述的,征讨军队总是以瓦良格人为中军,基辅人为右军,诺夫哥罗德人为左军。这种部队阵势极为精确地表明了"基辅罗斯"的政治格局:瓦良格人是核心,是中心支柱,基辅和诺夫哥罗德两地是绝不可少的支撑力量。尤其是当雅罗斯拉夫大公(其他大公也一样)处于危机之时,总是要返回海外的故地,率领瓦良格人再打回来,这就更能说明留里克王朝与瓦良格人的密切关系了。

第六节 瓦良格至希腊之路:传教士和文字,商人和贸易

自从来自海那边的瓦良格人登上了沃尔霍夫河沿岸的土地,一条自波罗的海西岸沿沃尔霍夫河南下,经伊尔门湖,再由第聂伯河西南而去的水路就出现了。它本是瓦良格人向南方、向黑海的扩张之路。而从留里克家族被邀

到诺夫哥罗德掌权之时起,这条水路就具有了一系列新的功能。正是由于留里克家族向基辅以及基辅更南的地方的征伐与扩张,这条水路有了越来越强的军事意义。留里克家族的最初几代大公利用这条水路,对沿途的部族进行征剿,实行"巡行索贡",不断扩大"基辅罗斯"的领地,并使"基辅罗斯"这个罗斯国家的最早雏形具有越来越强烈的部族军事作战联合体的性质。征伐的最终结果是,"基辅罗斯"的疆土逐渐扩大至第聂伯河的入海口,从而使这条水路变成了通达海洋,可达拜占庭的海路。

在弗拉基米尔大公时,瓦良格至希腊之路正式形成,它成了罗斯与拜占庭交往的通道。瓦良格至希腊之路也是一条罗斯与外部世界沟通和建立外交关系之路。如果说在弗拉基米尔时,罗斯还主要忙于通过这条河海之路,与拜占庭争夺第聂伯河河口地区以及克里米亚的利益的话,那到雅罗斯拉夫主政时,罗斯的西部边疆就延伸到了现在的布列斯特地区一线,外交的盟友和对手就有了拜占庭、德意志、法国和波兰。而在这条路的北端,

俄国史学著作中有关"瓦良格至希腊之路"的图页

则有了与挪威的密切来往。下述事实可以说明这种疆土和外交关系以及随之而来的种族关系上的变化:雅罗斯拉夫本人娶瑞典国王的女儿为妻,他把自己的一个女儿嫁给了法国国王,另一个女儿嫁给了挪威国王的兄弟;雅罗斯拉夫的儿子伊贾斯拉夫娶波兰公主为妻,另一子弗谢沃洛德娶拜占庭公主为妻。

而在1036年雅罗斯拉夫击败了佩切涅格人在基辅城下的进攻之后,罗斯的南部防线就大大地向南扩展到了罗西河一线,并开始沿罗西河建城筑堡,而原来总是在伏尔加河沿岸奔袭的波洛伏齐人也退居到了第聂伯河左岸的苏拉河一带,与此同时,雅罗斯拉夫又把波洛伏齐人迁居到这里。

弗拉基米尔时,瓦良格至希腊之路更多的是一条向海外扩张之路,而在雅罗斯拉夫时,曾经频繁的对外征战减少了,基辅的内部事务上升到了首位。于是,瓦良格至希腊之路就承担了更多的新职能:宗教和文字的传播与贸易通商。于是,传教士、商人、文化使者取代了瓦良格勇士,成了这河海之路上

的主角。

瓦良格至希腊之路在东正教传入罗斯的进程中起到的作用是无可替代的。东正教传入罗斯是一个复杂的、漫长的过程。总的说来,这个传入的过程显然在10世纪中期就开始了,但在不同的地区,传入的时间却有先后。有资料表明在罗斯的最南端,即北高加索一带,是基督教最早传入的地区。据北奥塞梯史学家的材料,901—902年,拜占庭的宗教使团到达叫作阿兰人的奥塞梯地区,阿兰人就接受了基督教。而在第聂伯河下游地区,接受洗礼的时间也要早于弗拉基米尔大公在赫尔松涅斯的洗礼。在基辅,10世纪中期就有了叫作"圣伊利亚"的教堂来管理人们的洗礼和祈祷。伊戈尔大公的妻子奥莉加早在10世纪中期就皈依了基督教。

最早接受基督教的南部和西部没有完整的文字系统,更谈不上有书籍,即使是掌权的大公们也不懂希腊语、不识字、不能诵读宗教经典、无法理解《圣经》奥义。于是,898年,那里的大公要求君士坦丁堡的皇帝派传教士来。皇帝答应了这一请求,派来了两名传教士。据《往年纪事》的记载,一个叫梅福季,一个叫君士坦丁。后来的史书把这两名传教士的名字写成"基立尔和梅福季"。这两名传教士自小就在斯洛温人、波利安人、保加尔人和摩拉维亚人聚居的城市里生活,通晓他们的语言,因此就在希腊字母的基础上,吸收斯洛温等部族的语言,创制出了一种独特的、能表示斯洛温等部族语言的字母——"格拉戈尔字母",即最早的斯拉夫字母。他们用这种字母首先将《使徒行传》和《福音书》译成了斯拉夫文,随后又译出了赞美上帝的诗集和其他宗教经典。他们还在传教活动中,采用斯洛温等部族人的习惯方式进行宗教礼节活动。于是,斯拉夫文字的宗教经典的流传不仅传播了希腊的东正教,还传播了希腊、拜占庭乃至欧洲地区的风习和规范。因此,东正教从传入罗斯的起始就不是纯粹的希腊东正教,而是混合了罗斯习俗、准则、文化的东正教。

基立尔和梅福季后来离开了罗斯,梅福季在离开罗斯后没有停止将经书译成斯拉夫文字的工作。他与两名助手利用7个月的时间,将全部经典由希腊文译为斯拉夫文。后来,基立尔和梅福季的弟子们在格拉戈尔字母的基础上,又创造出了有40个字母的"斯拉夫字母",这种字母更符合罗斯的语言结构和习惯。为了纪念自己的老师,他们把这种字母叫作"基立尔字母"。这种字母一直沿用至今。

当弗拉基米尔大公接受洗礼后,基立尔字母和用基立尔字母译成的基督教书籍就成了基督教在罗斯得以顺利传播的强有力工具。人们逐渐按照基督教的教义来行事、生活,大公据此进行统治,臣民据此接受治理。在雅罗斯拉夫大公时期,基立尔字母发挥了更大的作用。而雅罗斯拉夫笃信东正教,悉心攻读经书,组织了大批神职人员翻译和抄写经书和外国典籍,将经书作为最神圣之物供奉和典藏于各教堂之中,还建立了许多的藏经馆。

罗斯土地上的各个斯拉夫部族都有自然图腾崇拜,或者说有多神膜拜。随着基督教的传入,"十字架""圣堂""教堂""牧师"等名词进入罗斯的语言,罗斯的语言随之发生深刻的变化。

如果没有瓦良格至希腊之路,基督教的传播和斯拉夫文字的出现是不可能的。然而,滋养这条河海之路的不仅仅是战争,更为重要的是运行于其上的满载货物的船舶和南来北往的商旅。在这条路的北端是瓦良格人,他们也是这条水路上最早的商人,他们将斯堪的纳维亚的龙涎香、海象牙、船缆绳等鲸皮制品、武器和艺术品以及他们从欧洲劫掠来的物品——法国葡萄酒、珍宝、丝绸和亚麻制品、银器等运往希腊以及阿拉伯世界。在南端则以希腊人为首,他们从拜占庭运出的是葡萄酒、香料、珠宝和玻璃制品。波罗的海沿岸盛产琥珀,因此琥珀成了这里最重要的商品。沿这条水路而居的各部族的人也逐渐涌进了贸易的洪流。诺夫哥罗德的斯洛温、楚德等部族的人送上船舶的是极其珍贵的紫貂皮、水獭皮、海獭皮、亚麻布、木材、蜂蜜、蜂蜡、植物混合香料等。基辅提供的货物是粮食、各种手工和艺术制品以及银制品等。

最后,基辅的大公们也加入了这种贸易活动。这些大公有个传统,就是从深秋到来年的早春,带着自己的勇士、卫兵队伍往各地索取贡赋,而当春暖花开之时,他们就返回基辅。夏天一到,他们就将索取到的贡品以及其他货物装运上船,沿第聂伯河,即瓦良格至希腊之路的南段而下,送至君士坦丁堡。"基辅罗斯"和拜占庭帝国间的贸易常常引发纠纷:人员的、边界的、金钱的等。所以从基辅的第一代大公起,罗斯和拜占庭的争斗、战争与和解都与瓦良格至希腊之路上的贸易纠纷密切相连。双方的条约中有大量涉及贸易事宜的条款。早在911年奥列格和拜占庭皇帝的和约中就对双方商船海上遇险时的处理办法作了详细规定:双方都要护送遇险的商船绕过危险水域,送到安全地带,保证人身和财物的安全;拜占庭准许罗斯人上岸做生意,对于罗斯人的财物遭抢劫或者人员遇害,拜占庭保证对犯罪者严惩不贷。945年的伊戈尔大公和拜占庭皇帝的和约以更多的篇幅涉及了贸易问题,而且主要是对罗斯商人在希腊经商的各种规定:给罗斯商人划定了经商地区,罗斯商人要登记注册,进入君士坦丁堡的罗斯商人每次都有数量限制,罗斯人进城后不得为非作歹,罗斯商人不得购买超过规定数额的锦缎。和约还严格规定,罗斯商人不得在指定的地区外经商,尤其是在赫尔松涅斯,不得在第聂伯河口以及沿海地区过冬。这是一份对罗斯人在君士坦丁堡经商的特殊规定,表明这时沿瓦良格至希腊之路而来的罗斯商人和商船已经大量存在,其活动已经在希腊境内产生重大影响,以至于拜占庭皇帝不得不以条约的形式来加以规范。由此可见,瓦良格至希腊的这条河海之路已经是多么喧闹和繁华了。

随着"基辅罗斯"边界的不断外扩,实力不断增强,瓦良格至希腊之路上的贸易就愈益繁荣,贸易额不断增加。这时,罗斯还没有货币,贸易的结算是以阿拉伯银币迪拉姆进行的。如今,沿瓦良格至希腊之路发现了许多当年仓库的遗址。根据俄罗斯人对这些仓库容量的计算,在9—10世纪,罗斯的贸易周转额达到了6亿迪拉姆。基辅大公们用这些钱装备军队,建造堡垒和城池,发展经济。所以,瓦良格至希腊之路实际上也就是罗斯的建国之路。若是没有这条河海之路,一个作战军事联盟性质的部族联合体不可能发展成一个具有政制、法制和管理体制的国家。

第七节 拜占庭建筑:索非亚教堂和山洞修道院

雅罗斯拉夫当政基辅后,一方面继承了祖先东征西讨的做法,先后攻打了仍不驯服的周边部族:如攻打诺夫哥罗德附近的楚德人,战胜后建立了尤利耶夫城;攻打利亚赫人,战胜后将利亚赫人迁至南部的新边疆——罗西河流域。从1038年至1047年,雅罗斯拉夫先后攻打了一系列的部族,将这些部族的土地统辖于"基辅罗斯"之下。1043年,他甚至派长子弗拉基米尔攻打拜占庭,弗拉基米尔惨败后返回基辅,此战导致了罗斯与拜占庭关系的恶化,三年后,双方才重新讲和。在那个以联姻为国家关系友好标志的年代,雅罗斯拉夫的第四个儿子弗谢沃洛德娶拜占庭皇帝君士坦丁·莫诺马赫的女儿为妻。

另一方面,他也延续了基辅大公家族内部的土地分封和内讧,先后与亲兄弟们因争夺地盘和对基辅权力进行过战争。在一场场兄弟相残中,弗拉基米尔的12个儿子死得几乎只剩下了雅罗斯拉夫和弟弟姆季斯拉夫。[1]而这两个兄弟又内讧不止,雅罗斯拉夫请瓦良格人来帮助攻打姆季斯拉夫,双方激战,僵持不下,结果兄弟俩以第聂伯河为界分疆而治,雅罗斯拉夫在右岸地区,姆季斯拉夫在左岸地区。雅罗斯拉夫担心弟弟的力量,长期不敢待在基辅,而是住在长子弗拉基米尔的封地——诺夫哥罗德。这种状态持续了10年,直到1036年姆季斯拉夫去世,雅罗斯拉夫才一统"基辅罗斯"。

也就是在这一年,南部的佩切涅格人大军侵犯基辅,雅罗斯拉夫动用以瓦良格人为主的军队攻击围困基辅的佩切涅格人。这一仗杀得天昏地暗、血流成河,但雅罗斯拉夫最后获胜,佩切涅格人逃往草原深处。雅罗斯拉夫笃信东正教,认为这是上帝护佑他。基辅的大公们有个传统,那就是在进行重大决策、取得战争重大胜利或者面临险境时,总要面对圣母像许下一个心愿:"圣母啊,请助我!我若取胜(或我若避此一劫),定当为您兴建教堂!"弗拉基米尔大公也是如此。所以,他从赫尔松涅斯班师返回基辅后,就兴建了圣母升天教堂和圣什一教堂,并且将大量的金银法器置于教堂之中。这样,他面对高耸的苍穹之顶和四壁的圣像、法器才算安心和镇定。而在取得对佩切涅格人的胜利后,雅罗斯拉夫遵循祖制,决心修建一座宏大的教堂,地址就选在这一片田野的战场之上。

1037年,圣索非亚大教堂开始动工。教堂是模仿拜占庭风格建造的,这时基辅的一切都在模仿拜占庭,拜占庭风格成为一种时尚。但是,也就像东正教传入本身那样,在教堂的建造中,拜占庭风格一开始就和罗斯土地上古老的风格融合在了一起,多顶替代了单顶。拜占庭的教堂是十字架单顶的,而圣索非亚大教堂却有13个圆顶。这些圆顶在那些巨大木柱子支撑的高大屋顶的顶端闪烁神秘色彩。此外,不同于拜占庭的石建筑,罗斯的教堂建筑用的是木料。于是,木料、木结构、木装饰和缤纷的多顶就成了罗斯土地上拜占庭基督教教堂的鲜明特色。

圣索非亚大教堂建成后,雅罗斯拉夫大公除用金银法器装饰教堂外,还将大量翻译成斯拉夫文的经书置放于教堂之中,配置神父和修士,规定向上帝祈祷的时间,还给他们薪俸,让他们向民众传教布道。众多的神职人员和接踵而至的教徒一时间使圣索非亚大教堂香烛鼎盛。更为重要的是,圣索非

---

[1] 除了这两个,还有一个儿子是苏季斯拉夫,他被雅罗斯拉夫一直关在监狱里,直到1059年才被放出来,活到1063年。参见:《往年纪事》,商务印书馆2010年版,第152和164页。

亚大教堂不仅是神职人员传教布道、教徒祈祷礼拜之所,而且是东正教罗斯都主教的所在地。1051年,雅罗斯拉夫将罗斯各地的主教召至基辅,在圣索非亚大教堂开会,定罗斯人伊拉里昂为基辅教区都主教、令各地主教听命于基辅都主教。这一切使东正教在罗斯的传播有了一定的规矩和程序。

雅罗斯拉夫兴建教堂的热忱影响了他的儿子们,他们也纷纷在自己的领地里大兴土木,随之,罗斯土地上的教堂和修道院纷纷耸立起来。诺夫哥罗德的弗拉基米尔于1045年模仿基辅的圣索非亚大教堂,建造起了另一座圣索非亚大教堂。

除了圣索非亚大教堂,雅罗斯拉夫大公时期还开始扩建第聂伯河河畔圣山下的洞穴修道院。罗斯的修士们一开始是在荒无人烟的地方修炼的,所以自"基辅罗斯"起就有"荒原修炼""枯树洞修炼""洞穴修炼"之说和各种派别。东正教传入罗斯后,"洞穴修炼"得到雅罗斯拉夫指定的都主教的大力支持,一时间兴盛起来,"洞穴修炼"成为基督教传入罗斯后的一大特色。而基辅的"洞穴修道院"则成为那个时期"洞穴修炼"的主要场所和重要代表。

根据《往年纪事》的记叙,"洞穴修炼"和"洞穴修道院"有着一个完整的传奇故事:雅罗斯拉夫时的都主教伊拉里昂是洞穴修炼的身体力行者,他在第聂伯河河畔的山岗上挖了一个洞穴在里面修炼。后来有一俗家人来拜他为师,伊拉里昂应允了,并为他取教名安东尼。安东尼也仿效师父挖洞修炼,日夜祈祷,足不出洞,全靠闻名而来的人给他食物。雅罗斯拉夫的儿子伊贾斯拉夫继承基辅公位后曾亲自来此洞穴求安东尼祝福,安东尼的名声由此大震。有十二兄弟前来洞穴,安东尼收他们为徒,十二人挖出了一个更大的洞穴。再后来,前来拜师修炼的人越来越多,洞穴也就越挖越大,洞穴容纳不了了,就在洞穴外盖起了众多的修炼室、教堂、修道院,最终形成了一个洞穴修炼派的集中地——他们最大的修炼场所,所以也就有了"洞穴修道院"这个名称。洞穴修道院是个男修道院。根据其他编年史的记载,洞穴修道院的开凿始于1051年,但直到1598年才有了"洞穴修道院"这个名称。

那些虔诚的男性修士在这些洞穴里生活,苦修其身,死后也就埋葬在这些洞穴里,他们干枯的尸体被修士们称为"圣骸"。这个神圣又神秘的苦修世界是由迷宫般的狭窄通道和难以计数的小小的修炼室组成的。脚下是岩石,头顶是岩石,四壁也是岩石。没有窗孔,没有阳光,甚至没有外部世界的风和空气。只有这洞穴里特有的那种气味,石头的气味,封闭在地里的石头的气味。洞穴的壁上是"圣骸"——在这里苦修的僧侣们的干尸,有躺着的,但大都是坐着的。干尸保存得十分完好,只是比起他们有生命时要小得多了。据说,这些干尸都没有用任何药物加以处理。他们的灵魂升入天国时是个什么样子,他们的干尸就是个什么样子。这个干燥的、常温的山洞就是保存他们遗体的天然石椁,就是他们魂归天国体留人间的永恒居所。伊拉里昂的弟子安东尼及写出了《往年纪事》的涅斯托尔的干尸至今仍保存在这个洞穴某处神圣的地方。

基辅洞穴修道院的建造主要靠的是大公的支持赞助,其土地是大公赏赐的。当然,大公并不满足于这种民间的洞穴修炼,雅罗斯拉夫的继承人伊贾斯拉夫还花大量的钱财在洞穴修道院的地区内建造起官方的修道院——圣季米特里修道院,亲信、贵族们也纷纷仿效,结果使得第聂伯河河畔的这座"圣山"上教堂修道院毗邻而立,教堂的各色屋顶在苍穹中争相辉映。拜占庭的神职人员拜访过洞穴修道院,将拜占庭修道院中的礼仪与规矩传了过来,包括修道院应如何举行宗教礼仪,如何顶礼膜拜,如何诵经祈祷,如何起居饮食等。随之,洞穴修道院有了禁欲、斋戒等严格的院规,成为其他修道院的典范。

基辅修道院的出现和蓬勃发展表明,宗教和教会在国家治理和民众生活中的作用越来越明显。而在国家权力的确立和运行方面,罗斯的大公们不断强化所引进的拜占庭的王权形式:皇权神授思想逐渐深入统治者的骨髓,教会的权力开始对国家权力产生决定性的影响。在文化方面,拜占庭文化、基督教文化成了罗斯文化发展的主要源流。

洞穴修道院成为"基辅罗斯"的神圣之所,而圣索非亚大教堂则成为罗斯东正教的徽标。雅罗斯拉夫大公把圣索非亚大教堂看成最神圣的地方。他于1054年去世,享年75岁,死后被葬于圣索非亚大教堂之中。这开创了罗斯大公和俄罗斯沙皇们死后葬于教堂圣殿之内的先例。但基辅这座神圣的大教堂却毁于战火,就像弗拉基米尔的圣什一教堂毁于战火一样,但是有关索非亚教堂的13个穹顶和什一教堂的25个穹顶的传说和故事却是战火毁灭不了的。

第八节 "基辅罗斯"分崩离析,涅斯托尔呼吁一统

在雅罗斯拉夫执政时,"基辅罗斯"的疆界北濒白海,西北至波罗的海东岸,东北至伏尔加河一线,而在南部,不仅控制了罗西河一线,而且直达黑海

和里海的边缘。"基辅罗斯"已经从一个屈居于基辅周边地区的部族联盟发展成了一个有相当广阔版图的政治实体,可以被称为早期封建君主国家。在雅罗斯拉夫死后,他的后人们在圣索非亚大教堂的墙壁上镌刻了一行字——"我们沙皇(源自拉丁语 Caesar,即"恺撒")的升天之地",这是罗斯人第一次使用这个名号来称呼(只是称呼,而不是正式的册封)自己的统治者,这是一种标志,它也许表明了当时罗斯人对自己国家的一种看法:罗斯已经强大到可以与拜占庭平起平坐了。

雅罗斯拉夫在荡平各部族的反抗和叛乱、与周边国家的争夺与战争中,做了两件大事,一是频繁分封土地,二是不断壮大勇士卫队。土地的分封,一是给自己的儿子,另一是给亲信。土地分封的结果是,受封的儿子们不断壮大自己的力量、积蓄钱财,终至抗拒纳贡,发展成不再听命于基辅大公的独立王国。各个桀骜不驯的公国间又因土地的争夺和对基辅权力继承的觊觎而互相残杀。对亲信的分封则使贵族不断涌现,形成了一股制约大公权力的力量,而贵族们的庄园也成为一种独特政治力量的温床,潜伏了对大公行使权力和基辅公位继承产生致命影响的暗流。而勇士卫队自始就是大公的坚定支持者,或者说是大公行使权力的可靠工具,大公们利用勇士卫队"巡行索贡"、征讨各个部族以及与拜占庭等国家抗争和作战。土地的分封逐渐使勇士卫队既固定于一定的土地,又附属于一定的政治力量。勇士卫队终至发展成为一种常设的军事力量,成为国家政治结构的上层人物,这些勇士也随之成为贵族和大贵族。

无论是哪种分封,所导致的都是共同的结果:随着大庄园的出现,庄园主和农民发展成为两个相互依存而又彼此不容的阶层;而各个愈益独立的公国之间的频繁争夺则使庄园不断变迁,庄园主和农民的关系不断发生微妙而深刻的变化。

雅罗斯拉夫被俄国的史书称为"智者",因为他聪慧、善于计谋。他在生前已经注意到土地分封将给基辅大公的权力带来潜在的危险。但是,他在罗斯大公位的继承上却违背了若有弟则"兄终弟及"的祖制,而是指定长子①伊贾斯拉夫来继承。他知道这种继承潜伏着极大的危机,所以他对儿子们的遗嘱是:"你们一定要听兄长的话,听他如听我;你们要和睦互敬,和平而居,千万不能内讧,否则将自取灭亡。"

---

① 雅罗斯拉夫的长子是弗拉基米尔,但后者去世比前者要早,因此伊贾斯拉夫成为长子。

但是，伊贾斯拉夫的权威没能维持多久，家族间的内讧又起，更为复杂的是，新的内讧不仅是儿子之间的，孙辈也已拥权而起，子辈的内讧、孙辈的内讧、叔侄间的内讧就交叉地、难解难分地在罗斯的土地上此起彼伏。于是，儿子们、子侄们死于阴谋诡计的惨剧再度出现。罗斯处于分崩离析的状态之中。

促使这种分崩离析状态加剧的是波洛伏齐人对罗斯人的大举侵犯。从1061年到1096年，基辅的几代大公，从伊贾斯拉夫、斯维亚托斯拉夫到弗谢沃洛德，都先后因兵败于波洛伏齐人放弃了基辅，后又返回基辅掌权。兄弟间的夺权之争也延续了几十年，在这种内讧中，兄弟们都纷纷借用过波洛伏齐和拜占庭等外族和外国的力量。随着这场罗斯与波洛伏齐人的交战与兄弟间的公位争夺，"基辅罗斯"的势力不断衰减，而北部和西北部的公国势力愈益强盛，权力和宗教中心逐渐离基辅而去，转向了诺夫哥罗德、苏兹达尔、弗拉基米尔一线。

基辅大公弗谢沃洛德于1093年去世，留下了一个混乱不堪、潜藏着更大家族内讧风险的"基辅罗斯"。他的长子、拜占庭君士坦丁·莫诺马赫皇帝的外孙弗拉基米尔·莫诺马赫本可继承基辅公位。但是，他担心这种继承违反"兄终弟及"的祖制，所以离基辅而去。"基辅罗斯"的内讧、争夺和杀伐到1097年暂时得到控制。这一年，罗斯各地的大公们在柳别奇城集会，大家同意按"每个大公掌控自己封地"的办法来分掌罗斯的土地，但大家得共同保卫罗斯国家。但这次集会并没有涉及基辅大公的继承问题。因此，柳别奇大会实质上认可了"基辅罗斯"的衰微及其分崩离析的状态，罗斯变成了一个实质上已经各自独立的公国的联盟体。

后来，身居基辅之外的弗拉基米尔·莫诺马赫在与波洛伏齐人的战争中屡屡得胜，并最终在取得对波洛伏齐人的决定性胜利后，于1113年在基辅登上了大公位。

也就是在这一年，基辅洞穴修道院的修士涅斯托尔编写成了《往年纪事》。涅斯托尔生活在这个动荡不定的年代，目睹了"基辅罗斯"因弟兄相残、干戈不止、逐渐衰微的过程。他赞颂弗拉基米尔·莫诺马赫的业绩，倡导"基辅罗斯"权力的正统，呼吁基辅统治下的国家一统。《往年纪事》有个副标题，为"罗斯之地源自哪里，谁在基辅首开公国的治理，罗斯之地怎么变成现在这个样子"。这个副标题是《往年纪事》的核心，它如红线一般贯穿于全书。

修士们创造了洞穴修道院，在这座石头洞穴里读经、写经、译经和编书，成为罗斯早期文化缔造、发展和保存的主角,而涅斯托尔是其中的佼佼者。他在为"基辅罗斯"的一统和兴盛呼吁时,也开启了一扇罗斯历史与文学的宝库之门。在这扇门中,一系列经典的、不可替代的古罗斯的编年史、文献、圣像画和宗教典籍源源而出,只不过创作它们的修士们都没有留下姓名,他们是匆匆的过客,但又是永恒的名士。

涅斯托尔虽有名字,但他的身世依然无从得知。在《往年纪事》中,他只在个别文字段落中写到了自己。在"6559(1051)年"有关洞穴修道院院长的记叙中有这样的文字:"我也曾去拜访过他,他接待了我,我当时只有17岁,是个出身低贱和卑微的奴仆。"另一条是"6614(1106)年",在这一条中,他记叙了弗拉基米尔·莫诺马赫有一个兄弟叫斯维亚托波尔克,兄弟二人曾联手打败波洛伏齐人。斯维亚托波尔克手下有位得力的大将叫杨。涅斯托尔与这位杨很熟,经常去拜访他,并从他那里听到了许多往年故事,并且把它们写在了《往年纪事》当中。从这些文字中可以大致判断出,涅斯托尔是因家境贫寒、出身低微,才到洞穴修道院当修士的,他与杨等上层人士有接触,接受了罗斯大公和社会上层人士对公国的内讧、草原部族的征伐以及与拜占庭关系的看法,因此他赞颂罗斯的一统权力,寄希望于它的发展和繁荣,并对可能的分崩离析忧心忡忡。也正是这一点,留里克王朝后来的统治者和罗曼诺夫王朝的帝王们都把《往年纪事》尊奉为纪开国之实的经典。

涅斯托尔的身世成永恒之谜,它已永远封闭在了基辅洞穴修道院中他的干尸之中了。他成就了《往年纪事》,而《往年纪事》则使他在俄罗斯土地上永恒。如今无论在乌克兰的基辅,还是在俄罗斯的弗拉基米尔城,涅斯托尔的雕像总是他写作《往年纪事》某个瞬间的形象:手握笔管,端坐凝目沉思,身前是打开的纸页……

作者点评

"基辅罗斯"是一个居住在伏尔加河和第聂伯河两块平原之上的一系列部族的联合体。在"基辅罗斯"的形成与发展中,有两个现象是很有意思的。一个现象是,"基辅罗斯"与拜占庭武力较量的结果是"基辅罗斯"不仅没有在信仰和文化上影响拜占庭,反而是愈益受拜占庭的影响,不可遏制和不可回头地进入那个它尚未知晓的世界,并愈益被这个世界的一切所吸引,最终成为这个世界的一部分。另一个现象是,罗斯大公,尤其是弗拉基米尔大公对基督教的皈依本来是为了向拜占庭展现罗斯的武力,欲将皈依基督教作为一种军事和政治手段来利用的,而它最终却变成了影响罗斯未来发展方向的决定性因素,促使拜占庭的基督教文化不断影响罗斯原有的信仰、习俗和道德,并最终成为罗斯文化发展的主要源流。

在弗拉基米尔大公接受基督教这一问题上,历来的史书都有意识地规避了这一问题的一个方面,而强调了另一个方面。规避的方面是,弗拉基米尔大公是先攻打下赫尔松涅斯,并把这种状况作为一种王牌来表明,他要以胜利者的姿态来接受基督教,而不是卑躬屈膝地祈求皈依。强调的是,拜占庭皇帝面临内政危机,不得不向弗拉基米尔大公祈求帮助,并将妹妹嫁给大公来要求他皈依基督教。应该说,弗拉基米尔大公接受洗礼的时代背景是罗斯的兴起和对黑海利益以及拜占庭帝国权力与疆土的觊觎。随着拜占庭帝国势力的衰微、罗斯力量的强盛,双方在黑海沿岸和瓦良格至希腊之路南端的争夺就日趋加剧。此时,罗斯的多神膜拜已经不适应"基辅罗斯"的发展需求,向一神信仰的转变已迫在眉睫。所以,仅仅从信仰这个方面强调弗拉基米尔大公的受洗就有失全面,而且,强调希腊的国内危机促成了大公的皈依基督教也模糊、减弱了弗拉基米尔大公先发大军攻占赫尔松涅斯行动的政治和军事性质。事实上,涅斯托尔在《往年纪事》中已经把弗拉基米尔的军事主动性记叙得很清楚了,只是后来者为了政治需要而没有利用这些材料。

尽管如此,有一点是不能否认的,即拜占庭基督教对"基辅罗斯"的影响是巨大的。首先,它以一神教替代了斯拉夫各部族的多神膜拜。统一的宗教信仰使人们在意识、思维和行动上有了一种前所未有的规范。而在政治结构上,"基辅罗斯"便逐渐具备了"国家"的形态和体制。其次,它为"基辅罗斯"的治理者和被治理者提供了一种全新的概念:权力的行使和对权力的认可与顺从都是由上帝主宰的。由此,教会和教堂成为国家和社会生活中最神圣的东西,而神职人员就成了上帝的代表或使者。再次,拜占庭基督教对"基辅罗斯"生活的全面介入是对旧有社会关系的彻底变革,依附于权力和等级的社会关系开始滋生。最后,斯拉夫文字的使用使古罗斯的文学、纪事和编年进入了一个蓬勃发展的时期。

而这一切的最终结果是,"基辅罗斯"由一个多信仰的、离心力强的联盟走上了一个"国家"的发展道路。拜占庭基督教成了"基辅罗斯"国家发展的动力和催化剂,而拜占庭基督教文化在进入这个国家后也就立即被这片土地上固有的、传统的文化所吸收、融合,在"基辅罗斯"不再有纯净的拜占庭基督教文化,开始出现一种独特的新文化——"基辅罗斯"文化,以至于最后发展成为俄罗斯东正教文化。

也许,可以说,俄罗斯这个国家(如果说,"基辅罗斯"是俄罗斯未来国家的基础和雏形的话),从一开始登上政治、军事、文化等因素综合组成的世界舞台时起,它就是面向西方的,就是与西方逐渐接近与融合的,就是拜占庭所在的西方世界中的一部分。"基辅罗斯"从来就不是一个"欧亚国家",而是个西方国家,或者说,是在一个大的西方范畴内前进和发展的。

这一切都归功于基督教。但是,基督教之所以最终能成为罗斯人信仰的宗教,并不在于罗斯的大公们的强力胁迫,而在于舍弃了多神膜拜的罗斯人在基督教中寻找到了自己所需要的东西。舍此,任何一种权力、任何一位握有大权的大公都不可能使拜占庭基督教成为罗斯的国教。

第四章
大公们的天下和蒙古人毁掉了大公世界

第一节　基辅起义与"好大公"弗拉基米尔·莫诺马赫的善政

斯维亚托波尔克接任罗斯大公后,即11世纪90年代初,整个"基辅罗斯"动荡不安。大公们之间的争夺和内讧导致了一场场无休无止的战争。大公们向农民强征各种赋税,收缴粮草和马匹,以维持征战的巨大消耗,并且将越来越多的农民、手工匠人和买卖人驱赶至战场,他们中的许多人葬身战火。战火焚毁了城市,将乡村夷为平地。更为严重的是,来自草原的波洛伏齐人的奔袭持续不断,致使"基辅罗斯"所耗费的财力和人力灾难性地激增。而在基辅,由于斯维亚托波尔克大公的无能、无力和作恶,局势更为危急。他强征各种赋税并且不断提高赋税和贡赋的额度,基辅的手工匠人、买卖人等都丧失了独立经营的能力,而不得不向富人(大公、波雅尔贵族、勇士卫队和寺院的僧侣)借钱、种子和劳动工具,为此签下借契。随后,他们又不能偿还欠债,于是只好去借高利贷还债,而放高利贷者又是大公、波雅尔贵族和僧侣,甚至是斯维亚托波尔克大公本人。

大公、波雅尔贵族和勇士对基辅民众的欺诈、剥夺不断激起民愤和民变。1111年秋天,基辅城郊的手工村镇区突发大火灾,被焚烧一空,在其他城市的手工匠人村镇也频起火灾。于是,人们竞相传告,这是富人们的破坏,是他们在恫吓民众。随之,民众对大公和贵族的不满和反抗愈益猛烈,犹如地火在运行,只是等待爆发的时刻。民变的矛头首先指向的是斯维亚托波尔克庇护下的借契主、放高利贷者和投机者。而到了1113年初,民众的骚动就转化为反对大公本人以及整个剥削体制的斗争。同年4月中旬,斯维亚托波尔克谜一般地突然死亡,基辅人的反抗终于在瞬间爆发成了大规模的起义。起义者抢劫了最遭人痛恨的借契主、放高利贷者、千人长普加京的府邸,后来又去犹太人那里,将他们洗劫一空。同时,起义者要求让"好大公"——弗拉基米尔·莫诺马赫到基辅来当大公。

但是,斯维亚托波尔克的支持者却反对弗拉基米尔,要另选他们认可的大公来基辅执政。为了震慑民众,他们又放火烧毁了基辅城郊的手工匠人村镇。被激怒的人群手持利斧、镰刀、草叉和木棍冲向大公、贵族和勇士们居住的山上,杀进宫苑和府邸,将借契者、放高利贷者、贵族和勇士以及犹太商人关进一处犹太教堂。其余贵族、高级勇士和寺院里的高级神职人员惊慌失措,匆忙集合于圣索非亚大教堂商讨对策,结果大家只好同意接受民众的要求:请弗拉基米尔·莫诺马赫来基辅当大公。

这时,弗拉基米尔·莫诺马赫在自己的封地佩列雅斯拉夫公国。从基辅去的使者对他说:到基辅来吧!要是不来将会有许多的灾祸发生,不仅是普加京的府邸、村镇之长、犹太人将遭到劫掠,还有他的嫂子、贵族和寺院也要遭殃。弗拉基米尔·莫诺马赫终于在1113年进入基辅,执掌罗斯大公之位,时年60岁。

基辅的民众之所以认定弗拉基米尔是个"好大公",原因有二。一是作为长子,在其父亲去世后,为了避免弟兄相残,他把公位让给了弟弟,自己远离基辅,居于自己的封地。二是他长期率军抗击不断奔袭来犯的波洛伏齐人,屡屡获胜。尤其是在1097年,他把分封各地的所有大公(兄弟和子侄)召到柳别奇城开会,呼吁他们舍弃复仇、停止内讧、相互宽恕,团结一切力量反对罗斯的主要敌人——波洛伏齐人。1103年,波洛伏齐人被大公们的联合军队打败。到1111年,弗拉基米尔·莫诺马赫对波洛伏齐人的征讨取得了决定性的胜利:顿河和第聂伯河沿岸的波洛伏齐人被打散,罗斯的南部边疆持续了多年的战火烽烟沉寂了下来。

柳别奇大会显示了弗拉基米尔·莫诺马赫的政治远见和治理国家的能力,他能运用"卫彻"——罗斯传统的大会公议来平衡家族间的权益、消弭兄弟间的争斗。他知道抑制勇士、贵族的权势和力量的必要性,而消弭内讧和抑制权势都需要有一定程度的让步,所以他执政基辅后所做的一件大事就是将各封地的贵族、勇士卫队首领以及千人长召集到基辅郊区的别列斯托夫开会,目的是让他们向债农让步,降低债款的利息以及提供其他优惠事项。于是,大会产生了一个有关这一问题的新的章程——《弗拉基米尔·弗谢沃洛多维奇章程》。这一个章程的主要内容就是给债农和城市手工匠人等借债人减息,规定债款的利息最高不能超过20%,所以这一章程也被称为《利息章程》。这种债款利息的"法令化"是要抑制放高利贷者的活动、取消掠夺性的利息。这就减轻了不得不靠借债生活的人们的负担,缓和了导致1113年基辅起义爆发的社会紧张局势。

该章程还对债农与领主的关系以及债农的地位作了明确的规定:领主不得任意将债农变为奴隶,不得任意提高债农的债务;债农可以拥有自己的财产,但对领主的牲畜和劳动工具承担责任。债农转为奴隶地位只在下述几种情况才许可:自己卖身为奴;没有专门的契约而与女奴结婚的人可变身为奴;为领主效劳的执事没有特别说明是自由人者可为奴;逃离领主老爷的债农可为奴,但若逃离是为了赚钱还债则不能为奴。其他情况下的自由人则不能为奴。

弗拉基米尔·莫诺马赫的让步政策使基辅的政局逐步稳定下来。他通过不断的分封和调整子嗣们的分封之地,制约了各个公国之间的关系,使它们服从于基辅的权力,尤其是稳定住了一向有对抗和叛逆基辅传统的罗斯北部地区——诺夫哥罗德公国。"基辅罗斯"分崩离析的进程暂时得到了控制,开始了一个短暂的中兴时期。1116年,弗拉基米尔·莫诺马赫率领最亲信的子侄再次兴兵讨伐波洛伏齐公国,兵发几路,而弗拉基米尔·莫诺马赫亲自率兵攻打明斯克,结果获胜。大公的军队又攻打楚德人,俘获了大量战俘得胜而归。

弗拉基米尔·莫诺马赫的大军还打到了多瑙河,夺取了那里的数座城池,继续扩展疆土,觊觎巴尔干半岛地区。罗斯军队又西进攻打拜占庭。拜占庭皇帝见状不妙,急匆匆给莫诺马赫送来大量的礼物,并提出求和的条件——联姻:拜占庭皇帝的公主下嫁莫诺马赫的孙子,莫诺马赫大公的一个孙女嫁给拜占庭皇帝的儿子。莫诺马赫接受了这个条件,将大军撤回基辅。

弗拉基米尔·莫诺马赫主政基辅13年,在此期间,罗斯有了一个和平的环境。晚年他关注两件事:一是为自己的家族修谱,二是将自己执政的经验和对"基辅罗斯"前景的担忧诉诸文字,训诫子孙。关于前者,弗拉基米尔·莫诺马赫属于留里克家族里的弗谢沃洛多夫一系。所以,他在基辅坐稳江山后,让自己的家庙——维都别茨男修道院院长斯维斯特尔重修涅斯托尔的《往年纪事》。如果说涅斯托尔的《往年纪事》是以整个留里克家族为主线,记叙了该家族的兴起与称公基辅的过程的话,斯维斯特尔修订的《往年纪事》则强调了弗拉基米尔·莫诺马赫所出的弗谢沃洛多夫一支的功绩以及该支内部的争斗与和解的进程。

虽然赢得了一个和平的环境,虽然罗斯的天下暂时稳定,但一生的厮杀和艰难的执政总使弗拉基米尔·莫诺马赫担忧罗斯的未来,分封各地的子嗣们可能再起的内讧、相残以及随之而来的罗斯各公国的分裂像幽灵一般缠绕着他。于是,他写下了对后代儿孙的训诫。

1125年5月,弗拉基米尔·莫诺马赫去世。他把基辅公位传给了长子,再次违背了留里克家族大公之位"兄终弟及"的古老传统。

第二节 分封和庄园,庄园主和农民

从留里克时起,执掌大权的大公就开始将各方的土地分封给自己的兄弟子侄,或者将土地赏赐给有军功的卫队勇士。这种分封土地的做法随着大公征战和讨伐的增多也愈益频繁。兄弟子侄是大公可以信赖的人,将远离统治中心的土地进行分封的目的是要让兄弟子侄和卫队勇士们固守疆土和保障大公的权力一统。兄弟子侄有亲有疏,因此分封的土地面积有大有小。同时,土地的重要性有大有小,因此最重要的土地分封给最可靠的人。这样,分封之地也就有了等级、大小、强弱之分。

罗斯大公土地的分封频繁发生于战胜各个邻近部族并兼并了这些部落的土地之后,这些新掌控的土地就成了罗斯的"新边疆"。接受基督教洗礼的弗拉基米尔大公将这种分封推进到一个蓬勃的阶段,分封土地变成了"封疆"。他在清除了一个个部族之后,原地建立起了一系列的"公国"。弗拉基米尔大公的执政方针是向南扩张、兼并不驯服的部族、与君士坦丁堡抗衡、争夺黑海沿岸的土地,所以他建立的公国大都在这一方向上:斯摩棱斯克公国、图罗夫公国、弗拉基米尔—沃伦公国、别尔哥罗德公国、梁赞公国。到了"智者"雅罗斯拉夫时,他的目光更多落在罗斯北部地区,因此也就有了雅罗斯拉夫尔公国。这些远离统治中心的公国成了各大公的私有财产,分封之地成为大公的庄园。于是,庄园主成为一个新阶级,而庄园内新的阶层关系,即庄园主和农民的关系也随之出现。

一开始,庄园内的居民大多数都是"斯梅尔德",即自由农,他们的人身不依附于庄园主,只需耕种庄园主(大公)的土地,交纳代役租。此外,庄园内还有不自由的农民——"哈罗普",他们是依附农或债农,无偿地耕种"官地"。不得不去耕种"官地"的还有经营不善、破了产的"斯梅尔德",他们最终沦落成了人身依附于庄园主的农奴。这种情况在"智者"雅罗斯拉夫时已经出现,在《罗斯法典》中,就明确提到:作为庄园主的大公们拥有许多特权,"斯梅尔德"、债农和"哈罗普"逐渐深陷于对庄园主的人身依附之中,庄园内的社会关系分化加剧。处于庄园内最底层的是"斯梅尔德"、"哈罗普"、契约农和债农,他们的性质开始发生深刻变化:"斯梅尔德"的自由丧失,转化为依附于庄园主的农奴,他们死后如果没有未出嫁的女儿,则财产归大公即庄园主所有。"哈罗普"则分化成两类:一类是依附农,即无论男性还是女性都终身是庄园主的奴隶;另一类是债农,即靠借债为生的农民,他们中还不起债或者不能以工还债的,则永远处于奴隶地位。

《罗斯法典》明文规定了庄园的这种社会关系、庄园继承和地界遭破坏的处理和惩治原则以及庄园主自由处置农民的特权。庄园主可以"因事"处置农民:如果在储藏室或者在偷盗现场碰上他们,可以像打狗一样打死他们,如果在黎明之前拘押了被抓住的劫贼,则应把他送至大公的府上,送交法庭。

在庄园的这种社会关系中,庄园主、贵族和勇士等上层人士的命非常珍贵,而"斯梅尔德"、"哈罗普"、债农和契约农的命是不值钱的。《罗斯法典》对此作了详细的规定:杀死一名"斯梅尔德"、"哈罗普"、契约农罚款5个格里夫纳。如果是"哈罗普"打伤了自由人,则要遭到毒打,或者他的主人要为此付罚金。而杀死自由人则规定了"维拉"——杀死自由人罚款:杀死普通的自由人,罚40个格里夫纳;杀死大公、为大公服务的执事和随从,罚款加倍为80个格里夫纳。在这时的罗斯,格里夫纳是一个重达约一磅的银锭的货币单位。

到了弗拉基米尔·莫诺马赫时,也就是"基辅罗斯"发展到12世纪时,大公的分封达到了巅峰。这种分封实际上就是大公将土地和土地上的人——耕作的人—并赏赐给子孙、近臣或波雅尔贵族,作为对他们战功和忠勇的嘉奖。这时,弗拉基米尔·莫诺马赫大公的子孙们都被分封到基辅四周的土地上去了。当受到封赠的子孙们去到自己的封地时,他们就成了自己封地上的真正的主人——新公国的大公,他们开始拥权自立,既不听命于"基辅罗斯",也侧目于其他封地的大公。

弗拉基米尔·莫诺马赫频繁分封和调整封地的结果是,在罗斯的土地上,出现了大大小小的庄园(封地)。史料没有准确地记载总数,但是土地面积在1 000平方米以上的庄园有数十个。庄园里有王公或波雅尔贵族的住宅、大量的公事房、各种各样的储藏室和库房、各种手工作坊等。庄园的四周是耕地、草场、猎场和鱼塘等。庄园的主人即受分封的人就成为一个特殊的阶层——土地所有阶层,一个独立的、有着较为完整经济体系的大片土地的所有者。在庄园里,从事土地劳作的"斯梅尔德"、"哈罗普"、债农、契约农的状况不断恶化,长期依附于庄园主而无法脱离。这种由庄园本身,以及大片土地组成并且有着固定社会结构和关系的村庄或居民点就成了一种独特的领地。这种庄园不再受基辅大公的管辖,享有特权,不纳税。它们分别属于受分封的王族子孙或波雅尔贵族,庄园可以子孙相袭,因此这种庄园领地就成为世袭的庄园。于是,大土地占有制在罗斯出现,一种全新的社会关系——封建关系开始迅猛发展起来。

在这种大庄园的外围,还有着许多小片的分散的土地,他们属于村社农民。村社农民必须向庄园主——大公、波雅尔贵族纳税。而大庄园对小土地的吞并就使失去土地的村社农民或是成为大庄园的农奴,或是成为缴纳代役租的农民。

除对家族和亲臣的分封土地外,还有对修道院、教会的土地赠予。罗斯大公和各公国大公的这种土地赠予实际上是对教会和修道院的土地分封。这是罗斯历史进程中十分独特的现象,分封土地数量的逐渐扩大表明了教堂和修道院在罗斯的国家和政治事务中起了越来越大的作用,也表明在这些大公的眼里,教堂和修道院成了他们手中的权力来自神——上帝的实证和象征。他们死后葬于教堂和修道院的主堂之中,向世人表明这块葬有他们骸骨的土地是上帝的土地,是不能侵犯的。教会、主教们的权力开始扩大,成为大公们行使权力时必须加以考虑的重大因素。教会内部等级制度的形成和发展体现了国家和政权等级制度的深化。这时,基辅的佩切尔斯基修道院(洞穴修道院)成为拥有分封土地最多、农奴最多和权势最大的修道院。此外,历数较大的教堂和修道院:在诺夫哥罗德有索非亚教堂,当时人们口头有句话叫"生死都是为了圣索非亚";在西北罗斯,普斯科夫也有佩切尔斯基修道院;在东北罗斯,有弗拉基米尔的圣母升天教堂。

第三节 城堡的修建与罗斯市镇的发展

无论是弗拉基米尔大公,还是"智者"雅罗斯拉夫大公,他们在征剿胜利之后都要在新征服的土地上建造要塞、堡垒,以保障新土地的安全和罗斯在这些土地上的利益不受侵犯。弗拉基米尔大公将城池修建到了多瑙河沿岸，为了保障基辅的权力、地位和安全，他还重点在基辅周围筑城。于是，在他那个时期，基辅周围几条河流——德斯纳河、奥斯特尔河、特鲁别日河以及苏拉河等河流的沿岸就筑起了一系列城堡，城堡修成后，大公还从各部族中挑选勇士去驻守并往这些城堡中迁移居民。而雅罗斯拉夫则在第聂伯河沿岸大量构筑要塞和碉堡，并派出自己的子侄去充当该地的长官。随着罗斯疆土南扩至罗西河流域，沿此河也修建起了许多的城堡。

被分封到各地去的子侄实际上成了独霸一方的君主。他们为了保证自己公国的安全，也仿效基辅修建要塞、堡垒，一是防备来犯的其他公国的军事行动，二是将自己与随时可能发动叛乱的"哈罗普"、债农和契约农等下等人隔离开来，以保障庄园和财产不受任何损失。在10—12世纪的罗斯土地上，作为首府的基辅因为拥有瓦良格至希腊之路的便利，所以沿途的口岸和通达八方之处商贾云集，买卖市场鳞次栉比，手工作坊快速发展，逐渐形成村镇或城池。此外，一个十分重要的因素是，随着东正教的发展、教会实力的激增，教会神职人员的居留也就集中到了既有公国权力机构又有经济实力的要塞和堡垒之中了。这些要塞和堡垒逐渐有了这样的名称——"Городище"（城堡）、"Посад"（买卖镇）。

沿第聂伯河建造起来的要塞和堡垒是最多和最集中的，除了基辅，大的城堡还有波洛茨、斯摩棱斯克、柳别奇、日托米尔、维什哥罗德、切尔尼戈夫、佩列雅斯拉夫尔等。随着东正教向西北和北部地区的传播，政治势力也同时向这些地区倾斜发展，沃尔霍夫河沿岸也纷纷出现一些大的城堡：诺夫哥罗德、伊兹波尔斯克、罗斯托夫、普斯科夫和木罗姆等。这些城堡既是大公、波雅尔贵族、勇士卫队以及与大公关系密切的神职人员的居住地，又是商贸买卖人和手工匠人的停留和劳作之所。因此，这些城堡实际上就成了集国家管理、军事防卫、思想文化、技术和商贸中心于一体的政治实体。但是，这时罗斯土地上的城堡离真正的现代城市还是有相当大的差距的。

这里所谓的城市实际上是以庄园、教堂和修道院为中心的居民点。这种居民点——城市的出现过程大体有个统一的规律：总是先有统治者的城堡，再在城堡的四周出现城池。城堡的四周筑有用于防卫的、高达8—10米的土城墙。城墙上有塔楼，塔楼上的射击孔都处于最佳位置。南北城堡的建造有所不同：南方河流众多，因此城堡多建造在河流岛屿之上，而北方多山丘，所以城堡多建造在陡峭的山岗之上。但无论是河流岛屿，还是陡峭山岗，城堡的地点都选在三面有防卫的岬形地区。所有这一切与罗斯长久地遭遇草原部族侵袭的历史有关,都体现了古代罗斯人的防卫意识:在保存自己的前提下,消灭来犯者。城堡的中心并列着大公的官邸和权力机构、主教和神职人员所用的教堂和其他宗教建筑。随之,官邸和教堂以及它们面前的广场和横贯全城的主道路就成为城堡的标志,也成为其后罗斯以及俄国城堡建造的唯一和神圣不变的原则。即使到了苏联时代,这个传统格局都没有发生变化,只不过官邸和教堂前的广场及通衢大道不再以封建帝王的名字命名,而改称为国家领导人的名字了。

城堡的外围,与其紧密毗连的就是买卖人、各类手工匠人居住和活动的地盘,这些地盘按行业分成特定的居住区。这些特定的居住区叫"слобода"(斯洛博达),词义是"自由之镇",也就是说镇里的居民是可以免服官方差役和不缴纳赋税的。但是,这种免税免官方差役的自由并不是所有斯洛博达居民都能享受得到的。斯洛博达有白黑之分:居住在世俗和寺院封建主领土上的居民以及同样居住在那里的担任公职和服现役的人、耕种官地的士兵才能享有这种自由,叫白斯洛博达;而居住在斯洛博达里的手工匠人和买卖人是不能享受这种自由的,所以他们被称为"黑斯洛博达"。斯洛博达是按手工艺和买卖不同分类的,如陶瓷镇、用具镇、武器镇和雕刻饰品镇等。

到弗拉基米尔·莫诺马赫时,城堡的布局有了严格的等级和贵贱之分,城堡中居民的分布,也就有了严格的等级和贵贱之分:最中心地区的是大公、波雅尔贵族、主教和神职人员,他们的外边是手工艺人和买卖人,最外围的就是农民。城堡的面积慢慢扩大,城堡人口也随之增加。这样的城市平均有2.5至40公顷的土地,居民为三五千人。由于手工艺品制作和买卖的盛行,城市迅速扩展,各城市间的交通来往增加。于是,在这一时期出现了铸造的钱币。

紧靠河岸,筑有一圈围城,既将其作为贸易和交通的中心地点,也可防范他族的入侵,保护自己的生活和生产。这种靠高山流水保护、用土木石块碉堡塔楼围起来的"城市"雏形往往位于一条河流的急转弯处,背靠山岗,隐藏于高大的树木和稠密的灌木丛之中。罗斯人就把它们叫作"克里姆林"。在乌格里奇、普斯科夫、诺夫哥罗德、莫斯科有了克里姆林后,俄国的克里姆林主要沿着伏尔加河建造。从雅罗斯拉夫尔到科斯特罗马、喀山、萨拉托夫再到阿斯特拉罕有许多的古克里姆林。阿斯特拉罕的克里姆林是俄罗斯伏尔加河上的最后一座真正的克里姆林。再往东南,伏尔加河就不再回头地流入里海,往南去就是难以逾越的北高加索的群山。无论是在里海的海滨,还是在大高加索山的脚下,就不再有克里姆林,在俄罗斯的南国边陲也就很难再找到纯粹的东正教教堂和石头城堡合而为一的情调和风韵了。

这一时期的城堡的功能集中于四个:一是公国的权力中心和象征;二是公国的军事中心和武装力量所在地;三是随着东正教的落地生根成为宗教和文化的中心;四是公国权贵、封建领主和社会精英的集中之地。

随着城堡的出现,产生了一个新的社会阶层——市民,但是正如罗斯的城堡与欧洲中世纪的城市有差异一样,罗斯城堡中的市民也与欧洲城市中的市民不同。罗斯的城堡和庄园农村密切相连,在劳动分工上市民和农民也几乎没有严格的差异。市民仍在从事野蜂养殖、狩猎和捕鱼,甚至还拥有自己的土地,就像城堡周围的农民,他们也在从事手工制造、打铁、织布、木匠业。但是对于市民来讲,主要的还是从事手工制造和做买卖。市民的居所也是"前店后场"的模式,居所是和作坊、手工工场联结在一起的。他们将自己的制品送往农村的集市,又将农民的产品运进城市。买卖的活跃,促使罗斯社会的自然经济发生了深刻的变化。市民还逐渐成为城市和公国事务中不可或缺的政治力量。

11世纪至12世纪时,罗斯城市迅速发展。在这个世纪之交的年代里,罗斯城市的土地面积扩充了数倍。最大的城市依然是基辅,但它的面积由12世纪上半期的81公顷扩大至世纪末的300公顷,仅由土城设防的内城的面积就扩大了3倍。不仅基辅的城市大大扩展,其他公国也在不断地扩建城堡:在同一时期,佩列雅斯拉夫公国的佩列雅斯拉夫城的面积为30公顷;切尔尼戈夫公国的切尔尼戈夫城的面积为160公顷(设防内城的面积扩大了2倍),柳别奇城25公顷;加利奇—沃伦公国的加利奇城为45公顷;波洛茨公国的波洛茨城为58公顷(设防内城的面积扩大了2倍),明斯克城为4.6公顷;斯摩棱斯克公国的斯摩棱斯克城为100公顷(设防内城的面积扩大了10倍);罗斯托夫—苏兹达尔公国的苏兹达尔城为49公顷,弗拉基米尔城为145公顷;梁赞公国的梁赞城为53公顷。

各公国首府及其他城堡的扩大表明它们经济实力和军事力量的增强。由于各公国之间相互争夺更大、更多的土地,公国之间内讧激化,对基辅大公权力的觊觎也愈益强烈,而最终那种与基辅分庭抗礼,甚至取而代之的趋势就是不可遏止的了。

第四节　贵族需要听话的大公，大公需要独立的山头

除经济、军事力量的增长外，促使各公国对基辅逐渐产生离心倾向的还有一个极其重要的因素——拥有日益强大的、独立的政治力量的贵族。贵族们在公国中拥有庄园、农奴、财富，并且希望这一切永远受到保护，因此他们需要公国的大公能为他们说话，能保护他们的利益。到此时，各公国中的大公与贵族的关系发展到了谁也舍弃不了谁的阶段。公国的大公需要贵族的政治、经济力量的支持，贵族需要的是能维护他们的利益、帮助他们免受基辅大公对自己利益的侵犯以及在家族内讧中获得胜利的"好大公"。一句话，贵族需要听话的大公，大公需要独立的山头。

城市的兴起，商业的繁荣，手工工场的发展，市民阶层的壮大，农民对庄园依附性的增强，农村村社在农民生活中作用的扩大，城市和农村在经济上的分工愈益明确和隔离，这一切促使公国赖以生存的自然经济趋于衰弱、瓦解。

瓦良格至希腊之路曾经繁荣一时，使罗斯在基辅的大公政权保持稳定，有足够的力量"巡行索贡"和东征西讨，并在家族继承的基础上保证和维持"基辅罗斯"的统一，以及能令行罗斯土地，但是，时过境迁，繁荣不再，瓦良格至希腊之路失去了命脉之途的功能。各个公国有了自己的通商之路，不再依靠流经基辅的第聂伯河。由于北部和东北部公国的兴起，原本不太繁荣的伏尔加河水道迅猛发展起来，随之与东部地区的贸易也兴盛起来。而在政治上，随着十字军的东征，瓦良格至希腊之路也逐渐失去了早期罗斯靠它向君士坦丁堡征讨、扩张和争夺黑海沿岸土地的功能，罗斯乃至东方与欧洲的联系已经越过了第聂伯河，不再经过基辅，而是通过伏尔加河与其他多种通道了。

弗拉基米尔·莫诺马赫生前为防止子嗣们的内讧，曾经煞费苦心地不断调整他们的封地，其目的就是不想让他们的封地成为独霸一方、不听命于基辅的独立公国，以保证留里克家族在罗斯土地上完整的、绝对的统治。但是，弗拉基米尔·莫诺马赫没有想到的是，他这种精心谋划的分封到了他的孙辈后，竟然发展成了罗斯分崩离析为各个独立公国的决定性因素。而基辅的罗斯大公在继承上屡屡违背祖传的"兄终弟及"原则，又加速了这种分崩离析。

于是，大势所趋：公国崛起于四方，各地的大公分权于基辅之下。

11世纪末,各公国开始明目张胆地拥权自立,不再向基辅纳贡,自行决定自己公国内以及与其他公国的、甚至与周边其他国家的关系。而到了12世纪中期,就出现了15个公国(到13世纪初,达到了50个),分布于基辅的四周,势力最强大的公国主要集中于罗斯的东北部和北部,而罗斯托夫—苏兹达尔公国,诺夫哥罗德公国、加利奇—沃伦公国则是势力最强盛的公国。

所谓公国是后人的表述方式,实际上,这个公国和罗斯其他土地上的公国,在这个时期都叫作 УДЕЛ(封地),是基辅大公分封给自己的弟兄子孙们的土地。这种封地基本上有两大类:一类封地是由与基辅大公血缘关系最亲近、可信度最高的支系子侄兄弟掌控的。这些封地对基辅政治上的忠诚、纳贡上的持续不断以及作为基辅备用地的牢固作用对基辅的罗斯大公有着决定性的意义。当时这类公国有9个,其中最重要的则是弗拉基米尔公国。这类公国政局相对稳定,社会动荡相对较少,封建经济关系发展相对迅速,因此势力也较之其他公国强盛。另一类封地则因为政治和经济上的重要性常常成为争夺和内讧的对象,它们是基辅时刻需要依靠的力量,但是它们的独立性又使它们常常与基辅处于若即若离的关系之中。这类公国有4个,其中最强大的是诺夫哥罗德公国。

弗拉基米尔这块封地最早是由雅罗斯拉夫大公分封给儿子弗谢沃洛德的。弗谢沃洛德之子弗拉基米尔·莫诺马赫早在1108年就在克列齐亚马河上建造起了弗拉基米尔城。1113年,他在执掌罗斯大公权之后,在罗斯北部地区大兴土木,在北部莫斯科河、谢斯特拉河和伏尔加河沿岸地区兴建了一系列城市,如莫扎伊斯克、亚赫罗马河上的季米特洛夫和涅尔利河上的克斯尼亚金等。这些城市的出现首先与东正教的向东北部传播密切关联;其次,这些城市不仅大大繁荣了北部地区的买卖活动,而且将罗斯的疆土向东北方向大幅地扩展了。于是,以罗斯托夫和弗拉基米尔城为中心的罗斯托夫—苏兹达尔(即后来的弗拉基米尔—苏兹达尔)公国出现,而分封在弗拉基米尔城近处的苏兹达尔的莫诺马赫的儿子尤里·多尔戈鲁基(俄国人习惯按照他的个人特色称他为"长手尤里")则成为罗斯托夫—苏兹达尔公国的大公。

尤里之所以有个"长手"的名称是因为他对权力的觊觎和渴求非常强烈,手伸得太长。为了争夺基辅的大公位,他曾经两次兵发基辅,短暂当大公,和西部的诺夫哥罗德公国为争夺边界土地不断打仗,而对东边的伏尔加河保加尔人以及更南方的一些部族则频繁讨伐。在征伐后,他先后将南方的摩尔多瓦人、保加尔人和匈牙利人迁居到他新建的城市中来,既充当人质,又用作保卫城市的兵丁。

在由罗斯进入莫斯科公国的历史进程中,长手尤里干了一件让其后人时刻铭记的大事,那就是建立后来莫斯科公国的首都莫斯科。莫斯科河上有处地方原本是属于波雅尔贵族库奇科的一个小村庄,村庄以家族名称为名,叫库奇科沃。在尤里与波雅尔贵族的争斗中,尤里杀死了库奇科,但他喜欢库奇科沃这个地方,于是,1147年,他下令在这里建造一座新城,城依河为名——莫斯科(不过,当时并不叫莫斯科,而是叫"莫斯科夫",即"莫斯科河上的城")。

留里克家族内讧和争斗的解决办法除诉诸战争外(从1060年到1237年蒙古人入侵前夕,这种家族间的杀伐之战达到了130次之多),还有一种开大会来商谈和解的办法——"卫彻"。长手尤里先人的"柳别奇大会"就是典型的例子。尤里这一支与分封在北切尔尼戈夫的另一支经常发生内讧。1147年,长手尤里邀请北切尔尼戈夫的斯维亚托斯拉夫·弗谢沃洛多维奇公到库奇科沃来会面,进行和解谈判。但是,这场"卫彻"没有取得尤里所需要的结果,最后两个家族的领袖不欢而散。但是,尤里却继续扩建莫斯科,以致这座城市对其后罗斯国家的政治中心彻底转向北方,转向伏尔加河沿岸以及统一的俄罗斯国家的形成和发展起了重大的作用。

所以,罗斯的后人把1147年作为莫斯科的建城纪念日。而以法律形式把这一建城日当成全民族的节日来庆祝的是苏联领导人斯大林。苏联解体后,莫斯科政府更是强化了这种建城纪念日的庆祝活动,作为重振民族意识和爱国主义的重要手段。时至今日,每年五月的最初几天,纪念莫斯科建城日的活动仍热烈红火,花样翻新。在莫斯科市中心的特维尔大街上仍高高耸立着长手尤里的骑马青铜雕像,而且在一系列古城的克里姆林中也几乎到处可见这位长手尤里英姿飒爽的胜利者的形象。

除了莫斯科外,尤里还兴建了一大批城池:乌格里奇、杜布纳、佩列斯拉夫尔-扎列斯基、尤利耶夫,现在被称为俄罗斯"黄金圈"的地方基本就是在那个时期出现的。在莫斯科周边建造起了科罗姆纳、季米特洛夫、兹维尼哥罗德和科斯特罗马等。这些城市的出现表明罗斯托夫—苏兹达尔公国的强盛。在这个公国里,在公与贵族的争斗中,公是至高无上的权威者,波雅尔贵族必须服从公的意志。不像有些公国中,公受波雅尔的掣肘,波雅尔甚至可以换掉自己不喜欢的公。但在这个公国,波雅尔贵族只是公的奴仆,是依附于公的意志和命令的"宫臣"。

长手尤里在当政三年后被争权的波雅尔贵族杀死。他没有做得更多,但是他的活动却为罗斯的政治活动中心从基辅转向北部,转向伏尔加河的支流——克列亚济马河畔,转向弗拉基米尔城和苏兹达尔城准备了条件。他死后,其子安德烈继承了这个公国的公位。安德烈雄居新城弗拉基米尔附近的鲍戈柳包沃的城堡里,将长手尤里时期的罗斯托夫—苏兹达尔公国改名为弗拉基米尔—苏兹达尔公国。安德烈的权力欲望比父亲更强,扩大自己公国的土地,使弗拉基米尔—苏兹达尔公国凌驾于其他公国之上,这是他的决策基础和行动准则。他对外继续与诺夫哥罗德公国和保加尔人争斗,对内则采取激烈措施控制和镇压不听话的贵族。他一心想着要彻底击垮基辅,将自己的弗拉基米尔城变为全罗斯的都城。1169年,他在麾下集合了梁赞、木罗姆、佩列雅斯拉夫等11个大公国的军队打下基辅,血腥屠城并洗劫一空。正是从此时起,"基辅罗斯"就永远地失去了昔日的辉煌和威望,安德烈的弗拉基米尔城实际上就成了罗斯的新中心。

而安德烈与波雅尔贵族的矛盾最后激化,贵族们发动叛乱。1174年,安德烈被他家族的仇家——库奇科夫家族的贵族杀死。于是,弗拉基米尔—苏兹达尔公国陷入混乱之中。1176年,绰号"大窝"的弗谢沃洛德主政这个公国。"大窝"也是手伸得长的意思,他对于叛乱的、觊觎公国权力的波雅尔贵族一律镇压,征服了梁赞的土地,不断干预诺夫哥罗德的事务,震慑基辅。在他的治理下,弗拉基米尔—苏兹达尔公国达到了鼎盛时期。但是,弗谢沃洛德死后,这个公国内讧杀伐再起,不断重复留里克家族统治盛极而衰的过程。

第五节 诺夫哥罗德公国的商业与"卫彻"制度

弗拉基米尔—苏兹达尔公国地处平原地带,土地肥沃,森林资源充足,湖泊众多,河流纵横,水陆交通遍布南、东、西三个方向,所以这里农耕、渔业和手工业发达,城市繁荣,买卖兴盛。然而,这个公国没有通往大海的通道,商贸的发展受到极大的阻隔。而诺夫哥罗德却占有通达海洋的先天之势,这也正是弗拉基米尔—苏兹达尔公国几代大公不断觊觎诺夫哥罗德公国土地和权力的重要原因之一。

诺夫哥罗德公国位于伊尔门湖和楚德湖之间,多丘陵,自然条件不适宜于农耕,但这里渔猎发达,盛产湖盐。在手工业的兴盛使这里市场麇集,商贸繁荣。自从来自海外的瓦良格人在诺夫哥罗德掌权后,它就成为瓦良格至希腊之路上的商贸重镇。这条水路将它与第聂伯河沿岸的商贸重镇联系在了一起,让它成为汇流沿路物资通达罗斯的南部地区乃至希腊之路上的不可或缺的一环。它的买卖人与德意志、瑞典、中亚以及外高加索地区的商人生意往来频繁,贸易兴盛之势如俗话所说:生意兴隆通南疆,财源茂盛达湖海。由于它位于瓦良格至希腊之路上,与西欧的来往日益频繁,此时已经发展成为罗斯最大的手工业和贸易中心。城市里出现了以手工业为标志的专门的居住区:木匠区、皮匠区、铁匠区、手艺匠人区和制造弓箭兵器的匠人区。

从买卖兴旺、商业的繁荣来说,诺夫哥罗德公国是罗斯公国中最面向世界、最开放的公国。正是由于这种面对海外的开放性,罗斯的大公们在基辅遭遇困难或者危机时,往往都会到诺夫哥罗德暂安一时,再由这里去斯堪的纳维亚搬瓦良格人作救兵,杀回基辅去。也正是因为如此,诺夫哥罗德一直是罗斯大公的唯一候选地,或者说是"基辅罗斯"的第二首都。这里的大公们也逐渐积蓄起了与基辅争雄的政治实力,且常出叛逆之举。

诺夫哥罗德与罗斯其他公国的不同之处还在于它的政治,也就是公国的管理、大公与波雅尔贵族的关系,以及大公、贵族与臣民的关系。在这块土地上,有一个很悠久的传统,就是开市民大会——"卫彻"来议决重大事务。当留里克家族的统治扩展到基辅之后,这种由民众来议决城市甚至公国大事的传统逐渐名存实亡,只有大公们在别无他策的情况下才偶尔为之,比如弗拉基米尔大公的"柳别奇大会"和长手尤里的"库奇科沃大会"。而在诺夫哥罗德,"卫彻"的存在是名副其实的,而且时间持续较长。

当时,诺夫哥罗德是罗斯最大的封地,波雅尔贵族势力强大,庄园林立,多达400座。由于商贸发达、富商众多,庄园主贵族和富商的力量决定着城市的一切,而诺夫哥罗德公的权力受到他们的限制,诺夫哥罗德的自由和民主也较之其他公国为盛。基辅的大公对各公国的控制权力逐渐减弱和丧失统领全罗斯的势力后,诺夫哥罗德的实际权力由"卫彻"完全控制,它制定法律,有宣战和签订和约的权限,能够决定邀请谁来当大公,选举城市的管理者——地方行政长官、负责税收的千人长和主教。这样的大会总是在诺夫哥罗德的雅罗斯拉夫宫的广场上举行,旁边耸立的就是尼古拉教堂。这个广场设有讲台,这是专供地方行政长官、千人长和主教们坐的,而讲台前的一排排长板凳是供与会者坐的。在这个只能容纳300—500人的广场上,即使是部分市民,也是不可能都来参加大会的,400座庄园的400名代表是"卫彻"的常客。因此,在这种会议上作主的实际上是波雅尔贵族和富商。所谓"市民",是那些与贵族和富商有密切关系的市民。至于农民——"斯梅尔德"则是根本不可能参加"卫彻"的。所以"卫彻"这个"市民大会"也只不过是波雅尔贵族和富商的大会,是一种对远在基辅的罗斯传统的王权进行挑战和限制的大会。不过,尽管诺夫哥罗德的"卫彻"掌有与其他公国不同的权力和自由,但是,他们所选出的大公必须是留里克家族的后代,最好是长期掌控这一地区的弗拉基米尔·莫诺马赫这一系的子孙。

所以,在诺夫哥罗德虽有大公,但实权却掌握在贵族和商人组成的显贵市民手上。诺夫哥罗德的大公也与其他公国的大公不完全相同,因为他是由诺夫哥罗德的"卫彻"推举出来的,权力的行使在很大程度上要受到波雅尔贵族和富商的制约。因此,诺夫哥罗德人与其他公国不同,他们不把"大公"叫作"公",而叫作"诺夫哥罗德的君主"。1136年,在诺夫哥罗德当大公的是弗拉基米尔·莫诺马赫的一个孙子,他不想让权,不想受"卫彻"制约,于是民众对他不满,"卫彻"与他的矛盾激化,最后爆发了骚动,大公被捉了起来。"卫彻"开会,宣布了他的多条罪状,裁决将他驱逐出诺夫哥罗德,另外选择了莫诺马赫系的另一个子孙——雅罗斯拉夫·穆德雷伊。从此,在诺夫哥罗德开始了一个波雅尔贵族按照自己的意愿"邀请大公"并由"卫彻"选举产生地方行政长官的时期。被邀请来的大公并不总是对波雅尔贵族唯命是从,为了对抗波雅尔贵族,大公不断更换行政长官,而贵族们也就不断驱逐旧的、不听话的大公,邀请新的、能听话的大公。

正是从这时起,诺夫哥罗德的"卫彻"频繁邀请和更迭"君主",并与他们约法三章:被选中的大公无权将公位传给自己的弟兄或子孙,无权干预庄园主和富商的"民事",无权占有土地,退下公位后不得生活于诺夫哥罗德城中。当然,大公们也并不是完全服从于"卫彻"的,也时常不满于波雅尔贵族和富商的牵制,这时他们就利用波雅尔贵族和富商的矛盾来进行反抗。所以,12世纪的诺夫哥罗德君主频繁更换。

而邻近的弗拉基米尔—苏兹达尔公国则是以农业为主的、王权决定一切的公国,势力也很强大。诺夫哥罗德的兴盛对弗拉基米尔—苏兹达尔公国的发展形成了威胁,所以这个公国的安德烈对诺夫哥罗德的觊觎和兼并就是不可避免的事。诺夫哥罗德处于一个周边被农业经济包围和传统王权势力强大的环境中,因此它是孤立的、脆弱的,这就注定了它的命运。诺夫哥罗德和弗拉基米尔·苏兹达尔之间的争斗是一个以商贸为主的社会和一个以农业为主的社会之间的争斗,甚至战争,其结局以诺夫哥罗德人的失败而告终。

这场争斗对伏尔加河沿岸地区各公国的命运和前途产生了不可逆转的影响,并且将罗斯的历史轨迹彻底地从第聂伯河平原转向了伏尔加河东北的广阔森林地区。

第六节　东北罗斯:克列亚济马河畔

东北罗斯没有"基辅罗斯"那样的黄金水道,更没有波罗的海和黑海那样的出海口,所以一直是个封闭的内陆地区,狩猎和农耕是居住在这里的部族几乎全部的生活。而这时,在东北罗斯,罗斯托夫—苏兹达尔公国逐渐强盛,还有莫斯科夫矗立在这块陆地的深处。最初隔绝与封闭使居住在这里的维亚迪奇部族长期坚守古老的多神膜拜传统,抵触、拒不接受逐渐由基辅沿第聂伯河再经克列亚济马河传来的基督教。涅斯托尔的《往年纪事》里,就记叙过维亚迪奇人的原始膜拜和与此相联系的风俗习惯:无礼义廉耻之规;无婚丧嫁娶之俗;人死焚烧,盛尸骨于小罐,悬之于路边木柱;膜拜于神灵的裁决。涅斯托尔还特别强调:"维亚迪奇人现在仍然这样做。"

首先接受洗礼的弗拉基米尔大公及其后代。他们都忠实地继承了祖先的选择,不断地扩大和深化基督教的传播,而基督教在罗斯土地上传播的一条重要线路就是沿克列亚济马河东北而上。1000 年,基督教传入弗拉基米尔和苏兹达尔地区。长手尤里一掌控罗斯托夫—苏兹达尔公国后就加速了东正教在莫斯科夫这块土地上的传播。在尤里的父亲弗拉基米尔·莫诺马赫当基辅大公时,尤里就频繁去基辅并随侍在父亲的左右。他对于自己祖先 988 年在基辅第聂伯河边强制举行大规模洗礼的事谙熟于心。所以,他在自己公国所进行的洗礼也是大规模的和强制性的。

这个进程与莫斯科城的建造几乎是同时的。尤里首先让自己的军队和贵族皈依东正教。1146 年的夏秋之交,他让皈依了东正教的军队以及当地的维亚迪奇人在涅格里河的河口建造起一座城堡,就是前文提到的莫斯科夫,莫斯科夫成了一座重要的军事城堡。尤里于当年冬天发兵诺夫哥罗德,攻占了它的全部土地。于是,才有了 1147 年春天,尤里在这里与不和的各公国大公举行和谈"卫彻"的故事。正是通过这一建城以及随后的征讨,尤里将莫斯科夫的北部地区从维亚迪奇人那里夺了过来,并在这一地区强行传播东正教,莫斯科夫成了尤里重要的行宫和传播东正教的基地。1146—1147 年,在尤里行宫的旁边建成了一座木教堂,还在强迫维亚迪奇人洗礼的克罗姆河上建成了第二座木教堂,它们成为莫斯科地区最早的两座东正教教堂。

尽管东北罗斯的各个部族曾激烈反对和抵制东正教的传播,维亚迪奇人曾经杀死过传播《圣经》的基辅洞穴修道院的修士,但到了 12 世纪中期,随着东正教的深入传播和影响的加强,原始的多神膜拜开始削减,丧葬风习开始消失。东正教在东北罗斯迅猛传播的结果是,权力迅速从基辅向东北罗斯倾斜,政治和宗教中心也随之转向弗拉基米尔城。

安德烈执掌权力后,东正教在这个公国获得了前所未有的发展。安德烈把政治中心迁到了弗拉基米尔城,但自己却主要居住在鲍戈柳包沃这座城堡。他对东正教的虔诚和传教的热忱比自己的父亲更为炽烈。他开始大兴土木,在鲍戈柳包沃、弗拉基米尔和克列亚济马河畔建造教堂,在弗拉基米尔城中建起了众多的教堂和寺院,其中辉煌的圣母升天大教堂、圣季米特里教堂就是这期间先后建造起来的。为了保卫教堂和寺院林立的弗拉基米尔城,他还建造起了一圈高大的土城,其五座城楼是用白石建造的(只有一座城楼保存了下来,它是用镀金的铜料装饰的,因此有"金门"之称)。

安德烈还在弗拉基米尔城郊的涅尔利河岸上建造起了一座白色的圣母帡幪教堂,这座教堂恢宏、壮丽,因而被称为东北罗斯教堂建筑中的一颗明珠。因为罗斯土地上的另一条重要水路——伏尔加河水路流经罗斯托夫、雅罗斯拉夫尔这些重镇,大河的支流横贯全境,所以随着尤里、安德烈时期东北罗斯政治上的崛起,商贸也逐渐发达起来,富裕的商贾相当集中。这些商贾们也追随在大公和贵族之后,对修建教堂和寺院不惜钱财。这在公国的雅罗斯拉夫尔城的教堂建筑中表现得尤为突出。这里的富商在建造教堂和寺院时,竞相攀比装饰的华美、壁画的瑰丽和整体上的雄伟辉煌。所以,东北罗斯的教堂和寺院比起基辅的教堂和寺院来,多了一层珠光宝气的斑斓,在神秘的虔诚气氛中多了一点人间烟火的味道。随之,在整条瓦良格至希腊之路上,在伏尔加河的河岸上,规模宏大的教堂和寺院到处可见。弗拉基米尔、雅罗斯拉夫尔、苏兹达尔和科斯特罗马等城市成了教堂和寺院云集的地方。而安德烈由于对东正教的虔诚和无以复加的推崇有了"信神的安德烈"的绰号。

安德烈不仅大建教堂和寺院,还在自己的公国中设立都主教辖区,并且在 1160 年任命了自己的都主教。这时,在罗斯只有基辅都主教区是拜占庭认可的。安德烈的这一举动引起了基辅和拜占庭两方面的不满和抵制。拜占庭只承认弗拉基米尔—苏兹达尔公国是个都主教辖区属下的主教辖区,并往这个公国派出了拜占庭的主教。但是,这些主教只能到达罗斯托夫,无法进入弗拉基米尔城,弗拉基米尔城中是安德烈的"都主教"。安德烈的这种分庭抗礼的行动也遭到基辅的激烈反对,最后的结果是:安德烈的"都主教"在基辅遭受各种侮辱后被割掉了舌头、砍掉了右手,算是基辅大公和拜占庭对安德烈自行其是的警告。

尽管如此,安德烈对东正教的痴迷和狂热虔诚并没有停止下来。他自行颁布并实行了一系列东正教节日,如至仁至爱救主节、圣母节、圣母饼幪日。这些节日没有得到拜占庭的认可,但是它们却在罗斯的土地上传播开来。东正教在罗斯传播的一大特点是:首先并主要是在农村进行的。因此,随着这些节日被信仰者所确认和礼敬,罗斯农民和村社的一些习俗也融进了东正教,逐渐成为罗斯东正教的"国法":在罗斯东正教堂中不使用世俗的古罗斯口语,而使用古保加尔语进行宗教活动;教民除世俗名字外,还有一个教名(如谢尔盖——谢尔基,阿列克谢——阿列克西斯等);神圣的教堂与农舍中的敬神之地"红角"并存;对上帝的敬仰、对原始神灵的膜拜与对十字路口、干草房以及澡堂中的"妖魔鬼怪"的恐惧相杂糅;基督教的圣徒罗斯化,转化成为与罗斯多神信仰的结合体;出现农民认可的"民间圣徒"与对他们所敬仰的人物死后的"封圣"等。

在东正教中保存着罗斯古老的多神膜拜元素,因此,双重信仰就成为罗斯东正教的一大特色,或者说,东正教在罗斯的深入传播进程中逐渐地罗斯化了。可以说,在长手尤里、信神的安德烈和大窝弗谢沃洛德时期,东正教在克列亚济河畔确立和深入传播,其结果是这个公国的首府弗拉基米尔实际上替代了基辅成为罗斯东正教的中心。东正教在东北罗斯地区的深入传播和繁荣,使以弗拉基米尔—苏兹达尔—雅罗斯拉夫尔—科斯特罗马—莫斯科为中心地区的东北罗斯国家的发展更加深入和强化。在这一进程中,一方面是都主教对基辅的大公、各公国的主教对各公国大公以及有权势的贵族的影响日深,对国家事务的干预愈多,终至在其后的发展中形成了政教合一的特殊君主专制政体。而另一方面是教会、教堂寺院对大公和贵族生活的干预和操纵愈强,普通人的生活愈加离不开教堂和教会,结果是大公和贵族利用教会、教堂寺院来对人民进行有效的统治。到了这时,东正教真正成为罗斯的国教。

当然,在弗拉基米尔公国兴盛并逐渐成为罗斯东北地区的强者时,西北罗斯,诺夫哥罗德地区的东正教也进入了一个新的传播进程。基督教传入诺夫哥罗德的时间较之罗斯的其他地区是最晚的。但是,这里的东正教的普及和民众行使权力的普遍性却使它在商贸活动和经济发展中起了特殊的作用。诺夫哥罗德最早接受外国商行合作的是教会,教会参与了与瑞典人和德国人的两个商场的创办。教会还参与了贸易的管辖,控制着贸易所必需的度量衡器具的核定和管理。在教会的影响和带动下,欧洲样式的买卖行会在诺夫哥罗德地区发展起来。这是当时罗斯其他地区还没有出现的现象。借助教会的力量,诺夫哥罗德公国成了所有公国中贸易经济关系最为发达的公国。

第七节　西南罗斯:加利奇—沃伦的离心之路

这一时期,在西北罗斯的西南有大片土地——加利奇和沃伦。加利奇和沃伦本是两个公国,是"基辅罗斯"的留里克大公对子侄的封地,而这些子侄比起西北罗斯和东北罗斯的掌权者来说,他们的实力不那么强大,对基辅大公的影响也没那么大。两个公国的大公都是智者雅罗斯拉夫一系的子孙,加利奇公国的土地包括佩列梅什里、兹维尼哥罗德、捷列波夫里和加利奇。沃伦公国最早的大公是亚历山大·涅夫斯基的兄弟,地位和实力都远比加利奇要强大,土地包括别尔泽、切尔文、布列斯特、卢茨克、彼列索普尼泽、多罗戈布泽和舒姆斯克。

从地理位置和环境来说,沃伦偏北,加利奇在南。沃伦土地肥沃,气候温和,距离时常奔袭而来的游牧部族较远,因此它成了罗斯土地上最富庶和相对安全的地区之一。沃伦的西部与波兰王国为邻。而加利奇土地则在更大的范围内与波兰王国、匈牙利王国接壤,更可以沿多瑙河而上直达德意志,其南部的土地一直延伸到德涅斯特河的上游和外喀尔巴阡山地区。这种独特的地理位置和与多个邻国接壤的格局先是使加利奇公国,然后又令加利奇—沃伦公国在"基辅罗斯"众多的藩属公国中具有了一些特点。一是它西部的几条河流——桑、布格河、维斯杜拉河和德涅斯特河将公国与西部各王国联系了起来,沿着多瑙河可直达欧洲大陆的中部。这种舟楫之利使得加利奇—沃伦公国不必像其他罗斯公国那样依靠第聂伯河。这不仅促进了加利奇—沃伦公国在经济上的发展,而且在政治上也愈益强化了这个公国对"基辅罗斯"的离心力。二是它与相邻王国的政治交往频繁,大公们和国王们的交易、争斗和相互利用成为这个公国历史进程的重大特色。如果说,西北罗斯、东北罗斯在公国间的内讧中,更多的是兄弟相残、血亲复仇的话,那加利奇—沃伦则在此之外又加上了公国与相邻王国的角力、外交上的钩心斗角。三是在居民和信仰上来说,加利奇—沃伦的居民除了"东斯拉夫人"以外,还有相当数量的波兰人、普鲁士人、立陶宛一些部族的人以及更南部地区的游牧部族的人,而在手工匠人集中的城镇,则还有一定数量的德意志人、亚美尼亚人和犹太人等。因此,这是一个多信仰交织的地区,基督教、天主教、犹太教,甚至自然膜拜的原始信仰都在影响各自的居民群体。四是这一地区封建关系更为发达,城市群起,而其结果是形成了一个力量强大和势力广泛的波雅尔阶层,他们拥城自立,对抗公国的大公,成为加利奇—沃伦公国中政治局势动荡和社会不稳定的重大因素。

12世纪时,加利奇—沃伦土地上的各个封地不仅相互间纷争不断,更常常不听命于基辅,于是基辅的大公们动用各种办法来使加利奇—沃伦的土地听命于自己。弗拉基米尔·莫诺马赫去世后,兄弟相残和波雅尔夺权的斗争就更为激烈。在这些纷争和权力转换中,无论是加利奇—沃伦封地内部的,还是基辅与加利奇—沃伦间的争斗都体现为新兴波雅尔与基辅大公和封地大公的争夺,波雅尔的阴谋则是斗争的伏线和导火索。波雅尔不断地干预公国的事务,不承认大公的权力,而大公们仇恨波雅尔的叛离,与他们的对立就愈益尖锐,最后结局常常是大公们逃往公国之外,试图借助邻国的势力,打败波雅尔,夺回权力。而基辅大公也常常借用邻国的军队来对付不听话的封地大公。12世纪,这样的事件不停地轮回发生,造成加利奇—沃伦公国对基辅大公的离心力愈加发展和强化,在家族争斗和权力转换中不断地依靠外国的势力,寻求邻国的保护。1144年,加利奇大公远行打猎,公国的波雅尔就联合其他公国的军队,杀进了加利奇,加利奇大公逃往多瑙河地区。

波雅尔的失败也是常事。失败了的波雅尔也是逃往邻国寻求保护。1173年,在与大公的冲突失败后,加利奇显赫的波雅尔与大公的妻子奥尔加及其子弗拉基米尔逃往波兰。弗拉基米尔要父亲将公位让给自己,但父亲却将公位传给了自己情人的儿子。随后,波雅尔的参与和帮助使弗拉基米尔登上了公位。但是,弗拉基米尔荒淫无道,又不信任波雅尔,波雅尔很是不满。他们求助于沃伦的大公罗曼·姆斯季斯拉夫。弗拉基米尔不得不携带黄金、白银及妻小逃往匈牙利。1189年,姆斯季斯拉夫为加利奇大公不久,被关押在匈牙利城堡塔楼中的弗拉基米尔逃至德意志。他向神圣罗马帝国的弗里德里希·巴巴罗萨皇帝保证每年进贡2 000格里夫纳银币,皇帝随即答应帮他夺回加利奇的公位。最后,在德意志和波兰的帮助下,弗拉基米尔终于回归故地,重掌大公之权。

十年后,1199年,弗拉基米尔去世。在波雅尔的帮助下,罗曼·姆斯季斯拉夫再次当上加利奇的大公,并且将加利奇和沃伦合并为一个大公国。这时加利奇—沃伦公国的土地面积已经相当于巴巴罗萨的神圣罗马帝国,姆斯季斯拉夫的势力也从加利奇—沃伦扩展到了基辅,也曾一度为"基辅罗斯"的大公,被人称为"全罗斯的君主"。但是,在蒙古人入侵前夕,这块土地上极为频繁的大公与波雅尔的争权与恶斗最终导致了加利奇—沃伦大公国的衰败。1240年,蒙古大军攻破基辅,次年,火焚加利奇—沃伦。其后,加利奇—沃伦的大公和波雅尔在波兰和匈牙利之间寻找支持的力量,也与这两国频繁争斗。在经过依存于金帐汗国150多年的错综复杂的历史后,1392年,加利奇被波兰王国兼并,沃伦归属于立陶宛大公国,加利奇—沃伦公国不复存在。

与西北罗斯和东北罗斯不同的是,加利奇—沃伦毗邻波兰王国、立陶宛大公国、神圣罗马帝国的特殊地理位置使它成为更接近欧洲、更向西方国家寻求出路的公国。作为"基辅罗斯"的西部土地,它对欧洲土地的争夺和依存是其必然的命运,在"基辅罗斯"时期,加利奇—沃伦的离心力更多受外部世界的影响,这不同于东北罗斯和西北罗斯的离心力更多受家族和世袭地位的影响。在加利奇—沃伦的土地上,有一系列重要的贸易通道:波兰王国方向,可通往克拉科夫、布拉格、格但斯克和德意志的雷根斯堡;而在南部,有通往多瑙河和黑海的通道。这使加利奇—沃伦成为"基辅罗斯"向西方争夺更多土地的一条通道。

加利奇—沃伦也是"基辅罗斯"以及各地封国向南征伐波洛伏齐人的主要战场。罗斯著名的《伊戈尔远征记》中所描述的来自西北部的伊戈尔大公对波洛伏齐人的征讨就是在这块土地上进行的。伊戈尔兵败的普季夫利就在加利奇。在《伊戈尔远征记》中,对加利奇的这种特殊地位和加利奇人有过描述,称他们如苍鹰一般翱翔于天空,钢铁般的军队守卫着基辅的大门,抵抗来自多瑙河的敌人的入侵。

第八节 《罗斯法典》、《伊戈尔远征记》、萨特阔和弗拉基米尔—苏兹达尔画派

从弗拉基米尔·莫诺马赫掌权的基辅到其子孙们的封地,基辅大公和各

封地的大公一直是罗斯全部历史进程中的主角。大公们所关心的不仅仅是既有权力的大小和封地的多少，更着眼于权力的增强和封地的扩大。弗拉基米尔·莫诺马赫十分需要一部维护统治和权力、约束分封地子孙们的法规，因此，修订、增补祖先留下的法典就成为他致力的工作。

11世纪的《雅罗斯拉夫子孙法典》(曾有人译成《雅罗斯拉维奇法典》)和12世纪的《罗斯增补法典》(曾有人译成《详本罗斯法典》或《莫诺马赫法规》)记载和固定了罗斯的封建关系。罗斯最早出现的法典是雅罗斯拉夫大公写成的，被他的子孙们称作"先人的法典""祖父和父亲的法典"，后人因是雅罗斯拉夫大公撰写的，就称其为《雅罗斯拉夫法典》或者简称为《罗斯法典》。但是实际上，它当时是没有这个名称的。

雅罗斯拉夫的儿子们在《罗斯法典》中增加了保卫庄园——封地的种种条款，反映了11世纪初形成的土地占有制和维护土地占有制的关系。《雅罗斯拉夫子孙法典》捍卫了庄园主的利益，对分封制的巩固和封建关系的强化起了极大的作用。到了弗拉基米尔·莫诺马赫时，他为了能以一种不同于以往大公的统治方式治理国家，就写下了一条条训示，对庄园体制中封建主与农奴及农民的关系、维护封建庄园和城堡的利益作了更明确的规定。训示中还规定了统治者与臣民的关系，如何待人接物，接待外国人应有何等的礼仪与规矩等。这部训示被称为《家训》，因为它除了"游记"部分，还有"对孩子们的训导"部分。《家训》增补了《雅罗斯拉夫子孙法典》，从而成为《罗斯增补法典》。这三部法典反映了"基辅罗斯"从一个氏族、家族的联盟发展成一个国家并在封建关系日益强化的道路上发展的历史。因此，《罗斯法典》《雅罗斯拉夫子孙法典》和《罗斯增补法典》远不是简本和详本的关系，而是日趋完善的、为解决现实问题而逐步扩充和发展的古罗斯的法律文本。当然，这些法典也是这一时期罗斯文化发展的标志和里程碑。

但这一时期的文化远远不止于这些法典，文化的发展是多面的、内涵丰富的。在这一时期内，随着大公们的征讨、杀伐、买卖的扩展，各地人员频繁交往，反映这些活动的文学和文化作品就应运而生。尤其是东正教、教会、教堂寺院对大公们的权力和政治的干预日益增强，对社会进程和信仰者生活的影响日益深刻，罗斯文化中的宗教因素也日益增多。因此，这一时期的文化发展有三个趋势：一是歌颂壮士、勇士的口头创作十分繁荣，二是歌颂商人和诺夫哥罗德精神的传说盛极一时，三是东正教和多神膜拜相融合的作品逐渐增多。

在这一时期有关勇士的歌中，最著名并广为流传的是《伊戈尔远征记》。这首民间诗体的长诗描写的是伊戈尔公征讨波洛伏齐人的军事行动。伊戈尔·斯维雅托斯拉维奇是基辅东南部诺夫哥罗德—谢维尔斯基公国的公。这个公国是在柳别奇大会之后分封给奥列格这一支子孙的，它的土地广阔，拥有特鲁布切夫斯克、普迪夫纳和雷里斯克这样的城市，它的森林茂密，有杰斯纳河与塞姆河，而在两河的沿岸又有丰饶的草原，因此这里成为波洛伏齐人时常觊觎和不断侵袭的地方。

波洛伏齐人的侵袭一直是罗斯的大患，基辅的数代大公都对这个桀骜不驯的部族进行过征讨，但屡剿屡败，屡败屡剿。到 12 世纪最后的二十几年里，波洛伏齐人还是被基辅的军队逼到了南部顿河地区。波洛伏齐人远离了基辅，却邻近了诺夫哥罗德—谢维尔斯基公国。面对这种潜在的威胁，公国的伊戈尔公寝食难安，为保障公国的安全，决心征讨。1185 年春天，伊戈尔大公统率了特鲁布切夫斯克和雷里斯克的大军，杀向顿河地区的波洛伏齐人。他还征召了第聂伯河左岸隶属于切尔尼戈夫公国和基辅公国的游牧部族的军队。东南欧地区几乎所有的波洛伏齐部族都集中了起来对抗伊戈尔的征讨。伊戈尔的轻敌、波洛伏齐人的抗争以及双方兵力的悬殊使这次征讨惨败，甚至伊戈尔大公本人和其他参战的大公都成了波洛伏齐人的俘虏。

罗斯与波洛伏齐人的战争，时大时小，断断续续，而罗斯始终不能最终获胜的原因在于两点：一是罗斯大公对周边各部族的征讨和兼并以武力为上，疏于攻心，因此公国大兵一撤，部族的人马就重新聚齐，杀奔而来；二是基辅属下的各个封地的大公内讧不止，无法团结一致地进行征讨，分裂的封地公国反而成了波洛伏齐人争取联盟的对象，甚至有些大公为了自己的权势和封地的利益与波洛伏齐人联手反对自己的弟兄和子侄。伊戈尔的这次征讨重蹈了他的祖先的覆辙。诺夫哥罗德—谢维尔斯基公国与波洛伏齐人的争斗及战争实质上并不是国家权益之争，而是维护封地和争夺封地的杀伐。伊戈尔公的祖先就有与波洛伏齐人通婚的，而伊戈尔本人的第二个妻子也是波洛伏齐人。在伊戈尔从俘虏窘境中逃出后，留在波洛伏齐人中的儿子最后也娶了波洛伏齐一位酋长的女儿。在这种部族混血联姻的情况下，国家的概念并不是那么明显和强烈。

《伊戈尔远征记》把伊戈尔大公这次征讨的失败归罪于天意。天象已经示警，此战必败，而伊戈尔却要逆天命而行。长诗中是这么写的：

这一天,伊戈尔看了看太阳,
而太阳让他惊愕:
大白天昏黑如夜
罗斯的军队消融不见
大公不知命运如何裁决
只是喃喃私语:"弟兄们,勇士们!
与其被异教徒俘虏
不如死于利剑。
弟兄们,上马,矫捷的战马
让我们驰骋顿河的蓝天下!"
一个想法在大公脑海萦绕不去——
一定要去那个神秘的远方。
他挥舞旗子,蔑视苍天,
满怀战斗豪情地说:"我要在
不知晓的波洛伏齐之地
投掷长矛,
和你们一起,弟兄们,战死疆场,
或是用头盔饮马顿河!"

《伊戈尔远征记》作者也将伊戈尔的失败归罪于公国之间的内讧以及他们对基辅大公权力的觊觎和争夺,因此呼吁停止内讧,服从基辅大公,维护基辅国家的统一权益。

诗中这样吟唱:

雅罗斯拉夫和弗谢斯拉夫的子孙们!
垂下旗子!扔掉利剑!
你们抛弃了古老的荣光,
又决意不惜名誉,
正是你们的内讧和纷争
把异教徒引进了罗斯,
从此时起呀,有了凶残的、可恶的波洛伏齐人的土地,
我们却失去了家园!

《伊戈尔远征记》最后以伊戈尔妻子的伤心痛吟将这种大敌当前各公国要停止内讧、统一行动、一致对敌的呼吁升华到了极致：

> 我们曾经歌颂过一代代老大公，
> 现在是时候了，我们赞美年轻的一代，
> 光荣啊，伊戈尔大公，
> 礼赞啊，弗谢沃洛德，
> 弗拉基米尔·伊戈列维奇！
> 光荣归于不惜力量
> 为基督徒击败异教徒的所有人！
> 大公啊，你万岁，所有的勇士，万岁！
> 光荣归于大公们，光荣归于勇士们！

《伊戈尔远征记》把大公作为讴歌的对象，并将大公与勇士的形象结合在了一起。作为首领的"大公"其权势能力和作为"勇士"其能征善战的形象逐渐变得清晰和光辉起来，"大公"政治活动的功勋卓著和"勇士"守土保家的骁勇无畏逐渐扎根于罗斯人的意识里。于是，在罗斯人的心目中形成了一个终身不改的信念：作为部族、民族首领的大公和作为部族、民族保卫者的勇士都应是威严的、勇敢的、无畏的、战无不胜的。于是，在罗斯人多神膜拜的基础上，又加上了对勇士和大公的膜拜和崇奉：唯大公是勇士，唯勇士才能成为大公；仁慈的大公比其他任何人都能更好地管理国家并使国家逐步强盛、人民过上好日子，于是，被统治的臣民渴望"好大公"的情结就绵延不绝，从"好大公"到"好沙皇"，这一概念就代代相传。时至今日，俄罗斯人还把森林中采到的硕大蘑菇叫作"巴嘎迪尔"（богатырь）——勇士。它就是这种情结、信仰和传统的延续。

在这一时期，除《伊戈尔远征记》外，还有壮士歌《斯塔夫尔·戈季诺维奇》，歌中歌颂的主人公也是"大公＋勇士"，是以弗拉基米尔大公为原型的。

在具有传统重商之风、贸易发达的诺夫哥罗德，对财富和商人贵族的尊重及对他们所代表的诺夫哥罗德精神的歌颂就成为罗斯西北地区文化发展的特色。流传极广的有关诺夫哥罗德大商人萨特阔的传说所反映的正是这种文化。萨特阔为了寻求真正的幸福和财富，乘船出海。突然海上起了风暴，原来是海神发怒，向航行者索要人贡。按照惯例，船上的人开始抽签，以决定谁应当被投入大海去满足海神的需要。船上的人抓起铁棍投入海中,萨特阔则抓起一根木棍向大海抛了出去。大海咆哮起来,所有的铁棍和木棍都被卷入海水深处。不一会儿,所有的铁棍都浮出了海面,唯有萨特阔的木棍一沉不起。这就是说,海神选中了萨特阔。萨特阔纵身跳入大海,刹那间,风平浪静。然而,海神却喜欢上了萨特阔,欲将自己的女儿许配给他,但是,萨特阔为此必须经历海神设下的忠诚、信用、勇气和才能的考验。最终,萨特阔获胜,他带着数不尽的财宝浮出了水面,回到了自己心爱的诺夫哥罗德。面对繁荣的诺夫哥罗德,萨特阔说:"我这个诺夫哥罗德商人并不富有,比我更富有的是光荣的诺夫哥罗德!"这个传说深刻地影响了俄罗斯一代代文人和音乐家的创作,所以,后来有了作家亚·康·托尔斯泰的长诗《萨特阔》和作曲家里姆斯基-科尔萨科夫的著名歌剧——《萨特阔》。

由于东正教的深入传播,教堂的建造兴旺起来。教堂里的廊柱和墙面开始用石雕来装饰。由于弗拉基米尔—苏兹达尔公国建造教堂之风尤盛,因此这里的石雕艺术发展最快,最常见的雕像是狮身鹰首兽(一种狮身鹰首有双翅的怪兽),这一形象将东正教和多神膜拜的糅合表现得淋漓尽致。而诺夫哥罗德建筑的特色就是对拜占庭风格的继承以及与当地自然环境和谐、简洁的融合。在诺夫哥罗德,木建筑教堂正是在这一时期兴起,尽管这种木建筑教堂要到14—15世纪才达到辉煌阶段。正是由于这里重商,富豪众多,因此为他们建造的木建筑也就兴盛一时,这也是诺夫哥罗德建筑艺术与其他公国有显著差异的地方。

再就是宗教和神学作品日益增多。最早传入罗斯的圣像是圣母画像。关于这个神话与现实相杂糅的传说是这样的:它由安德烈大公带至弗拉基米尔城,这位大公还在城中建造起了一座供奉这一圣母像的教堂。他又在涅尔利河畔建造起另一座圣母教堂。所以,圣母圣像画就成了罗斯教堂的僧人们临摹和创作圣像画的基础和始点。圣像的传入,不仅大大促进了教堂建筑的发达,还促进了罗斯人自己的圣像画的创作,在弗拉基米尔的这座教堂里,临摹和创作圣像画的作坊就此产生、发展,其画风蔓延至整个弗拉基米尔—苏兹达尔公国,并最终形成了极为辉煌的圣像画派——弗拉基米尔—苏兹达尔圣像画派。到14世纪时,就出现了像安德烈·鲁勃廖夫这样独具一格的圣像画画家。时至今日,这座教堂仍有自己的圣像画创作室,所保存的珍贵圣像画有数千件之多。

在加利奇—沃伦的土地上,手工匠人、艺人和雕刻匠众多。建造外表美观的房舍、在石头上雕刻记事成了这一时期加利奇—沃伦文化的一种标志。

无论是壮士歌、编年史,还是各种文学和口头创作,大都是寺院的僧人们的创作。僧人既是虔诚修炼的信徒,也是史学家、文学家、诗人、歌手,甚至是站在时代高处呼号的人。因此,在他们的作品里,东正教与罗斯原有的多神膜拜的一些信仰和理念错综复杂地交织在一起,这充分反映了东正教在罗斯土地上传播过程中"双重信仰"的特色。

第九节　蒙古人的入侵与萨莱金帐汗国的建立

东正教向东北罗斯的推进实质上为俄罗斯民族的形成,为一个统一的俄罗斯国家的出现创立了条件。就在以弗拉基米尔—苏兹达尔公国为核心的东北罗斯地区发展到繁荣昌盛的时期,这一进程被蒙古大军的入侵所中断。1218年,成吉思汗率领四个儿子(术赤、察合台、窝阔台、拖雷)和大将(速不台、者别),向辽阔的西方世界进军。蒙古军队由里海地区进入伏尔加河的下游,向东北而上,打到了北高加索地区,那里的亚斯人(即沃舍梯,现在的奥塞梯人)和波洛伏齐人避进山间小道,联合进行抵抗。但波洛伏齐人中了蒙古人的离间之计,蒙古人对他们说:"我们和你们是同族。为什么你们要帮助亚斯人?"波洛伏齐人信了,走出了山间小道,最后被蒙古人所赶杀。

这时,这一地区公国的力量已经衰弱不堪,只剩下姆斯季斯拉夫这一族人所控制的三个公国还有些力量,它们是基辅公国、加利奇公国和切尔尼戈夫公国。蒙古人的使节持表来见罗斯的大公们,劝他们归降。罗斯大公杀死了使节,并在第聂伯河击退了蒙古人的先头部队。罗斯的大公们大喜,认为蒙古人不过如此。接着,他们开怀畅饮欢庆胜利,随后又与波洛伏齐人合军进攻蒙古军队。罗斯人既无统一的指挥,又大意轻敌,结果惨败。蒙古人将三位姆斯季斯拉夫大公擒获,置于坑中,上盖木板,自己则在木板上豪饮,对大公极尽羞辱之举。但是,蒙古人在向伏尔加河保加尔人进击时却兵败,不得不退回蒙古。1227年夏,成吉思汗去世。

1229年,窝阔台继承大汗位,决心完成父亲的未竟之愿。1235年,蒙古大约10万人的大军在术赤之子拔都的统领下第二次西征,察合台、窝阔台和拖雷之子皆随军前行。蒙古大军穿越乌拉尔山,沿伏尔加河的支流卡马河北上,征服了伏尔加河保加尔人、摩尔多瓦人和波洛伏齐人,于1237年12月抵达梁赞公国的南部边界。拔都要梁赞人纳贡投降。面对蒙古人的蛮横,梁赞大公尤里回答说:"如果我们都死了,一切就都是你们的了。"这无疑是一道宣战书。五天后,梁赞城破,梁赞公国被拔都占领。

关于梁赞的覆灭,在一本15—16世纪的《拔都毁灭梁赞记》里记载得很是详细,它把拔都称为"不信神的沙皇":拔都向梁赞的公索要公国十分之一的财富。梁赞大公尤里使用了两面手段:一方面给拔都送礼,一方面向邻近的弗拉基米尔公国求援。然而两招都没有结果:弗拉基米尔公国没有发来援兵。拔都听说梁赞大公的儿媳妇是个美女,就要梁赞公献出,而美女不从,自尽而亡。拔都的大军将梁赞城水泄不通地围困了几天后,梁赞军队覆灭,城破公亡,公国灭。拔都大军屠梁赞城,一半的居民被杀死。但有一名正在外地的梁赞军队的军官,名叫叶夫帕季,得知国破家亡的信息后,率领手下1 700名士兵火速杀回梁赞城。拔都下令用抛石机发射石弹回击叶夫帕季的军队。叶夫帕季阵亡,其部队大部成了拔都的俘虏。叶夫帕季的英勇无畏令拔都震撼,拔都仰天长叹:"叶夫帕季,要是你能为我所用,你会是我的得力大将!"

梁赞城破后,拔都的军队乘胜直下科罗姆纳、别尔哥罗德、土拉和沃龙涅什诸城,将梁赞土地上的数十座城镇摧毁殆尽。

在拔都大军进入罗斯这片土地时,罗斯实际上只存在四个尚有力量的公国:西北的诺夫哥罗德,东北的弗拉基米尔—苏兹达尔,中部的梁赞和南部的加利奇。灭掉梁赞后五天,蒙古人重兵突袭莫斯科,莫斯科落入蒙古人之手。面对汹涌而来的蒙古马队,罗斯的大公们决策不一,有的要抵抗,有的表示可和蒙古人讲和。虽然他们也曾经商量能否统一行动,组织一支统一指挥的军队来对付入侵的蒙古大军,但是公国间的相互猜疑和争权使这种联合未能成功。此外,大公们对入侵的蒙古人并不特别担心,他们认为这些骑马的军队无非和波洛伏齐人一样,是一个草原部落,凭罗斯的勇士和他们的精神,他们的奔袭会把这些

蒙古大军以重型装备攻城

人打败。弗拉基米尔的大公尤里·弗谢沃洛多维奇就是这么想的。但这位大公面对的却是极其残酷的现实。

1238年2月，拔都的军队经过残酷的战斗，围城七天后攻入弗拉基米尔城，弗拉基米尔—苏兹达尔公国被占领。其后，这块黄金宝地上的城镇——苏兹达尔、特维尔、佩列雅斯拉夫尔—扎列斯基、科斯特罗马、罗斯托夫、雅罗斯拉夫尔和季米特罗夫等都被拔都军队占领。随后，拔都的军队抵达诺夫哥罗德的近郊，在离诺夫哥罗德130公里的地方，突然转军东南，沿伏尔加河而下。1240年复活节期间，拔都的军队围住基辅。这时的"基辅罗斯"实际上已经名存实亡，大公逃到匈牙利，忙于通过联姻与匈牙利结盟。守卫基辅的只是一个千户长。

蒙古大军攻至弗拉基米尔城下

金帐汗国大帐所在地

在扫荡了东南罗斯之后，拔都的大军于1242年1月西征至克罗地亚。最后由于两个原因拔帐东归：一是拔都的军队征讨日久，损失的人员和辎重都难以补给，二是拔都得知蒙古大汗窝阔台去世，出于家族内争权的考虑，于是急忙东归。拔都退回到伏尔加河下游地区，设置自己的中军帐——大帐，建立起一个汗国，俄国史书称为"金帐汗国"，中国史书叫作"钦察汗国"。而这个汗国当时并没有"金帐汗国"这个名称(在俄国史书上，到16世纪中叶才出现"金帐汗国"这个名称)。随后，拔都在伏尔加河流入里海前的最大支流——阿赫图巴河岸上开始建造一座宏大的都城——萨莱。

金帐汗国的土地东至里海,西达克里米亚半岛,南与伊朗为邻,北达乌拉尔山脉。在萨莱的西北方向,仍然存在多个罗斯公国,土地包括波洛茨、明斯克、图罗夫、斯摩棱斯克、切尔尼戈夫和加利奇等。当然还有一块土地完全没有受到拔都大军进攻破坏,它就是西北罗斯——诺夫哥罗德和普斯科夫。那里没有草原、寒冬漫长,无法让蒙古马队驰骋,它对拔都来说是陌生的、危险的。此外,那里的语言、信仰、部族,拔都都不清楚,这显然是这位大汗选择待在水草丰茂的伏尔加河下游的重要原因。也许还有一个更为重要的原因:北部罗斯各公国远离蒙古大军西征战线,征讨那里将使自己与兄弟子侄的军帐隔山隔水,难以联系。所以,拔都就从萨莱对整个罗斯的土地(包括萨莱的汗国和汗国西北部的诸罗斯公国)进行统治。

拔都的统治之术是很精明的。他利用当地王公来对各个公国进行治理,"以罗斯人治罗斯人"的决策使罗斯大公们依然处于争斗割据的状态。对于不听话的,武力除之;对于听话的,则利用他们来治理各个公国。当时,切尔尼戈夫的大公被召至萨莱,在他进拔都的大帐时被要求从两堆火之间穿行。这位大公认为受辱,绝不受命,当即被认为对拔都心怀恶意,被杀于帐下。其时力量最强的弗拉基米尔大公表示愿意与拔都合作。1243年,新的弗拉基米尔大公雅罗斯拉夫·弗谢沃洛多维奇被召至萨莱,拔都封他为大公,赐他金牌,准予他出入金帐汗国,并严令其他罗斯王公要服从雅罗斯拉夫的统领。雅罗斯拉夫在各公国之间纵横捭阖,在其当全罗斯大公的1243—1246年间,罗斯各公国先后承认了拔都的权力,表示听命于金帐汗国。

这时,金帐汗国对统领整个罗斯公国大公的诰封是这样的:罗斯大公要亲自去遥远东方的蒙古大汗所在地哈剌和林接受诰封,对大公的惩处和更迭也大都要在哈剌和林处置。1246年,弗拉基米尔大公雅罗斯拉夫失宠,被强制送往哈剌和林的大汗宫院中,实际被软禁起来,后被毒死。1248年,他的儿子亚历山大·雅罗斯拉维奇,即后来的亚历山大·涅夫斯基穿越数千公里,风尘仆仆,来到蒙古大汗所在地的哈剌和林,在那里接受了金牌,成为新的大公(1252—1263年在位)。

金帐汗国在罗斯的土地上建立起"八思哈"制度。"八思哈"不受罗斯大公的管辖,负责征税和对大公们的活动进行监督。金帐汗国的统治者还不断派出武装使节对各公国进行巡视和监督。蒙古统治者宣称:"我们不是罗斯神的敌人",给神职人员免除赋税。为了巩固自己的统治,蒙古统治者又给王公、波雅尔和教会各种特权。在强权和诱惑的双重作用下,曾经不可一世的、东征西伐的"基辅罗斯"彻底瓦解,开启了一代又一代的罗斯大公对金帐汗国俯首帖耳、唯命是从的屈辱历程。

第十节　两面大公:亚历山大·涅夫斯基

在蒙古人入侵的那一年,亚历山大·雅罗斯拉维奇刚18岁。在父亲被毒死于哈剌和林后,他和哥哥安德烈对蒙古汗国的态度不一样。安德烈试图联合南部罗斯的力量抗击拔都,而亚历山大则没有表示反抗。拔都对安德烈的举动十分震怒,派兵征讨,杀死了安德烈。亚历山大则成为统领各公国的弗拉基米尔大公。

亚历山大很有指挥才能,曾帮助父亲雅罗斯拉夫·弗谢沃洛多维奇治理过诺夫哥罗德公国。1240年7月,罗斯西北部瑞典人的舰队开进了涅瓦河,觊觎诺夫哥罗德的土地。瑞典人的统帅派出使节,给亚历山大·雅罗斯拉维奇传话:"你要是有能耐就来抵抗吧,我已经在这里,并且要征服你的全部土地。"

亚历山大·雅罗斯拉维奇立即集结军队向涅瓦河畔的瑞典人军营和河中的舰队发动猛攻。亚历山大的军队大胜瑞典军队,他本人也参加了战斗,并面对面地与瑞典统帅进行了较量,结果是瑞典统帅受伤,落荒而逃。

涅瓦河之战使诺夫哥罗德守卫住了自己的土地,保住了罗斯西部的出海口,罗斯与波罗的海沿岸国家及欧洲国家的商贸没有被中断。因为这场战争,亚历山大·雅罗斯拉维奇被人们尊称为亚历山大·涅夫斯基,意即"涅瓦河的亚历山大"。

同年,日耳曼骑士团侵入普斯科夫地区,向诺夫哥罗德进发,并在其后大肆劫掠,最终逼近诺夫哥罗德。1241年,亚历山大·涅夫斯基回到诺夫哥罗德。1242年,亚历山大·涅夫斯基率领民军回击,摧毁了日耳曼骑士团建立在离诺夫哥罗德30公里处的碉堡。1242年4月,亚历山大·涅夫斯基将骑士团的马队引到楚德湖的冰面上,无法在冰上作战的骑士团全军覆没。罗斯人在他的统领下取得了保卫家园的巨大胜利。由于在涅瓦河和楚德湖的胜利,亚历山大·涅夫斯基成了民族英雄和罗斯以及后来俄罗斯爱国主义的象征。亚历山大·涅夫斯基同时被东正教会尊为圣者,经过教会的传播,他和他的精神被一步一步地神化,现在耸立在圣彼得堡涅瓦河畔的亚历山大·涅夫斯基修道院就体现了这一过程。

他对被俘的骑士团军官们说了一句话:"谁持剑来犯,必在剑下亡!"这句话霎时间传遍全军,并在随后的岁月中成为俄罗斯人捍卫自己家园、抗击一切入侵者的座右铭。时至今日,在莫斯科俯首山伟大卫国战争纪念馆的中央纪念堂里英勇战士的塑像面前有一把寒光闪烁的长剑,上面镌刻的就是这句话:"谁持剑来犯,必在剑下亡!"

在亚历山大·涅夫斯基治理期间,金帐汗国的怀柔政策取得了明显的效果,各公国的内讧和杀伐停了下来,相继接受了拔都的诰封。亚历山大所采取的一系列措施保证了蒙古汗的大量税收、"八思哈"制度的推行以及对不听话的罗斯大公们的惩罚。在拔都死的前一年,即1254年,金帐汗国的政治和经济中心就全部转移到了萨莱,这时,金帐汗国的行政区分有四个"兀鲁思(领地)"和百来个经济发达的城镇,萨莱的人口达到了7.5万人,其居民除随拔都西征而来的蒙古人外,还有大量罗斯各部族的人、拜占庭人以及信奉伊斯兰教的阿兰人和保加尔人等。萨莱成为通达东西方,连接河流与海洋的大城。

1255年,拔都死,别儿哥汗继承汗位。金帐汗国平稳发展,进入了一个繁荣时期。别儿哥汗在位时(1257—1266),冶炼和金属加工、钱币铸造、制陶、吹制玻璃和珠宝首饰等手工业获得飞速发展。别儿哥汗皈依了伊斯兰教,在萨莱大建清真寺和宗教学校,一时间萨莱城中清真寺高高耸立。但他允许其他信仰的存在,对于亚历山大信奉的东正教似乎更为宽容。

亚历山大·涅夫斯基被金牌宣至萨莱,献重金跪拜

在萨莱,人们可以按照自己的信仰生活。1261年,在萨莱有了东正教的主教,后来还有了天主教的主教。鉴于宗教信仰,别儿哥汗从伊朗和埃及引进了一系列的人才。别儿哥汗还特别注意发展驮运商队,商贸繁荣的萨莱成了东西方商贸通道上的重镇。

但是，涅夫斯基本人是不自由的，作为被蒙古人册封的"统领各公国"的弗拉基米尔大公，他不得不听命于萨莱的蒙古汗。在金帐汗国的旨意下，对纷争不断的其他公国进行统治和治理。在蒙古汗面前，亚历山大·涅夫斯基是委曲求全的，萨莱的金牌一到，他必须立即赶到蒙古汗那里去。1263年，他最后一次在萨莱俯首听命、受尽金帐汗的责难屈辱后返回自己的公国。冬日，他沿途悲愤难禁，加上病痛缠身，在即将到达自己的公国时，死于途中。

作者点评

"基辅罗斯"是一个以农业经济为主的公国。它时常与游牧民族发生争斗与杀伐。自"基辅罗斯"作为一个国家而存在时起，它的争斗、杀伐和征服就体现了逐渐发展和发达起来的封建社会关系对游牧经济及其社会关系的胜利。但是，在西北方向上，诺夫哥罗德以及弗拉基米尔—苏兹达尔公国地区却是自一开始就是在相对发达的商业关系中成长和发展起来的。诺夫哥罗德、弗拉基米尔—苏兹达尔地区与"基辅罗斯"的错综复杂的关系就是"买卖"社会关系与农业经济社会关系千变万化的结果。而弗拉基米尔一系的大公最终能成为"基辅罗斯"的大公，则表明了更为强大的"买卖"经济以及与之相适应的社会关系对农业经济以及与之相适应的社会关系的胜利。

蒙古拔都大军的侵入给罗斯土地上的农业经济和"买卖"经济的争斗与演变带来了全新的因素。从实质上讲，蒙古人带来的依然是游牧经济以及与之相适应的社会关系。但是，这种游牧经济以及与之相适应的社会关系却不是罗斯本土上的游牧民族诸如波洛伏齐人那样的经济和社会关系。它要强大得多，先进得多。那放牧的马匹已经训练成了职业化的、无坚不摧的军阵，那随时移动的篷帐已经按照严格的制度组成了听令拔帐和设帐的军队，那由争斗和征服所激起的雄心和狂傲已经变成了阻挡不住的杀伐和统治。面对这样的游牧部族、游牧军队，"基辅罗斯"实际上变得不堪一击。这种融合了东方发达封建社会统治意识和统治技巧的游牧民族的征服与统治就变得分外严密。于是，在其后的200多年中，就在蒙古大汗依靠"八思哈"制度和罗斯大公力量的治理、"以罗斯人治罗斯人"的总决策下，蒙古人将有着东方封建社会因素的经济、罗斯本土的农业经济和"买卖"经济糅合在一起，将东方对国家和社会的治理概念、手段与罗斯固有的"大公＋勇士"的统治概念、手段融为一体，使金帐汗国统治下的罗斯逐渐出现了一种交织着东西方经济、文化和政治因素的特殊社会关系和发展模式，并使这种模式演变、沉积下来。

即使在蒙古人离开、岁月沧桑巨变之后,这种模式也没有消除,反而日益强化和固定下来。

一个十分有趣也很奇特的现象是,亚历山大·涅夫斯基大公对瑞典人和日耳曼骑士团可以浩然正气、挥剑一击,捍卫自己的家园故土,可面对蒙古大汗却俯首帖耳、唯命是从,几乎是一点抗争的勇气都没有,甚至不得不顺从萨莱的"以罗斯人治罗斯人"的政策。俄罗斯的历史学家解释说,这是亚历山大·涅夫斯基不同于其他大公的地方,他的这种政策减轻了蒙古人对罗斯的镇压和剥削,所以他是英雄。亚历山大·涅夫斯基之所以如此"曲线救国",自然有多种原因。但有几个原因也许是最主要的:其一,罗斯人是个真正的欧洲民族,从传统到信仰都是拜占庭式的、东正教式的、欧洲式的。他们从没有接触过东方——东方的民族、东方人的信念、东方的统治术、东方的宗教。面对这个完全陌生的敌人的突然降临,恐惧、慌乱、溃退、不战而降,甚至屈膝求和就成了逃脱不了的命运。其二,尽管入侵的蒙古人是游牧民族,但是从军事的组织、兵器的使用、权力的严密等级、对被征服者治理的制度化来看,蒙古人的经济和社会关系较之罗斯本土的更强有力。其三,亚历山大·涅夫斯基之所以能傲然于罗斯的西北方向,是因为那里的地理环境不适合蒙古马队的驰骋,而离开了马队和马队的驰骋,蒙古人事实上就失去了战斗力。但在萨莱这样的南方有着蒙古人所熟悉的草场和开阔地,所以蒙古大汗不得不定都于萨莱,并从那里通过"以罗斯人治罗斯人",遥控着对这片土地的治理。历史条件成就了蒙古大汗,历史条件也成就了双面的亚历山大·涅夫斯基大公。

几乎同时进入罗斯土地的还有大量的草原部族,他们带来了自己放牧和游牧的生活方式。在漫长的时间里,他们又和当地人通婚,这极大地促进了语言、习俗、服装、道德标准、人种等方面的融合。蒙古人的生活方式还对罗斯的建筑、艺术和文化产生了深远的影响,蒙古人的宗教信仰也深刻影响了罗斯居民的日常生活。但一个更为重要的影响是,罗斯在治理国家的方式和社会结构上逐渐接受了金帐汗国的做法,从一个可以在"卫彻"基础上进行协商治理的国家转变为一个由大公或君主说了算的统治者专权的国家。

最后,关于加利奇—沃伦这片土地还要说两句的是,它绝大部分都在今天的乌克兰境内,也就是说,自"基辅罗斯"起,罗斯的大公们就开始了对这块西南罗斯宝地的争夺和坚守,这实质上是其后延续了近千年的俄罗斯和乌克兰关于这片土地的争夺和争议的始点。当年,加利奇—沃伦西部的人口众多、经贸发达的重镇——加利奇、彼列梅什尔、卢茨克、利沃夫、达尼洛夫、别列斯季耶（即今布列斯特）如今依然是乌克兰与波兰、匈牙利、罗马尼亚之间的边防重镇，依然关乎俄罗斯与乌克兰之间不可退让的领土和权益之争。当年，加利奇—沃伦是"基辅罗斯"的西南门户，而现在这门户大部分由乌克兰掌控，随之整个乌克兰成为俄罗斯面对西方世界的门户。

第五章
一个封闭的内陆国家——莫斯科公国

第一节　东北罗斯的发展以及特维尔与莫斯科公国的争斗

与萨莱的繁荣和金帐汗国的扩张相比较,"基辅罗斯"的南部地区及基辅周边地区却饱受蒙古人马队的侵扰和战争的严重破坏,罗斯的南部和中部地区成了灾难之地。这里的居民原本由两部分人组成,一是最南部草原上的游牧部族,二是靠近基辅一带肥沃土地上的农耕部族。拔都的马队过后,相当大数量的当地居民死于铁蹄和弓箭之下,而那些长于马术、善于骑射的游牧部族就被拔都征召到自己的军队中去了。拔都西征时号称率军十万,但是当他们进入罗斯土地后,因不断地攻城略地,伤亡惨重,兵员在逐渐减少。拔都的大军离哈剌和林愈远,军队的人员和辎重的补给就愈困难,因此征召游牧部族的男子就成为金帐汗国解决兵员问题的唯一办法。

金帐汗国并未随着萨莱的繁荣而终止扩张,夺取土地的斗争和残酷的战事依旧此起彼伏。到了蒙哥帖木儿汗(1266—1282年在位)时,金帐汗国与西部多瑙河沿岸的诺盖部族频繁争斗,损兵折将更是常事。其后,在脱脱蒙哥汗(1282—1287年在位)和秃剌不花汗(1287—1291年在位)时,金帐汗国的疆土扩展至多瑙河、德涅斯特河和乌泽乌河(即第聂伯河)。争斗和战争几乎将罗斯南部和基辅肥沃的地区变成了无人区。

而幸存下来的居民为了躲避战争和掠夺,不得不舍弃肥沃的黑土地,纷纷越过这些多事的地区,向东北部迁移。他们沿着伏尔加河寻找可耕的土地和可以容身的地方。最后,他们集中到了伏尔加河上游及其支流奥卡河交汇的土地之上,这里成了他们定居的新场所。然而,这里虽然土地辽阔,但林木众多,气候大大不同于南方,可干农活的时间短暂、漫长的冬天和恶劣的气候促使农民、农村、农业不得不在一个新的环境中重新组合和发展。

单个的家庭不可能耕种大量的土地,不可能保证稳定的收获,不可能避免天灾人祸,所以一直存在于南部罗斯农村、被蒙古马队摧毁了的"村社"在东北罗斯地区获得了新的、特殊的发展。此时这种村社在组织上、形式上是大村(село)和小村(деревня)的一种特殊联合体——新的村社,由一个大村和15—20个小村联合在一起。大村有5—10户,小村有2—4户。大村和小村加在一起总计有35户至200多户,这样的新村社就成了开发东北罗斯农业的主要力量。在这样的村社中,"集中"在一起的农户相互帮助、患难与共,使用共同的磨坊和耕畜,承担共同的酸甜苦辣。每个农户都有自己的份地,而份地可以出让给同村的人,但是要得到全体农民——村社的同意,并要缴税。税额的大小与份地的数量是相应的,这由村社来决定。村社还定期重分土地,以便使份地和税务负担保持在一个相应平等的水平之上。这样的村社奠定了一个粗放种植、广种薄收、靠天吃饭的农业耕作体系。自此时起,这样一种村社关系和农业组合就成为未来罗斯和俄罗斯历史进程中不可或缺的制度,并在这片土地上深刻影响了国家经济的发展和政局的变化,一直延伸至苏联时期的集体农庄。

王公贵族的庄园和封地也被金帐汗国彻底摧毁。随着农民的迁移,王公贵族们也将自己的力量转移到离萨莱更远的东北方向。随着村社的特殊发展,被蒙古人的入侵破坏甚至在某种情况下中断了的封建关系在东北罗斯获得了再生。波雅尔成为大量世袭领地的拥有者,扩大和加强了对农民的控制和统治权。农民成为波雅尔、大公们的领地即庄园的附庸,他们为世袭领地的拥有者建造房舍、庄园,耕种土地,承担劳务和赋税。这样的庄园经济——世袭领地经济在东北罗斯迅猛发展起来,农民的负担随之愈益深重。

与此同时,金帐汗国也在内讧和相互杀伐中开始分裂,这给那些远离萨莱的罗斯各公国重新集聚力量和重新发展的机遇。到了12世纪末至13世纪初,被战争、入侵和内讧分裂了的罗斯在东北罗斯开始恢复。其主要特征是,随着新城市的建造,新的政治中心陆续在东北罗斯的土地上出现。其中以特维尔城为中心的特维尔公国和以莫斯科城为中心的莫斯科公国成了东北罗斯的两大霸主,而双方又都在为争夺东北罗斯的绝对统治权斗争。但他们的争斗受到萨莱蒙古汗的制约。这一时期,金帐汗国先后由脱脱汗(1291—1312年在位)和月即别汗(1313—1343年在位)掌权。脱脱汗将分裂的金帐汗国重新联合在了一起,而月即别汗是个强君,他执掌汗位达30年之久,再次强化了对罗斯各公国的统治,对罗斯大公严加控制和防范。这时,罗斯大公一接到萨莱的金牌就要急速赶赴过去。在生死未卜甚至有去无回的状态下,他们临行前要给继承人立下遗嘱并交待家训。月即别汗还将伊斯兰教定为国教,信奉东正教的罗斯大公和罗斯居民受到迫害,处境变得艰难起来。随之,各公国间为争夺土地和权力的斗争又频起。

蒙古汗继续执行"以罗斯人治罗斯人"的政策,通过强化"八思哈"制度,将东北罗斯的土地在两个公国之间作了更明确的划分。西部的诺夫哥罗德、莫斯科、科罗姆纳归属莫斯科公国管辖;东部的弗拉基米尔和伏尔加河沿岸听命于弗拉基米尔—苏兹达尔公国。在亚历山大·涅夫斯基死后,册封曾任特维尔大公和弗拉基米尔大公的米哈伊尔·雅罗斯拉维奇为"全罗斯的大公",这是蒙古人入侵后,第一位获得这个称号的罗斯大公。因此,莫斯科公国的地位要低于特维尔公国,萨莱汗的金牌将其置于特维尔公国的管辖之下。但从达尼尔·亚历山德罗维奇(1276—1303年在位)大公起,莫斯科公国就走上了与特维尔公国争霸的道路。这时莫斯科大公叫尤里·达尼洛维奇(1303—1325年在位)。他先将梁赞公国的科罗姆纳据为己有,随后又将莫斯科公国的疆界扩展到了包括基辅在内的几个南部的罗斯公国。但是,"全罗斯大公"的称号仍然在特维尔大公的头上。因为,大公的称号仍然得由蒙古汗来册封。尽管尤里·达尼洛维奇为争夺"全罗斯大公"的诰封,用尽钱财与计谋才得以与蒙古汗的妹妹结婚,并由此获得了三年大公的称号,但是在1325年,他穿越整个罗斯去萨莱朝觐蒙古汗时,被特维尔大公杀害。"全罗斯大公"称号仍旧归属特维尔大公——亚历山大·米哈伊洛维奇。

第二节 卡里达的权谋与"全罗斯大公"之路

特维尔公国和莫斯科公国以及其他公国之间的争斗实际上也就是亚历山大·涅夫斯基一系的子侄、叔伯兄弟之间的内讧。但是,特维尔公国因为靠海,所以商贸发达、财富实力较强,而莫斯科公国却完全是个封闭于内陆的公国,不通海,水路也不发达,经济实力也不那么强大。此外,特维尔大公还承担着为金帐汗国征税的重任。但莫斯科公国的公位传到伊凡·卡里达(亚历山大·涅夫斯基的孙子,即后来的伊凡一世)时,情况发生了深刻的变化。伊凡·卡里达是个长于察言观色、善于变通之人,早被月即别汗封为诺夫哥罗德公。1320年,他携带重金、珠宝去萨莱朝觐月即别汗表示感恩和忠诚,此后又常去萨莱进贡表忠。

特维尔大公却不善于这样做,而且又想背着月即别汗捞自己的好处。他犯了一个致命的错误:偷偷地将为汗国征收的赋税先送到诺夫哥罗德,贷给商人收取高利息,自己得利后,再将赋税送往萨莱。特维尔大公认为,诺夫哥罗德天高皇帝远,不会出什么事。但是在金帐汗国的严密监控和告密制度下,特维尔大公的事情败露。月即别汗得知后大怒,收回了特维尔大公的诰封。特维尔大公被召至萨莱,最后暴亡。此事发生时是1325年,当时卡里达正在萨莱,面对大汗的盛怒和特维尔的辩解,他冷眼旁观,一言不发。

1326年,月即别汗执掌金帐汗国大权的第12年,老莫斯科大公去世。伊凡·卡里达受蒙古汗诰封,当上了莫斯科公国的大公(1325—1340在位)。1327年对卡里达来说是更为幸运和关键的一年,这一年的8月,月即别汗对特维尔严加惩治导致特维尔爆发了起义,把当地的蒙古守军全部歼灭。月即别汗对特维尔人挑战汗国权力大为震怒,他下令惩罚性地军事征讨特维尔公国,并严令所有的罗斯公国都必须派军参加。伊凡·卡里达率军参加,对宿敌特维尔实施了无情的打击。对于卡里达来说,这样他既可以乘机灭掉特维尔,兴盛自己的莫斯科公国,又能获得萨莱的进一步信任。这次惩罚性军事行动的结果是,特维尔公国被灭。月即别汗对伊凡·卡里达大加封赏,把科斯特罗马和诺夫哥罗德交给他来管理,并封他为"全罗斯大公"。月即别汗还将从"基辅罗斯"夺来的、当年由拜占庭皇帝送给弗拉基米尔大公的"莫诺马赫"王冠戴到伊凡·卡里达的头上。1328年,月即别汗又诰封伊凡·卡里达为弗拉基米尔的大公。至此,伊凡·卡里达成为整个东北罗斯的实际统治者。

与留里克家族曾经有过的大公一样,卡里达一方面要与其他的叔伯子侄争夺封地,另一方面又要于萨莱大汗的脚下献媚奉承。但他的过人之处就是在这两方面都做得与以前的罗斯大公不同。他深知仅凭自己的有限武力去兼并其他公国的土地并不能使自己安稳地头戴"全罗斯大公"的桂冠,他不能走自己祖父辈的老路。他决定在蒙古汗"以罗斯人治罗斯人"的局势下,利用金帐汗国的力量来使自己的公国兴起。为此,他花大力气和大钱财献媚于蒙古汗,亲自五次去萨莱朝觐蒙古汗,并献上大量的财物。最终获得了金帐汗国的信任。在替金帐汗国征收贡赋的事情上,他也与以前的"全罗斯大公"不同,竟敢巧妙地与月即别汗讲条件:他保证全数上交萨莱所规定的贡赋数额,但萨莱不派自己的官员参与此事,并且要允诺不派骑兵侵袭莫斯科国,月即别汗居然答应了这种条件。这种特权不仅使金帐汗国派出自己的官吏收取贡赋的数十年惯例失去了作用,而且这表明,金帐汗国对罗斯人的统治从内部体制上开始瓦解。

更为重要的是,卡里达在收取贡赋的过程中,从不私下截留萨莱的贡赋,而是按照自己的需要增加贡赋的数额。这增加的额外贡赋成了莫斯科公国源源不断的经济来源及其经济实力逐步增长的基础。与此同时,卡里达对自己公国民众的敛财行动愈加残酷。卡里达的另一个重要经济来源就是发展商贸,从大量的皮毛交易获取巨利。他不再主要用武力去争夺其他公国的土地,而是用钱财去买。而这"买"的手段,又主要是靠亲善、联姻等办法扩大莫斯科公国的影响,并进而把他人的土地据为己有。1328—1330年,伊凡·卡里达就将他的两个女儿分别嫁给雅罗斯拉夫尔和罗斯托夫的大公,从而控制了他们的封地。

"卡里达"这个词就是"袋子""钱袋"的意思。伊凡为什么会有"钱袋"之称?特维尔的一本编年史曾经这样描述过伊凡·卡里达:"人们之所以称呼他为卡里达,是因为他对恶行宽宏,并且在出行时总在腰间别个卡里达,里面装满了银币,无论走到哪里,总要把银币撒给贫穷的人……"这

正在施舍的伊凡·卡里达 1

是卡里达统治术的另一面。正是这种在金帐汗国、罗斯各公国和公国民众之间圆滑的、多面的运筹帷幄下,伊凡·卡里达以及他的两个儿子先后统治了莫斯科公国40年。而卡里达的目的就是扩大莫斯科公国的土地和力量,成为一统罗斯土地的大公。40年中,莫斯科公国"买"(强制赎买)了伏尔加河上游沿岸和莫斯科周边的一系列土地,在诺夫哥罗德也"买"地筑镇,扩大自己的势力。与以前的罗斯大公不同的是,卡里达开创了以"买"来解决各公国间的封地和权力之争的做法,实际上成了俄罗斯历史上通达善变"收集领土"(侵占兼并)的第一人。

正在施舍的伊凡·卡里达 2　　　　　　　　　　来自俄国的小摆件——"卡里达"烟灰缸

对于他统治的结果,特维尔的那本编年史是这样记述的:"伊凡·卡里达坐到了全罗斯大公的位置,从此时(1328)起,一直到他的孙子季米特里·伊凡诺维奇当大公(1359)的 40 年中都平安无事,不再有争夺罗斯土地的战争,不再有教徒间的相互杀戮。摆脱了极度的疲惫、多年的重荷和蒙古人的暴力,从此时起,整个罗斯的土地上一片安宁。"

虽然实际上卡里达治理下的莫斯科公国还远不是"一片安宁",但是钱财的增多、土地的扩展和国力的增长却是毋庸置疑的事实。在这一进程中,东正教的力量、"全罗斯大公"与罗斯土地上东正教最高领袖——都主教的密切关系起了十分重要的作用。卡里达不仅是个虔诚的东正教徒,而且对借助教会的力量来使公国强大寄予极大希望。

本来常驻在君士坦丁堡的罗斯都主教彼得在 1309 年回到了罗斯的弗拉基米尔城,经常来到莫斯科,并且在生命的最后岁月迁居到了莫斯科。于是,君主和都主教同住一个城市、同在一个屋檐下,东正教思想更为深入人心。建造一座让主教和大公同住的"殿堂"就成为一种表明东正教对国家政治进展影响增强的必然选择。彼得都主教曾对卡里达说过这样的话:"孩子,你听我说,在你的城市里为最神圣的圣母建造一座教堂吧,你将会比其他的大公更有名声,你的儿子们、孙子们将世代延续这种荣光;而这城市也将在罗斯所有的城市中被赞颂传扬;圣徒们也将居住在这里。它的手臂将高高举起,驱尽簇拥而来的敌人,在这个城市里上帝将得到赞颂;而我的遗骸也一定要埋在这里。"

尽管彼得都主教为圣母升天大教堂放下了第一块石头,但它的大体建成却是在1328年。这一年卡里达成为"全罗斯的大公",而罗斯的都主教也已经是希腊人费奥格诺斯特,同年他将都主教的驻地迁到了莫斯科。1329年,圣母升天大教堂全部建成,并且又建造起了一座白石的主易圣容教堂。其整座白石城堡被叫作"克里姆林"。但是,白石城堡在1331年毁于大火。1333年复建,除了原有的教堂外,卡里达又下令建造了白石的大天使教堂,并且在白石之城外修建了一处广场,称为"美丽的教堂广场",这成了现在闻名于世的克里姆林宫和红场的最早的雏形。

伊凡·卡里达时期的莫斯科克里姆林 1

伊凡·卡里达时期的莫斯科克里姆林 2

彼得都主教死后葬在了教堂里。承袭彼得都主教的训教和自己父亲丧葬的前例,卡里达死后也就葬在了大天使教堂里。他的儿孙们也效法祖先,归葬于此。后来,葬于教堂这一风习不仅皇家世代沿用,还成为贵族们的丧葬传统。

从东正教这个角度来说,在伊凡·卡里达时期,莫斯科成了罗斯政治和宗教统一的中心:它既是大公的权力行使之处,又是都主教的常驻之所。

第三节 从"顿河王"到"全罗斯的君主"：
金帐汗国对罗斯统治的终结

　　1359年，卡里达的孙子季米特里·伊凡诺维奇（1359—1389年在位）成为莫斯科公国的大公。季米特里·伊凡诺维奇就没有祖父和父辈这么幸运了。在40年的"平安无事"后，他面临一个家族内讧再起和立陶宛大公国觊觎莫斯科公国土地的新的动乱时期。而位于萨莱的金帐汗国也走上了兄弟相残、同族内讧、自身不断被罗斯同化的道路，无可挽回地衰落下去。这期间，金帐汗国走马灯似的更换大汗，从1360年到1380年，就换了二十来个汗。这种局势既促使莫斯科公国控制下的各公国（特维尔公国、弗拉基米尔公国）重新与莫斯科相向而立，又为立陶宛大公国与金帐汗国的结盟提供了机遇。于是，季米特里·伊凡诺维奇的大公之路就不得不成了与金帐汗国武力较量的道路。

　　月即别汗及其子的统治结束后，金帐汗国遭遇到其西部白帐汗国的侵扰，局势动荡。1362年，立陶宛大公利用这种局势率军东进，打败了分崩离析的金帐汗国的军队，将基辅、波多尔埃、波谢姆埃、南别列雅斯拉夫并入自己的大公国。而此时，莫斯科公国治理下的特维尔公国又不愿再听命于莫斯科，就借助立陶宛的力量攻打莫斯科。1368年、1370年，季米特里·伊凡诺维奇两次派军队攻打到特维尔城下，而立陶宛支持下的特维尔军队也两次围困莫斯科。这次外族力量参与下公国间内讧的结果是，特维尔大公承认失败，重新归于莫斯科公国的麾下。

　　对于莫斯科公国的崛起，金帐汗国的新大汗马麻汗再次采取了先辈离间各公国、利用"诰封"罗斯大公的手段来挑起罗斯公们的争斗。1371年，马麻汗把目标对准了弗拉基米尔公国，"诰封"特维尔大公米哈伊尔为弗拉基米尔大

马麻汗

公,并且要季米特里·伊凡诺维奇与米哈伊尔一起来萨莱接受"诰封"。季米特里对马麻汗使节的回答是:"我不会去接受'诰封',也不会让米哈伊尔去当弗拉基米尔国的大公,至于你,使节,滚回去。"

季米特里尽力平息东北罗斯各公国间的内讧,组成一支反对金帐汗国的军事力量。在14世纪30年代的前半期,季米特里为此与金帐汗国进行过数次的战事和谈判斡旋,就在马麻汗"诰封"米哈伊尔为弗拉基米尔大公时,季米特里得以把东北罗斯各公国的大公聚集到别列斯拉夫尔—扎列斯基,要他们共同对付马麻汗的军队,并呼吁他们不要再向金帐汗国纳贡。这是1371年的事。经过四年的努力,1375年,季米特里终于说服东北罗斯16位大公中的13位,组建起以莫斯科为首,包括各公国的波雅尔在内的东北罗斯公国联盟,起兵征讨金帐汗国,而第一个目标就是臣服于马麻汗的米哈伊尔。这场征讨断断续续进行了三年,季米特里的联军先败于汗国的军队,后又于1378年8月在梁赞城附近奥卡河的支流沃热河上大败。

马麻汗决定惩罚莫斯科公国。1380年8月,马麻汗率20万大军向莫斯科进发。季米特里当即向罗斯的各公国呼吁,联合起来,迎战马麻汗的大军。弗拉基米尔公国、雅罗斯拉夫尔公国、罗斯托夫公国、科斯特罗马公国、木罗姆公国以及其他一些公国的军队来到了季米特里的麾下。季米特里是个虔诚的东正教徒,在大军出征前,他来到莫斯科近郊的三圣男修道院,请求修道院院长谢尔基·拉多涅日斯基为自己和军队祝福。根据罗斯一些编年史的记载,三圣男修道院是拉多涅日斯基一手在荒地上兴办起来的,拉多涅日斯基一直与这块土地上的大公们接触和来往,希望所有的大公都能消除隔阂,不再内讧,将罗斯的土地联合起来,听命于莫斯科公国的大公。所以,年轻的季米特里对他奉若神明。他向拉多涅日斯基祈祷:"马麻汗兵强马足,而罗斯人对鞑靼人心怀恐惧,这场反对不信神者的战争能否获胜?"拉多涅日斯基为季米特里祝福说:"我的君主,你应该关心基督神托付给你的子民。去和不信神的人战斗吧,在神的帮助下你将战胜并将满载荣光、毫发未损地回归故土!"拉多涅日斯基还派两名身强力壮、"勇士"般的修士——佩列维斯特和奥斯利亚布随季米特里同行。

季米特里统帅这支15万人左右的大军,决定先发制人,直下南方,越过了顿河,在一片名叫库利科沃的旷野上摆开了战场:不仅在正面战场上一字排开大军,而且在战场两边的密林中设下了埋伏。1380年9月8日,季米特里的军队与呼啸而来的马麻汗的军队在库利科沃旷野上相向而立。按照此

佩列维斯特与赤鲁别的单独对决

季米特里在库利科沃战场

库利科沃战场的早晨

时两军对垒的规则,在双方军队厮杀前,两方先各派一名勇士进行对决。季米特里派出的是佩列维斯特,马麻汗调遣的是赤鲁别。二人都持长矛策马飞驰而来,结果是双方都被对方的长矛刺中心脏,倒毙在旷野之上。

就在决斗的勇士倒下之际,双方的马队一起冲进了战场。季米特里的军队与马麻汗的军队杀得天昏地暗,眼看马麻汗的军队冲进了罗斯军队的大阵,这时埋伏的军队突然杀出,鞑靼军队猝不及防,顿时败退下来,溃不成军。站在山岗高处观战的马麻汗再也不管自己军队的生死,策马落荒而逃。

库利科沃之战的全胜也让季米特里付出了沉重的代价:有12名罗斯大公和400多名波雅尔战死,季米特里本人也伤痕累累,但空前的胜利还是令罗斯各公国振奋不已。这是自拔都的大军火焚莫斯科、金帐汗国统治罗斯长达140年之后,罗斯人对金帐汗国的第一次武装较量,而且是一次全歼鞑靼军队的胜利。罗斯人终于知道鞑靼人是可以被打败的,自己的独立和自由可以不用金钱、贡赋、委曲求全就能获得。所以,这场决定性的库利科沃之战成了莫斯科公国进一步得到巩固、罗斯人争取自身解放的重要转折点,也是罗斯国家历史发展的重要转折点。当季米特里率军回到莫斯科时,莫斯科的所有教堂钟声齐鸣,人群欢呼胜利。人们把季米特里·伊凡诺维奇尊称为季米特里·顿斯基,意即"顿河的季米特里"——"顿河王"。

但是,季米特里·顿斯基并没有彻底打败鞑靼人。金帐汗国势力尤存,然而它面临的严重问题是:财源和兵源都日趋紧张。从1375年起,季米特里就不再向萨莱纳贡,马麻汗的远征又使金帐汗国的财源和兵源几乎枯竭。1381年,马麻汗在汗国内部之争中逃至克里米亚,被当地部族杀死。脱脱迷失继大汗位后,立即派使节前往莫斯科,要求季米特里臣服并恢复纳贡。季米特里拒绝了脱脱迷失的要求,并下令将大汗的使节阻于下诺夫哥罗德城下。1382年夏,脱脱迷失率军进犯莫斯科,占领并洗劫了伏尔加河沿岸的一系列城市,屠城莫斯科,并将其毁于一炬。曾经是季米特里盟友的罗斯大公们又纷纷倒向金帐汗国,季米特里又只剩下自己祖传的弗拉基米尔公国,不得不再次与金帐汗国周旋。他答应恢复向金帐汗国纳贡,为了取得脱脱迷失的信任,还将自己的长子瓦西里送往萨莱作为人质。正是在这种两面的周旋和心计下,季米特里最终保住了弗拉基米尔公国,并随后将势力重新扩展至东南部的下诺夫哥罗德和南部的谢尔普霍夫。季米特里还大量地复建和扩建被火焚毁的克里姆林。季米特里的

季米特里·顿斯基

脱脱迷失火焚莫斯科

季米特里·顿斯基时期的克里姆林宫

莫斯科"白石之城"一直保存了 120 多年,而此后多次复建的克里姆林宫都基本上保留了季米特里的"白石之城"的风貌。

1386 年,作为人质的瓦西里逃回莫斯科。在其后的两年里,为争夺弗拉基米尔大公位的家族内讧再起,梁赞、谢尔普霍夫的大公又在金帐汗国的支持下,迫使季米特里不能把弗拉基米尔大公位传给儿子。但是,季米特里立下了遗嘱将弗拉基米尔和莫斯科大公之位传给儿子——瓦西里·季米特里耶维奇(1389—1425 年在位,即瓦西里一世),这种传位破坏了留里克家族大公之位兄终弟及的传统。按照其时金帐汗国的制度,所属各国公位的继承需得到大汗的认可。季米特里传位给儿子并未去求大汗的认可,而这时的脱脱迷失大汗困于内部的纷争,面对崛起的季米特里已鞭长莫及了。

季米特里深知家族内讧的无穷祸患,还在遗嘱中对其他的十一个子女留下一条特别的遗训:莫斯科公国下辖的各小公国的大公必须住在大公莫斯科的宫苑里,不得住在自己的封地里。尽管季米特里处于与金帐汗国频繁争斗和战争以及家族内讧频起的岁月,但在他治理的 30 年中,终于以弗拉基米尔公国为核心,将各公国联合的核心地从弗拉基米尔转到了莫斯科,组成了名副其实的莫斯科公国。他将莫斯科周边更大范围的土地合并进公国:西北部到了别列雅斯拉夫、白湖地区,东北部到了乌格里奇、科斯特罗马、加利奇。但是,在与立陶宛大公国的历次争斗中,季米特里仍然没有能将西部一些土地,如斯摩棱斯克和梁赞收入囊中。1389 年 5 月 19 日,季米特里去世。

瓦西里一世远不是一个强君,而金帐汗国也并不甘心失去对东北罗斯这块罗斯土地上最充足的财源、兵源地的控制。在瓦西里当大公期间,新汗帖木儿汗曾派大将也迪该两次(1395 年和 1408 年)进军罗斯。第一次在奥卡河上被瓦西里击退,第二次也迪该的大军杀进了莫斯科城。瓦西里最后不得不献出 3 000 卢布的贡金,也迪该这才回军萨莱。

瓦西里一世将公位传给了儿子，也就是后来的瓦西里二世（1425—1462年在位）。但迎接这位新大公的却又是族人的内讧——10岁的瓦西里和51岁的叔叔（瓦西里一世的弟弟）残酷的公位争夺。起因一是瓦西里年幼，二是季米特里·顿斯基在遗训中不仅违背了兄终弟及的祖训，且并未明确指出在瓦西里一世死后谁来当莫斯科公国的大公。在这场内讧中，金帐汗国对瓦西里二世的支持起了决定性的作用，瓦西里接受了大汗的金牌。且瓦西里是第一次不在传统的弗拉基米尔而是到莫斯科举行了即大公位的盛典，让莫斯科成为事实上的莫斯科公国的统治中心。

从1433年至1454年，瓦西里二世与叔叔（后来是叔叔的两个儿子）为争夺公位打了21年的仗。在这21年中，他的命运是不幸的：1433年被赶下公位；1445年，他被萨莱的军队俘获，交了大量赎金才被放出来；1446年，被他的族弟抓住并被刺瞎了眼睛，不得不又一次承认放弃公位。但是，他还是在波雅尔的支持下，顽强地将莫斯科周边的土地并入自己的公国。为了防止内讧，他将各封地公国改制为县制，由莫斯科派官员管理。在各公国之间的争斗中，莫斯科公国势力逐步发展。在这一进程中，教会对大公权力的干预愈发深入。1448年，罗斯教会选举出梁赞主教为罗斯的都主教。从此，罗斯的都主教不再由君士坦丁堡的大主教任命。一个独立的罗斯教会的出现极大地促进了罗斯国家政治上的统一进程。

伊凡三世（1462—1505年在位）当政后，开始了一个以各种手段征服或联合其他公国的进程，也开始了罗斯最后摆脱金帐汗国统治的进程。从他当大公的第二年，1463年开始到1474年的11年中，他先后将雅罗斯拉夫尔、罗斯托夫未归属的地方并入莫斯科公国。在收集家族封地大公的土地方面，最令伊凡三世费劲的是诺夫哥罗德。这个地方历来是风水宝地，资源充足，商贸发达，更为重要的是，与其他公国相比较，这里的治理是在某种共和的、民主性质的"卫彻"体制下进行的，统治者甚至都不称为"大公"，而叫作"诺夫哥罗德君主"。伊凡三世继位后，诺夫哥罗德不认可他的公位，与立陶宛结盟反对他。伊凡三世声称诺夫哥罗德背叛罗斯，组织起波雅尔、庄园主和教会的力量，于1471年征讨诺夫哥罗德，但以战败收场。

伊凡三世遣使诺夫哥罗德，要诺夫哥罗德人回答一个问题：是承认他这个大公，还是坚持自己的"卫彻"，诺夫哥罗德的"卫彻"派——波雅尔起而反抗伊凡三世的最后通牒。在暴乱中，"卫彻"派摧毁了拥戴伊凡三世的波雅尔的府邸，判处他们中的三人死刑，还逮捕了莫斯科派来的使节。1477年秋末冬初,伊凡三世再派大军进攻诺夫哥罗德,沿途烧杀抢掠。1478年初,伊凡三世的军队攻下了诺夫哥罗德。"诺夫哥罗德"不复存在,并入了莫斯科公国,由伊凡三世派官员进行统治。伊凡三世在将诺夫哥罗德的波雅尔和买卖人迁入莫斯科公国的同时,将莫斯科和其他城市的居民迁居到诺夫哥罗德。他还立即下令废除"卫彻"下的长官职位。他对"卫彻"的仇恨可见于下述事实:将位于城市中心卫彻广场上的"卫彻钟"——这个诺夫哥罗德独立和自主的象征运回莫斯科,悬挂于克里姆林的圣母升天大教堂之中,以示自己的独裁君主之威。史籍记载过他为此说过的一句话:"'卫彻钟'不要,地方长官不要,全国都得由我来掌控!"

伊凡三世撕碎汗的画像,下令杀死使节,摧毁蒙古人的桎梏

1478年,罗斯又已经9年没有向蒙古人纳贡了。阿黑麻汗遣使至莫斯科要伊凡三世纳贡。伊凡当庭将与金帐汗国的纳贡之约撕得粉碎,并踩在脚下,怒斥使节后,将其赶出了莫斯科。此情此景与他的先辈亚历山大·涅夫斯基等携带大量珍宝、远拜萨莱的景象简直是天壤之别。1480年,阿黑麻汗率兵驻在离莫斯科不远的奥卡河畔,与罗斯军队相峙。但到深秋时,蒙古人的军队难耐严寒,同时受到罗斯大军的后方包抄而败北。金帐汗国分裂为喀山汗国、阿斯特拉罕汗国、克里米亚汗国和西伯利亚汗国,萨莱变成了弱小的大帐汗国,再也没有力量进军罗斯北部广袤的土地了。1480年成为莫斯科公国摆脱蒙古人统治的标志性年份。

到1503年,伊凡三世"收集"了各公国的土地,为莫斯科成为一个统一的国家的中心奠定了基础。伊凡三世将拜占庭和金帐汗国的统治术杂糅为自己的治理手段,对整个罗斯实行集中的专权统治,而罗斯国家也有了"俄罗斯"这样一个名称。各公国的大公不再有自主权,也失去了与他国交往的权力,只能听命于莫斯科,伊凡三世成为罗斯土地上唯一的君主。1485年,伊凡三世接受"全罗斯的君主"的尊号。1497年,罗斯有了国家权力的标志——鉴于他于1472年与拜占庭末代皇帝的侄女联姻,伊凡三世开始使用拜占庭国徽——刻有双头鹰形象的徽章。

1497年,伊凡三世颁布了一部新法典——《伊凡三世律书》。这部法典规定,农民不能自由地离开他们劳作的贵族或者地主庄园,只能在每年秋天的"尤里节"前向贵族或者地主提出离开的请求;向贵族或者地主借了钱的农民在没有还清款项前不得离开,彻底丧失还债能力的农民将成为永远离不开的"卖身者"。因此,这部法典是农奴制度开始在全国范围内确立的标志。

第四节 从瓦西里三世的"统一"到伊凡四世加冕为"沙皇"

在库利科沃战役125年后,即1505年10月,伊凡三世的儿子瓦西里继承王位,时年26岁,其为瓦西里三世(1505—1533年在位)。瓦西里三世继续执行父亲收集土地、将莫斯科公国变成一个有更广大领土国家的大业。1510年,他占领了普斯科夫,消灭了罗斯土地上唯一尚存的"卫彻"之地,并且模仿父亲的做法,将普斯科夫的"卫彻钟"运回莫斯科,将不听话的普斯科夫人迁居到莫斯科公国的土地之上。1514年,他占领斯摩棱斯克;1521年,梁赞被并入莫斯科公国;1523年,他夺回了他认为的属于其祖先的土地,包括他父亲在位时立陶宛所占领的西南部的土地。瓦西里三世按照不同的标准,向这些新并入的土地征收赋税。对斯摩棱斯克的征服意义尤为重大,这一征服把立陶宛多年的力量排除掉了,自此罗斯有了稳定的西部边界和防卫城堡,并且因此而扩大了与欧洲国家的联系。

早在伊凡三世时,金帐汗国就分裂出了喀山汗国、克里米亚汗国、阿斯特拉罕汗国和西伯利亚汗国四大汗国。伊凡三世"收集土地"就曾利用过这些汗国的力量,并且时不时地与它们结盟,其中克里米亚汗国成了伊凡三世的主要盟友。瓦西里三世在"收集"伏尔加河沿岸各个小汗国的土地时,就频繁与同样染指这些地方的克里米亚汗国发生冲突。莫斯科公国在进入一个摆脱金帐汗国钳制的新时期时,面临着与分裂出来的汗国争斗的局面,而克里米亚汗国和喀山汗国成了主要对手。1521年夏,克里米亚汗穆罕默德·格莱率军北上,攻占了喀山,随后又直达莫斯科城下。瓦西里三世弃城而走,并派使节去见格莱汗,同意向克里米亚汗纳贡。但是,瓦西里三世最后终于在奥卡河上击败了格莱汗。到1533年,瓦西里三世最后完成了罗斯统一的进程,即将从前的所有公国、土地和城市联合成一个统一的俄罗斯国家。

到瓦西里三世去世时,莫斯科公国的疆土面积已达 280 万平方公里,是 1462 年莫斯科公国领土的 6 倍半,居民人数达到了 900 万。

莫斯科公国有了相应的国家管理机构:宫廷、国务房。1517 年,还出现了"杜马",它是由 5—10 人的波雅尔和同样数目的御前侍臣组成的君主最亲近的顾问班子,也是权力管理机构。从此时起,"杜马"成为罗斯乃至俄罗斯执政者行使权力的最重要的机构之一。莫斯科公国还有了统一的军队。

瓦西里三世还继承了他父亲大兴土木的政策,尤其是在战事胜利后,往往要修建修道院等建筑以示庆祝。在莫斯科西南区莫斯科河的河湾处,原本有一座女隐修院,因为地处偏僻,甚是荒凉,历来是割断情丝、舍弃红尘的宫廷贵族女性的归宿之地。1512 年,瓦西里三世在征战斯摩棱斯克之前许下心愿:若是能攻占该城,他将在女隐修院的旧址上新修一座女隐修院。1514 年,攻下斯摩棱斯克之后,瓦西里三世果然拨出大批的钱财和土地,在原来的女隐修院的基础之上建造了一座新的女隐修院,并命名为"新女隐修院",即现在人们所叫的"新圣女修道院"。后来,这新座女隐修院就成了莫斯科一个享有盛名的地方。从伊凡雷帝时起,新女隐修院就成了流放失宠的后妃、公主,以及大公、贵族女眷的场所。甚至伊凡雷帝杀死的皇子也葬在了这里。彼得大帝的姐姐索菲娅阴谋争夺帝王之权失败后,被送入修道院,最后归葬于新女隐修院中的斯摩棱斯克教堂。因此,新女隐修院中的教堂和空地就实际上成了这些失宠的后妃、公主、贵族夫人们的墓地。

1533 年 12 月初,瓦西里三世去世。临终前,瓦西里传位给长子伊凡·瓦西里耶维奇。但这时,伊凡只有 3 岁,尽管他名义上继承了王位,成为伊凡四世(1533—1584 年在位),却先后处于母亲的摄政和宫廷大臣的操纵之下。他的母亲摄政到 1538 年,其时伊凡 8 岁。母亲死后,等待伊凡的是一段更可怕的岁月,他经历了母后亲属势力和波雅尔权臣之间以及他们与都主教之间不断的残酷争斗。他们的每次争斗都以对方的失宠、放逐和死亡而结束。由于年岁太幼,无论是哪一方都不把这位君主放在眼里。他们的阴谋、杀伐甚至在深宫里当着他的面肆无忌惮地进行。随着这一切的发展,伊凡的恐惧与复仇、专权和残忍的心态也就愈发强烈。在他未成年时期,波雅尔最大的、最阴险的权臣是舒伊斯基,所以伊凡四世在 13 岁时,就想方设法杀死了他。

1547 年,伊凡四世 17 岁,这是罗斯传统中认为人成年的年份。伊凡在残酷的宫廷阴谋争斗后,终于在这一年的 1 月 16 日于克里姆林宫的圣母升天大教堂举行了加冕仪式,这是罗斯历史上的第一次加冕典礼。他的师傅、教会的首领——都主教马卡里把装饰有黄金和紫貂皮的"莫诺马赫王冠"戴在了他的头上,把一根权杖交到他的手中,使他正式成为俄国历史上第一位"沙皇"。加冕后的伊凡四世称自己为"沙皇"——俄罗斯的"恺撒",是因为罗马皇帝称"恺撒"。在罗马帝国的全盛时期,"恺撒"的尊号高于其他欧洲各国的"亲王"和"公爵"称号的,意味着罗马的恺撒是最高统治者,是世界之君。皇冠和沙皇的称号表明伊凡四世有着权力的正统性、执政的威严性,其诏令不可抗拒。

《沙皇伊凡雷帝》,油画,维·米·瓦斯涅佐夫

第五节 "精英拉达"的组建与伊凡四世的改革

伊凡四世执政伊始,莫斯科公国的社会并不稳定,起义骚动频起,抢匪盗贼横行。他不得不利用自己最信得过的一些近臣来决策办事。伊凡所选并准备利用的近臣都是新兴的贵族利益的代表者,其中对伊凡四世影响最大的是来自科斯特罗马的非名门望族的贵族阿列克谢·阿达舍夫和克里姆林宫报喜教堂的大司祭西尔维斯特。他们期望伊凡四世是一个中央集权的强君,这样就可以保证他们在与旧的波雅尔的争斗中获得胜利,以维护自己的利益。因此这些人就组成了一个集团,大力支持伊凡四世对国家的体制和管理办法进行变动。这个集团中的安德烈·库尔布斯基公爵按照波兰的方式称它为"精英拉达"("Избранная Рада",中国的史书上曾译为"重臣拉达"或"近臣拉达")。"拉达"是波兰、乌克兰语,即"委员会"或"代表会议"的意思。"精英"者,即贵族中出类拔萃者,有权势的人物。都主教马卡里积极支持"精英拉达"的活动。

由精英组成的拉达不仅给伊凡四世出谋划策,而且作出决定,因此,"精英拉达"实际上成为以沙皇名义治理国家的权力执行机构,是伊凡四世前10年改革的策划者和推动者。为了推动改革,在"精英拉达"的策划下,伊凡四世于1549年2月召开了地方贵族代表会议(中国史书上曾译为"缙绅会议"),参加者除了各地方的贵族代表外,重要的是尚有波雅尔杜马、东正教的高级神职人员,甚至还有从商人和手工业者中精选出来的代表。伊凡四世亲自出席了会议,他对会议参加者讲的一番话道出了此会的目的和这位19岁的"沙皇"的心态:"我年幼时,波雅尔欺负我,让民众贫穷,我现在可要安排新人来掌权了。"

这次会议的核心内容是:改革旧有的公国管理制度,包括行政机构、地方管理机构、官制和教会、军队的设置、税收体制,通过这种改革将公国的全部权力集中于"沙皇"之手,建立君权第一的绝对统治。伊凡四世要求各个等级的代表支持他的执政并制定一部新法律来保证这种施政的顺利进行。这是"地方贵族代表会议"的第一次会议,它确立并开始实行由各等级代表参与的中央集权君主制。但是,"地方贵族代表会议"最终并未能成为伊凡四世的最高权力执行机构,它的第二次会议在1566年召开,即在第一次会议的17年之后。其后1575年、1576年、1579年、1580年、1584年还召开过"地方贵族代表会议"。但是大权依然掌握在"精英拉达"和沙皇本人的手中。"精英拉达"成为伊凡四世推行改革的实际朝廷。

伊凡四世所需要的、反映地方贵族代表会议结果的新法典在1550年6月编成并实施。随着这部法典的实施,伊凡四世统领下的"精英拉达"开始了改革,莫斯科公国在农民、土地关系、税收、军事、国家管理等方面发生了巨大的变化,各封地、波雅尔地主贵族庄园绝对服从于沙皇的君主集权统治逐渐建立了起来。伊凡四世以前,罗斯国家的中央权力管理机构基本是两个:一个是"德沃列茨"(Дворец)——宫廷,由大公的心腹近臣组成,负责朝政,即处理各公国之间的争斗,在新兼并的土地上管理大公的土地,涉及家族内部的一切事务,包括公位的继承等都由这些人来处理,他们实际上操纵了公国的管理大权;二是"卡兹纳"(Казна)——国务房,负责国库和包括外交在内的国务。此外,为了解决各种问题,还经常成立一些不固定的"衙门"。"精英拉达"的改革就是将这些临时性的、不固定的衙门固定化,使它们成为常设的权力机构。其中有使节衙门、军务衙门、领地衙门、刑事衙门、射击军衙门、呈文衙门等。当然,伊凡四世仍然保留了"君主内廷"(Государев двор)这样的班子来负责处理他的机密事宜。取消了按照门第授官的制度,沙皇对重要官员的安排,全由"君主内廷"遵循沙皇本人的意愿来处理。为此,在 1552 年,"君主内廷"编制了一份包括 4 000 人的名单,这是一份得到沙皇信任和重用的波雅尔的子孙以及贵族的名单,一份沙皇宫廷将会提拔和重用的候补者名单。与此同时,地方管理机构也改变为由"选举"出的地方精英组成,主要负责地方上的治安,无权于公国大事。权力机构的改革使国家权力中央集权化,进一步巩固了罗斯的统一。

伊凡四世对传统的军队进行大刀阔斧的改革,组建起一支"精英千人"军,即由 1 078 名外省贵族组成的绝对服从中央权力的贵族军队。同时,他组建了使用火绳枪和刀斧的射击军,由射击军衙门管理。射击军人由国家发放制服和武器,但没有薪饷,无事时,在家种地养活自己,有事时,征召而至。射击军人住在特定的村落里,由射击军队首领负责管理。这种射击军的村落就叫作"射击军村镇"。在取消了传统的采邑制、建立"大索哈"制的同时,不仅"大索哈"成为一种统一的纳税单位,而且成了公国在需要时组建民军征召"自由兵"的单位,每个"大索哈"的征兵数额度是有定数的。到 16 世纪末,射击军的人数达到了 25 000 人,不仅成为保卫伊凡四世本人的"御林军",而且成了国家军队的核心力量。

西尔维斯特等宗教人士的参与国事,使东正教教会在沙皇本人的事务以及国务活动中起到越来越大的作用。东正教和国务已经须臾不可分离。但这时的神职人员没有什么文化,经常酗酒,进行宗教活动时,打骂吵架,甚至男女修士居住在一起,没有统一的教规和仪式。"精英拉达"开始对教会进行改革,但受到阻碍。1551 年 1—5 月,在西尔维斯特的建议下,伊凡四世召开了教会的会议,会议是以沙皇回答提问的方式来进行的,涉及的问题近百个,后来因这次会议所作出的百款决议而被称为"百章会议"。会议规定了教会神祇、宗教仪式、教规和修道者道德标准等方面的统一。会议还规定了教堂建筑、绘画等的统一原则和标准。如会议规定,修道者不得有酗酒、放纵、贪图钱财等恶行,男女要分开修行,要用二指画十字,改拉丁基督徒在读每段经书时三诵"阿利路亚"的做法为两诵,最后一诵改为"光荣属于你,神!"1547 年,莫斯科大火烧毁了克里姆林宫中的圣母升天大教堂,伊凡四世在重建时将顶端的传统四端形十字架改为八端形十字架,于是,"百章会议"规定八端形十字架为教堂建筑的模板。

从东正教传入罗斯时起,就混杂有罗斯土地上原有的各种多神膜拜,形成了双重信仰并存、各地区宗教仪式不尽相同的局面。"百章会议"禁止多神膜拜以及伴随而生的种种习俗(从丧宴到各种敬神谢神的活动),将各地区的宗教仪式统一起来,将多神的并行归结为俄罗斯只存在一个神。

"百章会议"还有一个极为重要的内容,那就是对教会和修道院拥有的土地作出了新规定。由于都主教马卡里的坚决反对,会议没能达成取消修道院土地所有权的决定,结果是决定保留教会和修道院的土地,"修道院和整个教会的土地不得转让,不得买卖,除非捐赠者本人在遗嘱中注明该领地能够且应当由其后代通过巨额赎金赎回"。但是,伊凡四世还是对教会和修道院的土地加以了限制:不经沙皇的同意,教会和修道院不得接受赠地或者购买土地。

"百章会议"还决议要修订宗教书籍。为此,1553 年,在克里姆林宫附近兴办了一家印刷厂,由克里姆林宫教堂的助祭伊凡·费奥多罗夫主持,后来彼得·姆斯季斯拉夫参加。10 年后,他们出版了《使徒福音》和《日课经》。又 10 年后,他们出版了世俗书籍——《俄语语法》和《斯拉夫语-俄语识字课本》。所以,他们被认为是俄罗斯印刷业的开创者。至今,他们的青铜雕像还耸立在莫斯科的一处广场上。

第六节 征服喀山与对"精英拉达"的清算

此时,周边四大汗国对莫斯科的离心力愈发强大。喀山汗国摆脱莫斯科而欲独立的趋势愈益强劲,汗国的军队不断突袭莫斯科周边的城市和地区,蚕食莫斯科公国的土地。伊凡四世继位后,克里米亚汗国根本不把年幼的伊凡放在眼里,想与喀山汗国结盟,觊觎莫斯科的公位。克里米亚汗国的萨哈比·格莱汗扬言:"我们将进军罗斯的土地,那里的一切将化为灰烬!"所以,在 1536—1537 年间,双方的军事接触不断。1545 年,伊凡四世进行了征剿喀山的战争,这是沙皇军队第一次远征喀山。在战争进程中,莫斯科公国还派自己的人去充当喀山汗,但结果被赶走。

但是,伊凡四世有件事一直耿耿于怀,那就是喀山汗国一直处于克里米亚汗国的影响之下,他难以完成对这块他认为"自古就是罗斯的"土地的"收集"——兼并或统一。自 1548 年至 1551 年,他又连续三次武力征剿喀山汗国。在第三次征剿中,喀山汗在俄军占领了喀山附近的山区后,向莫斯科派出使团,要求沙皇答应他们的条件,他们就可以臣服莫斯科:归还所占领的山区;如果不归还,则应准予汗国在那里收取赋税;如不能收取全部,收取部分也成;沙皇要起誓遵守协议。"精英拉达"的回答是:关于山区决不让步,所有的赋税都要归莫斯科,只有喀山归还所有的被俘莫斯科方面的人员时沙皇才能起誓,喀山使团的成员作为人质被扣押在莫斯科直至莫斯科方面的俘虏全部获释。

为了彻底实现兼并喀山汗国的目的,1552年2月,伊凡四世往喀山派出了一个三人使团,其成员之一、他的私人代表阿达舍夫利用阴谋手段废黜了喀山汗,将汗以及数十名高官和贵族穆尔扎送往莫斯科作为人质。随后,沙皇下诏废除喀山汗国,任命俄军指挥员为喀山地方长官,匆匆建立起来的喀山当局在强力下向三人使团和地方长官宣誓效忠沙皇。但当莫斯科的地方长官要凯旋式地进入喀山城时,却被阻在城外。喀山城决心与俄军决一死战,以捍卫自己的独立。为求得盟友,喀山人邀请阿斯特拉罕的汗国继承人来当喀山汗。

这使伊凡四世极为震怒,于是爆发了莫斯科公国对喀山汗国的第四次征剿。1552年8月23日,他亲率15万大军征讨喀山。围困喀山多日后,10月1日,伊凡四世的军队最后通过150门炮的火力和挖暗道、埋炸药,炸塌了城墙,才冲进城里。喀山被屠城,喀山汗投降,城中男性全部被杀。清真寺的穆夫提被杀于沟壑之中。年轻的喀山汗雅迪格尔和他的母亲——摄政的秀云别卡被带回莫斯科当人质。自瓦西里二世至此的103年中,为将喀山汗国的土地"收集"于莫斯科公国的疆土之中,历代君主和沙皇对喀山汗国进行了多次的军事征讨,喀山城破标志了这场旷日持久的土地争夺的结束。伊凡四世举行了胜利的入城式。因为城中遍地是尸体,仅对从城门至汗国宫长约213米的道路的清理就耗费了数小时的时间。进城后,沙皇为犒赏自己的军队,诏令士兵7日内可自由劫掠,乱兵将喀山付之一炬。但面对喀山城中俄军士兵烧杀掠抢的混乱局面和冲天大火,伊凡四世也不愿多待,在汗宫中待了约半个时辰就匆匆离去,班师回莫斯科了。

最后,沙皇往喀山派去了自己的行政官员,喀山汗国不复存在。所以,在俄国的历史上,1552年被认为是喀山归顺和臣服于俄罗斯的年份。其后,伊凡四世的大军乘胜征服了喀山汗国所属的摩尔多瓦、楚瓦什、乌德穆尔特、巴什基尔和诺盖等民族,将势力扩展到伏尔加河与乌拉尔山之间的广阔土地。1556年9月,伊凡四世的军队兵不血刃地占领了阿斯特拉罕,与克里米亚汗国结盟的阿斯特拉罕汗国灭亡,由此,整个伏尔加河及其支流沿岸全部臣服于沙皇俄国。

但是,喀山的鞑靼人并不甘心自己汗国独立地位的丧失,1552年底,他们开始在喀山和附近的军事碉堡斯维雅日斯克一线袭击俄方的信使、商队,劫掠他们的财物,甚至派员去一些地区征税,最后发展成了喀山鞑靼人的反莫斯科公国的起义。1553年,伊凡四世对此采取了包括将鞑靼人绞死的极为恐怖的手段,往各处派遣数量庞大的惩罚队进行镇压清剿。清剿队由伊凡四世的亲信阿达舍夫统领,这些清剿队沿伏尔加河、卡马河和维亚特卡河逐村逐户地清剿。沙皇随后又派出正式的部队,由另一位亲信贵族谢列梅捷夫公爵率领。军队在伏尔加河中游和卡马河上游地区荡平村镇、焚烧房舍、屠杀男性居民,将有劳动能力的人劫为俘虏。这场随后扩展至乌德穆尔特以及整个卡马河沿岸地区的军事征讨于1557年结束。喀山以及爆发反抗的地区最后归属莫斯科公国,喀山汗国永远消失。为了防止喀山的再度动乱,伊凡四世将喀山城外50公里宽的无人地带赏赐给贵族,并将大量的俄罗斯中部的农民迁移到这里来。

伊凡四世不仅完成了祖先未能完成的"收集"新土地的霸业,而且重振了"金帐汗国"240年的统治对罗斯人所造成的卑躬屈膝的心理和精神状态。在他班师回莫斯科时,迎候他的都主教盛赞他是与接受基督教的弗拉基米尔大公、打败瑞典人的亚历山大·涅夫斯基以及取得库利科沃胜利的季米特里·顿斯基齐肩的沙皇。

伊凡四世在亲征喀山前夕曾许愿,若能攻占喀山,定当修建教堂以示虔诚和庆祝。1555年,在克里姆林宫的弗罗洛夫斯克门(今称"斯帕斯克门")外兴建一座白色的"圣三一教堂",后来又叫作"圣母帡幪教堂",1560年建成。这座教堂的建造者有人说是普斯科夫的巴尔玛和波斯尼克,有人说是一个叫瓦西里·布拉任内伊的修道士。一个流传很广的说法是:瓦西里建成此教堂后,就被伊凡四世关押在这里,并下令弄瞎他的眼睛,使他不可能再在别的地方建造这样的教堂。也有一种说法是:在修建过程中,疯癫了的瓦西里一直住在里面。不管怎样,这座教堂在民间更为流行的叫法是"瓦西里教堂",并一直流传至今。教堂共有25个顶,这既意味着对"基辅罗斯"多顶教堂(在罗斯,自一开始建造教堂就是五顶以上的多顶,这是与拜占庭教堂不同的地方)建造传统的延续,又显示了莫斯科统一国家的建筑风格。瓦西里教堂中副祭坛的顶是角锥形的,教堂中央祭坛上四面有塔式十字架顶,还有火焰式顶。瓦西里教堂将多顶、角锥顶、塔式顶和火焰顶融为一个恢宏的整体,所以被人称为"民族的奇迹"。瓦西里教堂成了统一的俄罗斯国家的最完美的象征。对于伊凡四世来说，瓦西里教堂不仅成了征服喀山的纪念碑，而且成了他个人功绩的刻石：他使被他征服的各民族，尤其是鞑靼族人为俄罗斯人效劳，永远臣属于沙皇。

瓦西里教堂并不是伊凡四世为自己歌功颂德的唯一的建筑。他后来深居简出的亚历山德罗夫"自由村"也是这样的建筑：在征讨诺夫哥罗德后，他将当地索非亚教堂的"金门"运来，替换了"自由村"中教堂原有的大门；在征服了特维尔后，他又将当地的一处"金门"搬回来，装饰了教堂的另一面。"基辅罗斯"早期的大公在攻城掠地，打败对手后，都要建造"金门"以示庆祝和歌功颂德。"金门"并不是纯金打造的，而是用厚厚的橡木制成，门上华美的雕刻和装饰出自名家之手，体现了那个时代的文化、艺术、道德和信仰的精华。"金门"成了伊凡四世的战利品和最终胜利的象征。

1560年，伊凡四世30岁。他逐渐感到了"精英拉达"的羁绊，不满于阿列克谢·阿达舍夫和大司祭西尔维斯特等人的操纵，时刻怀疑他们的背叛和阴谋。而更为主要的是，精力充沛、实权在握的伊凡四世决意要采取强力的、禁卫军恐怖式的方法来巩固和加强自己的权力。1560年8月，皇后阿纳斯塔西娅死亡，伊凡四世以皇后死于权臣的阴谋为借口，利用教会，组织了莫斯科公国也是俄罗斯这个国家历史上的首个政治迫害案的法庭，对他们进行审理。阿达舍夫先被发配到外地当指挥官，后来被关进监狱死亡。西尔维斯特则躲进了一处偏僻的修道院，最后被伊凡四世流放到了极北的索洛维茨修道院。阿达舍夫的亲属也遭镇压，甚至领衔杜马的斯塔利茨基公爵也未能幸免，其妻子也被迫削发为尼。随即，"斯塔利茨基杜马"被解散。

而作为伊凡四世改革的主要谋士安德烈·库尔布斯基公爵，宗教法庭审理期间正在立沃尼亚指挥俄军作战，得知阿达舍夫等的不幸命运后，他逃亡到立陶宛。他从那里给伊凡四世写了一封信，指责他和他的祖父、父亲一样残暴和独断专行，莫斯科公国的一切劣政和恶行都渊源于沙皇集权太过。伊凡四世借用圣徒保罗的话予以回答："除了来自上帝的权力，没有别的权力。谁反对这种权力，谁就是反对上帝。"伊凡面对关于集权的指责毫不退让，宣称："只有不受限制的君主专制才能拯救国家免于家族内讧的混战。"伊凡四世还撂下了一句狠话："赏赐自己的奴仆是我的自由，处死他们也是我的自由。"

第七节　伊凡四世的残暴统治与对外扩张以及皇太子之死

杜马被解散,"精英拉达"不复存在,伊凡四世今后将按照自己的意愿来处理国政,莫斯科公国的君主专制集权制度开始确立。伊凡四世进入了自己执政的新时期,一个被称为威严残暴之帝——"雷帝"的时期。

1564 年,伊凡四世为了报复反对他的波雅尔和教会、加强自己的集权,决定将全国的土地分为两部分——特辖区和非特辖区。全国的大部分土地,从白海到中部的地区都属于沙皇特辖区。它包括了许多有巨大经济利益的地区:河道两旁的商贸城镇,北部发达的手工业地区,公国不可或缺的产盐之地以及对公国重要的堡垒和要塞,尤其是在与立陶宛、波兰交界的西部和西南部地区。在 1564—1571 年的 7 年中,沙皇特辖区不断扩大。事实上,特辖区成了伊凡四世自己的封地。

鲍里斯·戈都诺夫

为了保证特辖区的安全和利益不受侵犯,伊凡四世下令组织了特辖军。军队是按照修士会的方式组成的,其人员大部分是非名门望族的贵族子弟,还有一小部分是显赫的贵族。他们参加这支军队的唯一条件是:绝对忠诚于伊凡四世,无条件地完成沙皇下达的一切旨意。这支军队实际上就是保卫伊凡四世个人安全的禁卫军,拥有不受限制的权力,可以任意烧杀抢掠。特辖军的驻地就在伊凡四世的狩猎行宫亚历山大罗夫,他们出行时都要穿戴修士穿的那种黑色长衫,在马镫上悬挂狗头和笤帚,在街上呼啸而过,用强力和狂暴显示对伊凡四世的忠诚和镇压任何叛乱的决心。特辖军的人数由最初的千人发展到 5 000 人,统领他们的是伊凡四世的内弟巴斯曼诺夫和亲属。后来一度成为沙皇的鲍里斯·戈都诺夫也是从这支军队中高升上来的。特辖军成为伊凡四世推行特辖制的重要手段,而特辖军的暴行和特权令朝臣和都主教都震惊和不满,于是伊凡四世与他们的矛盾、争斗频起。

此外，为了建立特辖区，伊凡四世将大量"不忠于"他的旧贵族、宗教人士和其他居民迁出特辖区，而将那些忠于他的人迁进来。这种居民的大迁移造成了社会的极度动荡。

伊凡四世开始对他所怀疑的亲臣和都主教实施残酷的报复，疯狂进行镇压。1568年9月，波雅尔杜马的首领之一费奥多罗夫被杀死。都主教菲利普因反对特辖制被剥夺教职，放逐至特维尔的修道院，后被特辖军首领斯库拉托夫勒死。弗拉基米尔大公斯塔利茨基全家被杀，本人自杀。当伊凡四世进军征讨具有自由民主传统的诺夫哥罗德时，当地的大主教皮门曾率众在进入城市的横跨沃尔霍夫河的桥上列队迎候伊凡四世。伊凡对教会极度蔑视，既不亲吻十字架，还斥责皮门为"豺狼、禽兽、害人精"。最后，他放逐了皮门，彻底摧毁了该城，使之完全臣服于莫斯科。

这些镇压都是由特辖军执行的，他们所到之处，都是先竖立起众多的绞架，然后抓人抄家，有的满门抄斩，将所有的财物抢劫一空，放火烧毁所剩的一切。伊凡四世的残暴在1570年夏天达到了几乎疯狂的程度。他在莫斯科的一个叫"脏水洼"的地方，以"裂尸""开水烫"等野蛮方式屠杀了数百人，甚至连特辖军的首领、他的内弟巴斯曼诺夫也未能幸免。伊凡四世最喜欢的惩罚一是绞刑，二是让受惩处的人披上熊皮，然后放狼狗去撕咬。他的残酷和暴行令整个俄罗斯沉浸在恐惧与血泊之中，"伊凡雷帝"的可怕名声传遍各地。

伊凡四世本人则担心遭到报复和杀害，惶惶不可终日，甚至感到克里姆林宫的宫墙下也阴谋四伏，鬼影幢幢。于是，他干脆跑到了离莫斯科120多公里的狩猎行宫亚历山德罗夫"自由村"，在那里发号施令，把亚历山德罗夫建成了一座特辖军驻地和沙皇宫殿相结合的庞大宫苑。在这个宫苑里，伊凡有自己的教堂、寝宫，有处理朝政和接见外国使节的"金銮宝殿"——"礼宫"。他不敢走出宫苑一步，尽管处在特辖军的重重保护之下，仍然害怕被对手和仇家所杀。所以，他下令在这座宫苑的地下

亚历山德罗夫"自由村"，伊凡雷帝的常驻之地

挖了无数的地道,万一亚历山德罗夫被围,他可随时逃遁。所以,后世就有了一种神秘莫测的传说,说伊凡四世下令挖了一条自莫斯科至亚历山德罗夫的地道,他来往时都从这地道内悄悄而行。

亚历山德罗夫"自由村"由东正教建筑——三圣教堂、圣母升天教堂、圣母饼檬教堂、耶稣受难钟楼、政权标志"礼宫"以及特辖军控制的四大"衙门"组成。"寝宫衙门""铠甲衙门""御马衙门"和"御膳衙门"成了伊凡四世最后二十年生活在这里时的实际"内阁"。在这个特辖军可任意纵马驰骋的宫苑里,伊凡四世对东正教笃信虔诚。在专供他用的教堂里,伊凡午夜起来做祷告,清晨4时做祷告,8时做日祷。他还亲自敲钟唤人们做祷告,在唱诗班领唱,在僧侣进餐时朗读《圣经》。他一天要花九个小时来做祷告。

在特辖军的保护下,伊凡四世极尽帝王享乐之能事。他模仿金帐汗国和东方帝王的"选妃",搞了一场留里克王朝历史上从未有过的选妃盛举。特辖军从莫斯科公国各地甚至从南方和东方一些小公国里挑选来2 000名各族各色各类美女供伊凡挑选。伊凡四世对女人的看法和审美标准决定了谁能最后被选中为妃子。伊凡对女人"爱时是心肝宝贝,打时像树上烂梨"。伊凡的美女标准是"粗壮的身材是最理想的美"。在伊凡四世的威严权势下,公国上流社会的女人们都竞相仿效这种"粗壮美",以博帝心。

在伊凡四世忙于征讨"不听话"的公国和残杀对手时,莫斯科公国也遭遇了旱灾,并且鼠疫流行。克里米亚汗德夫列特·格莱认为再度占领俄罗斯的中部区、恢复金帐汗国祖业的时机已到,遂于1571年率兵攻打莫斯科。那些不满于特辖军迫害和屠杀的人纷纷起而响应。一时间克里米亚汗的军队横行无阻,直达莫斯科近郊。伊凡四世亲率军队相迎。但是,俄军败北,伊凡逃往城北的罗斯托夫。格莱汗在莫斯科城下放火,大风将火势刮到城里,在三个小时中,莫斯科被烧成灰烬,死伤无数。伊凡不得不同意将阿斯特拉罕让给克里米亚汗国,格莱汗回师克里米亚。此战之败,伊凡四世迁怒于杜马和特辖军,处死了特辖军的首领。但是,格莱汗并不满足于此,于1572年夏天,联合诺盖、切尔克斯和奥斯曼帝国土耳其人的军队,再次进军莫斯科。这次,莫斯科公国的军队战胜了格莱的军队,求得了南部地区一时的安宁,而克里米亚汗国也就一时偏安于半岛之上。秋天,伊凡取消了特辖军。他对特辖军的憎恶和恐惧达到了极点,甚至在自己的诏令中禁止再使用"特辖军"这个词。

除了克里米亚汗国这个对手,莫斯科公国的其他劲敌是西部的立陶宛、波兰和丹麦。1569年,波兰和立陶宛组成了一个联合国家——大波兰王国。到1572年时,伊凡四世为争夺波罗的海的出海口,与立陶宛、波兰和丹麦的立沃尼亚战争已经打了十四年。这一年,伊凡四世利用波兰王位的空缺状态,向立沃尼亚大举进攻,并且迅速占领了立沃尼亚的全部土地。1580年,波兰国王巴托雷与丹麦国王、克里米亚汗和土耳其结盟,率兵深入俄国的腹地。伊凡四世被迫求和,答应交出立沃尼亚,但要求保留波罗的海的出海口——纳尔瓦。波兰拒绝,谈判破裂。1581年,巴托雷再次举兵,兵临俄国普斯科夫城下。而这时,瑞典趁机攻占了纳尔瓦。1582年1月中旬,俄国不得不与波兰—立陶宛签订了停战协定,将所占领的立沃尼亚一系列城市让给波兰。1583年8月,俄国又与瑞典签订了停战协定,把包括纳尔瓦在内的芬兰湾沿岸的一大片土地划给瑞典。争夺波罗的海的二十五年立沃尼亚战争的结果是,伊凡四世的莫斯科公国失败,只保留住了涅瓦河河口的一小块土地。伊凡四世夺取波罗的海出海口的愿望变成了泡影。

而在莫斯科公国的东方,则还有另一个强劲的鞑靼人汗国——西伯利亚汗国。对于一心想冲出封闭的内陆国家藩篱的"雷帝"来说,不将西伯利亚汗国的土地"收集"于莫斯科的囊中自然也是寝食难安的事。如果说伊凡四世在波罗的海沿岸土地的争夺上依靠

鄂木斯克的《叶尔马克纪念碑》

的是战争,那在向东方的扩张上则是采用了"殖民"的办法:派遣探险队、蚕食土地和移民。这时的西伯利亚汗国囊括了一大片土地——卡马河沿岸和外乌拉尔山一带,汗国中心在卡什雷克城,汗为库楚姆。伊凡四世将"收集"西伯利亚土地的事交给了莫斯科公国最东部的大封建主、富商斯特罗甘诺夫。1581年9月,在朝廷的大力支持下,斯特罗甘诺夫组织了一支"探险队",向西伯利亚汗国的土地探险。探险队队长是哥萨克首领季莫费耶维奇·叶尔马克。这支840人的队伍里有500名哥萨克,其他的340名除了俄罗斯人、鞑靼人,就是在战争中俘虏来的日耳曼人、波兰人和立陶宛人。哥萨克人不仅能骑马驰骋,长于杀伐,而且手中掌握了莫斯科公国制造的火器。只有弓

箭的库楚姆汗的军队节节败退。将近一个月后,叶尔马克的军队攻占了西伯利亚汗国的首府,库楚姆汗出逃(此后,库楚姆汗还为复兴自己的汗国苦战近20年,但终于在1598年被俄军彻底打败,西伯利亚汗国遂亡)。至此,伊凡四世终于将周边四大汗国的问题基本上解决,莫斯科公国也终于在突破封闭的内陆国家进程中取得了初步的但是极为重大的胜利:西北部毕竟有了涅瓦河河口的一小块土地,南部的疆界则到了最接近黑海的地方,而在东方,越过乌拉尔山继续向东的"土地收集"也在探险队的努力下进展有望。

伊凡四世是在立沃尼亚战争失败和亲自取缔亲信禁卫军——特辖军的不幸时期度过自己的50岁的。1581年,当瑞典人占领了纳尔瓦后,伊凡四世处于极为恐惧的状态,时刻担心被谋杀,情绪和脾气都坏到了极点。而这时,他与皇太子伊凡的矛盾也急剧激化。一天,伊凡四世走进他不喜欢的儿媳的房间时,发现她竟然只穿一件薄衫,勃然大怒,当即对她一阵毒打。皇太子闻声赶到,与父亲搏斗。伊凡四世盛怒之下,用权杖向儿子击去,竟失手杀死了儿子。在战争和征伐中,伊凡四世都将这个皇太子带在身边,让他面对杀伐、酷刑,也让他感受专制独裁的威严和做君主的"雷帝"之风。伊凡四世寄希望于他,要他成为"雷帝第二"。这时,面对即将继承皇位的长子的惨死,伊凡四世愕然。从此,惊恐与负罪感一直缠绕着伊凡四世。三年后,即1584年3月18日,伊凡四世在下棋时猝死。另外一种说法是,他是被反对他的大臣们毒死的。

第八节　俄罗斯民族的形成与文化建筑的发展

从伊凡三世起,曾经一度被蒙古人的统治所阻碍甚至切断的莫斯科公国与希腊人的关系又飞快发展起来。尤其是伊凡三世与拜占庭末代皇族之女索菲娅的联姻加速了这种关系的发展。随同索菲娅一起来的还有大批的希腊人,他们是传教士、工匠和编年史作者。他们的到来不仅加深和扩展了东正教的影响和实力,使莫斯科等城市的建造具有了希腊罗马风格,而且与罗斯人共同的生活与居住,使他们融入了罗斯这个民族。随着伊凡四世的对外扩展,他"收集"的领土愈来愈多,因此,从波罗的海到伏尔加河下游、从西部边界到西西伯利亚,民族的混血逐渐增加、发展,最终形成了"俄罗斯民族"。在统一的俄罗斯国家内,俄罗斯民族成为主体民族,除俄罗斯民族外,还居住着乌克兰人、白俄罗斯人、卡累利人、萨阿密人、维普斯人、涅涅茨人、科米人、汉特人、曼西人、鞑靼人、巴什基尔人、乌德穆尔特人、马里人、楚瓦什人、摩尔多瓦人、库梅克人、诺盖人、阿兰人和卡巴尔达人等民族。但是,俄罗斯民族对"精明强干的犹太民族"和其他少数民族的压迫也被伊凡四世的精英大臣库尔布斯基写进他的《沙皇轶事》之中。也正是从此时起,随着俄罗斯民族的形成,"罗斯"一词被"俄罗斯"所取代。

  罗斯人从接受基督教洗礼起,对来自新圣城耶路撒冷即君士坦丁堡的礼拜和虔诚就日趋深化和强化,处处模仿新圣城耶路撒冷,尤其是在城市的建造上。早在12世纪初,在莫斯科附近就出现了仿照新圣城耶路撒冷而建造的俯首山。随后,在莫斯科的城市建造中,出现了一系列"新圣城耶路撒冷式"的象征物和标志。到伊凡三世时,莫斯科克里姆林宫前的广场上就有了新圣城耶路撒冷那样的"宣谕台"。在这个"宣谕台"上,不仅像新圣城耶路撒冷那样宣布死刑,而且在这里宣布沙皇的重大命令。于是,就有了"莫斯科是第二个耶路撒冷"的说法。随着俄罗斯中央集权国家的建立,"莫斯科——第二耶路撒冷"的定位逐渐向"莫斯科——第三罗马"的定位过渡。瓦西里三世时,他就极力要把莫斯科变成一个强权国家。据保存在莫斯科地区约瑟夫·沃洛科拉姆修道院中的一本古代编年史记载,整个世界的历史进程正在趋向于莫斯科罗斯,该院院长约瑟夫为国家的强大和东正教的纯洁作出了许多的努力。1525年,普斯科夫叶利扎罗夫修道院院长费洛菲伊提出了"第三罗马"之说。到伊凡四世建立了中央国家,俄罗斯在1589年首次设立了大牧首之后,大牧首叶列米亚就签署文告,宣称在俄罗斯的土地上,从"第二罗马"向"第三罗马"的转变过程已经结束,莫斯科作为"第三罗马"的地位已经确立。

  在其后的编年史中,"第三罗马"就成为修道士编年史作者的主要议题。宣扬中央的集权和俄罗斯教会的至高无上成为这一时期编年史和其他著作的核心内容,如马卡里都主教编辑的《大日颂经文》、地区编年史《尼科诺夫编年史》等。伊凡四世的忏悔牧师西尔维斯特的《治家格言》在社会生活中起到了极为深远的影响。它规定了人们在家中和日常生活中的规范行为,要求人们遵循东正教的圣训和帝王的旨意,农奴要服从主人,女人要服从丈夫,等等。其生活准则规定之细微,囊括了社会生活的所有方面,如女人要化妆,身材肥硕粗壮才是美,男人要留长胡子,不留长胡子是人的最大耻辱,酒喝得酩酊大醉才是主人的好客,等等。这部《治家格言》不仅反映了传统的罗斯习俗,而且反映了这种传统受东正教文化深刻影响和与东方(鞑靼人)习俗和生活方式的融合。

这一时期的工艺制造业迅猛发展，各类有才能的工匠如铸造、建筑、珠宝、绘画等匠师大批出现。在铸造中，火炮和铜钟的铸造尤为突出，如今陈列在莫斯科克里姆林宫中的"炮王"就是1586年由工匠乔霍夫建造的。伊凡四世生活奢靡，酷爱闪耀的珠宝，珠宝工匠们为他的皇袍制造了许多极为珍贵的珠宝，为他的皇冠和权杖镶嵌了"鸡蛋一样大的红宝石"。

瓦西里三世时，就开始在莫斯科近郊建造庄园式的行宫——"亚历山德罗夫花园"，他到那里的修道院去做祈祷。而伊凡四世则大兴土木，扩建"亚历山德罗夫花园"为狩猎行宫，改称为亚历山德罗夫"自由村"，他基本上就在那里生活和行使权力。于是，在亚历山德罗夫"自由村"里，就有了禁卫军的驻扎营地，有了修道院，也有了手工业作坊。这是一种以修道院为中心的建筑群，是花园和菜园连成一片的综合地区。教堂的顶成了圆锥形的，而教堂的建造也开始使用石材。莫斯科公国最早的一座石材圆锥形尖顶的教堂是莫斯科郊区的科洛门斯科伊村的耶稣升天教堂，它是瓦西里三世为儿子（未来的伊凡四世）降生感谢上帝而于1532年开始建造的。也正是在这一时期，城堡的建造飞速发展，莫斯科的中心地区被建成为一座用白色石板围起的城堡——"白城"。"白城"——今天的克里姆林宫，其内的主要建筑，如圣母升天大教堂、报喜教堂、天使长大教堂和多棱宫都在这一时期建造起来，教堂内部的绘画也色彩纷呈。克里姆林宫的庄严、雄伟和浑然一体体现了实行中央集权的莫斯科公国的兴盛和威严。

作者点评

莫斯科公国的统一和中央集权的建立对其后数百年的俄罗斯国家的发展进程产生了决定性的影响，它使其后的俄罗斯有了固定的发展模式。

首先，俄罗斯走上统一和集权之路，开始作为一个欧洲世界不可忽视的国家走向世界舞台。俄罗斯不仅向世界展示了它的力量、财富和潜在的实力，而且展示了它的帝王的个性和能量，以及这些帝王可能给俄罗斯的发展及其与世界的关系所带来的撞击和印痕。在此之前，伊凡四世的强权、暴力是世界所没有见到过的，因此他"雷帝"的名声不仅体现了俄罗斯国内对他的权力、暴力的畏惧和服从，而且体现了外部世界对兴起的俄罗斯的惊恐、迷茫和惴惴不安。

其次，在伊凡四世"收集国土"的过程中，统一的莫斯科公国所追求的是来源于希腊、罗马、拜占庭的"正统性"和"继承性"。从"莫斯科——第二耶路撒冷"到"莫斯科——第三罗马"的发展进程无疑表明,俄罗斯所期望和竭力追求的就是融于这种"正统性"和"继承性"之中的一切:土地、财富、权力和地位。作为一种理论,"莫斯科——第三罗马"所欲传达的意义是双重的:一是莫斯科公国、俄罗斯正在成为强国,这个强国不会久居他国之下;二是莫斯科公国、俄罗斯欲与世界沟通和相处。而作为一种宗教信仰、一种俄罗斯东正教的教义,"莫斯科——第三罗马"也具有双重意义:一是俄罗斯的东正教正在为从都主教建制到大牧首建制而与君士坦丁堡抗争,这表明俄罗斯东正教具有了得到正统确认和继承权力的能力和权威;二是东正教中心的东移也使莫斯科的帝王们和东正教的首领们同时具有了与东正教传统分庭抗礼的地位和能力。

再次,统一和中央集权后的莫斯科,开始了一个新的扩张进程:向西和向南,尽力争夺出海口,把势力伸向欧洲的土地;向东扩展至西西伯利亚和更远的东方,使俄罗斯的势力第一次进入原先由鞑靼人控制和影响的地区;而在中部,则逐渐强化俄罗斯民族对其他民族的影响和控制。因此,"收集国土"进程的另一面开始了,即向原本不属于俄罗斯的土地的扩张。这种统治成为一种模式,为伊凡四世以后的君主,为罗曼诺夫王朝的帝王们,尤其是彼得大帝和叶卡捷琳娜二世的治理奠定了基础,并为他们所发展和增强。

还有一个毋庸置疑的事实是,莫斯科公国的统一和中央集权的过程也就是东正教在俄罗斯土地上逐渐强化、系统化、与政权一体化并向国教地位发展的过程。离开了东正教,伊凡三世和伊凡四世"收集国土"的过程是不可想象的;没有东正教首领和教会的支持,国家的统一和中央的集权是难以实现的。帝王们抬举了东正教,而东正教成就了帝王的霸业。

最后,伊凡四世的莫斯科公国促使俄罗斯民族及其习俗、道德准则、传统和文化基本形成,这种民族的习俗、道德准则、传统和文化历经发展和延伸,流传至今。

第六章
罗曼诺夫，一个新王朝的建立

第一节　戈都诺夫的篡权与季米特里皇子之死

伊凡四世后妃众多，子嗣也有数人，但能够活到继承沙皇之位的只有二儿子费奥多尔和最小的儿子季米特里。费奥多尔已经27岁，而季米特里才刚2岁。费奥多尔得权贵大臣和贵族的支持，但他智力有缺陷。而季米特里虽然仍在襁褓之中，但他是莫斯科公国留里克家族一系最后一个可堪大任的人，对继承沙皇之位具有巨大的潜力，同时其母亲出自特辖军的高级统领之家，这个家族也在觊觎沙皇之位。因此，在伊凡四世最后屈指可数的日子里，费奥多尔一方的家族势力和季米特里一方的家族势力就在为未来沙皇的继承人暗中谋划和争斗。长子被自己打死后，伊凡四世日渐精神恍惚，但还是按传统把沙皇之位传给了二儿子费奥多尔。费奥多尔是个智力有问题，身体又糟糕，根本无治国之能的人，伊凡四世只能给他指定一个"监护会议"，也就是摄政会议。这个会议名义上是监护，而实质上是包揽和代行沙皇的职权。监护会议由三名大贵族、权臣（伊•姆斯基斯拉夫斯基、尼•尤里耶夫、伊•叔伊斯基）和两名得到伊凡信任的前特辖军统领（鲍•别利斯基和鲍里斯•戈都诺夫）组成。

在费奥多尔登基之前，这个监护会议所做的第一件大事就是要将季米特里清除出公国的最高权力。他们害怕季米特里强大的潜在继承力，遂把他"分封"到乌格里奇去当大公。随他同去的有他的母亲、伊凡四世的第七个妻子玛丽娅•纳加娅以及整个纳加娅家族的人。乌格里奇是莫斯科东北部的一个偏僻的地方，在伊凡四世将莫斯科公国划分为特辖区和非特辖区的时候，它被列入非特辖区，该地区因而饱受内讧和战乱之苦。季米特里到这里来当大公,实际上也就成了被放逐的人,一个将永远失去莫斯科公国最高权力的小封地的"大公"。而最高权力在未来的六七年中将被"监护会议"的权臣先后执掌,莫斯科公国变成了不是留里克家族直系子孙当权的国家。

1584年5月31日,费奥多尔·伊凡诺维奇继任沙皇(1584—1598年在位)。监护会议的贵族们乘新沙皇登位之庆,大赦被伊凡四世剥夺了封地并关进牢房的波雅尔和贵族,并将封地退还给他们。在这些走出牢房的波雅尔和贵族的支持下,监护会议内部开始分裂,五位监护者为将公国的权力集中于己手,展开了更为残酷的争斗。而这五位监护者事实上归属四大族系:罗曼诺夫族系、叔伊斯基族系、姆斯基斯拉夫斯基族系和戈都诺夫族系。四者中,戈都诺夫是最有心计的人。作为伊凡四世的内兄和特辖军的统领,他一直守护在伊凡四世的左右,但他从不出头露面,一直谨小慎微地尽忠职守。在伊凡四世惶惶不可终日的最后时刻,戈都诺夫和别利斯基是他最贴身的内侍。伊凡暴死时,正是他们二人守在伊凡的左右,而戈都诺夫在噤声许久之后才亲自向外宣布了伊凡四世的死讯。

在监护会议中,掌握了实权的戈都诺夫开始了对其他家族权贵的清洗。曾经的同伙别利斯基被放逐至外地,尤里耶夫死亡,姆斯基斯拉夫斯基也败下阵来,被强制送往修道院削发为僧。在权力的角逐中,最后只剩下了戈都诺夫和叔伊斯基。叔伊斯基并不是等闲之辈,当年曾随伊凡四世东征西讨,立下过战功,叔伊斯基家族在苏兹达尔公国势力强大。他对于戈都诺夫的一人专权心怀不满。从1585年秋至1586年,叔伊斯基的人就不断进行反对戈都诺夫的骚乱和军事行动,甚至冲进过克里姆林宫。戈都诺夫不得不佯装与叔伊斯基和解、玩弄权术,最后得以稳住了叔伊斯基。1587年,戈都诺夫借口叔伊斯基密谋推翻费奥多尔,将叔伊斯基放逐,在关进修道院后杀死。叔伊斯基的党羽都被放逐、监禁或被杀死。因为都主教支持过叔伊斯基,戈都诺夫也将他废黜,把自己的人——罗斯托夫的大主教约伯提升为都主教。

几大权臣争斗的最终只剩下了戈都诺夫和姆斯基斯拉夫斯基两人,而后者又很早就承认了戈都诺夫的胜利,费奥多尔登基大典就是由这两人主持的。在大典上,戈都诺夫和姆斯基斯拉夫斯基是位于新沙皇左右执掌皇权标志的人,姆斯基斯拉夫斯基手捧莫诺马赫皇冠,戈都诺夫手捧金球。就在这一天,戈都诺夫被封为御马监和莫斯科公国的最高官衔——"近卫波雅尔"、喀山和阿斯特拉罕王国地方官。登基后,费奥多尔整天痴迷于低智商的游戏,成为真正的"儿沙皇",而戈都诺夫就成了莫斯科公国名副其实的统治者了。

宫廷内为争夺皇位的斗争并没有因此而止息,公国的一些封地上仍然有一些伊凡三世和四世的子侄存活着,他们又都是费奥多尔死后有权继承皇位的人。因此,戈都诺夫清除这些障碍就势在必行。蛰居在乌格里奇克里姆林中的季米特里首当其冲,处于阴谋和凶险之中。最后一个反对戈都诺夫的贵族打起了季米特里皇子的旗号,于是,不幸就降到了幼年皇子季米特里的头上。

1591年5月15日,玛丽娅·纳加娅发现儿子季米特里被割断了喉咙,躺在地上,鲜血如注,已经死亡。玛丽娅当即高声喊叫:"季米特里是戈都诺夫派人杀死的!"她还指出了凶手的名字,是戈都诺夫的亲信。随即,教堂的巨钟被敲响。钟声把乌格里奇城堡的人们召集起来,因为他们把季米特里看成伊凡四世的真正继承人,把他到乌格里奇当大公看成乌格里奇人的光荣和骄傲,所以他们毫不怀疑玛丽娅的呼喊,认为季米特里神秘的突然死亡是戈都诺夫一手制造的阴谋,戈都诺夫蓄意杀害这位沙皇皇位的真正继承人是为了取而代之。于是反对者聚众而起,乌格里奇发生了骚乱。

为平息骚乱,戈都诺夫组织了一个调查委员会来调查此事。戈都诺夫指派了苏兹达尔公国的大公瓦西里·叔伊斯基负责这个委员会,并且强硬地示意他:皇子的死亡完全出于偶然。调查委员会很快宣布,季米特里的死亡与戈都诺夫没有任何关系,他是因癫症发作摔倒,被自己手中的小刀割断喉咙而死的。这个被称为"乌格里奇案件"的案子很快结案。戈都诺夫派军队进剿乌格里奇,玛丽娅·纳加娅被削发为尼,流放至遥远荒凉的白湖,数百名表示不满和反抗的乌格里奇人或遭杀害或被流放至西伯利亚,甚至连教堂里的那口钟也被戈都诺夫把持的当局"流放"西伯利亚,原因是这口钟在"叛乱"期间曾被敲响,号召人民起来反对戈都诺夫。这几乎是一个荒唐的笑话,却是历史事实。当局对这口钟的判决是:砍去耳朵,割去舌头,流放西伯利亚的托博尔斯克。随之,留里克王朝的最后一块封地被撤销。而瓦西里·叔伊斯基则被晋升至波雅尔杜马处理政事,随后又被任命为下诺夫哥罗德的军政长官。

季米特里皇子突然死亡的消息在乌格里奇小城不胫而走。不管戈都诺夫的宫廷如何解说,乌格里奇的人们坚信季米特里是被戈都诺夫谋杀的。在俄罗斯,有个古老的习俗,就是要在被谋杀者死去的地方修建教堂,以寄托他们对死者的尊敬和思念,表达自己的政治和宗教愿望。这种教堂被称为"凶杀地教堂"(亦称"滴血教堂")。所以,在 17 世纪初,在季米特里蛰居的乌格里奇克里姆林内,在他被杀的地方,就有了个小小的简陋的教堂,后来有了一个圆顶的木建教堂,再后来就是石头的,1692 年成了现在这样的教堂——"季米特里凶杀地教堂"。这也成了这片土地上第一座"凶杀地教堂"。

戈都诺夫治下的国家并未因此而稳定。玛丽娅·纳加娅被放逐四五天后,莫斯科克里姆林宫的"白城"毁于大火;在季米特里皇子死亡后的一个月,克里米亚汗格哈兹-格莱率十万之众奔袭莫斯科,一直打到了莫斯科的近郊科洛门斯科伊村。于是,民间流言纷起,认为所有的灾祸与不幸都因戈都诺夫谋杀真正的皇位继承人而起。

第二节 戈都诺夫时期的经济、宗教、战争与文化

从掌握公国大权伊始,戈都诺夫就严格地监控国家的管理。在政治上,戈都诺夫将在伊凡四世时期被关押的波雅尔和贵族释放,并将他们被夺的封地归还给他们,对反对自己独揽大权的权贵实行残酷的镇压,罗织罪名加以逮捕和审讯,罚没失宠者的财产。这一系列措施使社会动荡。旧有封地的取消不仅使旧的波雅尔和贵族尽力逃避这种专横,而且使原有封地上的农民也逃往他乡。在经济上,戈都诺夫实施不允许竞争存在的绝对垄断,甚至禁止俄国商人到国外经商。戈都诺夫所关注的是南部和东部土地的扩张和疆界的延伸。所有这一切更强化了农民逃亡的趋势,原有封地和新庄园土地的经营变得日趋艰难,新的波雅尔和贵族无力履行向公国纳税和服兵役等义务。

于是,在莫斯科公国的历史上开始了一个混沌时期。

1592 年,在戈都诺夫的压力下,沙皇费奥多尔下令对全国土地进行登记,规定农民必须依附于土地和地主,取消了农民可以在"尤里节"期间离开原来主人的传统,任何时候都不得离开原有的主人。1595 年,在一封修道院院长呈送沙皇费奥多尔的文书上写有这样的文字:"现在根据圣谕,农民和无地农民不得外离。"到 1597 年时,禁止农民逃亡的措施就更严厉了。戈都诺夫颁布的一项新法令规定,对逃亡农奴将予以搜捕,搜捕期限为 5 年。这些措施使农民失去了更换到"好心的主人"、寻求较为自由的土地和生活的可能性,他们依附于庄园主、世代为奴的状态不可变更。庄园主、地主对农奴的

权益得到了极度的强化,从伊凡四世开始确立的农奴制更深化了,在俄罗斯的土地上开始了一个真正的农奴制时期。

戈都诺夫掌握公国实权与都主教约伯的支持有着极大的关系,而他本人又是虔诚的东正教教徒。当时的莫斯科公国虽然名义上是个独立的教区,但只有都主教,没有作为独立教区必有的大牧首。也就是说,莫斯科的都主教仍须听命于君士坦丁堡。这对于一心想在南部和西南部扩展疆土、让莫斯科成为真正"第三罗马"的戈都诺夫来说是不可能接受的。此外,戈都诺夫对莫斯科公国教会力量的增强也日趋担心,急切要将教会控制于己手。于是,想方设法在莫斯科设立大牧首就成了戈都诺夫的大事。戈都诺夫首先采取的措施是限制教会的权利。1584年,他颁布法令,取消了教会和修道院的纳税优惠,限制教会和修道院的土地占有。与此同时,将从它们那里收缴回的和从被镇压的贵族与大臣处没收来的土地转给支持自己的贵族,并且实施免税政策。这些措施大大限制和削减了教会和修道院的经济实力。与此同时,他选用亲信约伯为都主教。

1586年,希腊的一位大牧首造访莫斯科。戈都诺夫带着厚礼去见他,对他表示要在莫斯科设立大牧首的意图。这位大牧首表示同意,但说要回去征得其他大牧首的同意。此人一回君士坦丁堡,一晃两年毫无音讯。1588年7月,君士坦丁堡大牧首耶利米亚来到莫斯科。耶利米亚从1572年起先后两次被土耳其人推上君士坦丁堡大牧首之位。他此次来莫斯科是他第三次担任大牧首之职,目的是希望莫斯科能够帮他建造新的大牧首府邸和为教会提供财物。在沙皇接待他的盛大宴会后,戈都诺夫与他进行了密谈,要在莫斯科设立大牧首之职。耶利米亚踌躇许多天后表示同意,但提出了一个要求,莫斯科的大牧首由他亲自来担任。戈都诺夫当然不愿由他这个希腊人来当莫斯科的大牧首,因为他希望大牧首是自己的亲信约伯都主教。戈都诺夫是个心机深沉的人,就对耶利米亚提出了一个狡猾的建议:莫斯科的大牧首府可不在莫斯科,而在罗斯的古都弗拉基米尔。与此同时,戈都诺夫又给耶利米亚送去厚礼。耶利米亚最后也就不得不同意了。1589年1月26日,君士坦丁堡授予都主教约伯莫斯科大牧首的仪式在克里姆林宫的圣母升天大教堂举行。于是,东正教在莫斯科公国的发展就进入了一个新时期:大牧首的设立使莫斯科成了名副其实的独立教区。

1590年,戈都诺夫与瑞典再度开战,试图夺回在立沃尼亚战争中被瑞典夺去的土地。5年后,俄瑞签订《恰夫津和约》,俄国夺回了一些城市和波罗的海沿岸的一块地区,但所觊觎的出海口纳尔瓦仍在瑞典人的手中。戈都诺夫继续执行伊凡三世和伊凡四世的扩张政策,沿着伏尔加河向西和向南征服新的土地,在征讨的工程中,每到一处都要修建新的以军事防卫为目标的城堡——"克里姆林":1586年建萨马拉城堡(苏联时期叫古比雪夫,现在恢复了旧时的名称),1589年建察里津城堡(曾经叫斯大林格勒,现在叫伏尔加格勒),1590年建萨拉托夫城堡。1589年,阿斯特拉罕的"克里姆林"修建完毕,戈都诺夫最后迫使克里米亚汗国与莫斯科签订了和约。而向东,戈都诺夫继续了叶尔马克的军事探险,他的军队深入西西伯利亚的许多地区,建造起秋明(1586)、托博尔斯克(1587)和苏尔古特(1594)等城堡。而正是在这种以扩展疆土、军事防范为目的的城堡建造开始使用石材。1584年,在北部的阿尔罕格尔斯克,在西南部的斯摩棱斯克、东南部的喀山和南部的阿斯特拉罕都建造起了石头的城堡。

戈都诺夫大兴土木,修建教堂和庄园,将克里姆林宫的"白城"扩建延伸至9公里长,城墙上建起了27座塔楼。戈都诺夫在莫斯科北部的城市科斯特罗马修建了规模宏大的伊帕季耶夫修道院,作为自己家族的墓地。他在伊帕季耶夫修道院建立了绘画作坊,召集了当时著名的弗拉基米尔—苏兹达尔画派的画匠来作画。教堂的主体建筑——"三位一体教堂"四壁上的壁画就是这时由科斯特罗马的画匠们创作出来的。教堂正门的大铜门是俄罗斯的国宝。它是按照莫斯科克里姆林宫中"圣母升天大教堂"铜门的样式制造的。铜门上的绘画是典型的古大马士革工艺风格。这种风格是由拜占庭传入俄罗斯的。铜门上绘画的主题是耶稣显灵。但画中的角色有古希腊的诗人、戏剧家和哲学家,如荷马、欧里庇得斯、普拉东和米南德,甚至还有女巫和阿波罗。随着"土地收集"步伐的南下和东进,莫斯科的宗教文化传到了莫斯科以西和以南的地方。沿着伏尔加河建造起来的城堡,萨马拉、察里津、萨拉托夫和阿斯特拉罕的克里姆林都以不同的手法与技巧重现了莫斯科教堂的建造风格和弗拉基米尔—苏兹达尔画派的色彩。于是,出现了一批融设计者与画家为一体的工匠,扩建莫斯科"白城"的设计者费奥多尔·科恩就是留下名字的一位。这一切都表明,俄罗斯人和古希腊文化、拜占庭文化有着深远的联系,这种联系发展成为俄罗斯文化中不可分离的一部分。

1598年,也就是在戈都诺夫胁迫君士坦丁堡的大牧首耶利米亚宣布在俄罗斯设立大牧首的这一年的1月7日,"儿沙皇"费奥多尔去世。费奥多尔无嗣,莫斯科公国沙皇位的继承人空缺,为戈都诺夫最后掌控国家最高权力提供了无法错失的机会。同年9月1日,戈都诺夫被地方贵族代表会议(缙绅会议)"选举"为沙皇。在"选举"决定上签字的有曾被他流放而现在又官居高位的前特辖军同伙鲍·别利斯基。在举行登基仪式时,除了"莫诺马赫王冠"和权杖,大主教约伯还把一个金球交给了这位新沙皇。约伯对这位新沙皇说:"您把这个金球紧紧地握在手中,您也就握住了上帝赐予您的整个帝国,您应保卫它,免于外敌的侵犯。"

第三节　戈都诺夫的暴政与他身后争夺皇位的混战

新沙皇戈都诺夫当政了,但社会动荡不安的局势并无好转。莫斯科公国中部地区的农奴和庄园主的矛盾在激化,农奴及其家庭的生活越来越恶化,城市里贫穷者的数量在扩大,波雅尔、庄园主、富商对民众的盘剥加重。戈都诺夫随即采取了一些缓和措施,如对贫穷者和孤寡弃儿施舍食物。他还放宽了严格限制农奴在尤里节离开庄园主的法令,准予农奴可以离开,但附加了一系列的限制:严禁庄园主甚至修道院接受离开旧主人的农奴、农奴不准离开莫斯科周边地区等。

而自戈都诺夫掌握公国实权以来,逃离一个残酷的封建主,去依附于一个较为开明的地主,就成了农奴时刻试图摆脱贫困和低下地位的主要手段,尤里节成为他们唯一的期盼。但农奴在尤里节离开旧庄园主的希望仍然落空,在一个"好主人""好庄园主"下过较为自由生活的梦想依然破灭。在此情况下,逃亡成了农奴活下来的唯一希望。于是,大量的农奴出逃,沿着伏尔加河跑向森林和大山,跑向顿河、库班或者更远的南方去。此外,自伊凡三世开始的沿着伏尔加河向南方"收集土地"和移民的政策使这些逃亡的农奴激增。伏尔加河沿岸一带成了逃亡农奴打家劫舍、赖以生存的重要地区。于是,这里盗贼四起,伏尔加河水路因而也就成了一条危机四伏的凶险道路。1600年,戈都诺夫的使节出使波斯,船队沿伏尔加河而下。戈都诺夫担心水路的安全,竟在每艘船上派了114名之多的射击手保护。农奴逃亡的南方地区都是荒僻之地,就连萨拉托夫这样新建起的城堡也很贫瘠。著名的俄罗斯剧作家亚历山大·格里鲍耶陀夫在其《聪明误》一剧中甚至都这样写过:"到农村去,到姑妈那里去,到荒凉的地方去,到萨拉托夫去!在那里,你将痛苦伤悲。"

与这股农奴逃亡浪潮交织在一起的是"伏尔加河哥萨克"的出现。莫斯科公国的西部和西南部是多事之地。这里是公国与波兰、立陶宛交界的地方，双方为了争夺这里的土地频繁冲突和交战。居住在这里的原居民彪悍凶猛，骁勇善战，不受管束，过着松散的军事"村社"的生活，首领叫"盖特曼"。伊凡四世就开始利用这些居民来与波兰—立陶宛打仗。金帐汗国瓦解后，伊凡四世又用这些人打头阵，攻克了阿斯特拉罕，利用这些人灭了喀山汗国，让他们（以叶尔马克为首）组成探险队去"收集"西伯利亚汗国的土地。这个最早在伏尔加河沿岸形成的特殊的居民群体在史籍上称作"哥萨克"。"伏尔加河哥萨克"成了俄罗斯土地上最早的哥萨克族群。而察里津不仅是沙皇新开拓的疆土，还成了从俄罗斯中部、乌克兰来的逃亡的人群、哥萨克以及来自东方的各个民族所追寻的"乐土"。

在此状态下，封建地主们加强了对逃亡农民的追捕，而戈都诺夫官方也以各种法令确认封建地主的追捕特权。1601年，作物歉收引发饥荒，戈都诺夫采取一些措施来遏制灾荒的蔓延，如实行硬性粮食价格、为灾民提供吃食等。各地的难民大量拥进莫斯科，免费提供吃食的措施不得不停止执行。结果全国有数十万人死亡，仅莫斯科一地就埋葬了127 000名饥民。农民和地主及戈都诺夫官方间的矛盾加剧并逐渐发展成真正的战争。

更使这种局势恶化的是戈都诺夫当上沙皇后日益严重的怀疑心态和恶化的精神状态，他对反对者毫不宽容。因为戈都诺夫是一位非正统的沙皇，他不是伊凡一系的后代，而是皇后一系的人，他时刻担心左右的人会阴谋推翻他，伊凡一系子孙的存在更是悬在他头顶的一把利剑。所以，戈都诺夫实行了严格的政治监控。一是他倡导官员和各阶层人士告密，揭发策划推翻他阴谋的人有赏，被告密的阴谋策划者被捕杀。只要有告密，戈都诺夫都确信不疑。戈都诺夫委派鲍·别利斯基去建造"沙皇鲍里斯城堡"，担任该城堡的军事长官。1600年，别利斯基一次酒醉后说："在莫斯科鲍里斯是沙皇，而在这里我是沙皇！"此言被手下人告知戈都诺夫，戈都诺夫大怒不止，削去了别利斯基的所有官职和领地，流放西伯利亚。戈都诺夫甚至下发了一份标准的祈祷文，强迫所有的人在祈祷时要诵读此文为戈都诺夫祝福。这种思想和信仰上的极端控制，激起了社会的普遍的、更深层次的不满。

从"基辅罗斯"起，"好大公""好沙皇"就成为罗斯人在苦难中的终极追求。逃亡的农奴、贫苦的人群对"好沙皇"的期盼就更甚。在戈都诺夫的统治变得愈加严酷时，他们就在期待一个"好沙皇"的出现。因此，他们宁愿不相信乌格里奇的那位季米特里王子已经死去。而那些戈都诺夫的反对派也打起了"季米特里王子"的旗号来进行反对戈都诺夫的斗争。在17世纪最初的10年中,公国的土地上先后出现了十几个自称为皇子的伪季米特里,而其中伪季米特里一世和伪季米特里二世声势最为浩大,前者甚至一度在莫斯科当上过沙皇。

1602年,戈都诺夫的反对派——罗曼诺夫家族的一个叫作奥斯特列皮耶夫的小贵族自称是大难不死的"季米特里"(史称他为"伪季米特里""自称为王者")。1602年2月,这个伪季米特里去了立陶宛,又辗转去了波兰的桑多米尔,得到当地军事长官姆尼舍克的青睐,随后被姆尼舍克引入波兰的克拉科夫,会见了波兰国王齐格蒙特三世。波兰国王表示支持,愿帮助他夺取沙皇之位。伪季米特里则向波兰国王保证了几点:一是他本人将接受天主教,并废除东正教、定天主教为公国的国教;二是他一登上沙皇之位,将立即把波兰所觊觎的俄罗斯土地——北切尔尼戈夫的六座城市和斯摩棱斯克一半的土地送给波兰,并且竭尽全力使俄罗斯合并于波兰。

于是,伪季米特里招兵买马,费尽周折终于组成了一支以哥萨克和波兰人为主的4 000人的部队。与此同时,伪季米特里派人到处散布季米特里皇子还活着的传言,数月间整个莫斯科公国都被这谣传搅得动荡不安。尤其是在农村,渴求自由、摆脱奴役状态的农奴对此谣传确信无疑。他们对这位奇迹般存活的皇子寄予希望,认为他就是他们所期盼的"好沙皇"。1604年10月,伪季米特里率兵首先进入莫斯科公国的西部边界地区——乌克兰的北部,这里是莫斯科公国和波兰—立陶宛为争夺边界地区战事不断、大量哥萨克和农奴骚动频起的地区。"季米特里皇子"的旗号吸引了越来越多起事的农奴,他们纷纷加入伪季米特里的队伍,尤其是乌克兰的12 000名哥萨克转向伪季米特里,致使他的队伍一时间猛增至20 000多人。1605年1月21日,伪季米特里的军队与戈都诺夫的军队在南部的多勃雷尼奇小村庄恶战一场,伪季米特里军队溃败,他本人逃亡普季夫里。

1605年4月13日,戈都诺夫猝死。其子费奥多尔继位。但贵族大臣拒绝承认这个新沙皇,军队纷纷倒戈,一些掌握大权的军事长官承认"伪季米特里"是合法的沙皇。瓦西里·叔伊斯基策划自己来当沙皇,但又惧怕民众对"季米特里皇子"的支持。这时,在克里姆林宫前的广场上发生了戏剧性的但决定了事态进一步发展的事情。聚集在一起的群众要瓦西里·叔伊斯基回答:当年季米特里皇子是不是被他杀死的。叔伊斯基的回答是:戈都诺夫派他去杀皇子,但他杀死的是神父的儿子,皇子得救了。随之,骚乱爆发,民众冲进克里姆林宫,洗劫财宝和酒窖,戈都诺夫家族受到清算,新沙皇费奥多尔被杀。6月20日,教堂钟声齐鸣,僧侣祝福,平民欢迎,伪季米特里进入莫斯科,被奉迎为新沙皇,史称"伪季米特里一世"。曾是伊凡四世特辖军首领的巴斯曼诺夫的孙子小巴斯曼诺夫和波兰人姆尼舍克为伪季米特里一世的左右大臣。

伪季米特里一世当政后,取消了戈都诺夫时期的一些政策,如准予农奴在原庄园主死后另换主人,取消了对贸易的限制。他还把被戈都诺夫放逐的罗曼诺夫等家族的土地发还给他们,给教会优惠等。然而,他对波兰国王交出莫斯科公国土地的承诺并没有完全兑现,东正教也没有被废除,但他始终是个极端亲波兰的人。1606年5月初,当他的未婚妻——姆尼舍克的女儿来莫斯科举行皇后加冕典礼时,随身带来了大批的波兰人、立陶宛人和西部边境上的哥萨克。这些人视莫斯科为自己的国土,霸占民房、奸淫妇女、酗酒寻衅、在街道上纵马疾驰。这激怒了传统上就与波兰对立的市民和贵族。此外,农民的状况进一步恶化,于是,骚动再起,天下大乱。1606年5月14日夜间,一个波兰大贵族的仆人杀死了一名无辜路人。短时间,4 000人包围了这个大贵族的府邸要求交出凶手,暴动的市民最后冲进府邸,杀死贵族。

瓦西里·叔伊斯基随即利用了这次骚动,与亲信的波雅尔、商人以及他管辖下的哥萨克士兵准备除掉伪季米特里。5月17日,他在克里姆林宫前的广场上谎称有人要杀害沙皇。这时,教堂钟声大作,莫斯科市民在各处追杀波兰人。而瓦西里·叔伊斯基则率领亲信冲进克里姆林宫,杀死了保卫伪季米特里的小巴斯曼诺夫。伪季米特里一世跳窗逃跑,受伤被捉,后被杀死。此时他已在莫斯科沙皇的宝座上坐了将近十一个月。三天后,在莫斯科克里姆林宫外红场的宣谕台上,瓦西里·叔伊斯基被宣告为新沙皇。前喀山都主教赫尔默根被宣布为俄罗斯的大牧首。这一年,瓦西里·叔伊斯基54岁。

但叔伊斯基的统治遭到了农民、哥萨克和贵族的反抗,他们的起义此起彼伏。1606年夏天,南方地区爆发农民骚乱,遍及普提夫尔、切尔尼戈夫、叶列茨、雷里斯克、克罗梅和库尔斯克等地。而在莫斯科也出现了呼吁推翻叔伊斯基的文告。这个文告是伪季米特里一世的近臣莫尔恰诺夫撰写并传播的。他在逃离莫斯科时,随身带走了沙皇的玉玺,因此文告上盖有沙皇的印鉴。莫尔恰诺夫得到曾经支持过伪季米特里一世的波兰贵族和波兰当局的支持,组建军队,并寻找到一个新的"季米特里皇子",并以此为旗号来进行反对瓦西里·叔伊斯基的斗争。而这时,南方的农民骚乱几乎都打着"季米特里皇子"的旗号,在整个俄罗斯出现了十几个"季米特里皇子"。与此同时,普提夫尔的哥萨克、农民和城镇居民正在策划起义,他们请扎波罗热人部队的长官伊凡·鲍洛特尼科夫来统领。此人从公爵门下的军事差役、耕地的贱民到部队的指挥官,经历了曲折的人生之途,他的军事经验也被波兰贵族和莫尔恰诺夫所看中,后者利用这次起义,开始了以"季米特里皇子"为旗号的反对叔伊斯基的斗争。1606年夏天,鲍洛特尼科夫率十万之众征讨莫斯科,一路攻城略地,叔伊斯基军队节节败退。10月,鲍洛特尼科夫的军队逼近莫斯科近郊,在科洛门斯科伊村安营扎寨。土拉、韦尼奥夫、卡什拉、科罗姆纳和梁赞纷纷响应。但是,到1607年5月时,鲍洛特尼科夫的部队最终被叔伊斯基的军队打败,南撤到土拉城。叔伊斯基亲统大军征剿,最后水淹土拉城,起义者投降。然而投降者仍被处死,伊凡·鲍洛特尼科夫先被流放,后被刺瞎眼睛、沉河而亡。

  1607年,就在鲍洛特尼科夫困守土拉的时候,在俄罗斯与立陶宛的边境城市斯塔罗杜布出现了又一个"季米特里皇子"(史称"伪季米特里二世")。其时,鲍洛特尼科夫和顿河哥萨克的盖特曼都曾派人去与这位"季米特里皇子"联络。1607年5月,伪季米特里二世在波兰和立陶宛的支持下,自称为沙皇,率领一支由哥萨克、小贵族、农奴和贫苦农民组成的3 000人的军队征讨莫斯科。这支军队沿途受到欢迎,人群把这个"伪季米特里"看成真正的沙皇。1608年3月—5月,乌克兰的一支4 000人的队伍和5 000人的顿河哥萨克部队以及3 000人的扎波罗热哥萨克部队加入进来。伪季米特里的大军一直打到莫斯科近郊的图申诺,在那里建立起了自己的"朝廷"。一时间,伪季米特里声势大振,普斯科夫、雅罗斯拉夫尔、科斯特罗马、沃洛格达和阿斯特拉罕都宣布倒向图申诺,伪季米特里的军队还攻占了罗斯托夫、弗拉基米尔、苏兹达尔、木罗姆和阿尔扎马斯等地。当年被戈都诺夫流放的费拉列特(罗曼诺夫家族中有继承沙皇之位潜力的费奥多尔·罗曼诺夫)这时被捉到图申诺,伪季米特里封他为东正教大牧首。

  瓦西里·叔伊斯基在困境下不得不向瑞典人求救,因为瑞典国王卡尔九世和波兰国王齐格蒙特虽说是叔侄,但结怨很深,又因所信宗教各异而为敌,卡尔也想借机打击波兰国王。瑞典派出7 000人马帮助叔伊斯基。结果,1610年3月,伪季米特里二世大败而逃。1610年7月17日,贵族们推翻了叔伊斯基，并强迫他削发为僧。政权转到以姆斯基斯拉夫斯基为首的七位波雅尔手中，这些贵族倒向了波兰国王，决定让波兰国王年仅15岁的儿子瓦迪斯瓦夫来当莫斯科公国的沙皇。

第四节　米宁和帕扎尔斯基反抗波兰入侵的斗争

就像莫斯科公国的君主利用哥萨克一样，波兰国王也把哥萨克当成与俄国较量的主要军事力量，在波俄边境冲突和军事行动中，哥萨克军队总是打头阵的。率军推翻瓦西里·叔伊斯基的就是哥萨克盖特曼若尔克夫斯基。1610年9月21日午夜，当亲波兰的贵族打开城门，率领波兰军队进入莫斯科的正是这位若尔克夫斯基。波兰军队随即占领了克里姆林宫和中国城①，强行迁走中国城中的居民，遭到了激烈的反抗。波兰国王齐格蒙特三世向俄罗斯提出种种强硬条件，甚至表达了他本人对沙皇皇冠的觊觎。图申诺的伪季米特里二世最后被杀。莫斯科近郊的谢尔基修道院的大修士司祭、莫斯科的大牧首赫尔默根等都向各地的东正教会发表文告，呼吁人们起义。莫斯科北部各城市纷纷出现反抗波兰人的部队并向莫斯科集结。第一支民军是由梁赞军队的指挥官利亚普诺夫组建的，其军事统领中有季米特里·帕扎尔斯基公爵。1611年3月，民军向莫斯科进发，途中，曾经支持伪季米特里二世的军队和哥萨克加入。3月19日，莫斯科城中爆发了又一次反抗波兰人的起义。从4月到5月下旬，民军向莫斯科发起了两次冲击，攻占了新处女修道院和白城的所有塔楼。波兰军队遭到惨痛打击，随即放火烧城。当民军进入莫斯科时，城里已经是一片瓦砾。梁赞的军队与哥萨克的部队又因指挥权和执政权发生争执，哥萨克杀死了梁赞军队的统领普利亚科夫，第一支民军随之瓦解。盖特曼若尔克夫斯基率军撤出莫斯科，把叔伊斯基押回华沙。1613年，若尔克夫斯基因征讨莫斯科有功而被封为"皇家大盖特曼"，后又成为基辅的军事长官。

华沙还为自己军队占领莫斯科举行了凯旋仪式，宣称15岁的波兰王子为俄罗斯的沙皇。在波兰庆祝胜利的同时，瑞典人乘机发兵，占领了拉多加，随后是诺夫哥罗德。诺夫哥罗德的贵族表示臣服于瑞典国王卡尔九世，承认

---

① "中国城"俄语音译为"基塔"，"基塔"的意思是将草、禾秸、干树枝黏结在一起的筑城办法，因"基塔"的俄语读音与"中国"近似，所以后人又把"基塔城"通译为"中国城"。

瑞典国王的王子为俄国沙皇。于是,在全俄国开始了反对波兰和瑞典入侵的武装斗争。第二支民军的组建和战斗成为这一进程中具有决定意义的重大事件。

在这危机时刻,俄国的东正教会再次显示了自己的存在和作用。莫斯科三圣修道院的一位修士大司祭向各地发出文告,呼吁人们来帮助莫斯科驱逐波兰人。1611 年 10 月,下诺夫哥罗德的一位地方自治负责人——一个叫库兹马·米宁的经营鱼肉的商人起而响应。他要商人们出钱组建民军、解放莫斯科。他高声疾呼:"想要帮助俄国就不要吝惜自己的财产,什么也不要吝惜,把庄园卖掉,把妻儿典质出去,向准备保护真正东正教信仰和能成为我们首领的人叩首礼敬。"他最终和其他商人达成协议:他捐出自己财产的 1/3,其他人各拿出自己财产的 1/5。民军建成,米宁请季米特里·帕扎尔斯基公爵当民军统帅,后者立即就答应了。帕扎尔斯基是贵族、公爵,在戈都诺夫和叔伊斯基统治期间身经一系列的战争,有丰富的实战经验,他在第一支民军中担任过指挥官,在与波兰人作战中受了伤,此时正在自己的庄园疗伤休养。

米宁和帕扎尔斯基

帕扎尔斯基指挥的民军主力是 10 000 名地方军兵,此外尚有 3 000 名哥萨克,1 000 多名射击兵以及相当数量的从农民中征集来的"差丁"。1612 年 3 月,波兰向莫斯科派出了增援部队,由立陶宛的盖特曼霍特凯维奇统领。帕扎尔斯基的民军也火速赶往莫斯科,占领了雅罗斯拉夫尔。8 月 19 日,这支民军在喀山圣母像下挺进到莫斯科城下,驻扎于莫斯科河左岸的新处女公墓。8 月 22 日拂晓时分,向莫斯科增援的波兰军队向民军发动进攻,帕扎尔斯基的军队遭遇险境。这时,米宁率 300 人的军队涉水到莫斯科河的右岸,从后方对这支由哥萨克组成的波兰援军发动打击。波兰援军仓皇逃往麻雀山,并从那里向西方退却。另一支保卫莫斯科的、由特鲁别茨科伊公爵率领的哥萨克军队围攻困守在中国城的波兰军队,后者于 10 月 26 日向民军投降。莫斯科在被波兰人占领两年后获得解放。莫斯科举行了盛大的宗教游行,所有的教堂鸣钟庆贺这一胜利。米宁组织的民军在 1612 年抗击外国入侵和解放莫斯科的战争中立下了伟大功勋。

库兹马·米宁死于 1616 年,因其非贵族出身未能埋葬在贵族的克里姆林"大天使教堂",而被葬于克里姆林的另一处教堂内。经过多年沧桑,米宁的骨灰被保存了下来,在下诺夫哥罗德民军胜利 350 周年时,被迁葬于修复后的"大天使教堂"。如今,米宁的石棺悄然无声地停在这座教堂的一角,在那高高的砖砌的台子上。它的棺椁过小,两旁的灰墙太高,使此处显得有些空旷。一面基督圣像,一面当年民军的三角旗纹丝不动地低垂在棺椁的上空。

季米特里·帕扎尔斯基也没有因为解放莫斯科的功勋而进入最高统治层,他在波雅尔的争权中被排挤出莫斯科,隐居于莫斯科西北部的古城苏兹达尔,1642 年死后葬于该处。如今,在苏兹达尔"大天使教堂"旁的广场上矗立着一座大理石方尖纪念碑,那是纪念米宁和帕扎尔斯基的。在碑的底座上,前后有两块青铜浅浮雕,上面的半身胸像,一座是米宁,另一座是帕扎尔斯基。但前后画面是一样的:四个长翼的女神正高高举着桂冠,要把它加在英雄的头上。这青铜浅浮雕本是为莫斯科红场上的米宁和帕扎尔斯基纪念碑准备的,但没有被沙皇看中。雕塑家为红场另设计了一座米宁和帕扎尔斯基纪念碑,如今它依然高耸在瓦西里大教堂的前面,叙述着他们为莫斯科的解放而立下的伟绩。碑的下方镌刻着一行字——"俄国感恩公民米宁和公爵帕扎尔斯基,1818 年夏"。

保卫莫斯科一战使莫斯科公国得到了复兴的新机遇,但对一心想"收集"土地的统治者来讲,俄国的损失是极大的。扎波罗热和包括切尔尼戈夫在内的斯摩棱斯克地区转归波兰人所有。瑞典人虽然从诺夫哥罗德撤

莫斯科红场上的米宁和帕扎尔斯基纪念像

离,但他们却仍然牢牢地控制着涅瓦河口和芬兰湾沿岸,莫斯科在波罗的海上依然没有一处出海口。俄国西部的土地面积缩小了不少,其国力和威望明显下降。

第五节 16岁的沙皇开始的新王朝

就国内政治而言,莫斯科的解放对俄国来说是一个转折点,标志着俄国反对外国入侵的决定性胜利,但这一切并不意味"混乱时期"的结束。全国到处混乱不堪,一片衰败破落的景象。难民拥向各地,土地无人耕作。更为严重的是,俄国处于没有国君的状态之中。波兰王子瓦迪斯瓦夫依然是名义上的俄国沙皇,尽管波兰军队失败,但他拒绝放弃自己在俄国的一切权力。瑞典也继续坚持瑞典王子是俄国国君,要求俄国地方贵族代表会议承认这一"合法权力"。

经过戈都诺夫的迫害和镇压,留里克家族无论是男性还是女性派系的大贵族也大都先后退出了政治舞台,仍有势力的大贵族就只剩下一两家,封地在科斯特罗马的罗曼诺夫家族是幸存的家族之一。罗曼诺夫家族是古老的大贵族,有关这个家族的记载可以追溯到14世纪中期。1347年,罗曼诺夫家族的一名成员曾经被派往特维尔,给莫斯科大公"骄傲的西蒙"说亲。从这时起,罗曼诺夫家族的成员就不断为莫斯科的君主效力,并常常得到重用。伊凡四世娶罗曼诺夫家的阿纳斯塔西娅为妻,于是,罗曼诺夫家族就成了皇亲国戚,与留里克家族有了血脉相通的依存关系。

戈都诺夫执政期间,罗曼诺夫家族被指控阴谋反对戈都诺夫,阿纳斯塔西娅皇后的兄弟遭到放逐,受迫害最严重的便是家族的首领费奥多尔·罗曼诺夫。他被戈都诺夫看成争夺沙皇之位的最危险的潜在对手,被放逐到公国最偏远的北部的北海之滨——阿尔罕格尔斯克东北100俄里(1俄里等于1.06千米)处的一座修道院,在那里当了修士,法名费拉列特。但费拉列特不甘心于被放逐,而是利用自己的才智和声望不断地进行斗争。在戈都诺夫鼓励告密的制度下,就不断有人向戈都诺夫报告他在修道院的一举一动。有一次,戈都诺夫接到的报告中这样写道:"费拉列特长老总不按照教规生活;不知为什么总是笑,总是不停地谈鸟谈狗,就像生活在尘世。长老总想骂人和打人,并总是对民众说:'你们瞧着吧,我将来会是怎样的一个人!'"

戈都诺夫自然不会放过这个不安分的费拉列特长老。他又将费拉列特的妻子放逐到扎奥涅日,当了修女,法名玛尔法,将其子米哈伊尔·费奥多罗维奇放逐到荒僻小城别洛焦尔斯克。1605年,在伪季米特里一世时期,费拉列特被抓至图申诺,1608年,他被伪季米特里二世封为大牧首。他的妻子和儿子也获准和他生活在一起。波兰军队占领莫斯科后,费拉列特的妻子和儿子被关押在中国城内。在米宁和帕扎尔斯基的民军挺进莫斯科时,费拉列特被撤退的波兰军队押送至华沙。而被关押在中国城内的他的妻子和儿子,在民军攻破中国城后,逃往莫斯科北部罗曼诺夫家族的封地——科斯特罗马,隐居于该城克里姆林中的伊帕季耶夫修道院中。

罗曼诺夫王朝的第一代君主就是被流放在科斯特罗马的这座伊帕季耶夫修道院里的

费拉列特长老的遭遇和处境赢得了许多人的同情,使他的声望日增。此外,罗曼诺夫家族在全俄各地有许多亲朋好友,在地方贵族代表会议中也有许多的支持者。因此,当贵族们着力解决"国无君"的问题时,就把目光转向了罗曼诺夫家族。但是,费拉列特长老羁留于波兰未归,所以贵族代表们就把目光放在了他的儿子米哈伊尔·费奥多罗维奇·罗曼诺夫的身上。于是,米哈伊尔就成为政治旋涡中的核心人物,支持他的人和反对他的人都在争夺他,想把他据为己有。

米哈伊尔和母亲逃匿于科斯特罗马伊帕季耶夫修道院的事迅速传播开来,连盗贼们也红了眼,想把未来的沙皇抢到自己的手中,以便勒索财物。

而波兰人在得知地方贵族代表会议要选米哈伊尔当沙皇时,就派出一支军队去劫持他,以维持波兰王子当俄国沙皇的政局。这支部队来到多姆尼诺村时迷路了,他们让多姆尼诺村的村长伊凡·苏萨宁带路。伊凡·苏萨宁把波兰军队引向修道院的相反方向,把他们带进了无法越过的一片沼泽地,陷在了那里。波兰军官明白上当了,怒不可遏地问伊凡·苏萨宁:"哪里是去科斯特罗马的路?为什么把我们带到这里来?"伊凡·苏萨宁冷然一笑说:"科斯特罗马是我们的地方!你们的路在这里!去死吧!"

画作中的伊凡·苏萨宁

波兰军官当即劈死了伊凡·苏萨宁,但波兰军队和伊凡·苏萨宁一起沉入了沼泽。220多年后,俄罗斯的伟大作曲家格林卡创作了不朽的歌剧《伊凡·苏萨宁——为沙皇效忠》。此曲一响,100多年盛演不衰。现在,在苏联解体后的俄罗斯联邦,每当9月新的演出季节开始时,《伊凡·苏萨宁——为沙皇效忠》经常是莫斯科大剧院等一流剧院首场演出的剧目。那个曾经让波兰军队全军覆没的沼泽离科斯特罗马65公里,现在就叫苏萨宁。

1613年1月,地方贵族代表在莫斯科克里姆林宫中的圣母升天大教堂开会讨论选举沙皇的事,参加者除了贵族杜马成员、东正教会首领和宫廷大臣外,尚有来自50个城市的市民贵族代表,射击军、哥萨克和国有农的代表。会上,包括帕扎尔斯基在内的部分贵族力挺罗曼诺夫家族,势力雄厚的哥萨克首领也表示了绝对支持,并为此向动摇的波雅尔和大臣施加强大的压力,结果是 16 岁的米哈伊尔被选为新沙皇。2 月 21 日,地方贵族会议宣布了这个结果,它在标志"国无君"的混乱时代结束的同时,也标志着这片土地上王朝的无可挽回地更迭:留里克家族的莫斯科公国的终结,罗曼诺夫王朝的新生。

同年 3 月,地方贵族代表会议派出使节团到科斯特罗马伊帕季耶夫修道院,奉迎米哈伊尔去莫斯科当沙皇。在伊帕季耶夫修道院高旷的大厅里,从小就幽居在修道院中的米哈伊尔没有见过这种阵势,吓得大哭大叫。饱经世事的米哈伊尔的母亲玛尔法对使节们说:"你们为什么要选米哈伊尔?他什么事也不知道,什么事也不懂,什么事也不能做!你们选错人了。回去吧,另选能当国君之人。"在使节们的坚持下,谙熟宫廷变故的玛尔法对他们提出了一系列的问题:莫斯科掌权的贵族们背叛过戈都诺夫,杀死了伪季米特里,还把最后一个沙皇叔伊斯基出卖给波兰人。如此不可靠的辅佐者怎么能忠诚地为国君效劳?但在使节们的托词和恳请下,玛尔法不得不放自己的儿子去莫斯科当沙皇。5 月初,米哈伊尔来到莫斯科,7 月 11 日举行登基仪式,成为"罗曼诺夫一世"(1613—1645 年在位),由此开始了持续 300 多年的罗曼诺夫王朝的统治。在举行登基仪式时,大牧首约瑟夫给米哈伊尔戴上"莫诺马赫皇冠",将权杖交到他的右手,将金球交到他的左手。而在仪式之前,权杖和金球分别执掌在重臣特鲁别茨科伊和帕扎尔斯基的手中。权杖和金球,掌握在俄国沙皇的左右手中。自此,"莫诺马赫皇冠"和权杖、金球就一起成为俄国罗曼诺夫王朝沙皇的标志,在加冕时都要由大牧首将这两样物件交到沙皇的手中。

1613 年 10 月,俄国使节阿拉丁出使波兰,目的一是与波兰媾和,二是要回费拉列特长老。阿拉丁没能完成使命。1615 年 7 月,瑞典国王在普斯科夫城下失利后与俄国开始和谈,1617 年 2 月 27 日俄瑞缔结和约,尽管诺夫哥罗德归还给了俄国,但是俄国依然没有波罗的海的出海口。1618 年 10 月,波兰军队和扎波罗热盖特曼萨盖达齐内率领的哥萨克军队逼近莫斯科,莫斯科率军抗击的是那位赶走波兰人的帕扎尔斯基公爵,双方的军队在德乌利诺村对峙了将近两个月,哥萨克撤军,波兰与俄国举行谈判。12 月,俄波签订了为期 14 年半的停战协议。结果是,一直认为自己拥有俄国皇位的波兰王子瓦迪斯瓦夫不得不承认米哈伊尔的正统性,但俄国仍须把斯摩棱斯克地区和北切尔尼戈夫地区让给波兰。1619 年 2 月,波兰撤军。同年 6 月,两国交换俘虏,俄国把几名残疾军人交还波兰,波兰把费拉列特长老和军事统帅舍因交还俄国。6 月 14 日,费拉列特长老返回莫斯科,结束了长达 9 年的"人质"生活。

第六节　双国君当朝：罗曼诺夫王朝建立之初的内政与外交

米哈伊尔执政的前6年（1613—1619），权力实际控制在地方贵族代表会议——"波雅尔杜马"的手中。这个由罗曼诺夫家族、切尔卡斯基家族和萨尔迪科夫家族的人组成的"波雅尔杜马"决定着一切，尽管所有的文告上都有沙皇漂亮的签名，但无论是朝廷的大臣，还是外国君主，都没有把这个小皇帝当成一回事。1619年，费拉列特的归来彻底改变了这种政治格局。

费拉列特的归来对沙皇米哈伊尔产生了极为重大的影响。他和儿子一起成为俄国的"双国君"，一起签署文稿，一起接见大使。他还拥有了大牧首的称号。对他沙皇儿子的婚姻生活和国事的干预使他成为俄国事实上的统治者，并且拥有了"大国君"（即"太上皇"的意思）的称号。

1619年6月24日，在克里姆林宫中的圣母升天大教堂，费拉列特受封为"莫斯科和全俄国的大牧首"。他首先关注的是建立大牧首的管理机构和处理教会事务。他按照沙皇宫廷的规矩建立起了"大牧首区"，在区内先后设立了一系列"衙门"：审判案件或处理官职的"诉讼衙门"或"职官衙门"，处理教规、监督司祭的"教会衙门"，处理财务和税收的"财库衙门"，管理大牧首领地的"大牧首区衙门"。

通过"大牧首区"的这些衙门，费拉列特实际上掌控了整个国家的内政和外交。在内政方面，他选用罗曼诺夫家族的人以及支持该家族的切尔卡斯基家族、萨尔迪科夫家族的人来担任各衙门的大臣，进而掌控了波雅尔杜马的实权。所有的问题都由这些新贵来处理，一切都由掌控他们的费拉列特以沙皇的名义来决定。为了保证这些贵族代表对罗曼诺夫沙皇的绝对忠诚和依附，费拉列特还将地方贵族会议的代表以及各地的精英人士集中于莫斯科，频繁议事。这些措施保证和加强了君主（此时也就是费拉列特）的集权，形成了俄国历史上从未有过的完善的贵族代表等级君主制——君主绝对集权制。这种君主专权的特征是，一切权力，立法的、执法的和审判的权力均掌控于沙皇之手，沙皇的权力是没有限制、不受任何约束的。伊凡四世当年说过的那句话到此时完全实现："除了来自上帝的权力，没有别的权力。谁反对这种权力，谁就是反对上帝。"而沙皇自诩为上帝的使者，于是"君权神授"就成为自此之后罗曼诺夫家族所有沙皇的权力标签。

多年的战争、骚乱、夺权和内讧所造成的动荡不安使经济衰败、国力大减,而一个新王朝的组建需要大量的钱财。于是整顿税收、扩展税源成为恢复经济的重大措施。费拉列特通过地方贵族代表会议采取了措施。如对全国荒芜的土地进行清查、登记、建册,奖励自愿回归原有领地庄园的农民,确定居民所能承担的税收的数额,对国家的收入和支出情况进行登记,此外,还建立了社会申诉机构,以便对滥用权力的官员提出诉讼,等等。

费拉列特执行与波兰和瑞典相对抗的政策,力图夺回被波兰和瑞典占领的土地。为此,他全力建立一支强大的军队,不惜斥巨资,扩大兵源,招募铸造大炮的技工,在国外购买武器,请外国军官来训练部队。在这支新军队中,俄国第一次有了按照德国方式组建的地方骑兵部队和在荷兰雇佣兵团中实习过的地方步兵部队。在俄国军队中有了步兵团、骑兵团以及龙骑兵团的编制。1632年4月,波兰国王去世,波兰陷入了一个为王位而争斗不止的时期。费拉列特认为这是从波兰夺回失去土地的最好机会,于是,为筹集战款他下令增税,如同库兹马·米宁组建民军时的做法一样,商人要拿出自己财产的1/5,波雅尔、贵族和修道院则需按国家规定的数额交税。

1632年12月,费拉列特向波兰宣战,命令大臣阿列克谢·舍因和御前侍臣斯捷潘·伊兹梅洛夫率32 000人的大军围困被波兰人占领和设防的斯摩棱斯克。波兰军队固守斯摩棱斯克达8个月之久。1633年9月,波兰新国王瓦迪斯瓦夫亲率大军驰援。舍因不敌,费拉列特得知败讯后气急而病,于10月1日去世。1634年2月,粮草不足,坏血病流行,俄军大败。舍因接受了波兰人的投降条件后,率8 000俄军急速返回莫斯科,把所有的辎重都留给了波兰人,甚至将军旗都弃于波军的脚下,任其践踏。米哈伊尔沙皇闻讯大为震怒,下令将舍因及其副帅伊兹梅洛夫砍首。俄波之间这一轮的紧张关系又以1634年的一纸"永久和约"暂告结束:俄国承认《德乌利诺和约》所确定的俄波边界有效,向波兰赔款。波兰答应不再觊觎俄国皇位,瓦迪斯瓦夫认可米哈伊尔为"沙皇和兄弟"。

费拉列特掌控俄国的最高权力达15年之久。15年中,费拉列特以"大国君"的名义行使沙皇的职能。在沙皇的旗号下,掌控了整个国家,也掌控了整个民族。他将国家的权力集中于罗曼诺夫家族之手。这时,在俄国已经没有其他任何一个家族的势力可以与罗曼诺夫家族相抗衡。这个家族掌控国家的一切财富,组建符合自己心意的国家管理机构,以沙皇的名义号令天下。于是,"罗曼诺夫一世"米哈伊尔的统治回归到了被"混乱时期"中断了的瓦西里三世和伊凡四世的传统上来了,罗曼诺夫家族的权力前所未有地集中。这种权力是专制的,以这种"专制君主"为基础建立起的制度,后来就被史书称为"专制君主制"。1625年2月,米哈伊尔沙皇为了体现这种"专制君主制",下令对国家的象征物——玉玺加以改变。他在一份手谕中这样写道:"在以前的玉玺上,我国的名称没有写全;现在,要在以前的玉玺上加上'专制君主'的名号;以前玉玺的鹰头之间刻有文字,现在在我国的新玉玺上不用文字,而在鹰头上加刻皇冠。"玉玺的增大和形制的改变表明米哈伊尔是位忠实于"君权神授"的沙皇。米哈伊尔命令从1625年3月25日起,在所有的文件上都要使用这个新的玉玺。

费拉列特15年的治理还使俄国东正教的发展更为规范化,使教会的权力、大牧首的权力与沙皇并行,甚至凌驾于沙皇之上。教会前所未有的政治化,而沙皇专制也前所未有地依赖于东正教——教会化为"政教合一"国家格局的发展和强化打下了坚实的基础。

此后,米哈伊尔沙皇又执政11年。来自草原和克里米亚鞑靼人的侵袭成了这位沙皇的心头之患。在南部边界修建城堡和驻防军队不仅需要财力,更需要勇敢的士兵。从莫斯科公国起,历代君主都利用强悍的哥萨克作为战斗中打前阵和戍边守疆的士兵。但哥萨克被统治者和反对统治者们的相向利用也引起了相当严重的骚乱,甚至起义。在罗曼诺夫王朝初年,以盖特曼扎鲁茨基为首的哥萨克曾在阿斯特拉罕一带洗劫城镇。1614年6月,哥萨克骚乱被沙皇军队镇压,扎鲁茨基被处以绞刑。此后,沙皇朝廷一直对哥萨克采取压制政策。到1619年,即费拉列特回到莫斯科掌控大权时,在俄国中部地区的哥萨克势力已经大大削减。

在瓦迪斯瓦夫成为波兰新国王后,南部边界和克里米亚的哥萨克再次集结起来,有的称雄一方,有的随波兰军队与俄军打仗。米哈伊尔沙皇恢复了祖先的做法,利用顿河哥萨克去戍守新建的城堡坦波夫、科兹洛夫和南部边疆的哨所。1637年,亚速海地区的局势复杂起来,奥斯曼帝国苏丹向扎波罗热谢奇(扎波罗热哥萨克的营地)进军,事前写信要哥萨克归顺:"我,奥斯曼帝国的苏丹和统治者,易卜拉欣一世的儿子,日月之兄弟,大地之神的子孙和代表,马其顿、巴比伦、耶路撒冷、上下埃及王国的主宰,王中之王,统治者之统治者,卓越的勇士,谁也不可战胜的战士,生命之树的主宰……你们,扎波罗热哥萨克接此诏令后应心悦诚服地投降于我,别作任何反抗,并且我也绝不会担心你们的进攻。奥斯曼帝国苏丹穆罕默德四世。"

彪悍的扎波罗热哥萨克拒不接受苏丹的勒令投降，而是回了一封桀骜不驯、粗野无礼、针锋相对的信件："扎波罗热哥萨克给奥斯曼苏丹！你，苏丹，你是什么勇士，连刺猬都空手杀死不了的家伙……我们不怕你的军队，我们要和你打一仗，陆地打，水里打，打得你叫爹喊娘……这就是

扎波罗热哥萨克给土耳其苏丹写信

扎波罗热对你这个丑八怪的回答……到此打住，这是哪一天不知道，我们没有历书，月挂天上，年写书里，而我们的日和你们的日是一样的……营地盖特曼伊凡·西尔柯率扎波罗热全营。"

与此同时，扎波罗热哥萨克向顿河哥萨克求助。而顿河哥萨克却于1637年4月下旬，发兵亚速夫并围困该城。6月中旬，哥萨克占领了亚速夫。这场亚速夫之战的背后是沙皇策划的阴谋。沙皇害怕扎波罗热哥萨克被奥斯曼帝国苏丹及克里米亚汗所控制，曾向奥斯曼帝国苏丹表示，莫斯科将不干预此事，但实际上却在暗中大力支持顿河哥萨克去攻打扎波罗热哥萨克，以便火中取栗夺得亚速夫。就在顿河哥萨克向亚速夫进军时，沙皇曾派使臣给他们"馈赠"了火药、辎重和钱财。哥萨克占领亚速夫后，曾向沙皇报告："我们，你的奴仆，彼此商量好了，已经到达亚速夫城下，因为，他们这些亚速夫人在打我们的主意，让我们去给克里米亚汗当兵，他们这是要把我们从顿河弄走，把顿河偷光抢光。"

沙皇米哈伊尔在南方与土耳其及克里米亚、在西部与波兰争夺土地的同时，又竭尽全力向乌拉尔山以东"收集"土地。这时，哥萨克人成为沙皇全力支持的向西伯利亚和远东开辟土地的"拓荒者"（殖民侵略者）。他们的足迹远及贝加尔湖和科雷马河一带，甚至鄂霍次克海沿岸和楚科奇地区。1639年春，托木斯克哥萨克步兵部队的盖特曼组成一支哥萨克士兵的"探险拓荒队"，向东方去寻找银矿、皮毛和能交纳"雅萨克"（皮毛贡金）的土著居民。这支队伍由士兵伊凡·莫斯克维京率领，出发向鄂霍次克海方向寻找新土地。此次"拓荒"的结果是，莫斯克维京的足迹遍及了从乌第湾、萨哈林（库

页)湾,到阿穆尔河(中国黑龙江)河口、萨哈林诸岛(库页群岛)的鄂霍次克海沿岸1 300公里的地区。他们在这些地区猎杀野兽,最后从那里将大量珍贵的毛皮带回雅库茨克。1646年,莫斯克维京还专程去莫斯科,向当局汇报了对鄂霍次克海的探险情况。为此,他被晋升为托木斯克哥萨克步兵队伍的盖特曼。

从1641年开始到1657年,伊凡·斯塔杜欣对楚科奇地区和堪察加北部进行了多次"土地拓荒",他的"拓荒"队伍中有不少哥萨克。在1648—1649年的"拓荒者"中,最有名的一位是皮毛商盖特曼谢苗·杰日尼奥夫。杰日尼奥夫原本是一个普通的哥萨克,但他长期在西伯利亚地区"探险拓荒"。在将近40年中,他参与并率领了一支支哥萨克队伍对科雷马以及北冰洋沿岸进行了"探险",并沿岸建立了一系列军事哨所,为此曾得到沙皇的赏赐。此人于1648年到过白令海峡,尽管他只到了海峡的最南端而未能穿越整个白令海峡,但他是俄国到达白令海峡的第一人。

在所有这些"拓荒者"中,有两人的"拓荒"对俄国未来在远东和阿穆尔地区的"领土收集"起了关键的作用。一个是哥萨克瓦西里·波雅尔科夫,另一个是叶罗费·哈巴罗夫。1643—1645年,波雅尔科夫率队进入了阿穆尔河流域及其支流泽雅河流域。1649—1653年,哈巴罗夫率领一支队伍到达阿穆尔河,顺流而下,直到河的下游。与所有西来的"拓荒者"一样,哈巴罗夫沿途使用侵入、暴力手段令当地居民屈服于俄国,因此他在当地居民中恶名昭著。哈巴罗夫沿途建立起一系列的岗楼哨所,其中包括后来以他的名字命名的"哈巴罗夫斯克(伯力)哨所"(1893年,后该哨所扩建为城镇,仍名为"哈巴罗夫斯克")。

这些"拓荒者"对西伯利亚的征服得到了沙皇朝廷的大力支持。这些人同时是大皮毛商,他们一方面令土著居民交纳"雅萨克",一方面把部分贡金上交给沙皇。西伯利亚的皮毛买卖盛兴一时,成为沙皇朝廷的重要收入来源。而"拓荒者"带给沙皇的另一个财源就是这些人须臾不可离开的伏特加酒,随着"雅萨克"的增多和皮毛交易的扩大,酿酒者和小酒馆也遍地出现。

罗曼诺夫王朝的第一代沙皇米哈伊尔虽也独自亲政11年,但并未能摆脱父亲费拉列特给他固定好的统治模式。与波兰的争斗、邻国的侵扰、国内财源的不足和社会的动荡不安都使这位本来就很虚弱的沙皇难以承受。1645年7月12日,他死于突发心脏病。皇位传给了他唯一的儿子阿列克谢·米哈伊洛维奇(1645—1676年在位),是为"罗曼诺夫二世",他这时也是16岁。

沙皇阿列克谢的朝政由抚养他成长的大贵族鲍利斯·莫罗佐夫把持。衙门里的所有重要职务都被莫罗佐夫的亲戚和支持者所占据。莫罗佐夫本人就身兼国库、射击军和外事三衙门的大权。裙带之风导致贪污盛行、官僚衙门胡作非为,国库也十分的拮据。1646年3月18日,沙皇下令实行盐和烟草的垄断,征收盐的特别税。刹那间,盐价飞涨,盐成为普通人的奢侈品。这激起了莫斯科民众的不满,他们拦住阿列克谢的皇驾告状,要求惩处莫罗佐夫及其支持者,但他们遭到莫罗佐夫支持者的暴打。于是,莫斯科民众爆发了"盐暴动",他们处死了莫罗佐夫的两名亲信,包围了克里姆林宫,要求沙皇阿列克谢惩治莫罗佐夫。阿列克谢来到了红场,向暴动者说,作恶者已经受到必要的惩处,但请求民众放过莫罗佐夫。他哭着鼻子说:"他对我来说,就是第二个父亲,他培养了我,教育了我。"人们被沙皇的眼泪所感动,高喊起来:"伟大的君主万岁!上帝和沙皇看着办吧,就这样吧!"

在莫斯科的"盐暴动"之后,在一系列城市都因为税的问题骚动四起。到了1653年,沙皇不得不将名目众多的赋税改为统一税。但是,骚动并没有因此而停息下来,所以人们在史书上把沙皇阿列克谢的统治时期称为"暴动时代"。

在动乱的形势中,朝廷于1648年开始修编法典。1649年1月,地方贵族代表会议通过了新法典。这一新法典最重要之处,就是它以法律条文使沙皇专制君主政体合法化,一系列条款都是为了捍卫"君主的荣誉和健康"以及沙皇政权。反对沙皇的"罪恶阴谋"和对此知情不报者都将被处以死刑。新法典还鼓励知情者向管辖的机构告密。法典规定,农民世代依附于他们所生活的土地,地主对于逃跑的和被抢走的农民有无限期的搜捕权。商镇居民也不得从所居住的商镇逃跑,违反者将处以鞭刑并流放西伯利亚。东正教作为君主专制思想、精神和道德支柱,受到专制君主的特别保护,任何对东正教信仰和教规的叛离都将受到在火柴堆上被烧死的酷刑。与此同时,新法典限制教会拥有和利用土地的特权,将原本属修道院和贵族的一些世袭领地及其居民交由国家管理,为此规定成立管理这些领地事务的"世俗修道院衙门"。总之,1649年的法典满足了专制君主沙皇和大贵族的利益,集中并强化了封建土地关系,从法律上开始了其后在俄国延续了200年的农奴制。

第七节　赫梅里尼茨基臣服莫斯科，尼康改革与拉辛起义

到了17世纪30—40年代,此时的波兰和立陶宛大公国联合组成了新的"共和国",其势力在莫斯科国家西部和西南部的"白俄罗斯"和"小俄罗斯"持续增强。其实力增强的主要原因是经济的快速发展,这个"共和国"采取了一项新政策:吸引大批的犹太人来波兰定居。犹太人的到来给波兰带来了钱财、资金和经济发展的机遇。犹太人也成了波兰大贵族的心腹,帮主人管理钱财、收税、保证庄园的秩序以及对农奴和下层哥萨克的监管。而在莫斯科,这个国家则仍然以"莫斯科国"(Москвия)名称存世,其实力还难于与波兰争锋较量,但两国在宗教信仰上却是相向而立的。

正当莫斯科国的东正教深入发展时,与它世代为仇恨和边界而战争不断的波兰,多数人(包括大贵族、庄园主、官员)信奉的却是天主教,信奉东正教的大多是哥萨克、农民和手工匠人。这些地区的贵族在政治上依附于波兰的趋势逐渐强化,与此同时,在信仰上便由东正教转为天主教。在这种政治和信仰的双重转向中,集聚哥萨克人最多的"小俄罗斯",即位于莫斯科国第聂伯河右岸、紧邻波兰西部边界的地区受到的冲击最大。在波兰的庇护下,小俄罗斯的贵族愈来愈得益,他们对农奴的剥削愈益深重,而在赋税和劳役压榨下的农民和日渐被管束而失去自由的哥萨克就感到不满、骚动,甚至起义。

鲍格丹·赫梅里尼茨基的祖居之地是波兰境内的齐吉林,他家有小庄园,他不是下层的哥萨克,而是哥萨克的百人长。他效忠波兰国王,长期在波兰军队服役,曾率哥萨克队伍洗劫到君士坦丁堡城下,后又到扎波罗热地区驻扎过一段时间,与那里的哥萨克建立了关系。他曾因家事、土地等事与波兰大贵族发生争执,结果是家破亲亡,虽数次向波兰国王申诉,但均被拒绝,并且还被波兰当局下令追捕。与此同时,波兰当局下令削减由官方供养的哥萨克士兵的人数和薪俸,赫梅里尼茨基随即奋起抗争,为避免被波兰当局捉拿,他由齐吉林向南逃跑。1647年底,他在波兰当局追捕下,逃到扎波罗热谢奇。

扎波罗热地区是荒野草原,一直以来是来自波兰和莫斯科国农奴逃亡的归宿之地。逃亡者在这水草之地,无法农耕,只能靠渔猎和买卖为生,在这几

乎是天高皇帝远的地区生存下来,称自己是"不受管辖的自由人"——哥萨克。扎波罗热原本是第聂伯河中一个岛上的要塞,是依附于波兰的小贵族建造的,目的是防止克里米亚汗国的人对波兰边界的侵犯,而要塞中的士兵就是扎波罗热的哥萨克。在 17 世纪的中期,扎波罗热虽然远离华沙和莫斯科,但是靠近克里米亚,因此这里的哥萨克常受克里米亚汗国军队的侵袭、掠夺,有时还被抢为奴。扎波罗热人就武装自保,形成了半军事化的居民点,其领导人被称为"盖特曼"。

1648 年,赫梅里尼茨基成为扎波罗热哥萨克军的盖特曼。但此时的赫梅里尼茨基为了与波兰抗争,却在同时寻求瑞典、莫斯科国、克里米亚汗国和土耳其人的保护。1648 年 6 月 8 日,赫梅里尼茨基曾从驻扎地切尔卡斯给沙皇阿列克谢·米哈伊洛维奇写过一封信,信中详细讲述了他与波兰军队作战的战果和艰难处境,请求沙皇的帮助:"我和全部扎波罗热军队准备为您,至高无上的沙皇效劳。"但是,沙皇没有给他回信,对赫梅里尼茨基的呼吁一直犹豫不决。因为力量的不足,他不敢轻易与波兰为此事争夺和开战。沙皇只是用黄金珍宝和皮毛来收买扎波罗热哥萨克,并封赐他们贵族和大公的称号,并在暗中唆使赫梅里尼茨基与波兰抗争。而克里米亚汗国及其臣属的土耳其人也采取了几乎同样的暗中支持、等待机会的政策:用黄金、珠宝和各种尊贵的称号来收买哥萨克。

在左右难决的情况下,赫梅里尼茨基选择了向扎波罗热谢奇南部的近邻——克里米亚汗国求助。在克里米亚汗军队的帮助下,他接连几仗打败了来捉拿自己的波兰军队,并在 1648 年的东正教圣诞节前率军进入了基辅。这一年,波兰国王瓦迪斯瓦夫去世,新国王卡基米尔当权。1649 年的夏天,波兰国王和赫梅里尼茨基以及克里米亚汗讲和。除了给克里米亚汗大量的钱财外,波兰国王同意扩大哥萨克军队的名额,取消一切限制,并将基辅、布拉茨拉瓦和

基辅城中的赫梅里尼茨基雕像

赫梅里尼茨基进入基辅

切尔尼戈夫省交由赫梅里尼茨基管理,于是在波兰管辖下出现了一个新的行政区——"盖特曼区"或"哥萨克军区"。结果是赫梅里尼茨基宣誓效忠波兰国王。但是,这样的讲和条件也只是纸上的,赫梅里尼茨基和扎波罗热哥萨克并没有因为宣誓效忠波兰国王而得到波兰的保护。

1648年至1653年秋,赫梅里尼茨基经过与克里米亚鞑靼人反反复复的联合与反目,屡经失败,处境更为艰难了。1653年4月,在波兰、土耳其人及其控制下的克里米亚汗国和莫斯科国两方之间,赫梅里尼茨基再次转向莫斯科。他派遣密使到莫斯科,向沙皇阿列克谢表示愿意归顺,祈求保护。5月底,莫斯科贵族代表会议在讨论是否接纳扎波罗热军的问题后表态:"所有官员和各阶层人士一致表示接纳切尔卡斯。"但是,沙皇阿列克谢没有马上采取行动。9月,土耳其人的苏丹对赫梅里尼茨基施加强大压力,要他归降土耳其人。赫梅里尼茨基再次向莫斯科派出使者,祈求沙皇速派军队到基辅及其他城市来。直到10月1日,莫斯科贵族代表会议才最终作出接纳赫梅里尼茨基以及扎波罗热军归顺莫斯科的决定。那一天,沙皇在十字架、圣像和圣幡队伍的护送下,从红场上的瓦西里大教堂来到贵族代表会议的会场。沙皇签署了这一决定:"全罗斯的大国君、沙皇、大公阿列克谢·米哈伊洛维奇准予接纳盖特曼鲍格丹·赫梅里尼茨基以及全部扎波罗热军,连同他们的城市和土地归顺于自己高贵的国君管辖之下。"这次会议通过的另一份决定是对波兰的警告:要求波兰立即从扎波罗热撤出自己的军队,如果拒绝,莫斯科将派遣自己的军队去保卫扎波罗热。

1654年1月,赫梅里尼茨基和扎波罗热哥萨克的一批首领在佩列亚斯拉夫里(今乌克兰波尔塔瓦州,也称佩列亚斯拉夫里—赫梅里尼茨基)的圣母升天大教堂向沙皇宣誓效忠:"永远做沙皇陛下及其继承人的臣民。"其后,基辅、涅任、切尔尼戈夫、白采尔科维、卡涅夫、切尔卡斯和普利卢克等城市以及扎波罗热军的一些村庄也举行了类似的宣誓效忠。总计有扎波罗热军管辖下的一百六十六城宣誓了效忠。在宣誓效忠之后,1654年3月,赫梅里尼茨基"俯身叩首"向沙皇呈文,完整地陈述了效忠的条件。其中所反复强调的是:要求沙皇确认"在扎波罗热军中世代存在的权利和自由","扎波罗热军要永远满员60 000人","保留盖特曼,盖特曼由扎波罗热军自己选出","哥萨克的财产,包括所有的土地和财产不得没收并且子女可以继承",等等。总之,赫梅里尼茨基的这封呈文向沙皇表明了,即使现在扎波罗热哥萨克愿意臣属于莫斯科,但哥萨克绝不会放弃自古拥有的权利和自由。第十六条中有句话说得十分明白:"谁是哥萨克,谁就将有哥萨克的自由。"

在表明愿意效忠莫斯科的时候,赫梅里尼茨基并没有绝对地反对波兰。他在呈文中写道:"无论是信仰,还是我们的自由,波兰国王均没有加以迫害。我们,所有等级的人,始终有我们的自由,也正是因此我们才忠诚地效劳过,而现在当我们的自由遭到侵犯时,我们才需要归顺至您沙皇陛下尊贵的铁腕之下,通过我们的使节向您恳请。"

在制定了1649年法典后,阿列克谢沙皇决定改革东正教会,进一步加强和巩固君主专制。1652年7月,在大牧首约瑟夫死后,已经成为阿列克谢沙皇私人顾问和密友的修士大司祭尼康被选为大牧首。尼康是个要使俄国成为世界东正教中心,即"使莫斯科成为第三罗马"信念的狂热拥护者,并且期望能够集中全俄国的教权,且使教权凌驾于皇权之上。

1652年8月,尼康开始进行俄国历史上的第一次禁酒运动。修订经书,没收和销毁未经教会审订的圣像,赶走非东正教徒的外国人。尼康还坚决要求教徒们按照基辅-希腊方式来进行宗教仪式:将两个指头画十字的做法改为三个指头,改两次诵读"阿利路亚"为三次,等等。尼康改革的核心就是使俄国的东正教希腊化,这对于欲将小俄罗斯(乌克兰)、白俄罗斯归为俄罗斯掌控的沙皇专制政权是极为有利的,因此他得到了沙皇和教会的全力支持。

尼康认为按照各个民族的习俗进行宗教仪式将妨碍莫斯科成为全世界东正教中心的大业。通过这种改革,尼康把自己塑造成一位绝对正确、作出丰功伟绩、能创造奇迹的"圣父",他的权威应等同甚至要高于沙皇的皇权。尼康甚至觊觎如同费拉列特那样的"大国君"地位。1658年夏,沙皇阿列克谢开始疏远尼康,写信给尼康,命令他不得再使用"大国君"的称号。尼康示威性地离开莫斯科,但是没有放弃大牧首的教职,这种状况延续了8年之久。1666年,沙皇阿列克谢召开新的教会会议,承认尼康的改革是必要的,并且要将俄国东正教教会的改革继续下去，但会议对尼康本人作出了最后裁决：因擅离教职他被剥夺了大牧首的职位，并被发配至莫斯科西北沃洛格达城的一处修道院。会议选举三圣修道院的修士大司祭约瑟夫为大牧首。后来，尼康在罗曼诺夫第三代沙皇——费奥多尔时死于雅罗斯拉夫尔附近的一处修道院。

尼康本人的最后结局是不幸的，但他的改革毕竟为罗曼诺夫王朝的君主专制制度的巩固和发展尽了力，而且尼康所制定和规范的教会礼仪被官方教会继承至今。尼康改革的一个最大问题是，它造成了俄国东正教严重的和几乎是永久的分裂。反对尼康改革的是那些"古老礼仪捍卫派"的教徒，他们一直坚持反对尼康的改革。1656年，尼康利用权势将坚决的反对派大司祭阿瓦库姆流放至西伯利亚、大司祭涅罗诺夫流放至北部的索洛维茨岛。1667年，东正教会将被称为"分裂派"的"古老礼仪捍卫派"教徒逐出教门，他们的领导人受到严酷的惩罚。根据教会会议的决定，1682年4月12日，大司祭阿瓦库姆和他三名支持者被绑在柱子上烧死。但是，"古老礼仪捍卫派"一直没有屈服，并一直与正统的教会派对抗，官方教会派也一直拒不承认"古老礼仪捍卫派"的存在。

1649年的法典和尼康改革强化了罗曼诺夫王朝的君主专制，同时强化了对处于农奴地位的农民和城镇民众尤其是手工匠人的压迫。加上持续不断的战争，无数的居民被征召入伍上前线，国内各种矛盾激化，国库到了发不出军饷的地步，俄国面临新的危机。1654年，沙皇朝廷发行铜币以代替银币，但是铜币发行量极为庞大，加上伪造的铜币数量的激增和流通，导致卢布贬值，物价昂贵。靠薪俸过日子的射击军士兵等军人深受其害，手工匠人和小买卖人也被波及。1662年7月25日，莫斯科市民开始行动，要求沙皇惩罚发行铜币的大臣和贵族。他们一边向沙皇阿列克谢请愿，要求讨个说法，一边在莫斯科放火烧毁了一些贵族和富商的庭院。由3 000射击军和士兵组成的队伍最终镇压了这次"铜币暴动"，约有1 000人被杀死，100人被沉入河中，150人被处以绞刑。但是，沙皇朝廷不得不在1663年停止铸造铜币。

南部地区的哥萨克和逃亡农奴的起义持续不断。斯捷潘·拉辛领导的哥萨克和伏尔加河沿岸各族人民的起义是规模最大的一次。1667年，拉辛带领一支千人的哥萨克队伍，沿伏尔加河去讨生活。10月，拉辛在阿斯特拉罕打了胜仗后回到顿河地区，得到贫苦哥萨克和逃亡农奴的欢呼。拉辛率军

再次沿伏尔加河北上，沿途的各族人民，摩尔多瓦人、鞑靼人、楚瓦什人都纷纷加入他的队伍。三年中，拉辛的军队在伏尔加河沿岸袭击了许多庄园和要塞，又转战里海地区，获得了辉煌的胜利。1669年8月25日，拉辛率军回到阿斯特拉罕，在这里休整了10天，大散钱财，随后返回顿河地区，在一个叫卡加里尼克的小岛上构筑土城堡，试图过一种安宁的生活。

但是，沙皇没有放过他，派大军和使臣来招安拉辛。1670年4月1日，拉辛带领自己的随从来到使臣所在的切尔卡斯。他问使臣："谁派你到顿河来的？是沙皇还是波雅尔？"使臣回答说是沙皇派他来的，还带来了沙皇的宽大仁慈的诏书。拉辛一听怒骂道："你胡扯！你是密探！"当即杀死使臣，把他抛进河中。

斯捷潘·拉辛

斯捷潘·拉辛上刑场1

拉辛随即率军顺伏尔加河而下，攻下察里津后，转战到阿斯特拉罕城下。守城的军政长官竭尽一切力量保卫城池，但在拉辛军队的攻打和城里射击手不断倒向农民军的情况下，阿斯特拉罕最后在6月23日被农民军攻破。拉辛进城后就驻扎在"克里姆林"里，在这里建立了自己的政权机构。将近一个月后(7月20日)，拉辛率军北上，试图溯伏尔加河而上，直捣莫斯科。夏天，拉辛的军队进入萨拉托夫后，受到了当地人的热烈欢迎，穷苦人把他看作自己的解放者、对富人进行公正惩罚的执法者。拉辛在城里休整了几天后，就率领一支两万人的哥萨克军队北上去攻打辛比尔斯克。但在辛比尔斯克城下，

斯捷潘·拉辛上刑场 2

他的散漫的、仅靠马刀作战的农民军被训练有素和装备精良的沙皇特派军队所击溃。拉辛逃往自己的土城堡——卡加里尼克小岛,但被叛徒出卖后被捕,后被送到莫斯科,先被关押在近郊谢尔基耶夫镇的"三位一体教堂"里,后在红场上被凌迟处死。

但拉辛的战友在阿斯特拉罕的"克里姆林"里继续执政,积蓄力量,准备再起。他们的新领袖费奥多尔·舍卢加克严惩了"克里姆林"中原来的执政者和贵族,起义者还杀死了"克里姆林"中的都主教。农民起义军在这座坚固的石头城堡里一直坚持到 1671 年 11 月,舍卢加克甚至率军北上,再走斯捷潘·拉辛之路。结果他们也全都失败了,只有阿斯特拉罕的石头城铭记了他们的豪举和壮烈。在俄罗斯的历史上,农民军的兴亡都是和母亲河——伏尔加河联系在一起的,所以在这一带的民谣就是把伏尔加河和斯捷潘·拉辛放在一起来赞颂的。一首民谣这样唱道:

> 哦,沿着母亲河伏尔加河,这条宽阔的河,
> 哦,母亲河是条深深的河,大家都溯河而上哟,
> 哦,一条平底木船逐浪而来,
> 它在河上轻快地飞驰,一处也不停留。
> 哦,在那木船上升起了一桅白帆,
> 升起了白帆,它白得如丝绸一般。
> 在木船上是我们的斯捷潘,首领阿塔曼,
> 还有棒小伙子们簇拥在他身边。

第八节 又一个费奥多尔沙皇,罗曼诺夫王朝第一阶段的结束

1676 年,沙皇阿列克谢去世后,皇位传给了儿子费奥多尔·阿列克谢耶维奇(与罗曼诺夫第一代沙皇费奥多尔同名),这时费奥多尔 15 岁。他的母

亲是沙皇阿列克谢的第一任妻子,是米洛斯拉夫斯基家族的玛丽娅。玛丽娅生了十三个子女,费奥多尔是老三,索菲娅是老六,再下面是弟弟伊凡。沙皇阿列克谢的长子和次子早亡,所以,费奥多尔就幸运地成了皇位继承人。玛丽娅死后,沙皇阿列克谢于1670年再婚,娶纳雷什金家族的纳塔利娅为妻。1672年5月30日,纳塔利娅生下一子,名彼得,即未来的彼得大帝。

费奥多尔在当沙皇期间,在实际掌握政权的米洛斯拉夫斯基大公和将军们以及大牧首约阿基姆的影响下,对国家机构、管理体制、人口和税收等采取了一系列措施。1679年,费奥多尔为改变税制,进行人口普查。不再以"索哈"为计税单位,代之以"农户"。"索哈"是一种具有变数的以劳动力数量为准的课税单位,而农户则是相对固定的计税单位。税制的改变促进了农民对新土地的开发,耕地数量扩大了,但税额不增加。耕地的增加、农业的恢复与发展,大大增强了大封建主土地所有制的力量。在此期间,俄国封建主平均每人拥有520个农户,而四个最大的封建主——罗曼诺夫家族、谢列梅捷夫家族、切尔卡斯基家族和帕扎尔斯基家族就分别拥有1 000至3 000个农户。莫斯科近郊的谢尔基三圣修道院和北部沃洛格达附近的基里洛夫-别洛焦尔斯克修道院成了俄国最大的东正教领地庄园。

1682年1月,门阀制度被取消。旧有的职官名录被取消,代之以"贵族家谱"。米洛斯拉夫斯基家族(包括此时已经25岁的索菲娅公主)希冀按照高贵的、声名显赫的家族来封官。贵族们还制订了一个将俄国划分为几个"大区"的计划,按照这个计划,将有莫斯科区、弗拉基米尔区、诺夫哥罗德区、喀山区、阿斯特拉罕区、西伯利亚区等,又设立"高贵大臣"制,统领地区的事务。费奥多尔同时还计划实行官阶和军阶的分级制度。但是,这一计划遭到了大牧首约阿基姆的质疑,他认为这一计划将会导致俄国的再度分裂和混乱。尽管如此,"高贵大臣"制为以后的沙皇,尤其是彼得大帝的改革提供了基础。

费奥多尔还大量修建城市。在俄国(不包括乌克兰和西伯利亚),已经有了250个城市,大城市约有15个。城市人口激增,莫斯科的人数达到了约27万人。城市手工业兴起,诺夫哥罗德、普斯科夫、斯摩棱斯克、雅罗斯拉夫尔、科斯特罗马、沃洛格达、下诺夫哥罗德和卡卢加成为制亚麻和制铁的中心,土拉-谢尔普霍夫等地区成为制铁中心,沿海地区成为产盐区,伏尔加河沿岸成为产粮区。

1676—1681年,俄国与土耳其人进行了一场战争,其目的是争夺第聂伯河左岸的乌克兰,即东部乌克兰。土耳其人的军队虽然最终攻下了左岸的城堡奇基林,但未能粉碎俄军的进攻。俄土双方于 1681 年 1 月 13 日签订了为期 20 年的停战协定。土耳其人和克里米亚汗国承认东部乌克兰和基辅归俄国,基辅的南部和西部地区归土耳其人和第聂伯河右岸乌克兰首领。俄国与波兰、瑞典的关系没有发生实质性的变化。在没有夺得波罗的海出海口和南方出海口的情况下,俄国加强了对西伯利亚以东地区的推进,其势力达到了涅尔琴斯克(尼布楚)和阿尔巴津(雅克萨)一带。

费奥多尔身体瘦弱,又得了白血病,在位六年,于 1682 年 21 岁时去世。他没有子嗣,留下了一个为皇位继承人进行残酷争夺的艰难时期。而在这场新的争夺中,沙皇阿列克谢两位皇后的家族——米洛斯拉夫斯基家族和纳雷什金家族的斗争造就了一个傀儡沙皇伊凡、一个强大的摄政者索菲娅、一个崛起的新沙皇彼得·阿列克谢耶维奇。

第九节　罗曼诺夫王朝初期文化艺术的勃兴

经过三代沙皇的统治,俄国的君主专制获得迅速发展,国家的经济实力也大幅度增强。沙皇及其宫廷生活也就愈来愈奢华,建筑的恢宏、雕饰的精美、器物的珍贵,在阿列克谢沙皇时期表现得尤为突出。

自伊凡三世起,作为专制君主象征的莫斯科克里姆林宫就没有停止过建造。而在 1624 年,按照费拉列特长老的命令,克里姆林宫里建造起了钟楼建筑群。他将俄国各地和各公国前首府的大钟都集中到了这里,作为联合起来的俄国、君主专制俄国的象征。大理石宫、大天使教堂和报喜教堂都在这一时期修建完善,整个教堂广场建筑群严谨而恢宏,圣母升天大教堂和伊凡雷帝钟楼成为全部建筑的中心。为了君主专制的需要,随着各种衙门的相继设立,1675 年开始在克里姆林宫中建造衙门大厦,在长 142 米、宽 27 米的建筑带上有使节衙门、职官衙门、大国库衙门、诺夫哥罗德衙门、领地衙门、喀山衙门和射击军衙门。

克里姆林宫四周的建筑——中国城早在 1534 年开始建造了,1538 年,中国城的城墙建成。而在 1668 年,开始对中国城进行大规模的增建工程,1680 年,中国城的旧城门被撤掉,在宣谕台前树立起了米宁和帕扎尔斯基的纪念像并建造了三圣广场;而在另一头,在建成了敬奉喀山圣母像大教堂后,又在该教堂前建起了美丽广场。为了能让沙皇从三圣广场来到美丽广场和进行宗教游行,两个广场之间铺了一条很宽的木板路。于是,这两个广场就连在了一起。从 1662 年起,这两个广场就统称为"美丽广场"(在古俄语中,"美丽"和"红色"是相同的词,后就逐渐演变成"红色的广场"——"红场")。

庄园建造代替了规模宏大的教堂建造,一座又一座沿莫斯科的三条主要河流——莫斯科河、雅乌泽河和塞图尼河建造的皇家和贵族庄园拔地而起。在这些庄园里,河流和池塘的近旁耸立着神话般的宫殿、修道院、沙皇村和普通的农舍,与周围的环境和景色融为一体。这些庄园建筑不仅有着与莫斯科克里姆林宫一样的辉煌和质感,而且从庄园的每个角落都能远眺莫斯科城。1667 年春天,沙皇阿列克谢下令建造一座新的皇宫,地址就选在莫斯科郊区莫斯科河南岸的科洛门斯科伊村。这是一个融合了古罗斯风格和西方建筑式样的木建筑群。为了纪念喀山和阿斯特拉罕并入俄国 100 周年,在这新皇宫里建造了喀山圣母石教堂,还建起了白色的耶稣升天教堂和斯帕斯克门。作为郊外最大的皇宫,沙皇阿列克谢经常驻跸在这里,甚至未来的彼得大帝也是在这里出生的。18 世纪的俄国作家苏马罗科夫写过这样的诗句:"俄国的伯利恒,科洛门斯科伊村,彼得大帝就在这里诞生!"沙皇在这里接见外国使节,使节们在前一天要住在河对岸的帐篷中等候,接见当天,使节们乘船过来,登岸后要迈上高高的台阶,经过耶稣升天教堂,穿过斯帕斯克门,去觐见沙皇。这套仪式具有很强的象征意义,它体现了作为君主专制沙皇的威严——傲视群雄、君临天下和不可侵犯。由于木建筑群的样式浩繁、装饰新颖且别出心裁,科洛门斯科伊皇宫建筑群标志着俄国的木建筑艺术发展到了一个高峰,因而被称为俄国木建筑形式和样式的"百科全书"。

莫斯科东北部、雅乌泽河一条支流旁的伊兹梅洛沃宫则是皇家庄园的另一种形式。宫区内有大面积的花园、菜园、耕地、磨坊及各种作坊。在池塘、灌木丛和树林中,饲养了大量珍奇的飞禽走兽。茂密的林木和宽阔的草地间,深沟纵横,成了野兽分群而居的理想场所。伊兹梅洛沃实际上成了君主专制下封建经济的一个领地缩影,在这个经济圈里,俄罗斯本土的文化和外来的文化交融在一起并一同进化,那些装有荷兰自鸣钟的城堡、栽种有引进玫瑰花的花园和饲养有奇禽异兽的动物场地使伊兹梅洛沃皇家庄园独领风骚。

贵族大臣们也纷纷仿效,建立起自己的私家庄园。其中,帕扎尔斯基庄园、纳雷什金庄园最有代表性。这些私家庄园除了模仿皇家庄园宫殿的雄伟与豪华外,还花很大力气建造小教堂。在这些教堂的建筑中,使用了圆顶、葱头形顶、盾形装饰、白石和红砖交替的构造、木雕和石雕以及内部壁画,这一切形成了一种新的建筑风格——"雕饰风格"。这种融合了俄罗斯风格和西欧风格的建筑样式开创了俄罗斯建筑的新篇章,被称为"俄国巴洛克"。由于它最早出现于纳雷什金家族庄园的建造之中,因而也被称为"纳雷什金巴洛克"。庄园中的壁画盛极一时,圣像画具有美感和现实感,日常生活、历史和现实中的人物成为画家笔下常见的形象。沙皇、大臣、圣徒的肖像画以及大型的宗教壁画开始出现。俄国的圣像画和宗教壁画开始摆脱严格的宗教教义和传统画法的束缚,各地区的圣像画派陆续出现。

沙皇阿列克谢非常喜欢戏剧,尤其是喜剧,常在自己的宫廷里观看演出,一看就是几个小时。当时的戏剧主要是由诗人和戏剧家西梅翁·波洛茨基根据《圣经》故事编写的。1673年,上演了由德国人排练的芭蕾舞剧《俄耳甫斯和欧律狄克》。沙皇的近臣马特维耶夫在莫斯科近郊的德国镇挑选年轻的德国人来学习演戏,以满足沙皇的爱好。

费奥多尔·阿列克谢耶维奇沙皇是位崇尚西方(欧洲)文化和生活方式的君主。他自己喜欢穿欧洲风格的男长衣,还下令宫廷中的人也要穿。他还喜欢不断地变换服装、刮胡子,要人们学习波兰语。在那时,对俄国人来说,波兰语是了解欧洲文化的重要工具。他的这些"新政"也是他教养弟妹们的重要内容,而他作为彼得的教父,这种爱好无形中对彼得产生了很大的影响。彼得当政后,在大规模实施"欧化"新政时,曾提到过费奥多尔的这种最早的"欧化"措施。

罗曼诺夫王朝的前三代沙皇统治时期是俄国文化艺术得到蓬勃发展的时期,它体现了新确立的君主专制政体治理下俄国的复兴和发展。

作者点评

伊凡四世之后,建立了中央集权的俄国很快就分崩离析,进入了一个混乱时期。这与世界历史上出现过的一些现象极为相似,即一代帝王以武力征服了周边世界、集许多领土于一体,随即就是内战频起,征战得来的政权在第二代或第三代帝王手中就无可挽回地失去了。伊凡四世所建立的王朝就面临了这样的命运。从伊凡四世的得天下来说,莫斯科公国在雄踞一方之际,却也有着几个先天不足。一是伊凡四世是靠征战和杀伐统一天下的,对于所兼并的土地和民族,暴力甚于怀柔、高压大于融合。只要统治者的威严和君权不再,收集起的国土就易失,而一旦威严和君权不再,四分五裂的局面就必然出现。二是随着国土的大规模"收集"、号令行使天下，财富必然骤然增长。激增的财富可使帝王过起奢华的生活、建立起强大的军队和执政机构，但也必然会使掌握和使用财富的人迅速失去自制力和自我判断力，在自认为一统盛世的局面下成为权力和财富的俘虏，并进而失去权力和财富。三是征战杀伐的君王难以有机会考虑如何去治理一统的天下、如何使新收集来的土地国泰民安，更不能使未来的帝王对此有充分的认识和充足的准备。四是一统天下的帝王都不愿或者来不及去考虑，在他之后该有一个怎样的帝王。开国的帝王最担心的是自己的权力和皇位可以持续多久，因此他们在追求自己长生的同时，总是怀疑他人的不忠和叛变，甚至因为这种怀疑，可以大开杀戒。在所有这些方面，伊凡四世也没有能摆脱这可怕的宿命。所以，在伊凡四世之后，接替他的帝王们就逐渐弱势，失却了对国家的控制力，最终失去王位，而俄国也就进入一个混乱时期，最后不得不改朝换代。

罗曼诺夫王朝的建立虽然具有很大的偶然性，但这种偶然性中却也蕴藏着一种必然性，那就是在俄国这样一个靠"收集国土"而建立起来的国家，没有一个比中央集权更强大的政权，没有一个话不言二、行不修正的高度集权的君主，是无法获得发展甚至存在的。

随着罗曼诺夫王朝的建立而确立起的君主专制是俄国历史发展进程中的一大进步。没有这种君主专制，没有实行这种绝对专权的君主，俄国不可能结束混乱时代，不可能走上发展的道路。君主专制一方面保证了沙皇的绝对统治权力，维护了执政的大贵族和大封建主的利益，使国家有了东正教这样一种宗教作为国家和民族的统一的思想基础，并进而使国家权力、帝王权力与宗教的威严及力量相结合，成为推动俄国历史向前发展的主动力。但在另一方面，君主专制也开始了制造君主和民众、皇权和民权、皇权和教权之间分裂的过程。

罗曼诺夫王朝前三代沙皇的统治过程显示了君主专制的历史功绩，也暴露出了迟早有一天它会反历史而动的恶性。君主专制是一把双刃剑，一刃捍卫的是沙皇、君主政体，另一刃丧失的是民意、民权和民生。不过，在罗曼诺夫王朝的第一阶段，这双刃剑还远没有显示出它的双刃作用来。

第七章

彼得一世：为海洋和更多的生存空间而战

第一节　姐弟相争：彼得和索菲娅

　　1682年4月27日，在第三代沙皇费奥多尔驾崩之后，俄国宫廷里为争夺皇位的新一轮斗争又迅速掀起。费奥多尔无嗣，按照皇位继承法，应由其胞弟伊凡当沙皇。但是，这种有利于米洛斯拉夫斯基家族的继承激起了纳雷什金家族的反对。纳雷什金家族和大牧首约阿基姆决定立10岁的彼得为帝。在为费奥多尔发丧的那一天，大牧首约阿基姆跑到红场上对人群说："两个王子中谁来当沙皇呀？"人群中有人喊："伊凡·阿列克谢耶维奇！"但更大的声音却是："彼得·阿列克谢耶维奇！"于是，10岁的彼得被宣布为新沙皇，由其母后纳塔利娅摄政。

　　这激怒了米洛斯拉夫斯基家族和彼得的同父异母姐姐索菲娅公主。他们要立伊凡王子为君，索菲娅公主在丧葬那一天，违反传统礼节，冲进教堂，号啕大哭，宣称费奥多尔是被他凶恶的敌人毒死的，"可怜可怜我们这些孤儿吧，我们没有了兄长，没有了母亲，没有了弟弟。我的弟弟伊凡也没有被选为沙皇。如果我们在你们或者波雅尔们面前犯有过错的话，那就把我们发放到异国他乡去，发放到基督教的国王那里去"。

　　索菲娅和米洛斯拉夫斯基家族的人准备发动政变夺取政权。1682年5月15日是季米特里王子在乌格里奇离奇死亡的忌日，他们在保卫沙皇和皇宫的射击军中散布流言——纳雷什金家的人杀死了伊凡王子，鼓动射击军起来反对彼得为沙皇。射击军冲进了克里姆林宫，杀死了支持彼得的一些大臣，声称要为伊凡王子报仇。而这时，皇后纳塔利娅一手领着伊凡，一手牵着彼得出现在克里姆林宫的台阶之上，这才阻止了射击军的进一步骚乱。纳雷什金家族采取的措施是命令射击军撤出克里姆林宫,这激怒了射击军。在索菲娅公主的支持下,射击军冲进皇宫,杀死纳雷什金家族的人及其支持者,还要求立伊凡王子为沙皇。5月26日,波雅尔杜马、大牧首和高级僧侣们宣布伊凡和彼得被并立为二帝,伊凡为第一沙皇,彼得为第二沙皇。5月29日,索菲娅被宣布为摄政(1682—1689年在位)。

彼得名为第二沙皇,但实际上徒有虚名。索菲娅将彼得母子赶到郊区的普列奥布拉任斯基皇村,下令只能允许他们偶尔到麻雀山村和科洛门斯科伊村短暂停留。这就在事实上废掉了彼得的沙皇权力,在伊凡重病缠身的情况下,索菲娅独揽朝政,成了事实上的沙皇。而这次宫廷政变和杀戮给彼得幼小的心灵留下了不灭的创伤,使他永远记住了对莫斯科宫廷的仇恨,并要为此进行报复。

彼得醉心于"军事游戏"。他在普列奥布拉任斯基皇村军事游戏中训练和组织起了两支队伍——普列奥布拉任斯基兵团和谢苗诺夫兵团。7年中,这两支游戏军团发展成了真正的军队,尤其是普列奥布拉任斯基兵团成了彼得的私人卫队,它由他的密友亚历山大·缅希科夫指挥,彼得自己也在这个兵团中当列兵,和其他士兵一起训练、放哨、构筑工事,同吃一锅饭。彼得还对各种手工艺活感兴趣,做木工活、石匠和铁匠活。乘船在雅乌泽河上航行激发起了彼得对造船业的热情。1689年,彼得17岁,已经长大成人,按照俄国宫廷的规章,彼得到了亲政的年纪。

而在索菲娅7年的摄政中,俄国在内政和外交上都蒙受了重大损失,索菲娅众叛亲离,倒向彼得的力量越来越大。但是,索菲娅并不想把权力交予彼得,彼得决意和索菲娅进行最后一场生死决斗。索菲娅发觉了彼得的动作,于是她决定再次动用射击军来清除彼得。但是,射击军里支持彼得的军官向彼得密告了索菲娅的阴谋。1689年8月8日夜,彼得乘马逃往莫斯科北部的圣谢尔基修道院,索菲娅也随即将射击军派去围困

彼得一世画像

圣谢尔基修道院,并派大牧首前去游说,但是大牧首最终倒向了彼得一边。在堂兄鲍里斯·戈利岑的协助下,彼得结集起他的两个兵团,并最终让射击军团反戈,听从他的指挥。姐弟相争的结果是索菲娅失败。

10月16日,彼得作为胜利者返回莫斯科。

第二节 "炮手彼得":从亚速海到波罗的海

彼得一世挫败了姐姐索菲娅的阴谋,开始实际掌控国家的权力之后,并没有坐享夺权后的喜悦和胜利,而是日益不安起来。他时刻感到一种危机在威胁自己,那种可能因为宫廷的新阴谋或是外族尤其是南部土耳其人和西北部瑞典人的入侵而再度失去权力和皇位的担心和恐惧,使他坐卧不宁。

1695年3月,彼得为了防范土耳其人在南方的攻击,于1695年3月发三万大军攻打亚速海西北端的亚速夫城,希冀夺得亚速夫出海口的控制权。在这场与土耳其人的战争中,俄国军队由于兵力不足,海上又没有舰队足以围困、切断土耳其人的退路,结果败北。11月下旬,彼得在率军返回莫斯科时,却宣称打了胜仗,入城时还举行了凯旋仪式。1696年1月29日,双沙皇之一的伊凡去世,彼得成为俄国唯一的沙皇,大权在握,史称彼得一世。但是,彼得对亚速夫的惨败耿耿于怀,作为以普列奥布拉任斯基兵团炮手名义参战的彼得,意识到俄国若是没有一支舰队,若是不具备海洋上的优势,就永远也成不了一个强国。而如果不能把俄国建成一个强国,他的皇位就不可能牢靠。

1695—1696年冬天,彼得在普列奥布拉任斯基城和沃龙涅什城组建舰队。在普列奥布拉任斯基城,俄国工匠们按照荷兰的大桡船制造部件,再运到沃龙涅什的船坞区组装。在不到半年的时间内,沃龙涅什就建起了一支拥有2艘战舰、4艘封锁用船和23艘大桡船的舰队。凭借这支舰队,彼得再次发兵75 000人攻打亚速夫。俄国的这第一支舰队沿顿河而下,出亚速海,将亚速夫团团围住。1696年7月19日,亚速夫投降。9月底,彼得从亚速夫返回莫斯科时,又一次举行了凯旋式,穿着荷兰上尉的制服徒步行进在队列里。波雅尔杜马随即通过了建设亚速夫舰队的两年计划,采取了强制动员措施来建造亚速夫城堡及其所在地的塔甘罗格港。为了实施这一计划,彼得派出了50名廷臣去英国、荷兰和威尼斯学习造船和管理。

尽管如此,俄国海上舰队的力量还不足以与土耳其人抗衡,整个黑海还控制在土耳其人的手里。彼得仍然忧心忡忡,渴望着有朝一日能夺得对黑海的控制权,将土耳其人制于麾下。1697年1月,俄国、奥地利和威尼斯签订了反对土耳其人的为期三年的盟约。其后,彼得为了扩大这一联盟和寻找一条俄国通向海洋之路,组织了一个庞大的使团前往西方(欧洲)。大使团由250名年轻的、忠于他的贵族成员组成。彼得化名普列奥布拉任斯基军团的炮手"彼得·米哈伊洛夫"同行。在东普鲁士,彼得学习了制炮技术。在哥本哈根,彼得接触到了上层社会的妇女和社交生活。他还在荷兰的萨尔丹造船厂干木工活。对彼得来说,最幸运的是在阿姆斯特丹的经历。他经朋友介绍进入了东印度公司的造船厂,厂里给彼得安排了一份为一艘新巡航战船置放龙骨的工作。在这里,彼得整天工作,干了两个月的木工活,高兴地被工人们称为"木匠彼得"或者"彼得师傅"。在英国,他深入了解了海军作战事务。彼得对欧洲国家的一切事务都感兴趣,并尽一切办法加以了解。他参观学校、工厂、医院、天文台,甚至出席过英国的议会会议,回国时还请回了40名英国专家。

彼得是第一位将目光对准世界的俄国沙皇。他执政伊始所做的一切工作就是要把落后的俄国建设成为与荷兰、法国、威尼斯、普鲁士等欧洲国家一样的强国。此次出访使他更为坚信,欧洲国家之所以强大,首先是因为它们的科学发达、技术先进。当欧洲国家中石砌城堡林立,制造船只和武器的工厂大量开工,人们生存的意识开阔、自由时,俄国仍依赖手工操作,生活在土木围造的房舍和城堡里,仍封闭于自己的与世隔绝的思维与逻辑之中。一种科学技术落后会致命的意识,一种由于这种落后会覆灭于世界发展洪流之中的危机感迫使彼得要奋起摆脱困境。

1698年8月,射击军再次发动叛乱,彼得随大使团的这次游学被迫中断。

射击军被彼得发配到南部和西部边疆后,始终心怀不满,伺机报复。作为一股曾经拥有很大势力的政治力量,颠覆正在兴起和意欲进行改革的彼得成了他们最大的政治愿望。在彼得准备出国游学前,即1697年4月,一名射击军官——齐克列尔就在索菲娅和米洛斯拉夫斯基家族的支持下阴谋推翻彼得并杀死他。彼得果断地处置了这件事:将齐克列尔和支持他的贵族砍去了脑袋。1698年春,驻扎在立陶宛的部分射击军以"军饷和饲料不足"为由跑到莫斯科,并和索菲娅秘密联系。索菲娅给他们写信,呼吁他们关闭边界,阻止彼得回国,并待命准备进行反对彼得朝廷的军事行动。在索菲娅的鼓动和支持下,6月6日,射击军再起骚乱,4个团2 000名射击军开向莫斯科,要求恢复射击军的特权,请索菲娅公主当政。射击军行进到莫斯科西北方向的新耶路撒冷复活修道院附近时,被参加过第二次亚速海远征的陆军大元帅阿列克谢·舍因指挥的官军击溃。舍因下令处死了122名射击军,对140名射击军处以鞭刑。

正在维也纳的彼得闻讯迅速返回莫斯科,开始了对射击军叛乱的深入调查。结果,搜出了索菲娅给射击军的信件,确认了索菲娅支持射击军,意图废掉彼得并以新的沙皇代替他的罪行。这使彼得心中旧怨新恨齐集,决意严厉惩处索菲娅。1 000多名被押回莫斯科的射击军被严刑审讯,彼得亲自参加了审讯,结果总计799名射击军被处死。彼得还将射击军的支持者、自己的两个姐妹——索菲娅和玛尔法幽禁于莫斯科的新处女修道院中,并勒令她们永远不得与外界联系,在修道院的青灯黄卷下度过余生。新处女修道院是索菲娅敬献了许多财物扩建起来的皇家修道院,被幽禁后的索菲娅法名苏珊娜。当彼得发现,他妻子的家族对他也抱有敌对情绪时,他又采取了严厉的措施,将自己的妻子叶甫多基娅囚禁于苏兹达尔的修道院之中。1704年,索菲娅殁于修道院,葬在该院的斯摩棱斯克教堂之中。

彼得对射击军的严酷措施,虽然在全国范围内引起不小的骚乱,但为他以后的改革铺平了道路。

彼得的欧洲各国之行并没有达到和英、荷等国建立反土耳其人盟约的目的,但是毕竟此行的最大目的——对欧洲海上强国的考察已顺利完成。彼得不仅看到了一个强盛的欧洲,而且深入了解了英国和荷兰成为海上强国的途径和手段,更关键的是,彼得了解了促使英国和荷兰成为海上强国的造船业和海军的发展、组建的全部过程,洞悉了其中的细枝末节,同时他也清楚了他所统治的俄国与先进的欧洲国家之间的差距何在。

第三节 彼得一世的欧化尝试、"北方战争"以及建设圣彼得堡

结束了大使团在欧洲的访问,彼得归来后不仅倾尽全力,而且几乎是刻不容缓地将欧洲生活的一切都搬进俄国。他连续发布了一道道诏令,规定人民应该如何穿着、如何举止、如何生活。彼得下的第一道诏令就是要俄罗斯人剃掉大胡子,从而开始了一场"胡子之战"。自古以来,对罗斯和俄罗斯人

而言,蓄大胡子不仅是美的象征,而且是出身名门贵族的标志。不留大胡子被人看成是耻辱和叛逆。伊凡四世就说过,胡子是上帝赐给罗斯人的,罗斯男人若像西方男人那样剃去胡子,那就是一种不可饶恕的罪孽。胡子还是俄罗斯人忠于东正教信仰的象征。

彼得的剃胡令一出,全国哗然,连大牧首约阿基姆也谴责剃须是异教行为,下令将剃须者逐出教会。因"胡子之战"引发的骚乱此起彼伏。彼得不甘屈服,1698年8月26日,在接见贵族时,他亲自用剪子强行剪去了他们的胡子。这些人痛哭流涕,如丧考妣。1705年1月16日,彼得又下令,除神职人员和农民,所有的人都必须剃去胡须。有坚持要蓄须者,将被收取高达100卢布的税金。只有缴纳了税金者,彼得才会发给一枚"胡子证章",否则此人不得行走于街市。

彼得还让俄罗斯人穿欧洲的服装。传统上,俄罗斯上层社会的人是穿长袍的,只有农民和农奴才穿短衫。他让人缝制了标准的德国式短衫,悬挂于广场,要民众效法。彼得还亲自当众将自己的长袍剪去了一半。彼得的宠臣缅希科夫为了在家中款待彼得,邀请了自己的同僚作陪。所有的官员都拒不穿德国式短衫和剪掉胡子,缅希科夫急了,就说院门外停有大车,不从者立即流放西伯利亚。但是,所有的官员拒不从命,选择了流放西伯利亚,号啕大哭,登车而去。缅希科夫见状也目瞪口呆。可见,换衫之难不亚于"胡子之战"。彼得还要俄国人按照欧洲人那样来建造房舍、按欧洲方式装修、生活,还带头讲德语。自此时起,俄国宫廷开始了讲德语、法语的风气。

1699年12月20日,彼得颁布了关于庆祝新年的法令,规定废除俄国传统的按创世纪年的旧历法,改用英国通用的儒略历,将新年定为公历每年的1月1日。于是,1700年(俄历为7208年)成了俄国庆祝1月1日为新年的第一个年头。彼得的法令还规定在通衢大街和达官贵人的家门口"要用松树和圆柏树枝来装饰"。也就在这一年,俄国的宫廷里,为庆祝新年装饰起了第一棵枞树。

1月1日对新年的庆祝,就像俄罗斯人刮去大胡子、穿上欧洲时尚服装、街上点起街灯那样,使俄国迅猛地卷入了欧洲发展的潮流。一个新节日的确立和庆祝,在缩短俄国与世界先进国家的距离上起到了十分微妙的作用。

彼得这些"欧化"措施还与这一时期的宗教斗争密切相关。彼得大力削弱教会对君主的影响力和决策力,教会和大牧首必须听命于沙皇,皇权高于教权。在"尼康改革"时期所确立的东正教成为俄罗斯帝国唯一合法、可以从事传教活动的宗教,其他宗教、自然崇拜等都属于异教。于是,彼得就加强了对"尼康改革"前就存在并且在民间广泛传播的古老礼仪捍卫派的镇压。这种镇压一方面是为了保证正统东正教的地位,另一方面是为了向这些教徒收取重税,增加国库的收入。彼得颁布了一系列法令,限制古老礼仪捍卫派的居住地,严禁他们的传教活动,拆毁他们的教堂,将它们的石料运去建造圣彼得堡,熔化他们教堂的钟去铸造战争所需的大炮,甚至追踪和逮捕这些教徒,对隐匿他们的人也要判处苦役、死刑。在这种情况下,俄国正统东正教和古老礼仪捍卫派的分裂就进一步深化。

1700年,俄国面临瑞典人入侵的危险,为自身安全起见,彼得与土耳其人签订了和约。这时,对于彼得来说,除了黑海外,波罗的海成了他关注的又一个大目标。俄国西北部边界面对波罗的海,流入波罗的海的涅瓦河河口是一片沼泽,在这里俄国不仅没有任何防御能力,甚至都没有一块牢固的立足之地。更令彼得担心的是,王朝的首都虽在莫斯科,但在他的眼里,莫斯科是个永远要废除他的阴谋之地。于是,波罗的海和莫斯科成了彼得的两大心病。去掉这两块心病是彼得刻不容缓的事。

1700年,俄国为争夺波罗的海的出海口,与瑞典开始了长达20年的"北方战争"。彼得与丹麦和萨克森结为盟友,而瑞典的卡尔十二世也不愿放弃这片土地,与俄国的宿敌波兰结盟。这时,瑞典是欧洲一个海上强国,有一支包括步兵、骑兵和炮兵的陆军和一支炮火猛烈、能快速作战的舰队。卡尔十二世声称,他要推翻彼得,将俄国的北方土地和普斯科夫及诺夫哥罗德等俄国视为神圣的地方囊括于自己的版图之中,并将乌克兰和斯摩棱斯克划归波兰。而俄国的军队却是匆匆组编而成的几个以普列奥布拉任斯基军团为主的步兵团。在1700年2月—8月的战争中,由于欧洲局势的变化,丹麦和萨克森退出了战争,俄国只好孤军作战。9月上旬,俄国军队围困了瑞典人的纳尔瓦要塞。瑞典人趁彼得在诺夫哥罗德的机会,派舰队快速驶近纳尔瓦城下,对俄军发起猛烈攻击,俄军惨败。

彼得没有认输,决心与卡尔十二世再决雌雄。他下令召回溃逃的部队,熔化教堂的钟来铸造大炮,并且采取措施严守自诺夫哥罗德至普斯科夫一线。1702年10月,由谢列梅捷夫统领的俄国军队再次出现在涅瓦河岸被瑞典人所控制的诺特堡城下。彼得亲自参加了攻城的战斗,这次,俄国人攻下了城堡。战后,彼得将城堡改名为"什利谢里斯堡"——"钥匙之城",意即这是"通往波罗的海的钥匙"(即现在的彼得-保罗要塞)。1703年5月初,俄国军队占领了涅瓦河河口的尼恩尚茨堡。这些战斗的胜利表明,俄国军队已经夺得了波罗的海的出海口。下一步就是如何巩固这些出海口了。

1703年5月中旬,彼得在视察了涅瓦河河口的大片沼泽之地后,选定了一块叫作"兔子岛"的地方,决定要在这里建设一座城堡,一个不同于莫斯科的新首都,它要既能挡住瑞典人的入侵,又能使俄国的海军由此出发进入强国争霸的海洋。在许多记载中,有一个近乎神话的传说:当彼得要在这里为未来的城市奠基,下令在两个坑中埋下两棵细小的白桦树算作未来的城门时,突然有一只苍鹰从高空盘旋而下落在了这座"城门"上,于是所有的人都狂呼起来,高颂彼得的神圣并狂欢至深夜。而彼得也因此确信,这是上苍在向他示意:未来的城市就应该建造在这一无所有的土地之上,因为他听说,当年也是一只苍鹰向拜占庭皇帝康斯坦丁指明君士坦丁堡应该建在什么地方的。从此,苍鹰和白桦就成为俄罗斯永恒的象征。

在这一天的奠基中,彼得在坑里埋下了一个四方石匣子,匣内盛放的是圣徒安德烈·佩尔沃兹万内伊的圣骨,匣盖上刻有下述文字:"由耶稣基督点化,1703年5月16日,大君主沙皇、大公彼得·阿列克谢耶维奇,全俄罗斯的专制君主奠基帝都圣彼得堡。"

彼得心中新首都的蓝图就是坚固的城堡和意大利水城威尼斯的混合物。就防卫而言,这座城堡要像法国的巴士底监狱,而就居住而言,他要把未来的城市建造得和威尼斯一样。城堡用4个月就建起来了,土木结构的城墙高达9米,厚约20米。整个城堡呈六角形,每个角上都有棱形碉堡。在城堡的中心地区,建造了一座木结构的教堂——彼得-保罗教堂。这座教堂和俄国传统的教堂不一样,高耸的尖顶像是船的桅杆,还有那些从尖顶四周的塔楼上悬挂下来的各种信号旗,在无边际的天幕下,整个教堂就像是一艘鼓足了风帆的大船。这种构思体现了彼得争夺海洋和通过海洋向世界扩张的意识。这座教堂高耸入云,这正是彼得所骄傲的地方:他要让这座教堂高于他在欧洲土地上看到的任何建筑。早在建设过程中,彼得就不断地带领外国客人登上教堂的尖顶,让他们俯瞰兴建中的城市。但是,新城的运河和水渠挖得太狭小,最终没有能建成威尼斯那样以运河和水渠为主要道路的城市,彼得对此深感遗憾。

穿城而过的主要街道叫涅瓦大街,它是笔直的,从涅瓦河河边一直通向远处的森林。这条路线是彼得亲自画下的,其笔直的程度甚至使后来的俄罗斯语言中出现了"生活不像涅瓦大街那样平坦"的警句。沿着涅瓦河和涅瓦大街,帝皇的宫殿,贵族的府第,按照身份、等级和居民的国籍划分的居住区,造船场,以及广场花园拔地而起。所有的建筑设计工作都是聘请欧洲著名的建筑师来承担的。其中最主要的有意大利人特莱兹尼(他设计修建了彼得-保罗要塞、夏花园和朝廷的"十二部大楼"等)、法国人勒勃龙(他参与了圣彼得堡城市的建造和郊区彼得宫的设计)和意大利建筑家与雕塑家卡尔罗·拉斯特列里(老拉斯特列里)等。随着城市建设的扩大,经受不住阴霾和潮湿气候的土木结构迅速被石结构所代替。为了保证首都建设的石头供应和石匠的需求,彼得下令几年内在全国范围不得修建石头建筑。

圣彼得堡港建成后,1703年11月,从彼得留学过的荷兰萨尔丹开来了第一艘商船,船上装满了盐和葡萄酒。彼得最亲近的宠臣、圣彼得堡总督缅希科夫对这艘荷兰船大加赏赐:船长500个金币,水手每人15个银币。彼得则给予了该船一系列的新优惠,并宣布开进圣彼得堡港的第二艘、第三艘外国商船将得到奖赏。彼得将圣彼得堡建设成一个面向世界窗口的愿望开始实现。

第四节 波罗的海舰队的组建与圣彼得堡成为新都

和城市的建造同时并行的是造船场的建设。彼得一生怀念荷兰萨尔丹的造船场,所以他在新城建设伊始,就立即开工建造造船场。1704年11月,彼得在日记中写道:"造船场已经奠基,位于岛上,大家都很高兴:长200沙绳,宽100沙绳。"(1沙绳等于2.1336米)早在1703年8月,俄国的第一艘28炮的巡航战船"军旗号"就在南方下水。也正是在这一艘战船上,彼得下令挂上了用于商船上的白、蓝、红三色旗。1705年初,圣彼得堡造船场陆续有船只下水。1月20日,彼得发布诏令,要在所有的船只上悬挂白、蓝、红三色旗。从此,在波罗的海上飘扬起了标志俄国的三色旗。造船场于1705年全部建成,4个月后,18炮的炮舰下水。为此,彼得规定了舰只下水的隆重仪式:鸣礼炮,奏乐,给造船工匠发奖——每门炮奖3个银卢布。

1712年,俄国的第一艘大型公海战舰——50炮的"波尔塔瓦号"下水,这是彼得为纪念俄国于1709年在波尔塔瓦对瑞典人的胜利而命名的。到了1712年,俄国的海军船队已经有了相当的规模:有12艘战舰和8艘大桡战船。对于俄国海军力量的迅速强大,欧洲各强国十分惊慌。当时英国使节在向国内的报告中写道:"这里所造的战舰不亚于欧洲任何地方所建造的。"于是,英国国王下令要在圣彼得堡干活的工匠回国,但是,彼得盛情挽留这些工匠并极大地增加了他们的工钱。

到彼得执政的晚年,圣彼得堡造船场就成了欧洲最大的造船场之一。1725年,即彼得去世的那一年,俄国的海军已经有了名副其实的"波罗的海舰队":111艘战列舰、38艘大桡战船和大量的小型战船。所有战舰的火炮总数达到了1 500门。造船场也成了坚固的城堡和优良的码头。新城圣彼得堡从1712年起就成了拥有强大的海军舰队、港湾码头,有了彼得-保罗教堂这样恢宏建筑的新城市。他在给他的宠臣缅希科夫的信中写道,他"在圣彼得堡犹如在天堂一般"。

1708年,彼得将全家迁至圣彼得堡;1712年,他将贵族及一切朝廷机构都搬迁到了这座新城。彼得还从全国各地迁进居民来。他邀请贵族和富商要在指定地区、按照他给定的模式建造居所。贵族大臣中第一个迁进圣彼得堡的也是他的宠臣缅希科夫。彼得还让他在欧洲各国的使节邀请和雇用各种职业的工匠、建筑师和画师来圣彼得堡定居。于是,圣彼得堡成了行使俄国首都职能的新首都、北方首都。彼得终于把梦魇一般缠绕他的旧首都——他称之为"僧侣之城"的莫斯科甩在身后了。

波罗的海舰队的建立和圣彼得堡的建造使俄国发生了巨大的变化。以石材代替泥土和木材的转变飞跃性地促进了生产力的发展。石材的开发与利用促进了多种材料的开发与利用及其行业的发展。圣彼得堡一城的建造使俄国全国的发展进入了一个新阶段。这个新阶段就是俄国与欧洲国家——那些海上霸权国家的发展已处于一个同等的水平之上。所以,彼得将新城称为"圣彼得堡"并不是偶然的:"圣"者源于拉丁文,是"神圣"的意思,"彼得"者,源于希腊文,是"石头"的意思,"堡"者源于德文和荷兰文,是"城堡"的意思。因此,这个由数种文字组成的"圣彼得堡"的本意就是"神圣的石头城市"。这个名称也暗藏着彼得要通过强大的港口和舰队将俄国推向世界的本意。

彼得对宠臣和有功将士的奖赏,除了封地赐爵外,还遵循欧洲国家的制度,采用授予勋章的办法。他为此创建了俄国有史以来的第一枚勋章——圣徒安德烈·佩尔沃兹万内伊勋章(圣徒安德烈勋章),作为对有功将士的最高奖赏。此勋章以后沿用至苏维埃俄国的成立。俄罗斯联邦成立后,安德烈勋章再次成为国家的最高勋章。彼得还创造了奖赏妇女的圣苦难使徒叶卡捷琳娜勋章和奖赏文官的圣亚历山大·涅夫斯基勋章。彼得准予宠臣和贵族按照他设计的标准模式建造房舍和宫殿，准予他们在自己的居所里过欧洲标准的豪华奢侈的生活。1710年建成的缅希科夫庄园，就是彼得恩赐最典型的例子。这是一个占地面积很大，建有宫殿，布满园圃、水渠、草地和花房的建筑群。内中的主建筑——缅希科夫宫是意大利风格的石建筑，画梁雕栋，到处都有精美的雕像和喷泉。宫廷节日活动在这个宫殿里举行，达官贵人在这里举行婚礼。彼得对此十分满意，每次路过缅希科夫宫，看见那不灭的灯火、听见飞扬的音乐，总会说上一句："他们在享乐呢！"

第五节　从波尔塔瓦之战到"北方战争"结束

波尔塔瓦之战——北方战争的第一场大战

彼得一世在波尔塔瓦战场

彼得永远记得纳尔瓦战败之耻，在加速建造造船场和海军的同时，他还大力发展陆军部队。到1708年，彼得有了以炮舰为主力的舰队，常规部队的数量达到了13.5万人，几乎超过了瑞典军队的一半。而且指挥官也换上了彼得在各种军校里培养出来的军官。为了防止卡尔十二世的进攻，彼得将军队部署在从涅瓦河河口到乌克兰南部一线。从1708年夏天开始，瑞典与俄国的战事从乌克兰南部向北扩展，到1709年6月时，瑞典军队已经围困了波尔塔瓦。6月下旬，彼得亲率大军来到波尔塔瓦，他下令在阵前构筑多面碉堡，并且在里面部署大炮。6月27日拂晓，俄瑞双方在俄军阵前激战。彼得在阵前高呼:"士兵们！决定祖国命运的时刻来到了！"

在俄军多面碉堡的交叉火力下,瑞军大败:总计有 9 000 多名瑞典士兵被歼,4 000 多名被俘,连瑞典最高指挥官伦什里德元帅也被俘。只有 2 000 名残兵败将随同卡尔十二世逃往土耳其人那里。此战是俄瑞战争中的转折点,自此瑞典的步兵实际上已经不复存在,而俄国的陆海军迅速强大。到 1710 年底,俄国已经夺得并牢牢控制了波罗的海沿岸的重要港口——里加、佩罗夫和雷瓦尔,有了真正意义上的波罗的海出海口。波尔塔瓦之战后,彼得举行了庆祝胜利的午宴,他邀请了被俘的瑞典将军们赴宴。他向伦什里德祝酒说:"为教我们学习军事的老师干杯!"伦什里德问:"谁是你们的老师?"彼得回答说:"你们呀,瑞典的先生们。"伦什里德苦涩地说:"这可是学生们对老师的好报答啊!"

由于舰队的崛起,俄国的海上力量极大增强。1714 年 7 月 27 日,俄国舰队在汉古特的海上大战中,将瑞典的一支有 16 艘战列舰和 5 艘巡航战船的舰队歼灭。瑞典易主,新朝廷开始与俄国和谈。1720 年,打了 20 年的北方战争进入了决定性阶段。7 月 27 日,强大的俄国舰队登陆瑞典的格连加姆海岸,摧毁了瑞典的舰队和许多军事设施,瑞典

波尔塔瓦之战

面临兵临城下的局面。1721 年,瑞典方面同意再开和谈,8 月 30 日,俄瑞双方签订了《尼什塔特和约》,持续了 21 年之久的北方战争以俄国的胜利结束。根据《尼什塔特和约》,从维堡到里加的波罗的海沿岸,即包括卡累利阿、埃斯特兰、利夫兰以及厄塞尔岛和达哥岛在内的土地归俄国。俄方甚至在和约中宣称:"连同瑞典国王享有的一切权益和称号,毫无例外地让给沙皇陛下和俄国所有。"虽然和约规定,俄国得向瑞典支付得到波罗的海沿岸土地的 200 万瑞典克朗(150 万卢布)的款项,并要准予瑞典商人免税从里加和雷瓦尔每年运出 5 万卢布的货物,但这恰恰表明了俄国胜利国的地位。由于取得了波罗

的海沿岸的土地,俄国真正成了一个海上强国,取得了与西方海上强国同等的地位。与此同时,彼得还插手波兰事务,成了那里事实上的统治者。

约两个月后,1721年10月20日,俄国参政院尊奉彼得为"全俄国的伟大皇帝和祖国之父",俄国为"帝国"。1721年12月,威尼斯元首和参政院承认了彼得的封号和俄国帝国的地位;1725年,荷兰承认了俄国的帝国地位。1721年12月6日,彼得启用了刻有"全俄国的伟大皇帝和祖国之父"的新印章。

第六节　彼得的文化、政治、宗教与军事改革

在进行战争的同时,彼得要求按照欧洲的方式,对整个俄国的日常生活以及国家的政治管理制度和经济发展实行改革。

在民事方面,设立警察局,负责对城市社会生活的管理。警察的职责包括:监督住房的建造是否符合彼得的诏令、保持城市的清洁、灭火、保证居民的安全。按照欧洲样式,在城市街道上设置街灯,从8月到来年的4月,每天清晨都得由路灯工人来为街灯清洁和加油。开设医院,邀请欧洲的医生来诊治,生病的人都必须去治疗,一旦家中有病人,每个家庭的主人都必须立即向警察局报告。开办老人院和孤儿院。开凿运河代替陆路交通,所有的人都要去航海,以减少马匹的支出,给亲近大臣和显达人士免费发放舢板,让他们在城市里乘舢板代步。彼得还要求贵族模仿西方,在家中举办大型舞会。在这些舞会上,可以像在欧洲国家的沙龙中那样喝酒、抽烟、高谈阔论。彼得还组织翻译一本德文书《青年正派守法鉴》,其中规定要革除俄国人的传统陋习:不得像农民那样穿着靴子跳舞,不得用手帕擤鼻涕,不得抠鼻孔,不得用手擦嘴,不得舔手指,不得在吃饭时梳头,不得吧唧嘴巴,等等。所有这些新政所要达到的一个目的就是,彼得要让俄国贵族们明白,他们并不比西方国家的人低下,他们不仅能模仿西方各国的先进风习和时尚,而且能在精神和本质上超过那些西方国家的人。

在政治方面,彼得大规模地改革了中央和地方的管理体制,以便巩固中央集权,保证帝王的权力高于一切。首先,彼得为了削弱波雅尔杜马的势力,在1699年成立了近臣办公厅。由于反对他新政的贵族和封建王公的阻挠,彼得又在1711年成立参政院,将国家的管理体制由衙门体制转为委员会体制,也就是说进一步将国家的最高权力集中于沙皇和沙皇信任的近臣手中。

到1722年,这种转变完成,新的中央机构由11个委员会组成。1722年,他还在参政院中设立总检察官一职,总检察官只听命于沙皇,而对各委员会的大臣们的工作和行为有监督惩处之权。

1708年,彼得还开始了地方行政管理体制的改革。他以省建制代替了军政长官制,全国分为8个省,省督掌管行政和司法全权。1719年,随着中央机构"委员会体制"的确立,省的建制发生变化。彼得又重新将全国分为50个省,保留省督,但其职能削弱。

为了新的管理机构能运行畅通,使最高实际权力集中于沙皇之手,以保证彼得所需要的君主专制政体的确立,彼得决意向西方国家学习,确立国家机构和官员的等级制度。他让驻外使节报告西方国家组建国家管理机构——委员会的经验,并和近臣详细研究了这些经验,最后以瑞典和普鲁士的委员会为蓝本制定了组建自己的委员会的规章,这就是1720年颁布的《总规》。这部《总规》规定了委员会活动的程序、委员会的编制、作出决定的程序等。《总规》使国家权力的行使程式化、官僚化。

1722年,《官秩表》颁布。它使俄国的行政职务第一次统一化和系统化,也第一次等级化。《官秩表》将文官职务、军官职务和廷臣职务分为14级。14级至9级的官员可以享有非世袭贵族的权利,任何获得8级及以上文官官衔或者是14级起的陆军和海军的尉官可成为世袭贵族。在这一规章制度下,一个贵族只要有能力、肯干,他就可以从最低级官员升到最高级官员。这种论功行赏、随功升迁的制度保证了彼得所需的支持他新政的官员层的出现,进而,也就在事实上造就了俄国最早的官僚层,促进了官僚制度的发展。

在宗教方面,1721年1月,彼得在普斯科夫主教费奥凡·普罗科波维奇的支持下颁布了《宗教规章》,废除大牧首,代之以宗教管理委员会。该管理委员会由12个教会主教组

1716年时的彼得

成,称为"正教公会"。但是它事实上由彼得信任的总检察官领导,他负责监督,使教会的活动听命于彼得的诏令。正教公会的负责人也由彼得任命,与

世俗官员一样有等级。至此,国家最高权力和教会的对抗被控制住,沙皇成为教会事实上的大牧首。《宗教规章》的出现也是正统东正教和古老礼仪捍卫派斗争、分裂深化的结果。

在军事上,彼得以普列奥布拉任斯基军团和谢苗诺夫军团为基础和骨干组建新的军队。首先是扩充兵源,他成立专门的委员会,从农户中征召一定的农民入伍。从 1705 年起,实行"列克鲁特"征兵制——征召普通士兵的制度。到 1723 年,他实行双轨制的征兵方法,即按户和按人口征召。从 1699 年到 1725 年,总计征兵 53 次,按照"列克鲁特"征兵制征召的士兵总数达到了 284 187 人。俄国有了自己的正规陆军。

其次,1716 年彼得颁布了《军事制法规》,严格规定了"为祖国服务"是军官和士兵的神圣职责,统一了作战的策略和战术,明确了军队中的惩处和奖赏的条例。这一切使俄国军队步入了欧洲国家先进部队的行列。

第七节 钢铁、航运、土豆、海关

俄国的工业迅速发展起来。由于军舰的建造和北方战争的进行,也由于瑞典和欧洲其他强国对俄国经济的封锁,彼得以大量的钱财来发展冶金工业和军事工业。彼得把冶金建设的重点从传统的俄国中南部土拉地区和西北地区转移到乌拉尔地区。彼得让土拉的工厂主到乌拉尔去开办冶金工厂。1701 年,在乌拉尔地区一些冶金厂开工生产。到 1725 年,乌拉尔地区的冶炼工厂就达到了 24 家,铁产量达到了 80 万普特(1 普特等于 16.38 千克),即 1.31 万多吨。这不仅使俄国摆脱了瑞典等国的经济封锁,而且满足了建设海军和建设圣彼得堡的需求。更重要的是,一个新的冶金工业基地在乌拉尔出现。轻工业也获得很大发展,尤其是军队所大量需要的亚麻、呢绒、皮革等制品的生产蓬勃兴起。在工业的发展上影响更为深远的是,彼得诏令准予工厂主在购买新土地时,可以将原本依附于贵族土地的农奴一并买过来。这就为俄国的工农业发展挣脱贵族的垄断提供了可能。

彼得为了争夺波罗的海和黑海的出海口,竭尽全力开挖运河,试图发展从波罗的海到黑海的、横贯整个俄国的水上大通道。在西北方向,在 1703—1708 年,开挖上沃洛茨克运河,1720 年又在运河沿岸建成了一些蓄水库,伏尔加河、拉多加湖和波罗的海被连接起来。为了保证新的工业区——乌拉尔工厂集中的地方有充足的水源,彼得还动手设计并建造齐赫文运河和马里运河系统。在南方,早在彼得执政伊始,就开挖伏尔加河—顿河运河。彼得的最终目的是要使俄国的舰队能够从波罗的海直达黑海。彼得的这一宏愿未能实现,但是圣彼得堡港的建成和上沃洛茨克运河的通航,却大大地促进了俄国运输业的发展,来自全国各地的木材和石材、来自乌拉尔的冶金产品保证了对新首都及其附近地区的供应。更重要的是,原先俄国的对外贸易处于一种封闭状态,俄国各地的产品都集中于白海边上的阿尔罕格尔斯克,所有的外国商人都得到这里来进行贸易。此种情况造成了俄国商品的低价和对外商的绝对依附关系。加上白海航道通航时间短,俄国的对外贸易极不发达。而此时,商品的进出口港移到了圣彼得堡及其附近新建成的维堡和喀琅施塔得等地方。俄国开始有了真正的对外贸易,并且开始出口冶金产品。

俄国东部、南部和中部的人口大量急速向圣彼得堡和西北地区迁移。首先是石匠和各类工匠的迁移,其后,彼得改组中央和地方管理机构,并决心彻底摧毁莫斯科这样一个反对他改革的政治中心。他断然将皇室、贵族、朝廷机构和官员全部西迁至圣彼得堡。如此庞大数量的人口几乎瞬间集中于圣彼得堡,使建筑材料、粮食和其他物品的供应极端紧张。于是,农业耕作区逐渐向伏尔加河中下游、乌拉尔和西伯利亚地区扩展,逐渐形成了俄国著名的盛产粮食的地区——"黑土区"。像土豆这种后来成为俄罗斯人第二主食的作物也正是在这时引进并大量栽种的。

彼得在俄国冶金业发展的基础上,极力向欧洲国家扩大铁的出口,但是极力缩小甚至限制外国产品的进口,尤其是奢侈品。1724年颁布的关税法规定,对进口商品要征收高额税,其税率分别为1卢布征收12.5戈比、25戈比到37.5戈比。对于国内已经能够生产的商品,征收的税额还要更高。这样一种税收政策保护了国内市场的发展,并且促使以莫斯科为中心的国内市场开始形成一个批发与零售、买卖相结合的体系。

第八节　学校、书报、博物馆、科学院

彼得所实施的新政遭到许多廷臣和贵族的反对,因此他需要有一批坚决支持这种改革的人才,为此他兴办各种学校和训练班。彼得首先着力做的事,就是随着战争的进行,先后开办了培养中高级军官的炮手学校、航海学校、工程学校、数学学校等,还有培养官吏和神职人员的学校。他还在医院里

开设培养医生和护士的学校。不仅士兵,连士兵的孩子也要进学校学习。彼得还勒令没有文化的贵族要学习,不识字的贵族不得结婚。彼得还把一批年轻人派到国外去学习,他们学成归国后,彼得要亲自考核他们。

学习、教育的发展促使书报出版业出现和发展。1705年,俄国有了第一所印刷教材的印刷厂。1703年,彼得下令创办了报纸《圣彼得堡公报》,这份报纸先后在莫斯科和圣彼得堡发行。他还自己动手写了北方战争史,他的亲臣们也纷纷效法。1719年,第一所供大众参观的博物馆——"珍宝陈列馆"开办。1724年,彼得下令组建科学院,此时出现了一批注定在未来的岁月中对俄国的文化科教事业起极大推动作用的学者,如米哈伊尔·罗蒙诺索夫。

彼得在兴建圣彼得堡的过程中,大量的外国人尤其是建筑师、雕塑家和各类工匠定居圣彼得堡乃至全俄罗斯,其中德国人最多。欧洲盛极一时的风格——巴洛克风格进入俄国,并随着圣彼得堡的建成,在俄罗斯广阔的林木草地中出现,大批具有创新意义的"俄罗斯巴洛克"风格建筑群拔地而起。绘画成为俄国皇室和贵族追逐的时尚,在彼得一世的夏宫、宠臣缅希科夫的宫殿以及权贵们的府邸里,都有私人画廊。肖像画、以战争为主题的油画和版画兴盛一时,出现了像伊·尼基金、阿·祖波夫和伊·阿道里斯基这样的画家。随着欧洲建筑风格的传播,欧洲风格的生活情调成为皇室、贵族和市民追求的时尚。欧洲(尤其是法国和意大利)的文化成为皇室和贵族仿效的对象,讲法语成为一种尊贵的标志,那种追求法国和意大利风尚的潮流开始深刻影响俄国的生活和历史进程。

第九节 彼得的德意志人大臣:开始了俄罗斯的"德意志化"进程

彼得是一位善于选贤任能的皇帝。他的"打开窗户"——让俄国面向欧洲的政策给俄国带来的不仅仅是欧洲最先进的科学技术、管理制度和经验,更带来一批政治、军事、外交、经济和文化各个方面的高水平人员。彼得给予来俄国效劳的人的待遇非常优惠,他们有宗教信仰自由、有担任国家高级职务的可能、有在俄国社会中获得尊贵地位和荣誉的机会。所以,大量的外国人——商人、技术员、建筑师、医生、药剂师、手工业者、学者、军官、外交家纷纷来到圣彼得堡。

在彼得执政的近27年中,他的身旁有一系列大臣辅佐。除了俄罗斯人,亲信大臣中也有欧洲各国的人,如英国人、法国人、意大利人、瑞典人、德意志人,甚至还有犹太人。而在这些亲近大臣中,尤以德意志人最多。这些德意志人对彼得的决策产生了重大的影响,开始了罗曼诺夫王朝"德意志化"的进程。而在彼得死后,这一进程演变成为波及数代沙皇的"德意志人摄政"的政局,从最高权力到社会生活的各个方面,"德意志化"让俄罗斯帝国遭遇到了一系列意想不到的危难、坎坷,俄罗斯帝国的历史进程也不得不在持续不断的宫廷政变、军事阴谋、骚乱动荡中蹒跚而行。

彼得时期,普鲁士的军队是欧洲最强大的,建设一支普鲁士式的俄军是彼得的渴望。早在1698年,彼得就按照普鲁士的《军人条例》来改造自己的军队,彼得对该条例中的两点特别赞赏:一是军队必须忠诚和绝对服从于君主;二是军队不是哪个私人的财产,军队的旗子应该是国家的象征。

一个叫亨利·奥斯捷尔曼的德意志人的到来是件大事。1703年,他来到圣彼得堡,立即改用俄国名字——安德烈·奥斯捷尔曼,时年17岁。他没有受过专门的教育,但是精通德语、法语、荷兰语、意大利语和拉丁语。来到俄国后又很快掌握了俄语。由于这种语言才能,1708年,奥斯捷尔曼成了大使衙门的翻译,在彼得一世的作战办公厅中工作。在其后的十几年中,奥斯捷尔曼作为彼得的外交使节,与波兰、普鲁士、丹麦、土耳其进行过多次外交谈判,1720年晋升为外事委员会枢密顾问,1721年,他代表俄国与瑞典签署了《尼什塔特和约》。他还为彼得起草过一系列重要文告,其中包括《官秩表》。他对彼得一世的影响深远,而彼得对他也盛赞不绝:"这个人没有一次,没有在任何事情上犯过错误。我委托他与外国宫廷和正在他国宫廷中的我国大臣致文联系,他用德文写,用法文写,用拉丁文写。而他总要给我一份俄文稿,让我看一看他是不是完全理解了我的意图。我从来没有在他的工作中发现过哪怕是一点点的不足。"

彼得的亲信大臣很多,但奥斯捷尔曼从不与他们发生摩擦。他机智聪慧,在公开场合从不得罪任何人,即使在外交谈判桌上,他也很圆滑,从不说"是"或者"不",不对对方提出的任何问题作出正面的答复。

彼得身旁还有另一位有影响的德意志人,他叫赫里斯托夫·米尼西。1721年前,米尼西曾在法国、萨克森、瑞典、波兰的军队中服役,因作战勇敢,不断立功,军衔一直上升到少将。他还是一位精通工程和绘图技术的专家,一名很好的工程师,尤其擅长水利工程技术,曾经参加过欧洲一条运河的开挖。从1718年开始,彼得就在筹划实施一项"大伏尔加河计划"。这项计划的目的就是开挖一条水路,将伏尔加河与波罗的海连接起来,再将俄国的主要水路(伏尔加河和第聂伯河)相接,最后通达黑海沿岸的港口要塞。这个庞大的水路运输网络将能满足俄罗斯帝国战争、对外扩展疆土、对内发展经济的迫切需要。而彼得实现"大伏尔加河计划"的第一步,就是要开挖拉多加运河。为此,彼得诏令他驻欧洲各国的使节招募这方面的人才。

1721年,米尼西应驻华沙的大使、彼得的亲臣格奥尔基·多尔戈鲁科夫之邀来到俄国工作,他签下了为俄国效劳的责任书:"将在涅瓦河和波罗的海沿岸的水利工程上工作五年。"米尼西对彼得说,他不是舰船、炮兵、骑兵方面的专家,只是个不怎么样的工程师,可以做构筑碉堡的工作,教皇帝的孙子学习数学、机械学和军事艺术。从此时起到1724年,米尼西在波罗的海沿岸修建了一处港湾、喀琅施塔得的碉堡工事、托斯纳河上的水闸,还有一条沿涅瓦河岸自什利谢里斯堡至圣彼得堡的道路。

拉多加运河工程原是由彼得的亲臣缅希科夫负责的。这时的缅希科夫已经被彼得赐封为"神圣罗马公爵",权倾一时。缅希科夫原本是个烤馅饼工,几乎没有什么文化,幸运的是从彼得训练自己的游戏军队时起,缅希科夫就成了彼得的兄弟,成为一名最忠诚于彼得的伙伴、助手、大臣。缅希科夫善于打仗,精通战术,建功无数,但对开挖运河的事一窍不通。此外,在工程中偷盗国库的事情频发。所以,虽然从1718年底动工到1724年,施工已有5年多,但拉多加运河的建成仍然遥遥无期。

而在这几年间,彼得在观察了米尼西的工作后,确信米尼西是个好的建筑师和水利专家,尤其在看过了米尼西有关喀琅施塔得碉堡工事的设计图纸后,彼得对他大加赞赏。随后,彼得又与米尼西一起对拉多加运河工程进行了视察。米尼西对缅希科夫领导下的运河工程几乎全盘否定,并根据自己的观察、测量、计算的结果,重新设计了拉多加运河开挖的方案。米尼西在给彼得的报告中这样评价缅希科夫的工作:"工程很不可靠,资金白花了,一切都得从头来。"这惹怒了缅希科夫,他对彼得说米尼西的指责是胡说八道,但彼得支持了米尼西。1724年,他将拉多加运河工程交给米尼西全权负责,并且晋封他为"大元帅"(彼得一世时期,只有过四位大元帅:布鲁斯、缅希科夫、米尼西和谢列梅捷夫,而其中就有两个德意志人)。米尼西与缅希科夫从此结怨。但是,米尼西没有进一步冒犯这位大臣,而是表达出善意与和解态度。所以,在彼得生前,两人没有成为生死之敌。

随后,彼得在病中视察了运河工程,对米尼西的工作极为满意,他说:"米尼西治好了我的病。他是个能干大事的人。"彼得一世于1725年1月去世,没能看到拉多加运河的建成,而他的"大伏尔加河计划"更是一个遥远的设想。从1724年起,米尼西在"拉多加运河和波罗的海港口总监"的位置上待了17年。1726年,他被授予"圣亚历山大·涅夫斯基勋章",1727年,被任命为"俄国城堡建造总监"。他全权负责的拉多加运河于1730年完工,1731年春天通航。

事实上,在彼得一世时期,宣誓效忠于俄国并改换俄罗斯姓名的德意志人,不是仅有奥斯捷尔曼和米尼西这两个大臣,还有相当数量的德意志人为俄国效劳。在莫斯科的军事学校和工程技术学校,彼得雇用了大批德意志军官,从上尉到少校,在那里按照普鲁士的方式来培养俄国的军事工程师和炮兵指挥员。在圣彼得堡的工程学校教学的同样是德意志军官和工程技术人员。随着圣彼得堡城市建设的扩展和应对各种战争的需求增加,俄国的矿山开采、冶金制造和武器弹药的生产也迅速发展起来,这些部门涌进了大量的德意志人。而为了筹集资金、贷款,彼得还雇用了一批有财力、有兴趣的德意志商人。

大批的德意志人居住在莫斯科城郊的"德意志斯洛博达"里。所谓"斯洛博达"就是安置外国人的居住区,从伊凡雷帝时期就陆续出现在了莫斯科、诺夫哥罗德、下诺夫哥罗德、沃洛格达和雅罗斯拉夫尔等城市。彼得在受制于姐姐索菲娅的时期,常常到当时的"德意志斯洛博达"去。正是在这个"德意志斯洛博达"地区,他第一次接触了德意志人,有了对德意志以及其他外国人的最初认识。

也是在这个地方,彼得结识了瑞典人弗朗茨·列福尔特和苏格兰人雅科夫·布鲁斯。彼得出访欧洲的大使团就是由列福尔特率领的。列福尔特参加过彼得的亚速海远征,在沃龙涅什负责过舰船建造,为彼得邀请了大量的德意志人和其他外国人来俄国工作。列福尔特首次在莫斯科创建了"士兵斯洛博达",供他组建的"莫斯科精锐军团"用。后来这个"士兵斯洛博达"就被称为"列福尔特区"(现在,在这里有一处俄罗斯著名的监狱——列福尔特监狱)。布鲁斯是彼得训练游戏军队时的密友、大使团的成员,参加过北方战争、纳尔瓦战争,是俄国炮兵部队的组织者和指挥者,与外国手工业者有广泛的联系,担任过手工业委员会的首席大臣。1720年,他被彼得任命为负责全俄钱币铸造和要塞构筑的全权大臣,位于彼得-保罗要塞中的俄罗斯帝国钱币铸造厂就是他的杰作。列福尔特和布鲁斯是彼得一世不可或缺的宠臣。

在彼得一世时期之前,对于俄国人来说,"德意志人"是个统称,意即"非俄罗斯族人""外族人"。但是在彼得一世时期,"德意志人"就转变成了对来自德意志的人的专称,"德意志斯洛博达"就与其他外国人的"斯洛博达"有了明显的区分。德意志人的数量在彼得招徕的外国人的总数中位居第一。尽管其他外国人的数量要大大少于德意志人,但是这些外国人也深受德意志人影响。因此,彼得一世"打开窗户"的欧化政策实际上就是德意志化政策。彼得实际上开始了一场大规模的俄国德意志化进程,这一进程对当时俄国的影响以及对其后罗曼诺夫王朝的历史进程所起的作用是极为深刻的,是彼得一世无法预测到但他后代的帝王们却必须接受和继承的。

第十节 皇太子暴毙,反对彼得新政的动乱持续不断

在彼得实施新政的进程中,世袭贵族和新生贵族的矛盾和争斗持续不断。彼得对自己的儿子阿列克谢寄予厚望,希望他能继承自己的事业,将自己的新政继续发展下去。阿列克谢是彼得和其第一任妻子叶甫多基娅的儿子,叶甫多基娅在1699年被彼得放逐至苏兹达尔修道院,这对阿列克谢是个极大的打击。加之,阿列克谢是在反对彼得新政的环境中长大的,因此他对父亲的新政并没有好感,很自然地站到了世袭贵族的立场之上。1709年,彼得派阿列克谢到萨克森去学习,但他在国外却谋求与反对彼得的力量合作。回国后,阿列克谢在其母亲叶甫多基娅家族及世袭贵族的支持和策划下,试图公开反对彼得。事发后,阿列克谢带着他心爱的农奴姑娘叶甫罗西尼娅逃亡奥地利。

奥地利持观望立场,先后将阿列克谢隐匿于要塞和小城之中。但是,彼得盛怒,派出大员,并以战争相威胁,逼迫奥地利交出阿列克谢。阿列克谢拒不回国,彼得的使臣阿列克谢·托尔斯泰向阿列克谢皇子出示了彼得的书信,彼得应允只要阿列克谢返国,他将得到宽恕。托尔斯泰还口头保证,彼得已经答应阿列克谢和叶甫罗西尼娅结婚。1718年1月31日,阿列克谢终于回到莫斯科。2月6日,阿列克谢被废除了皇位继承权。彼得下令组织特别法庭,对阿列克谢进行审讯。阿列克谢承认他试图策划反对彼得的战争,并供出了50多名同伙。阿列克谢立即被押往圣彼得堡,关押在彼得-保罗要塞。特别法庭判处阿列克谢死刑。但是,阿列克谢在被执行死刑前,即1718年6月26日,神秘地死于彼得-保罗要塞。1722年2月5日,彼得颁布了皇位继承法的诏令,国君有权根据自己的意志来指定继承人。但是,彼得弥留

之际，最终也未能确定自己的继承人是谁。

在彼得实施新政期间，农民深受劳役、人头税和兵役之苦，常常铤而走险，焚烧贵族地主庄园，杀人夺财之事频发。农民起义和城市暴动遍布乌拉尔和西伯利亚地区。1705年7月，在阿斯特拉罕爆发了起义，反对沙皇关于剃须和禁止穿用俄罗斯民族服饰的诏令。1707年7月，彼得下令派出军队，前往顿河地区追剿逃亡的农奴。10月9日，爆发了由康德拉季·布拉文率领的哥萨克农民起义。这次延续了9个月之久的起义最后被彼得以残酷的手段镇压了下去。

1725年1月28日，彼得一世因尿毒症不治而死。时年53岁，是他登上皇位的第43年，也是他被参政院遵奉为"大帝"的第4年。

作者点评

彼得终于使俄国走上了崛起之路，但是，这种崛起是残酷的，俄国和它的民众为此付出了极其惨痛的代价。彼得大帝的崛起，或者说，通向西方之路是用残酷的方法实现的。彼得的残酷是马克思指出过的。

其最主要之点就是，第一，彼得竭尽全力（物质的和精神的，资源的和人力的）发展以海军为主、为首的工业，而要人民、国家为此做出最大的牺牲。彼得以夺取出海口，使俄国从陆地走向海洋，成为一个世界大国为终身的奋斗目标。他说过这样的话："任何一个只有陆军的统治者，他只有一只手，如果他有了舰队，他就有了两只手。"所以，在发展海军的同时，彼得就在两只手行事。当在圣彼得堡出现了一支完全能媲美欧洲国家的舰队时，俄国的陆军也获得了长足的发展。第二，彼得争夺海上霸权是和他向南、向东扩展疆土的强烈愿望密不可分的，这种扩展又是和殖民联系在一起的。就在1725年初，彼得重病垂危之际，他还下令建立考察队，去亚洲地区考察"亚洲和美洲是否是连在一起的"。第三，在建设舰队和圣彼得堡一城时，彼得使用了士兵、被俘虏的瑞典人、在押的犯人、从全国各地驱赶而来的农民。他们使用的是最原始的工具，工作时间从日出到日落，在生活条件极端恶劣、疾病流行和被严格监视的状态下劳动。这是些无法表诉自己任何愿望的、最廉价的劳动力。第四，俄国的崛起几乎就是在彼得一人的意志和命令下进行的。大到城市的建设蓝图，小到居民的生活起居，彼得都规定了必须严格遵守的规章制度，并且利用警察和各级统治机构来对国家和社会生活进行监控。这种完全出于君王意志的施政措施，使俄国的劳动和开拓事实上都处于一种军营状态。第五,这种由上而下的"改革"无疑是将君王一人的意志强加于国家和社会,彼得之所以能顺利完成这种强加行动,靠的就是极端措施和镇压。譬如造船场的工人是绝不被允许逃跑的,1707年彼得在诏令中规定了对逃跑者要严加惩处:"人逃跑了,抓他们的父亲和母亲,抓他们的妻子和孩子,或者任何生活在家中的人,并将他们关进监牢,还要将逃跑者流放,逐出圣彼得堡。"如果人们建造的房子不符合彼得的要求,第一次是罚款,第二次是更严厉的处罚。其他一切反彼得意志的人都会受到从罚款到被处死的惩罚。

彼得使俄国从技术和经济上崛起,同时将这种崛起的模式和弊端作为遗产留给了以后的沙皇,甚至还对苏联时期的"直接工业化"产生了难以磨灭的深刻影响。毕竟,彼得连接波罗的海和黑海的运河大航道计划——"大伏尔加河计划"最终是在斯大林时期完成的。

此外,彼得的新政,或者如许多史书所说的"改革",事实上不仅仅是一种对外部世界敞开大门的决策,而在更大的程度上是一种敞开国门,将俄国推进到欧洲、到世界中去,并使俄国在欧洲、在世界范围内有发言权和行动权的决策。彼得敞开国门,拿进来的是他想要而俄国尚没有的东西,而他的着重点又是期望在未来的某一时刻,俄国不再拿进这些东西,而是出口这些东西。在当时那个以闭关为荣、为立国基础的俄国,这种决策是石破天惊的。而在许多世纪之后,当执政者又以闭关为荣,要以此为立国基础之时,彼得"开放国门"的政策仍然受到位高权重的人物的抨击。

第八章
女人和孩子的俄国:"宫廷政变"

第一节　无能的叶卡捷琳娜一世和"万能"的缅希科夫

彼得在处死自己的反对派、亲儿子阿列克谢后,盛怒之下改变了俄罗斯帝国皇位继承的传统:不再必须由长子来继承,而由沙皇本人根据已愿来决定。但是,他又始终未能定出自己的接班人,更没有对当时只有10岁的孙子彼得·阿列克谢耶维奇(阿列克谢之子)表示任何要他继承的愿望,而是在他接受了"大帝"正式封号之后的第三年,即在他死前一年1724年,亲自为妻子叶卡捷琳娜·阿列克谢耶夫娜举行了皇后加冕礼。这一暧昧的行动似乎表达了这位大帝对自己继承人的隐秘愿望,而在实际上造成了两个继承人并存的局势——妻子叶卡捷琳娜和孙子彼得。

在彼得执政的年代里,一系列的军事行动和国内改革措施在朝廷里已经形成了两大独立的权势集团。一个是以季米特里·戈利岑、瓦西里·多尔戈鲁基和加夫里尔·戈洛夫金为首的老一代贵族集团,另一个是以亚历山大·缅希科夫、费奥凡·普罗科波维奇为首的新生力量集团。老贵族们对彼得否决"长子继承法"本来就不高兴,所以要让孙子彼得做继承人。他们提出的理由是,俄国需要"彼得的人"。而新贵族则以彼得的传位意图为旗号,力推叶卡捷琳娜上台。他们的理由是俄国需要"新的彼得的雄鹰"。除此之外,可能继承皇位的还有三个人:彼得的两个女儿——安娜·彼得罗夫娜和伊丽莎白·彼得罗夫娜,以及彼得兄弟的一个女儿安娜·伊凡诺夫娜。于是,新、老两派贵族围绕俄罗斯帝国的这场错综复杂的皇位继承展开了残酷的决斗,而最终的结局是,1725年,彼得的皇后叶卡捷琳娜当上了俄罗斯帝国的新沙皇,是为叶卡捷琳娜一世,她是俄罗斯帝国的第一位女皇(1725—1727年在位)。她登位时的封号很长——"最最圣明的、最最崇高的伟大国君、皇帝叶卡捷琳娜·阿列克谢耶夫娜,全俄国的君主"。

这场继承人之战是由新、老贵族的妥协和禁卫军的介入而结束的。新、老贵族最后妥协,双方同意叶卡捷琳娜为继承人,原因是他们对叶卡捷琳娜有了统一的认识:这是一个没有政治头脑和远大抱负的女人,由她来继承皇位,无论哪个集团都可轻易掌控她,而这正是这场继承权之战中各派都需要的王牌。叶卡捷琳娜原名叫玛尔塔,生于俄罗斯帝国的利夫兰省(即拉脱维亚和立陶宛地区)的一个农民家庭,没有什么文化。在北方战争中,她成了俄军的俘虏,受到了鲍里斯·谢列梅捷夫和缅希科夫的宠爱,谢列梅捷夫是俄瑞"北方战争"的统帅,俄国军队的第一位大将,第一个被晋封为"伯爵"的人,无论是战功,还是私谊,都是彼得一世最可信赖的人。而缅希科夫则是波尔塔瓦战争的英雄,统帅过白海舰队,是大元帅,还是彼得一世的密友。正是由于他们两个人,玛尔塔才得以于1703年见到彼得,由情妇而成为彼得的妻子。尽管彼得在给她的一封又一封的信中,称他是"卡捷琳奴什卡,我的心肝、宝贝",但却一直未与她正式成婚,更没有封她为后。直到1712年,两人才正式结婚。1724年,彼得为其举行皇后加冕礼。

俄国史籍中叶卡捷琳娜一世的画像

最后,在这场皇位继承战中,彼得禁卫军团的介入是个关键。由彼得亲自组建并最终拥戴他登上皇位的普列奥布拉任斯基军团和谢苗诺夫军团站出来支持叶卡捷琳娜做继承人,军官们高呼:"叶卡捷琳娜是大帝的人,是国母!"所以事实上,叶卡捷琳娜的登基是一场不流血的宫廷政变,也正因为如此,在俄罗斯帝国的宫廷之中潜伏着皇位继承的更大危机。因为真正能作为皇位继承人的人还在,幼小的孙子彼得是最正统的继承人,而在罗曼诺夫家族的女系,彼得一世兄弟的女儿安娜和他自己的两个女儿也都有继承帝国皇位的权力。因此,从叶卡捷琳娜一世登基起,俄国沙皇宫廷就开始了长达37年的女人和孩子当政以及持续不断的宫廷政变时期。

在最后选定叶卡捷琳娜为新沙皇的过程中,起决定作用的是缅希科夫——彼得的重臣和战功卓著的统帅。彼得死后,他竭尽全力拥戴叶卡捷琳娜为继承人。他老谋深算,看中的是叶卡捷琳娜没有受过什么正规的教育,根本不懂治国之术,也无集权专制的野心。而缅希科夫一生跟随彼得戎马征战多年,又在圣彼得堡建造过程中谙熟了彼得的治国之术。所以,叶卡捷琳娜一登基,他就掌控了俄罗斯帝国的实际大权。叶卡捷琳娜只关心一件事,那就是她丈夫所缔造的船只和舰队,此外就是享受生活。

1726年,缅希科夫胁迫叶卡捷琳娜签署了一份诏令:成立最高枢密院,并且逮捕

大元帅缅希科夫画像

反对此项计划的人。这个枢密院由帝国宫廷中最强势的六名大臣组成,除缅希科夫外,还有海军元帅阿普拉克辛伯爵、大臣戈洛夫金伯爵、托尔斯泰伯爵、戈利岑公爵和副大臣安德烈·奥斯捷尔曼。这是一个由对彼得一世绝对忠诚,被普希金在长诗《波尔塔瓦》中称为"彼得家的子孙"的,由将军、新贵和世袭贵族混合组成的班子。最高枢密院名义上是皇帝的咨询部门,但在实际上成了决定国策和对国家进行治理的最高权力机构。

除了缅希科夫,在最高枢密院里握有实权的是奥斯捷尔曼。他负责俄罗斯帝国外交工作,力主并实现了俄罗斯帝国与奥地利结盟反对土耳其人的外交方针、向西伯利亚和东方"收集"土地的策划、"白令堪察加考察队"的组建,等等。奥斯捷尔曼有权直接向叶卡捷琳娜报告工作,将最高枢密院变成帝国外交的真正执行机构。在缅希科夫和奥斯捷尔曼把持最高枢密院的情况下,叶卡捷琳娜的日常工作,就是在他们呈递上来的各类文件上签字,成了俄罗斯帝国大权旁落的皇帝。

最高枢密院大臣们之间斗争不断,尤其是在俄罗斯帝国应该与哪个国家结盟的问题上各执己见、针锋相对,斗争极其激烈,并形成了以缅希科夫为首的"与英法结盟"和以奥斯捷尔曼为首的"与奥地利结盟"两派。最终,奥斯捷尔曼一派获胜,1726年8月,俄奥签订了盟约。同年,叶卡捷琳娜授予奥斯

捷尔曼俄罗斯帝国的勋章——安德烈·佩尔沃兹万内伊勋章;1727年,晋封他为彼得的孙子彼得·阿列克谢耶维奇的侍卫队队长。

由于最高枢密院大臣们之间的权力之争,盗劫国库和损国肥私的现象盛行。当时又恰逢灾荒之年,帝国的经济衰微、民生凋敝,尤其是农村,不断有农奴骚动的迹象。于是,叶卡捷琳娜不得不下诏减免一些赋税,尤其是对农户征收的"人头税"。为了能使严峻的经济状况得到缓和,大力向西伯利亚、向更远的东方"收集"新土地和财富的政策就成为帝国之急需。叶卡捷琳娜在最高枢密院决策下,尤其是在枢密院内掌管俄国外交事务的奥斯捷尔曼的推动下,下令按照彼得生前的计划组建一支堪察加考察队。

奥斯捷尔曼是彼得重用的德意志人。他是彼得使俄国欧化、亲德意志政策的忠实支持者和执行者。他奉行的是一条使俄国权力机构欧洲化、德意志化的方针。而这时,也是欧洲列强向海洋大进军和海外殖民蓬勃发展的时期。欧洲强国,尤其是法国、英国、德意志都极为关心西伯利亚、堪察加、太平洋沿岸土地的探险考察。于是,亲德的奥斯捷尔曼就成了在叶卡捷琳娜一世时期继续忠实执行向西伯利亚和更远的东方推行俄国传统的"土地收集"政策的大臣。俄罗斯帝国的第一支堪察加考察队于1725年组成,队长是后来闻名全世界的维图斯·白令。

叶卡捷琳娜一世日常的生活就是饮宴、狂欢,常常烂醉而卧,身体状况很快恶化。1727年春,她43岁,因病而亡,所以她实际在位只有两年的时间。在她1726年下半年病重期间,朝臣们再次因皇室继承人孕育了一场新的争斗。对政治极端敏感的缅希科夫也预测到了未来的继承人将有极大可能是彼得一世的孙子彼得·阿列克谢耶维奇。他立马就准备转到拥戴彼得一方来,在叶卡捷琳娜临终前,强迫她签署遗诏传位于彼得·阿列克谢耶维奇。叶卡捷琳娜签署遗诏时,她的女儿伊丽莎白·彼得罗夫娜也在场。

第二节 彼得二世时期的重臣之争与缅希科夫失宠

叶卡捷琳娜死后,帝国三个握有重权的家族——多尔戈鲁基、戈利岑和缅希科夫对未来沙皇控制权的争斗白热化。其中最具权势的是缅希科夫,因为彼得·阿列克谢耶维奇是彼得一世亲自交由缅希科夫管理,并由最高枢密院大臣奥斯捷尔曼教育的。彼得·阿列克谢耶维奇从小学的是德语,接受的是德意志式的教育,是在俄国德意志化的政治背景下成长起来的。

1727年，彼得·阿列克谢耶维奇举行了加冕典礼。这是罗曼诺夫家族男系的最后一位沙皇，即彼得二世，时年他只有11岁。也就从这一天起，缅希科夫为实际掌控俄罗斯帝国的大权，采取了一系列措施：一是立即宣布自己的女儿马丽娅和彼得二世联姻，并亲自主持了一场盛大的订婚仪式；二是以彼得二世的名义封未婚妻也就是自己的女儿为"公爵"，年俸34 000卢布。他还让彼得二世下诏，晋封自己为"全俄罗斯帝国武装力量总司令"。

11岁的彼得二世心底里并不满意缅希科夫的操纵，但并不显露于色，照样称呼缅希科夫为"最神圣的老爸"。但是，缅希科夫的作为引起了多尔戈鲁基和戈利岑这两个家族的坚决抵制。一件偶然的事件帮了他们的忙：在操办了女儿的订婚礼之后，缅希科夫就生病了，先是感冒，后转为肺炎。多尔戈鲁基家族的阿列克谢和伊凡·多尔戈鲁基父子马上利用这一难得的机会，密告彼得二世，说当年缅希科夫参与了对他父亲阿列克谢的审讯、将其监禁于彼得-保罗要塞，最终导致阿列克谢死亡。他们还将有缅希科夫签字的审讯记录拿给彼得二世看。这彻底扭转了彼得二世对"最神圣的老爸"的看法，这个11岁的皇帝说出了这样的话："瞧着吧，看到底谁是皇帝，是我，还是缅希科夫！"

奥斯捷尔曼积极参与了除去缅希科夫的阴谋斗争。在其密谋策划下，1727年9月8日，彼得二世颁诏，宣布自己"亲政"和解除与马丽娅的婚约。缅希科夫随即被捕，全部家产被没收，他先是与女儿马丽娅被放逐到了遥远的西伯利亚，后马丽娅因天花而死，缅希科夫本人也潦倒病死他乡。

多尔戈鲁基父子对彼得二世的影响与控制与日俱增，宫廷之事和国务决策之权全部掌控于多尔戈鲁基家族之手。他们更善于察言观色，洞悉这个只有十几岁的皇帝的爱好，利用一切娱乐享受之举，吸引彼得二世的全部注意力。而彼得二世喜欢打猎，尤其酷爱"犬猎"和"鹰猎"，整日消磨于郊外宴游和行猎之中，根本不理国事。彼得二世再度处于一个强势贵族的操纵之下。而这些权势贵族讨厌圣彼得堡，怀念莫斯科的旧日时光。1727年底，彼得二世将帝国朝廷全部迁回莫斯科，次年的2月24日，在莫斯科的克里姆林宫举行了加冕典礼，这时彼得二世13岁。到了莫斯科，彼得二世更是声色犬马，整日沉浸于近臣簇拥、士兵协助的行猎之中，而莫斯科郊外的密林景色迷人，彼得二世更加乐不思蜀。

为了将彼得二世牢牢控于己手，多尔戈鲁基家族将自家的一个女公爵嫁与彼得。1729年，他们举行了订婚仪式，并计划在次年的1月30日举办婚礼。但是，彼得二世患上了天花，于举办婚礼的前一天死去。

第三节 安娜女皇与"庇隆暴政"

彼得二世死后，罗曼诺夫王朝的男性继承人没有了，彼得二世又没有留下关于继承人的遗诏，于是帝国的皇位之争又在与皇室有亲缘关系的大臣与掌控实际权力的最高枢密院之间爆发。但是，双方都有两个选择新沙皇的先决条件：一是新沙皇与罗曼诺夫王朝多少要有点亲缘关系，二是新沙皇必须是个弱者，在俄罗斯帝国朝廷中没有什么支持他/她的背景和政治力量。最后，双方妥协，选择了彼得一世的兄弟伊凡的女儿安娜·伊凡诺夫娜为新沙皇。

早在1710年，安娜就被彼得一世嫁给了波罗的海沿岸库尔兰公国的公爵。但在她婚后3年，公爵就去世了。到1729年时，安娜已经守寡17年，在库尔兰治理和生活了近20年，也远离了俄国20年。这样一位女公爵正是帝国朝廷所需要的，而在这一选择中起主要作用的是戈利岑和多尔戈鲁基两大臣。为了有效地控制住这位新皇帝，他们为她开列了八项限制条件：一是不得宣战；二是不得议和；三是不得增加人头税；四是没有军权，禁卫军等军队均由最高枢密院统辖；五是不得没收贵族的牲畜和庄园；六是不得将世袭领地和乡村作为赏赐；七是没有最高枢密院的建议，无论是俄国人还是外国人，均不得官居宫廷内臣；八是不得动用国库。如果不接受此八项条件，则不能为帝国皇帝。

这八项限制实际上剥夺了安娜作为俄国皇帝的政治、经济、军事和外交的一切权力，使她成为最高枢密院控制下的傀儡帝王，但是，安娜没有拒绝，并且同意在库尔兰推行东正教、不再出嫁，最后签署了这份"保证书"，回到了莫斯科，并将自己的得力助手和情人德意志人埃尔恩斯特·庇隆带进了帝国朝廷。庇隆是生于库尔兰公国的德意志人，从1724年起他就是安娜大公治理库尔兰

安娜女皇的丝绒绣像(1734年)

公国的左膀右臂。随同庇隆进入俄国的还有大批德意志人和波罗的海沿岸公国的人,他们控制住了俄罗斯帝国朝廷的所有关键部门。安娜在登基的那一天,就任命埃尔恩斯特·庇隆为自己的高级宫廷侍卫,赐伯爵封号。

1730年1月,安娜·伊凡诺夫娜登基,成为罗曼诺夫王朝历史上第二位女皇(1730—1740年在位)。她的登基是俄国传统贵族与德意志新贵争夺俄罗斯帝国皇位控制权的结果。但是,帝国的实际权力掌控在了埃尔恩斯特·庇隆的手中。庇隆迅速在俄国开始了一场排斥、摧毁帝国旧传统的德意志化进程,其矛头主要指向了俄国朝廷中的权贵和世袭领地的庄园主。而安娜也不是个弱君,她全心全意接受最高枢密院的条件是一种伪装,登基后没有几天,她的强者面貌就出现了。1730年3月4日,她发布了取消最高枢密院的诏书,随后成立了一个由庇隆负责的秘密警事厅。庇隆对最高枢密院内那些反对和限制女皇专制权力的俄国贵族实施大规模镇压。戈利岑、多尔戈鲁基家族的人遭到流放或杀害,甚至那些对庇隆稍有微词的普通人也遭告密,难逃牢狱之灾。庇隆还对俄罗斯帝国军队实施彻底的改造,注入了大量的德意志军官。他还征收人头税,劫掠和焚烧村庄,将庄园主和农民流放至西伯利亚。庇隆的这些残暴的政策被俄国的史书称为"庇隆暴政"。

在安娜女皇取消最高枢密院的进程中,唯一得以保全自己的是另一个德意志人奥斯捷尔曼。此人历来圆滑,而且善于在关键时刻隐藏自己,寻觅重起的时机。他虽然积极参与了铲除缅希科夫的宫廷之争,但没有协同戈利岑和多尔戈鲁基两大臣制定对安娜的八项限制。这使他得以在安娜的宫廷中继续高升,1734年,在帝国总理大臣戈洛夫金死后,奥斯捷尔曼甚至官至第一副大臣的职位。从1733年起,他还担任了海军委员会首席大臣之职。更为重要的是,他与安娜的宠臣、自己的德意志同胞庇隆保持了友好的关系,协助庇隆在外交上作出决策并采取行动。与庇隆之间关系的平衡给予了奥斯捷尔曼他日东山再起的机会。

在安娜执政后的全部时间里,庇隆喜欢什么,安娜就喜欢什么,庇隆做什么,安娜就赞同什么。庇隆还实际掌控了帝国的内政外交大权,一心为奥地利、为德意志的利益而谋划。从罗曼诺夫王朝的历史传统上来说,俄国与奥地利的利益是千丝万缕地交织在一起的,俄奥的结盟及它们与土耳其人的战争是常事。而在安娜当政期间,俄奥两国又在波兰王位继承人问题上利益一致,而与法国人和土耳其人对立。于是,俄国和奥地利结盟,对土耳其人开战。庇隆是坚决主张打这一场战争的人,而俄国在这场战争中的统帅也是德意志人——赫里斯托夫·米尼西,一个听命于庇隆,按照德意志方式改造俄国军队的高级将领。

这场俄土战争的结果是,1739年6月,奥地利在贝尔格莱德城下战败,两个月后俄国无力再战,与土耳其人签署了《贝尔格莱德和约》。根据这一条约,俄国获得了梦寐以求的黑海西部的亚速夫。但是,条约限定俄国不得在那里修筑碉堡,不得在亚速海和黑海建立舰队,与土耳其人的贸易只能在土耳其的舰船上进行。这份条约还对高加索的一些少数民族地区作出了新的瓜分:大小卡巴尔达为中立区,俄国保证阻击哥萨克和卡尔梅克人对土耳其人所辖土地的侵袭,土耳其人也承诺不允许克里米亚、库班和布的扎克等地的鞑靼人侵犯俄国。这是一份绝对不利于俄罗斯帝国的条约,是在庇隆操纵下俄罗斯帝国外交的一场败局。所以,彼得一世时期的心腹之臣、安娜时期获封大元帅称号、任最高委员会三大臣之一的赫里斯托夫·米尼西称该条约是"可耻的和极不光彩的"。

安娜·伊凡诺夫娜组建第二次堪察加考察队的上谕影印件

安娜时期,庇隆的影响是深远的。不仅在政治上,在文化科学领域中,德意志的势力和影响同样成为主宰的力量:俄国科学院不接受俄国人,俄国古老贵族的后裔纷纷模仿外国的东西,讲德语、法语,对俄语嗤之以鼻。在庇隆的操纵下,安娜全方位地恢复了彼得一世四方"收集"土地、扩大疆土的政策。这一政策是在庇隆的全力支持下谋划和执行的,他渴望将已经实际操纵的俄国权力继续扩大,并通过新土地的"收集"来增加他在整个欧洲的权势。俄罗斯帝国的第二次堪察加考察队就是在这种情况下组建的。

1732年4月17日,女皇安娜给参政院下达了再次组建堪察加考察队的上谕,规定了考察队要做的事:第一,对亚洲大陆的北岸进行勘察;第二,对开发不够的西伯利亚的广大土地加以研究;第三,证实沿北冰洋航路的存在;第四,航行至美洲的西北海岸、日本,进行地图测绘,以及为俄罗斯帝国"收集"新土地。简言之,俄罗斯帝国朝廷希望通过此次考察找出三条道路和制定一幅地图。这三条道路,一是由堪察加通往美洲之路,二是由鄂霍次克通往日本之路,三是由鄂毕河通往勒拿河之路,把从白海至鄂霍次克海的新土地作为俄罗斯帝国的国界绘制成地图。参政院随即任命维图斯·白令为考察队队长。同年9月,任命了阿列克谢·切里科夫为白令的副手,此人也是第一次白令考察队的副手。

庇隆给予了这支考察队经济、人力和资源上的最大支持,使白令考察队成为俄国历史上获得沙皇朝廷最大支持和最可靠保证的、以"收集"新土地为最终目标的"考察探险队"。但是1740年10月,安娜女皇去世,没有看到白令考察队的结果。

1737年,沙皇朝廷成立了一个专门机构——奥伦堡委员会,其职责就是在俄国东南部的巴什基尔边界线上建造要塞工事系统,负责镇压当地各族民众的反俄暴动,并以将中亚的一些土地"收集"进俄国的领土为长远目的。

该委员会所计划的第一项措施就是在巴什基尔与哈萨克草原接壤的边界上、在奥里河流入牙易克河(今乌拉尔河)的河口建造一座以该河名字命名的要塞——奥伦堡。奥伦堡委员会在该地区大量没收巴什基尔居民的土地,将这些土地或是收归国库,或是转给俄国贵族、高官、军人,甚至将外地人迁入巴什基尔,大幅度提高赋役,强行推行东正教,严禁任何巴什基尔人以巴什基尔人民的名义向沙皇呈递请愿书,等等。奥伦堡委员会的这些措施使巴什基尔地区更为动荡不安。从奥伦堡委员会建立到1742年,巴什基尔地区的暴动、起义此起彼伏,没有停息过。

1740年10月,安娜病重。她签署了一份由庇隆起草的遗诏:将皇位传给外曾孙伊凡·安东诺维奇,并让埃尔恩斯特·庇隆担任伊凡的摄政王。

第四节 伊丽莎白的"宫廷政变"及其政变后的内政外交

1740年10月,伊凡·安东诺维奇登基,是为伊凡六世(1740—1741年在位)。这时,伊凡刚出生两个月,是个十足的"儿皇帝",帝国的大权完全操纵于庇隆之手。伊凡的母亲安娜·利奥波里多夫娜担心在庇隆的摄政下,自己的儿子当不成真正的沙皇,而且时刻有生命之虞,遂暗中联络大元帅赫里斯托夫·米尼西,谋划除掉庇隆。

在安娜时期,决定俄国朝政和国家命运的实际上是"三个德意志人"。庇隆是操纵女皇,影响一切的;奥斯捷尔曼具有很强的政治潜力,但在表面上是与庇隆笑脸相迎的;而米尼西则专注于在军队中的谋划,等待与庇隆相向而立的时机。在这三人中,米尼西更为深谋远虑。他在彼得一世去世后先受权臣缅希科夫的排挤,后又屈居在庇隆的权威之下,但是,他善于隐藏自己,和朝廷中的重臣权贵巧妙周旋,所以他一直执掌圣彼得堡的军政大权,在陆军部里仍然负责军队的编制、部署、供应工作。米尼西原本是支持安娜的,也在庇隆指挥下负责过对俄罗斯帝国军队的德意志化改造,但他不满于庇隆的专权,尤其是对他与安娜的情人关系深感厌恶,甚至仇视。而此时,帝国朝廷中久受庇隆压制的权贵大臣,无论是俄国人还是德意志人,包括奥斯捷尔曼,也都认为清除庇隆的时机已到。

1740年11月8日夜间,米尼西派出一支20人的队伍,闯入皇宫之中,逮捕了庇隆。这一行动后来被史书称为"黑夜革命",通过这一行动,米尼西清除掉了掌控俄罗斯帝国大权的庇隆,将他流放偏远地区。随后,伊凡六世的母亲摄政,由米尼西担任内阁大臣,主管军事、内政和外交事务。但是,奥斯捷尔曼采取了行动,攫取了大权。其后,俄罗斯帝国的继承人之战再度在罗曼诺夫家族的伊凡系和彼得系之间展开。

在母亲摄政、德意志人奥斯捷尔曼掌控大权的情况下,伊凡六世只不过是个傀儡、伊凡系继承人的招牌。而彼得一世的女儿伊丽莎白·彼得罗夫娜则成了彼得系争夺皇位的一张王牌。一场废掉伊凡六世的阴谋在悄悄进行,一方面是朝廷内的彼得系贵族重臣竭力敦促伊丽莎白发动政变,另一方面是外国势力的干预和觊觎,其中瑞典最为积极。瑞典表示愿意帮助伊丽莎白上台,所需要的回报是将在彼得一世时期被俄国夺走的土地还给瑞典。

尽管母亲叶卡捷琳娜一世没有什么文化,但是,伊丽莎白自幼接受沙皇宫廷传统的教育,法、德、意大利语说得非常流利,她不仅美艳时尚,而且能歌善舞,溜冰行猎无所不能。22岁时,她爱上了皇宫合唱团的歌手、乌克兰哥萨克阿列克谢·拉祖莫夫斯基。在安娜女皇时期,伊丽莎白被排斥在朝廷大事之外,她对安娜和庇隆的专权日益不满,也就逐渐在身边聚拢一批亲信的人,其中拉祖莫夫斯基是个关键人物,其他的还有舒瓦洛夫和瓦龙佐夫兄弟。

最后,拉祖莫夫斯基、舒瓦洛夫和瓦龙佐夫兄弟参加了这场政变的谋划和行动。此外,伊丽莎白的私人医生,法国人列斯托克也积极参与其中。为了让伊丽莎白下定决心发动这场宫廷政变,列斯托克曾拿两张牌给伊丽莎白看。一张上画的是伊丽莎白被削了发,禁闭在修道院中;另一张画的是在民众的欢呼声中,伊丽莎白登上皇位。他说,伊丽莎白没有第三条道路可走。事实上,这时伊凡六世摄政的母亲和奥斯捷尔曼也已经觉察到了伊丽莎白密谋政变,也在准备行动。于是,伊丽莎白走上了政变之路。

1741年11月25日深夜,伊丽莎白亲自到普列奥布拉任斯基禁卫军团,呼吁他们支持自己的行动。她对禁卫军们说:"你们知道我是谁吗?你们知道我是谁的女儿吗?现在有人想把我关进修道院中去,你们准备好来保卫我了吗?"伊丽莎白接着对自己的政变行动进行了强有力的鼓动:"别害怕,我的朋友们!你们愿意效忠于我吗,就像你们曾经效忠于我的也是你们的父亲那样?你们自己知道,我受够了德意志人的折磨了,我现在还在忍受,所有的人都在忍受。让我们除掉这些折磨者吧!"随后,禁卫军团在她的呼号下进入冬宫,逮捕了伊凡六世的父母,而伊凡六世被伊丽莎白亲自押走。与此同时,列斯托克带领一支队伍,将米尼西和奥斯捷尔曼等人全部逮捕。伊丽莎白的宫廷政变成功。

三天后,伊丽莎白发布诏书,宣布自己是彼得一世和叶卡捷琳娜一世的合法继承人,同时称伊凡六世是篡夺权力的非法皇帝,将其囚禁,其父母被流放。伊丽莎白还组织了以尼基塔·特鲁别茨科伊为首的法庭,对米尼西和奥斯捷尔曼进行审判。米尼西以叛国罪、庇隆帮凶罪、受贿罪和盗劫国库罪被判处死刑,后改为流放西伯利亚托博尔斯克的荒僻之地,在那里生活了20年。1761年,他被彼得三世恢复了名誉,在叶卡捷琳娜二世时期得到重用,出任了波罗的海舰队的司令官。奥斯捷尔曼也以同样的罪名被判处死刑。在他被押解到刑场,上了绞刑架,即将行刑时,伊丽莎白的赦免令送到。奥斯捷尔曼被改判流放西伯利亚。几年后,奥斯捷尔曼死于流放地别列佐夫。

伊丽莎白女皇

按照罗曼诺夫王朝的传统,新皇的加冕典礼必须在莫斯科的克里姆林宫中举行,所以,1742年2月,伊丽莎白以及全部大臣来到莫斯科,4月,在莫斯科的克里姆林宫举行了盛大的加冕典礼,豪华的饮宴和假面舞会持续了好几天。

伊丽莎白(1741—1762年在位)恢复了参政院的建制,任命阿列克谢·别斯图热夫-留明主持政务。俄罗斯帝国的内政、外交政策发生重大改变。

在外交方面,别斯图热夫-留明向伊丽莎白进言:俄国当前最大的、最危险的敌人是普鲁士,因为普鲁士正全力与俄国争夺波兰和库尔兰。别斯图热夫-留明将此前俄国与法国结盟的外交方针转移到与奥地利和英国结盟的轨道上来。1741—1743年,俄国与瑞典为争夺瑞典皇位继承权打了一仗。俄国军队先是占领了芬兰,随后俄瑞两国签订了"永久和约"。根据这一和约,在西北部,俄国的疆界推进到了丘门纳河一线。1756年,别斯图热夫-留明又利用法国、奥地利与普鲁士的矛盾,促成了法、奥、俄三国同盟,由此俄国卷进了欧洲的一场混战——欧洲史上著名的"七年战争"。1758—1760年,俄国军队夺得了包括柯尼斯堡在内的东普鲁士的土地,并占领了柏林。伊丽莎白女皇当即签署了将东普鲁士并入俄国的诏书。在这个国家的历史上,俄国军队第一次踏上了"欧洲的心脏"。

伊丽莎白还下诏重议1739年的《贝尔格莱德和约》。她派出强硬派使臣彼得·鲁缅采夫与土耳其人在君士坦丁堡重议这一和约,结果是土耳其人承认了俄国君主的皇帝尊号,双方交换了全部俘虏,在俄军新要塞建成前不得铲除亚速要塞。于是,俄国保住了对亚速要塞的控制,在俄国南部边疆的黑海一线争得了可与土耳其人争夺新土地的有效空间。

在内政方面,伊丽莎白女皇将"收集"新土地与巩固新边疆密切结合起来,开始了一个集建筑要塞、屯兵守土、移民开垦、拓荒化民等政策于一体的时期。在这一进程中,伊丽莎白对俄国南疆的关注愈加强化。于是,在俄国南疆,即乌克兰南部与黑海沿岸巩固新边疆就成为这位女皇和以掌握重权的别斯图热夫-留明为核心的朝廷密切关注的问题。

伊丽莎白废除了死刑,除了将始自弗拉基米尔城的向东方之路用作惩罚的"流放之路",更加强了此路"收集"新土地的功能。她还下诏重组"堪察加考察队",让白令率队再次去堪察加"探险",使他完成了俄国历史上"最昂贵的"堪察加探险。与此同时,伊丽莎白更注重"收集"新土地中的科学因素。也正是在这一时期,出现了对堪察加进行科学意义上考察的俄国第一代植物学家和地理学家,如西伯利亚堪察加研究专家斯捷潘·克拉舍宁尼科夫。

伊丽莎白还继承了安娜女皇建立奥伦堡委员会的决策,于1743年在俄国东南部边疆建成了奥伦堡要塞、奥伦堡省,使之成为帝国向东方和东南方扩张疆土的基地。伊丽莎白下诏利用大批"犯人劳动力",诏曰:"宽恕所有已经被判处死刑的人,释放那些被流放服苦役的人,即使是永久的流放……将农民和工商区居民送回自己的领地,如果是受到过当众处罚,但没有剜鼻

科曼多尔岛上纪念白令的十字架

的,可以将他们送到他们的居住地;而那些剜过鼻或者打上了其他印记的人——将他们送到奥伦堡去,让他们居住在城里还是郊外,由该省总督考虑。"与此同时,集中了各种成分的开发者的俄国驻军被改建成一支新军队——牙易克哥萨克军。奥伦堡省成了开采金矿、东方各族交易和屯兵戍边相结合的地区,尤其是金矿的开采给俄罗斯帝国带来滚滚财源。仅在1749—1755年,经过奥伦堡运往莫斯科的黄金就高达55普特,白银达4 600普特,这不仅大大缓解了庇隆和奥斯捷尔曼时期帝国经济恶化的状况,而且为伊丽莎白豪华的、挥霍无度的宫廷生活提供了足够的经济保证。

1755年5月,奥伦堡委员会的所作所为激起了奥伦堡地区巴什基尔人和鞑靼人的起义。伊丽莎白下诏镇压,准予参与镇压的人将所夺得的财物和俘虏归为私有,对于捉获起义首领者将赏1 000卢布和其他珍贵财物。沙皇朝廷还向起义地区派去了25 000名士兵组成的军队。在沙皇军队的清剿下,巴什基尔的许多居民点被捣毁、焚烧一空,成千上万的起义者死于刀枪之下。在朝廷的武力和在该地实施的离间各民族的政策下,巴什基尔起义最后失败。起义的领导人被押送至圣彼得堡,以叛国和诽谤沙皇罪被剜鼻,监禁于什利谢里斯堡,死于屈辱和痛苦之中。不仅在奥伦堡地区,全俄国,贵族、庄园主都享有特权,他们决定农奴的命运,可以买卖农奴。所以,在农村,农奴的反抗和起义是很常见的。仅在伊丽莎白统治的最后几年,就爆发了60多起农奴暴动和起义。

第五节　卡尔·彼得和索菲娅·奥古斯塔

伊丽莎白女皇有一桩不幸的婚约。她的不幸是她的父亲彼得一世造就的。

在彼得一世时期，欧洲各国皇室和贵族的联姻通婚是常事，也是各自外交政策之所需。而对力求打开通往欧洲西方世界之路的彼得一世来讲，这更是他强国之路的重要决策。

彼得一世为争夺波罗的海的出海口及其沿岸的土地，与瑞典打了一场旷日持久的战争，与瑞典邻近、与波罗的海沿岸毗连的普鲁士王国北部地区就成为俄罗斯与瑞典争夺的要地。为将俄国的势力扩展到普鲁士，彼得一世采取了和亲的政策，将两个女儿先后嫁给普鲁士王国的荷尔斯坦因-戈托普公国的公爵。

彼得一世有两个女儿，长女安娜·彼得罗夫娜为第一任妻子所生，次女伊丽莎白·彼得罗夫娜为第二任妻子所生，因此安娜和伊丽莎白是同父异母的姐妹。1724年，彼得一世将安娜嫁给了瑞典国王卡尔十二世的侄子、荷尔斯坦因-戈托普公国的卡尔·弗里德里希公爵，但此公长期居住在瑞典、俄国，只是在瑞典与丹麦讲和后才返回故乡。1728年，安娜和卡尔生下了儿子，取名卡尔·彼得。当年，彼得一世嫁女时，曾提出三个条件：联姻的子女必须信奉东正教；必须臣服俄国，即要成为俄国人；他们可以继承帝王之位。此外，还有一项秘密条款：彼得一世保留宣布继承人的权利。

此后，彼得一世打算将伊丽莎白嫁给法国国王路罗十五，但被法国婉言拒绝。彼得一世最后又选定了荷尔斯坦因家族的一个儿子卡尔·奥古斯特，并迅速将卡尔·奥古斯特接到了俄国，准备了隆重的婚礼。但是，卡尔·奥古斯特突然暴病而亡，婚礼没有举办成。

在这两段婚姻中，安娜和伊丽莎白之间除姐妹之情外，卡尔·弗里德里希与卡尔·奥古斯特都源于荷尔斯坦因家族，因此，安娜和伊丽莎白之间又多了一层与荷尔斯坦因家族的关系。而荷尔斯坦因的一位有波兰血统的公主伊凡娜·索菲亚嫁给了邻近的安哈尔特-采尔勃斯特公国的公爵赫里斯基安·奥古斯特，于1729年生下了女儿，取名索菲娅·奥古斯塔。而安哈尔特-采尔勃斯特公国又与荷尔斯坦因-戈托普公国有着密切的家族血缘关系，赫里斯基安·奥古斯特与伊丽莎白未婚夫卡尔·奥古斯特为同辈兄弟。家族和联姻就像是一种宿命,将俄罗斯帝国与这两个公国联系在了一起,将卡尔·彼得和索菲娅·奥古斯塔串在了一根"红线"上,并进而彻底地改变了俄罗斯帝国皇位的继承传统。

按照罗曼诺夫家族的继承传统,新皇登基的同时,就必须决定自己的继承人。伊丽莎白在婚礼破灭后,再也没有举行过正式的婚礼,因此没有后人。也就是说,到伊丽莎白后,罗曼诺夫家族的女性继承人也没有了。因此,在1742年登上皇位后,确定继承人就成了她的一个十分迫切的使命。几经选择后,她决定继承父亲彼得一世与欧洲各国——尤其是与普鲁士各公国"联姻"的做法来解决沙皇继承人的问题。几经周折,她选中了姐姐安娜的儿子卡尔·彼得为自己的继承人。她对外宣称卡尔·彼得是彼得一世的外孙,是合法的继承人,并以此来遏制朝中大臣们反对这种选择的阴谋与争斗。

1742年2月,伊丽莎白派使臣将卡尔·彼得接到俄国,并按照彼得一世的三原则来培养卡尔·彼得。首先,让原本信奉路德教的卡尔·彼得改信东正教,让他宣誓效忠俄罗斯帝国,而卡尔·彼得在普鲁士崇尚武功的环境中长大,接受的是普鲁士式的军事教育,虽也读过很多书,掌握法、英、瑞典几种语言,但没有接受过当俄罗斯帝国君王的训练,并且他对俄罗斯帝国没有任何好感,甚至连一句俄语也不会说。被伊丽莎白派去培养卡尔·彼得的东正教高级僧侣极为头痛,频频向伊丽莎白告称,此子不可教。而当伊丽莎白谴责卡尔·彼得,要他循规蹈矩时,他竟然大声为自己辩护:"是你把我拽到这个可诅咒的俄国来的,又不是我要来的!"所以,对卡尔·彼得的俄国化改造持续了九个月的漫长时间。直到同年11月,卡尔·彼得才不得不由路德教改信东正教,改名为"彼得·费奥多罗维奇"。在此后的两年里,彼得·费奥多罗维奇整日声色犬马,以追逐在宫廷里出入的贵妇为乐事。当时,彼得十四五岁。

在培养彼得期间,伊丽莎白选中安哈尔特-采尔勃斯特公国的索菲娅·奥古斯塔为彼得未来的皇后。这一年,索菲娅十三岁。两年后,也在寒冬二月,索菲娅·奥古斯塔被召进俄国。索菲娅是和母亲一起来的,伊丽莎白安排她们到俄国各地去了解民情和风俗。索菲娅自幼聪慧,机敏过人,读了很多书,熟练掌握了法语、意大利语和英语。在俄国的巡游中,索菲娅用心关注东正教的教义、训条、习俗,学习俄语,并不断使用俄语与人们交谈。索菲娅·奥古斯塔终于爱上了俄罗斯帝国,承认了东正教。四个月后,索菲娅·奥古斯塔放弃路德教,皈依东正教,改名为叶卡捷琳娜·阿列克谢耶夫娜。这个名字不是随便改的,而是一字不差地使用了彼得一世的第二任妻子、伊丽莎白的母亲——叶卡捷琳娜一世的名字。这也正体现了伊丽莎白在选择自己的继承人上的煞费苦心，既有在家族传统上对继承人的考虑，也带有对自己母亲的怀念。

次年即1745年8月，伊丽莎白为他们完婚，举行了盛大的婚典，庆祝活动持续了整整十天。对于伊丽莎白来说，她终于没有辜负先人的遗训，选择了自认为合适的继承人。这个有着普鲁士血统的继承人将为罗曼诺夫王族增添新的血液，他将是俄罗斯帝国历史上第一位非皇族内部的帝王，而对于彼得和叶卡捷琳娜来说，一段不幸的并将导致悲惨结局的婚姻开始了。

第六节　为普鲁士效劳的彼得三世

彼得和叶卡捷琳娜的婚姻是伊丽莎白"强扭的瓜"。

彼得一心钟爱另一个贵妇人，而对叶卡捷琳娜则视如仇敌。他放出话来，一旦登上皇位，就要废掉这个"讨厌的妻子"。叶卡捷琳娜也知道，彼得若真登基，她不是被处死，就是被送进修道院幽禁终身。在俄罗斯帝国的宫廷里，这是失宠的女人们共同的结局。

为了未来的皇位彼得有许多事情要做，最主要的是要将一批大臣笼络于自己的周围，还要获得帝国禁卫军团的大力支持。彼得在为未来集结力量，而所有的行动都瞒着伊丽莎白。叶卡捷琳娜也在做准备，寻找支持自己的大臣和在禁卫军团中拥戴自己的年轻军官。彼得和叶卡捷琳娜成了帝国宫廷中的两股政治力量，各自的阴谋诡计在预决着俄罗斯帝国的未来。而伊丽莎白对彼得的一切感到失望。因此，伊丽莎白从不允许彼得参与政事，只是让他去管理一个禁卫军团。

彼得和叶卡捷琳娜的婚姻生活尤为糟糕，婚后两人根本不住在一起。彼得拥着自己的贵妇、荒淫无度，叶卡捷琳娜也有了自己的情人格奥尔基·奥尔洛夫。彼得和叶卡捷琳娜生活在同一宫苑之内，但互不过问干扰。伊丽莎白望孙心切，对此极为恼怒，硬将他们关在一处宫苑，强迫他们过夫妻生活。婚后第9年即1754年，叶卡捷琳娜生下了儿子保罗。保罗一出生，伊丽莎白大喜，终于有孙子可以来继承自己的皇位了，于是保罗就被伊丽莎白带走，由她亲自培育教养。

俄国的一些大臣，如别斯图热夫-留明，从来就不喜欢彼得。1757年，伊丽莎白病重，他们酝酿政变，欲废掉彼得，叶卡捷琳娜也参与了策划。但是，伊丽莎白康复,策划中的政变流产。别斯图热夫-留明等人失宠,而叶卡捷琳娜机警过人,立即毁掉了所有与政变者的来往信件,得以幸免。

1762年11月,伊丽莎白重病去世,执政20年。于是,彼得登上了皇位,是为彼得三世,时年34岁。叶卡捷琳娜为皇后,时年33岁。彼得三世登基伊始,就开始按照普鲁士方式来改造帝国朝廷的运作机制,先是取消了秘密警事厅,立即赦免了彼得一世后几代沙皇放逐西伯利亚的大批重臣和贵族,接着于1762年2月18日,颁布了《赐予俄国所有贵族以特权和自由诏书》,免除了贵族的所有义务(包括服军役)和劳役(在彼得一世时期,贵族是要终身为帝王效劳的,其后,在安娜·伊凡诺夫娜女皇时期,贵族在为帝王服役25年后就可以退休),使贵族享有包括进出俄国自由的各种特权。结果贵族阶层迅速膨胀发展起来,成为围绕宫廷和君主的一支重要力量。3月21日,彼得三世颁布了将教会财产收归国有的诏书,制止东正教对古老礼仪捍卫派进行镇压,取消东正教独霸天下的状态,试图实行宗教信仰自由。而这里的"宗教自由",就是大力扶植路德教,宣布信奉东正教者为异教徒。这对于朝野虔诚信奉东正教的帝国来说,是不可容忍的逆天大罪。彼得三世被指责是东正教的叛徒、俄国最可恶的敌人。

彼得三世还要在俄罗斯帝国的支柱——禁卫军中改行普鲁士的军制。这不仅激起禁卫军官们的抵制和反抗,而且也大大触犯了帝国皇室宫廷、重臣和权贵的利益。这些人认为彼得三世背叛了俄罗斯帝国的利益,根本不爱俄国。

此前,"七年战争"——这场欧洲土地上各国之间的混战尚未结束。俄国在战争中是反普鲁士同盟的一员,曾在1758年大败普鲁士军队,夺得了包括柯尼斯堡在内的大片东普鲁士的土地,1760年,俄军甚至一度攻进了柏林。1761年,普鲁士投降,同意签署由俄国大臣们草拟的投降书。这份投降书写明了俄军对柏林的实际控制。显示了俄罗斯帝国对其占领的柏林城及其居民的"宽容"与"恩赐",沙皇还保证"所有居民,不管身份地位,其财产都不会受触动,绝不允许在城里、郊区和道路沿线的村庄有动乱和抢劫发生"。俄军在这场大规模会战中所夺得的土地紧邻波罗的海,是俄罗斯帝国梦寐以求的。胜利大大张扬了俄国朝廷的声誉与社会上的"爱国之情"。这份投降书正是俄罗斯帝国所期待和需求的,更是俄国密谋策划的行动的一部分:俄国用东普鲁士与波兰交换波罗的海沿岸的库尔兰为己有。但伊丽莎白死亡,普鲁士的投降书没有来得及签署。

彼得三世来到俄国之后仍然崇奉普鲁士的一切，并试图用普鲁士的一切来改造俄国。伊丽莎白在世时，他就同情普鲁士，对俄国与普鲁士交恶的政策不断表示异议。他在登基后颁布190多项法令和法律，就是试图推翻伊丽莎白的政策，把俄国改造成为他所崇奉的普鲁士式模样。所以，他拒绝在普鲁士投降书上签字，想方设法停止俄国与普鲁士的军事行动。1762年4月24日，他与普鲁士国王弗里德里希二世单独签订了《圣彼得堡和约》。根据这份盟约，彼得三世不仅下令放弃柏林，从那里撤回俄军，而且将包括柯尼斯堡在内的东普鲁士的大片土地还给普鲁士。这份盟约是完全不符合俄罗斯帝国"收集"土地、扩张疆土的传统治国方略的。它不仅没有使俄国"收集"到更多土地，反而因长达七年的战争赤字猛增、国库空虚，处于一种危机深重的状态。彼得三世的作为严重触犯了俄罗斯帝国的利益，遭到了朝廷重臣和具有强烈爱国热情的禁卫军军官的反对。但是，彼得三世也不甘示弱，下令解散禁卫军，并令军队去与俄国的前盟友丹麦开战。彼得三世这种火上浇油的做法让他自己的皇位处于风雨飘摇之中，他的生命也岌岌可危。

第七节　涅瓦河边耸立起一座宫殿

从安娜到伊丽莎白是俄罗斯帝国历史上一个特殊的时期。无论是安娜还是伊丽莎白都热衷于时尚和豪华，都愿意生活在珠光宝气之中。

安娜登基后，将朝廷迁回圣彼得堡，但她不愿意住在彼得一世曾经住过的宫殿里，因为它是木结构的，陈旧、不舒服。1731年，她下诏建造一座豪华的能举办盛大饮宴活动、化装舞会和能欣赏戏剧的新宫殿。为此，她邀请了当时在欧洲享有盛名的意大利建筑师卡尔罗·拉斯特列里（老拉斯特列里）主持设计和建造，他的儿子弗朗切斯科·拉斯特列里（小拉斯特列里）也随同来到了圣彼得堡。

拉斯特列里父子是巴洛克风格的大师。巴洛克，这一流行于欧洲的时尚风格其特点就是"新奇、不对称、别出心裁"，而拉斯特列里在自己的建筑生涯中又极大地丰富了这一建筑艺术。拉斯特列里父子给俄罗斯帝国带来的正是这样一个繁花似锦的巴洛克。1732年5月，安娜颁诏，拨款20万卢布建造新宫殿，并举行了奠基典礼。弗朗切斯科·拉斯特列里按照安娜女皇的需要——时尚、豪华、舒适，将新奇、不对称和别出心裁的要素发挥得淋漓尽致，而新宫所有木结构工艺和装饰都由法国人来完成。

这座以巴洛克风格为主,杂糅了法国风尚的新宫于1735年建成,新宫中仅皇位大厅就占1 000平方米。当时一位进入过此宫的瑞典学者这样记述:"大厅是我见过的最宏伟的大厅,到处都装饰着镜子、精致的大理石,还有大量的镀金浮雕和其他装饰……装饰画是宫廷画师卡拉瓦克画的,画幅的中央是女皇登基的情景,喀山、阿斯特拉罕和西伯利亚的神职人员和皇室成员站在一旁欢呼,歌颂安娜·伊凡诺夫娜的当政,歌颂帝国的强大……"

拉斯特列里深知安娜女皇爱好喜剧,常常通宵达旦举办假面舞会,特意在宫中建造了一座欧洲风格的剧院。他还精心设计了安娜女皇宝座的位置。它离地面有几级台阶,四面镶铺橡木地板。宝座的上方是俄罗斯帝国的双头鹰国徽,两旁是战神马尔斯和智神帕拉斯。这是一座满足安娜女皇对时尚与豪华的追求,又能让她时刻感知臣民对自己歌功颂德的宫殿。安娜极为满意,这个行宫成了她的长居之所,这个皇位大厅成了她接见外国使臣和举行大典的地方。1738年,安娜女皇晋封拉斯特列里为"俄罗斯帝国宫廷总建筑师"。

对于在安娜时期建造宫殿之事,拉斯特列里自己曾有过记载:"我来到后,安娜女皇就命令我建造一座大型的石头建筑的冬季居住的宫殿,四层,不要地窖和顶楼。在这一建筑里,要有大厅、画廊和剧院,还要有恢宏的台阶。"

伊丽莎白女皇美艳无比,欧洲各国的驻俄使节都夸她是"绝代佳人"。她崇尚欧洲生活,痴迷于法国的建筑、艺术和服饰,爱好喜剧、舞会、沙龙。与安娜女皇相比,伊丽莎白更喜欢富丽堂皇的风格,特别关注自己居住的皇宫和行宫的华美瑰丽和内部装饰的优雅高贵。她嫌安娜建造的冬宫仍不够宏大、豪华,不够时尚和巍峨。1754年6月,伊丽莎白下诏拉斯特列里扩建冬宫,要拉斯特列里为"全俄罗斯帝王的光荣"建造一座新宫殿,并要求在三年内完成,因为她要在1756年秋季举办迁入新宫的狂欢饮宴。为此,女皇批准了将出售伏特加酒和葡萄酒所得的近百万卢布用于建造,但是这笔钱远远不够,参政院不得不在1755年向全国各地发文:采取强征的办法筹集建造的资金;全国的石材、木材都集中用于冬宫的建造,任何人三年内都不得使用这些材料;将石匠、粗木木匠、细木木匠和翻砂匠等全部送至圣彼得堡;为此目的还动用了3 000名士兵。

这座宫殿从1754年开始建造,费时长达7年之久。拉斯特列里按照伊丽莎白的爱好与需要,花两年的时间建造了一处琥珀厅,供女皇处理国务所用。他特意在这些琥珀中间,镶嵌了18块大镜子。镜面在灯光的反射下,将琥珀厅照射得无比辉煌。伊丽莎白大喜,建筑大家拉斯特列里成了女皇宫廷的御用建筑师。现在圣彼得堡名闻世界的一系列辉煌建筑——冬宫、皇村的叶卡捷琳娜宫、波罗的海芬兰湾边的彼得一世的行宫和彼得戈夫都是这位建筑大师兴建或完成的。拉斯特列里把欧洲时尚的巴洛克风格带进了俄国,而伊丽莎白女皇则赋予这种欧洲传统的巴洛克以富丽堂皇、雍容华贵的新面貌。于是,俄国的巴洛克就有了"伊丽莎白巴洛克"这样极富帝王色彩的名称。

这期间,在圣彼得堡当政的赫里斯托夫·米尼西在瓦西里耶夫岛上完成了"十二部大楼"和彼得-保罗要塞石五棱堡的建造。为了迎合伊丽莎白女皇喜好饮宴歌舞之乐,米尼西在涅瓦河上进行军事演习和检阅,并在舰船上举办舞会和庆祝盛宴。自此之后,这一切活动成了圣彼得堡节日盛典中的传统,时至今日仍长盛不衰。

作者点评

在俄罗斯帝国历史上,从1725年叶卡捷琳娜一世登基到叶卡捷琳娜二世当上沙皇的这37年被称作"宫廷政变"时期。

所谓政变,就是沙皇的继承人和继承顺序都违背了俄罗斯帝国传统的法规。传统的继承法是皇位由父传子,而且只传男性。这种继承不受沙皇个人意愿转移,也不受朝廷政治力量斗争影响(虽然也时有例外,但这是一个传统)。因此,按照传统的继承法,沙皇继承人必须是沙皇的嫡长子,而在继承的手续上,则必须有先沙皇的诏书加以确认。但是,在彼得一世当政时,因他与儿子的政见不合,一怒之下将儿子监禁致死,所以没有了传人。彼得一世解决的办法是:废除帝国的传统继承法,未来沙皇的继承人由自己说了算。但是,彼得一世没有来得及确定自己的继承人,就一命呜呼,更没有留下关于继承的遗诏。

于是,俄罗斯帝国皇位继承问题引发了朝廷的激烈动荡。各派政治集团为争夺皇位继承权、拥戴自己的人当沙皇展开了生死之战。结果是以缅希科夫为首的贵族集团借助禁卫军团的力量,扶植彼得一世的妻子叶卡捷琳娜当了沙皇。叶卡捷琳娜一世是个波罗的海地区的非纯血统俄罗斯人,没有文化,除了俄语一句外国话也不会说,更没有受过当沙皇的培训。缅希科夫集团之所以拥戴她,一是因为她是彼得正式册封过的皇后;二是因为她没有任何政治经验,将她操纵于手是件极容易的事。

叶卡捷琳娜一世开启了一个对其后俄国历史产生重大影响的进程。也就是说，从叶卡捷琳娜一世开始，沙皇继承人问题发生了实质性的变化：一是继承人的选择不再由家族的血缘关系来决定，而由政治力量的争斗结果来决定；二是继承人可以不必是男性，女性同样可以当沙皇；三是罗曼诺夫王朝传统的"君主专制"在贵族的操纵和控制下，演变为沙皇与权臣的分权，权臣实质上执掌国家大权。在叶卡捷琳娜一世时期，彼得一世的旧臣、德意志人奥斯捷尔曼开始更多地参与政事的决策，但是，他的势力和影响还是受到缅希科夫等俄国权贵的限制，对皇位继承的争夺还在极大程度上局限于俄罗斯帝国朝廷中权臣、贵族之间的较量，以及权臣、贵族对禁卫军团力量的利用上。

叶卡捷琳娜一世死后，彼得二世的继位依然是俄国朝廷中贵族集团政治力量争斗的结果，只不过这时德意志人奥斯捷尔曼积极参与了关于未来继承人的阴谋与争斗，从而让俄国沙皇继承问题逐渐越出了俄国朝廷本身。

到了安娜被选为沙皇继承人时，俄罗斯帝国的皇位继承问题又发生了重大变化。安娜的登基将两个极为重要的因素带进了俄国：一是带来了她在库尔兰生活和治理的习惯、习俗和经验，二是带来了她治理库尔兰的忠实助手和忠贞的情人庇隆。于是，在俄国政事的决策与处理上，德意志人的影响迅速增强，尤其是在庇隆与奥斯捷尔曼联手将安娜完全控制于己手后。而安娜为了保持朝中政治力量的平衡，又重用了另一个德意志人米尼西。于是，三个德意志人执掌大权的状态决定了俄国的历史走向——"庇隆专政"。

"庇隆专政"实际上是情人掌权。女人为皇，情人掌实权，这在俄罗斯帝国的历史上是没有先例的，叶卡捷琳娜一世虽是女人当沙皇，但没有出现情人掌权的现象。安娜当沙皇使俄国历史上出现了情人与宠臣相结合，或者说合二为一的怪异现象，宠臣当权或者是宠臣现象实质上是俄国继承人危机的一种特殊表现。这种现象的出现首先是罗曼诺夫王朝没有了男性继承人，而女性继承人尚存所引起的。而这些潜在的女性继承人有两个共同的特点：一个是，她们在继承俄国皇位之前就有了情人，因此选择了她们，实际也就是选择了她们和她们的情人；另一个是，这些女继承人都崇尚时尚和奢侈，沉醉于饮宴、歌舞、戏剧和行猎，因此，时尚之风、纸醉金迷成为情人当道、宠臣专权的土壤。俄罗斯帝国的贵族权臣们在为继承人争斗不息时，似乎并没有预想到女人登基所带来的宠臣专权，更没有想到自己是否能承受得住这种后果。

而在伊丽莎白登基后选择继承人时，俄罗斯帝国的皇位继承危机又进入了一个新的时期。因为伊丽莎白无后，罗曼诺夫王朝连女性继承人也没有了。所以,伊丽莎白选择了有普鲁士血统的卡尔·彼得来继承俄国的皇位,又选择了根本不是俄罗斯人的索菲娅·奥古斯塔为卡尔·彼得的妻子。对于罗曼诺夫王朝来讲,伊丽莎白的这两个选择具有断代的意义:一是,这表明自彼得三世起,罗曼诺夫皇族的继承人不再只来自罗曼诺夫皇族内,自叶卡捷琳娜二世后,保罗一世、亚历山大一世、尼古拉一世、亚历山大二世、亚历山大三世,直至末代沙皇尼古拉二世,这些沙皇俄罗斯人自己把他们称为"罗曼诺夫家族的'荷尔斯坦因-戈托普-罗曼诺夫支系'"。二是,自叶卡捷琳娜二世之后,俄国不再有女皇当政。其后的沙皇都是崇尚武功、驰骋沙场的将军、统帅。他们也有宠爱的宫妃,但是他们不再允许宫妃干政,几代女皇时期的情人和宠臣相结合的现象不再出现。

在这37年宫廷政变时期,德意志人对女皇的控制和对俄罗斯帝国大权的执掌是个非常现象。但是,德意志人参与俄国国家大事并不始于这37年,它的源头应该说是彼得一世"打开一扇窗户"的政策。当时有大量的德意志人进入俄国各个部门,尤其是在造船、城市建设、运河的开挖等技术部门。米尼西和奥斯捷尔曼就是那时来到俄国的,米尼西就曾是建造圣彼得堡和开挖拉多加运河的主要负责人。这些人基本上是技术工程人员,是彼得一世谋划开放政策所迫切需要的人。彼得一世给这些德意志人提供各种优惠条件,所以这些德意志人来到后,纷纷改俄国姓名,改信东正教,获得俄国贵族的称号。在彼得一世时期,虽然也允许德意志人在朝廷和部队供职,并且根据1712年的沙皇令,可以自动晋升为贵族,如米尼西、奥斯捷尔曼,但他们并没有达到能操控俄国国家事务的地步。有数字表明,彼得一世时期,在俄国的贵族中"俄国德国人"只占3%。

而到了安娜时期,庇隆带来了大批的德意志人,并且在朝廷的所有关键部门都安排了德意志人。以庇隆为首,奥斯捷尔曼、列文多姆主管外交,米尼西掌管军队,舍姆伯格负责工业,缅格坚处理朝廷事务。德意志人事实上控制住了沙皇和俄国的整个朝廷。德意志人很少从事技术、工程部门的工作,他们成了一股政治力量,所承担的使命就是保卫安娜的皇位。

这些德意志人虽然名义上在为俄国工作,而实际上是在为普鲁士的利益效劳。他们不断地扩大军事、法庭审判等行政开支,又以维护皇权为名盗窃国库、损公肥私,致使国库日趋枯竭。苛捐杂税的增多、对不满现状的骚动、起义和镇压,不仅使民不聊生,而且使俄国陷入了深重的政治和经济危机。

还有一点是更为重要的,那就是这些德意志人在俄国执行了一项德意志化的政策,尤其是东正教的受排挤和路德宗的兴起极大地影响了俄国人传统的信仰、道德及习俗。而这一切也正是德意志人得以在俄国控制大权的土壤和基础。

总之,俄罗斯帝国的这 37 年是个有着强烈时代色彩的时期。一是这是个宫廷政变不断出现的时期;二是,这是个德意志人操纵帝国朝廷大权的时期。这两个时期特色又千丝万缕地交织在一起,组成了一幅幅光怪陆离的政治图景。

还有必要再写一点的是,虽然俄国的史书多称,自 1762 年之后,就不是宫廷政变时期了。然而事实是,在此之后,俄国宫廷中的政变并没有完全止息,政变的核心依然是继承人的选择,是皇族与各大家族之间持续不断的争斗和杀伐。

第九章

叶卡捷琳娜二世:为"新俄罗斯"而战

第一节　叶卡捷琳娜废夫君自立为皇

叶卡捷琳娜二世

按照辈分说,叶卡捷琳娜·阿列克谢耶夫娜是彼得大帝的外孙媳妇,而按照民族来说,她是个出生于普鲁士、接受欧洲教育的纯正的德意志人。自从她来到俄国的时候起,她就钟爱并迷上了俄国的一切,深信掌握俄语、改信东正教、融入俄国社会是自己真正扎根于权贵和皇族之中的唯一道路。而彼得三世尽管已经成了俄国的沙皇,改信东正教,但是他事实上依然悄悄信奉路德教,否定俄国的一切,执行亲普鲁士的政策。彼得三世和叶卡捷琳娜的婚姻关系很是糟糕,他们之间的政治立场更是针锋相对。而在彼得三世执政的186天中,双方关系的恶化与日俱增。

叶卡捷琳娜是个很有心计的女人,精于谋略。在来俄国宫廷的18年间,她对伊丽莎白女皇察言观色、极尽逢迎,而面对朝廷大臣,则表现为一个善解人意、通晓俄国、精明强干的人,她的目的就是有一天能君临天下。在为伊丽莎白女皇守灵期间,她整日守护,痛不欲生,而彼得三世却很少来守灵,并且依旧迷恋于声色犬马。贵族和大臣们对叶卡捷琳娜的好感和希望日增,而她自己执掌皇室大权、成为一代俄国君主的愿望也就越发强烈。

叶卡捷琳娜早就策划与彼得三世作一次生死决战,因此一直在私下里准备:一是与大臣、外国使臣联络,让他们站到自己一边来;二是在军队中——主要是在禁卫军中扩大自己的影响,提高自己的声誉,让军队支持自己,选择自己,废掉彼得三世。在彼得三世与普鲁士签署了《圣彼得堡和约》后,一方面他和叶卡捷琳娜的关系更为恶化,局势也就更为危险;另一方面,俄罗斯帝国政治力量的天平急剧向叶卡捷琳娜倾斜。朝中握有权势的人,如乌克兰扎波罗热哥萨克军队的盖特曼、俄罗斯帝国科学院院长基里尔·拉祖莫夫斯基(拉祖莫夫斯基的弟弟,前者是伊丽莎白女皇的情人和宠臣)和叶

刚进俄国宫廷的叶卡捷琳娜

卡捷琳娜的儿子保罗的"国师"尼基塔·潘宁伯爵都站到了叶卡捷琳娜一边。而她的情人和忠实助手禁卫军军官格奥尔基·奥尔洛夫以及他的两个弟弟

乌克兰最后的盖特曼——基里尔·拉祖莫夫斯基　　格奥尔基·奥尔洛夫

阿列克谢·奥尔洛夫和费奥多尔·奥尔洛夫更是政变坚定不移的策划者。此外,叶卡捷琳娜二世的宫廷"闺蜜"——19岁的叶卡捷琳娜·达什科娃也不断在她身旁出谋划策。

在禁卫军中,在罗曼诺夫王朝历史中多次参与宫廷政变的几个禁卫军团:伊兹梅洛夫斯基、谢苗诺夫和普列奥布拉任斯基军团的40名青年军官和上万名士兵转到了叶卡捷琳娜一边来。此外还有一个重要的人物参与了这次政变的密谋与行动,他就是后来成为叶卡捷琳娜二世忠实宠臣、兼并乌克兰和克里米亚的功臣格里戈里·波将金,而此时他是皇宫禁卫军的军官。

彼得三世为对抗叶卡捷琳娜的密谋,下令解散禁卫军,这促使奥尔洛夫兄弟加快采取政变行动。而这时,叶卡捷琳娜本人也不断接到有关国内政治气氛和民众情绪的密报,她认为时机成熟,必须立即行动废掉彼得三世,保全自己。

还有件事加速了这一进程。1762年6月9日,彼得三世为庆祝与普鲁士签订了《圣彼得堡和约》而大宴群臣和外交使节。在宴会上,彼得三世要求出席者起立举杯,坐在身旁的叶卡捷琳娜断然拒绝起身为和约的签署举杯。彼得见状勃然大怒,不顾国君的身份,当着群臣和外国使节,破口大骂叶卡捷琳娜:"Дура!"(俄语,"你这个蠢货!")至此,叶卡捷琳娜和彼得三世的关系已经处于鱼死网破的边缘线上,双方都到了箭在弦上的时刻。

1762年6月28日是彼得三世的命名日。彼得三世名义上是要在圣彼得堡郊区的奥拉宁鲍姆宫庆祝,而实际上是为了在此逮捕叶卡捷琳娜,挫败她的政变企图。6月27日,叶卡捷琳娜已经到达离奥拉宁鲍姆不远的彼得戈夫,这时,格奥尔基·奥尔洛夫快马赶来,告诉叶卡捷琳娜,禁卫军中有一军官被捕,政变之事已经泄露,必须赶快返回圣彼得堡,采取紧急措施。深夜,叶卡捷琳娜急速回到了圣彼得堡后,按照格奥尔基的部署,接受了谢苗诺夫军团和普列奥布拉任斯基军团军官的宣誓效忠。叶卡捷琳娜在士兵和人群的簇拥下来到圣彼得堡最神圣的东正教中心——喀山教堂,接受了大牧首的祝福,随后又在冬宫中接受了廷臣的宣誓效忠。叶卡捷琳娜就这样推翻了自己的丈夫——彼得三世,自立为君,称叶卡捷琳娜二世。这时,在皇宫广场上,有人在狂欢的行列中询问达什科娃事情的进展情况,达什科娃笑着说:"一切如愿,一切正常。"

此时此刻,彼得三世还待在奥拉宁鲍姆宫,等待叶卡捷琳娜一到,就立即将其逮捕。但是,彼得三世成了孤家寡人,只有一人去那里向他报告了皇都发生政变的消息。他先是仓皇逃往喀琅施塔得,在没有得到支持后又折回奥拉宁鲍姆宫,呆坐在那里等待命运之神的到来。几个小时后,叶卡捷琳娜亲自率领一支 1 200 人的队伍来到奥拉宁鲍姆宫。彼得三世请求宽恕,签署了放弃皇位的诏书,随即被

1762 年 6 月 28 日,叶卡捷琳娜二世在冬宫的凉台上接受禁卫军和民众的欢呼

阿列克谢·奥尔洛夫等人押往他昔日为大公时的府邸——罗普沙宫。几天后,彼得三世死在了罗普沙宫。

在罗曼诺夫王朝的沙皇继承史上又增加了一次血腥的政变,只不过这次不是兄弟相争、父子仇杀,而是夫妻情仇。但是,在叶卡捷琳娜二世同意的政府通告上宣示的是:彼得三世"死于因长期酗酒引起的痔疮出血"。通告还列举了彼得三世的四大罪状:一是与普鲁士签订和约,将俄军夺得的包括东普鲁士在内的土地还给了普鲁士;二是准备与俄国的盟国丹麦开战;三是废除东正教的礼仪规章,禁止悬挂圣像,没收修道院财产;四是不爱俄国,不为俄罗斯帝国的利益效劳。

然而,尽管政变成功,叶卡捷琳娜二世继承皇位是不符合罗曼诺夫家族的传统继承法的。为此,叶卡捷琳娜二世在加冕诏里给自己的登基所写的理由是:"这是我国所有忠君保皇的人们所表达的毫无疑问的和真诚的愿望。"她还重申了废黜彼得三世的理由:"他试图改变国家的宗教信仰并与普鲁士讲和。"

彼得三世的死亡是俄国历史上的一个谜团。达什科娃后来回忆说,彼得三世是被杀的,被葬在了亚历山大·涅夫斯基修道院,叶卡捷琳娜还奖赏了杀人者。但也流传着一种说法:彼得三世逃出来了,隐匿于民间。所以就有了后来普加乔夫借彼得三世的名义发动农民起义的故事。

第二节　给贵族特权和自由，让教会服从于帝王

叶卡捷琳娜二世执政后所做的第一件事，就是犒赏协助她当上沙皇的贵族。主要的赏赐就是土地和金钱。奥尔洛夫兄弟得到了大量的土地和农奴，达什科娃获得了巨额卢布。仅在1762年一年中，叶卡捷琳娜二世赏赐给贵族的男性农奴就达到了18 800名。她还将他们提升到显赫的地位上来，成为她推行自己政策的忠实助手。达什科娃被委任为圣彼得堡科学院院长，成为叶卡捷琳娜二世推行"开明专制"的忠实助手。格奥尔基·奥尔洛夫成为一代宠臣、伯爵，是她处理棘手问题的特使。1771年，莫斯科鼠疫流行，并随之爆发了"鼠疫骚动"。格奥尔基奉女皇之命，顺利地平息了暴动。叶卡捷琳娜二世对他恩宠有加。从1768年起，叶卡捷琳娜二世用17年的时间为他建造了一座豪华的府邸——大理石宫，大门上高悬有"帝赐府邸"的匾额，尽管格奥尔基在府邸落成之前就去世了。

1762年11月，叶卡捷琳娜二世诏令成立宗教财产委员会，将教会的土地财产国有化。1764年2月，她又颁布诏令剥夺教会的土地和农民，转归经济委员会，对从前属于寺院、高级僧侣和教会的农民征收"一个半卢布代役租"。在此过程中，有850万俄亩（1俄亩＝1.092 5公顷）土地、90多万男性农奴转归国有（后者被称为"经济农民"），每年从经济农民那里征收的代役租达到150多万卢布。与此同时，寺院和僧侣的数目大减。随着叶卡捷琳娜将国有土地和经济农民赏赐给贵族，一方面贵族的实力大增，另一方面过去几乎独立于国家权力之外的教会不得不依附和听命于国家及其最高统治者。也就是说，传统的政教合一被大大削弱，叶卡捷琳娜二世成为真正的最高决策者、统治者。

叶卡捷琳娜二世对贵族赐予如此大量的赏赐和恩宠，还有一个更为重要的原因，那就是，这时贵族已经积蓄起足够的力量，正在谋求自己的利益。他们对于所承担的国家义务感到厌烦，想要尽力摆脱它们，贵族和国家之间的矛盾在深化和激化。叶卡捷琳娜看清了这一点。于是收买贵族、使其成为自己执政的主要支柱就成了她行使权力的主要方向。叶卡捷琳娜二世先后颁布了《赏赐俄国贵族以特权和自由诏书》和《贵族特权诏书》，这些特权和自由包括：不受体罚，不缴纳人头税，免除服役的义务，没有女皇亲自任命的贵族法庭的判决贵族的财产（庄园、土地以及地下资源）、封号和权势不得被剥夺，

有贸易和从事工业的特权；贵族可以在省、县两级贵族会议上担任要职，并且还可以选举出省、县的首席贵族等。

在这一系列政策下，大量的土地被重新丈量后，连同与土地联系在一起的农奴被分赏给贵族。随着对南部边疆土地的征服，叶卡捷琳娜二世所赏赐的土地和农奴的规模和数量就不断扩大。在她执政的 34 年中，80 多万农奴和约 100 万俄亩的土地被赏赐给了贵族。贵族在获得特权和自由后，一方面全力经营自己的庄园，在那里过着奢华的生活，按照自己的意志来剥削和惩治农奴；另一方面，贵族将自己的部分财力和精力转移至城市，在那里兴办手工作坊。正是在这一时期，俄国的金属工业获得了很大的发展，造酒、亚麻织造、呢绒织造等部门飞速发展。这时的手工作坊生产是以自由雇佣劳动者为基础的，而政府则不断严令禁止商人和作坊主购买农奴来从事工业生产，这就促使工业和手工作坊生产中的自由雇佣劳动者的人数逐年增加，到叶卡捷琳娜二世执政的末期，在手工作坊从业的总人数中，自由雇佣劳动者数量占比达到了 50% 以上。

工业的发展推动和扩大了国内外的商品流转。国内市场扩大，进出口贸易增加，大麻、亚麻、软革、油脂等成了俄国出口的主要产品，而进口的则主要是欧洲社会生活中的时尚物品：高级纺织品、葡萄酒、家具、咖啡和糖等。随着手工作坊的发展、商业的发达，关税政策发生了急剧的改变，俄国对主要外贸国家——英国取消了以前所给予的优惠。1780 年，女皇颁布了《武装中立宣言》，宣布俄国有权以武力保护自己的商贸航海自由。

1769 年，俄国开办了两家银行——贵族银行和商业银行，并于同年发行了俄国历史上的首版纸币（面额为 2 卢布、50 卢布、75 卢布、100 卢布）。也正是在这一年，叶卡捷琳娜二世在俄国历史上首次向外国——荷兰借外债。1786 年，俄国成立了统一的国家借贷银行。

1765 年，叶卡捷琳娜二世颁布诏令，扩大给予贵族地主的土地的数量，使地主有权任意惩罚农奴，可在庄园中对农奴实行私刑，女皇还将农奴关押并流放至伏尔加河沿岸直至黑海北部海岸的荒凉地区。于是，在这些地区就陆续出现了利用大量农奴的大地主贵族庄园，而植根于俄国中部地区的农奴制也就蔓延和扩展至这些地区。1767 年，叶卡捷琳娜又下令，农奴不得对地主提出任何申诉。在叶卡捷琳娜二世时期，俄国的农奴制发展到了极致，农奴成了名副其实的奴隶。

这位女皇还下令，欢迎外国人到南部新边疆地区来定居。对于这些外国人,女皇给予了特别的优惠:可以不服兵役,经商免税,甚至发给他们到俄国来的路费和安家费。随之,大量的外国人尤其是德国人和捷克人来到了俄国的南部新边疆。叶卡捷琳娜二世的这一政策使伏尔加河下游沿岸的这一新边疆成了俄国最动荡不安的地区,甚至俄国的民间谚语里都出现了这样的话:"活不下去了,那就到伏尔加河去吧,或是当纤夫,或是当强盗!"

第三节　女皇的"训谕":"开明专制"

叶卡捷琳娜二世深受法国启蒙思想家——伏尔泰、狄德罗等人的影响,在她开始执政时,欧洲各国已经普遍进入一个"开明专制"的时期,民主、平等、自由的思想正在迅速传播。叶卡捷琳娜决意用一种不同于以前沙皇尤其是彼得一世的一些残酷方法来实施统治。她的眼光不仅是看着俄国的,还是看着欧洲各个国家的。她心目中的俄国不仅是有现在的这些领土,而且她要将它扩展到更远的地方去,要有一个更大版图的帝国。而要达到这一目的,只能以"开明"的形象,用"开明"的手段,只有走"开明专制"这条路。

叶卡捷琳娜在全面回到彼得大帝政策的前提下,以"开明"的方式,使彼得的政策更符合俄国国内实际情况和国际局势。1763年,她对参政院的改革可以算是她"开明专制"的第一步。原来的参政院掌控了包括立法权在内的国家大权。在参政院处理国务的同时,沙皇实际上是被架空的,是处在事实上的"被摄政"状态。叶卡捷琳娜的参政院改革,就是要将参政院的大权收回,集中于己手。没有这种将国家权力的绝对集中,就不可能有君主集权的"开明专制"。她保留了参政院这个建制,但是在参政院下设置六个厅,将集中的权力分割成了六部分。第一厅负责监督首都圣彼得堡的政务和国务,第二厅执掌首都的司法工作,第三厅管理教育、艺术、卫生、科学和交通运输,第四厅掌管陆海军之职,第五厅监督莫斯科的政务和国务,第六厅负责莫斯科的司法工作。

这六个厅中,前四个厅专管以首都彼得堡为中心的全国的内政、外交和军事,后两个厅专职于管理莫斯科的贵族。最重要的是第一厅,设置总检察官负责工作,其他五厅设检察官。一切重要事务,各厅负责人必须亲自向叶卡捷琳娜二世呈报,听取君主的最后裁决。叶卡捷琳娜还颁布了《取消秘密办公厅》,取消了参政院的生杀大权,使其变成一个终极司法上诉机构。参政院改革将立法、司法和审判的权力集中于君主之手,从而加强了叶卡捷琳娜自己至高无上的地位。

参政院的改革为叶卡捷琳娜二世后来的一系列改革奠定了基础。在改革中,叶卡捷琳娜二世所依靠和使用的极为重要的措施就是立法——用一种欧洲国家存在的较为"自由"和"民主"的法律来管理国家,使俄国也能成为如欧洲各国那样的"有秩序的国家"。为此叶卡捷琳娜二世自己编写了一部《训谕》,而这部《训谕》是叶卡捷琳娜二世在欧洲的启蒙哲学家、法学家和经济学家,尤其是从法国百科全书学派的狄德罗等人的著作基础上编的。其中,叶卡捷琳娜二世增添了不少她自己对统治下的俄国现状的考虑和设想。《训谕》的核心内容有四:一是俄国必须有法律,二是俄国必须有强有力的君主专制政权,三是俄国社会必须分等级(居民的等级和国家管理的等级)治理,四是刑讯和体罚会损害俄国。概言之,《训谕》是部充塞着欧洲国家尤其是法国启蒙思想家的文字和思想的纲领性文件,它体现了叶卡捷琳娜的一个基本想法——要将俄国建成为一个像法国那样的有着等级居民制,城市自治,经营自由,在法律面前人人平等,以及行政、立法、司法三权分立的国家。

1766年12月,叶卡捷琳娜二世为此成立了一个专门的法典编纂委员会来制定俄国新的根本大法。这个委员会由贵族、商人和哥萨克的五六百名代表组成,其中主要是贵族代表,占总数的45%。这个委员会从1767年6月开会,到1768年12月被女皇诏令"暂停活动"。在这一过程中,女皇和各种政治派别的代表进行了接触,得以了解他们的政治利益与愿望,这为叶卡捷琳娜的统治提供了重要的依据。同时,在委员会的激烈争论中,欧洲各国"开明专制"的经验和俄国的传统执政经验在碰撞后发生融合,从而成为女皇进行统治的精髓。

1775年11月,叶卡捷琳娜二世改革了省管理体制,废除了过去的国家三级管理制,确立了省、县两级制。省的数目由20个增加至50个。每个省下设10—15个县,每个县的居民数约30 000人。而每个省都必须有30万—40万名男性纳税居民。省设省督,省督总揽全省的行政事务大权并拥有军权。省督由叶卡捷琳娜二世亲自任命并直接服从于女皇。

叶卡捷琳娜二世又颁布了《俄罗斯帝国城市权利和利益诏书》,勒令将城市居民分为六个等级。为首的是贵族和僧侣,其后依次是商人(按照财产和经营范围又分为三级:有权经营国内外商贸的一级行会商人,有权经营大量国内商业的二级行会商人,只能小量经营国内商业的三级行会商人)、行会手工匠人、长期居住在城市中的外族人、有名望的市民和有钱人,最后是靠小手工艺为生的城关小镇(工商区)的居民。这种改革将城市居民分为数等,分而治之,各等级居民间的流动基本上是不可能的。而从此在俄国历史上,城市居民就有了一个新的称号——"市民"(мещанство)。

确立参政院改革和省制改革的两个目的,一是确保君主的至高无上和绝对集权,二是确立国家分级管理体制,管理人员尊卑、上下的等级设置以及对居民的分阶层而治。在这两个目的的驱使下,一方面叶卡捷琳娜二世终结了自彼得一世死后沙皇被控制、被摄政,君主专制不专权的状态,重新实现了真正的君主专制、专权、独裁;另一方面分级而治催生了国家管理的官僚体制,爵位的尊卑、军功的大小、社会阶层的隔离成为这种官僚体制的核心和基础。一切都在"开明专制"的旗号下,一切都决定于"开明专制"的帝王之需。

第四节　移民、屯兵以戍边

在经济改革中,叶卡捷琳娜二世的目的是要建立一个统一的俄国国内市场,并将国内市场与欧洲市场相连接,以促进俄国工业、商贸的发展。而令叶卡捷琳娜二世捉襟见肘的是,俄国虽然土地辽阔、资源丰富,但人力资源严重短缺。

这时,宠臣格奥尔基·奥尔洛夫向她进言,建议将外国人移民到俄国来。他的理由是,在已经归属俄国的乌克兰第聂伯河西岸,土地肥沃却人烟稀少,可以在那里划出一个特别的地区,将移民来的外国人安置到那里去。叶卡捷琳娜二世对格奥尔基的建议却有更深一层的考虑,那就是将外国人定居在那里,可以划出一个移民、屯兵、戍边相结合的特殊地区,加强和巩固纷争连绵、战事不断的边疆地区之防卫。

于是,女皇选择担任参政院内司法检察官的亚历山大·格列波夫起草一份有关这一问题的诏书。叶卡捷琳娜二世的这一选择是有道理的,她登基后颁布的两份极为重要的诏书——《赏赐俄国贵族以特权和自由诏书》与《取消秘密办公厅》都是格列波夫起草的。1762年12月,格列波夫与格奥尔基一起起草、修订完成了《准予除犹太人外的外国人来俄国定居以及逃亡国外的俄国人自由回归祖国诏书》,12月4日,叶卡捷琳娜二世颁发了这份诏书,为吸引欧洲各国的移民,这份诏书用俄、德、法、英、波兰、捷克和阿拉伯文印刷,在欧洲各国广为散发。

但是欧洲各国居民对这份诏书的反响不大,原因是欧洲各国人对登基伊始的这位女皇不甚了解,对她治下的俄国前途持观望态度。此外,这时的俄国并没有准备好"欢迎外国人的进入":一是虽然土地辽阔,但让外国人在哪里定居,让他们干什么,女皇和参政院的大臣们尚没有成熟的意见;二是怎样让外国人进入俄国,有哪些手续和规章制度,都还没有确定。尽管如此,还是有外国人越过黑海经萨拉托夫进入俄国南疆。

随后,格列波夫又与另一位大臣先后起草了《准予进入俄国的所有人可自行选择在各省定居及赏赐给他们的权利》的诏书。

1763年7月22日,叶卡捷琳娜二世签署并颁布了外国人进出俄国的手续以及定居和享受优惠的细则。总共有十条,前五条是有关外国人来俄国的手续、居住地的自由选择及相关机构,后五条是给这些外国人的赏赐的规定。诏书宣布的进入俄国的手续很简单,外国人只要在到达的第一个边境城市向省督或者城市司令官报告一下就行;居住地可自由选择,没有钱到达居住地的,可由当局提供帮助。诏书中用了两个新名称:来俄定居的外国人叫"垦殖移民者",而国家为他们指定的地区叫"垦殖移民区"。

这份诏书虽然对移民俄国的人规定了三个可以定居的地区:一是各省的城市和郊区小镇("工商村镇"),二是特别划定的垦殖移民区,三是所谓的"自由地",即荒地和未开垦的土地。

《准予进入俄国的所有人可自行选择在各省定居及赏赐给他们的权利》的影印件

但是,女皇实际最希望外国人到特别指定的"垦殖移民区"和"自由地"去,所以,诏书还附了一份西伯利亚、奥伦堡省、沃龙涅什省和阿斯特拉罕省的"垦殖移民区"和"自由地"名单。至于坚持要到城市和郊区小镇移民的外国人,政府则有强制规定,即他们只能开办各种俄国没有的手工作坊和工厂。并且,对移居俄国的外国人还有一个强制的、不可违背的规定:每一个外国人、殖民者,在到达俄国后必须宣誓效忠于新的祖国——俄国和新的君主——伟大的女皇陛下。

与外国移民同时出现的还有另一种移民——国内移民。这是随着俄国疆土的不断南扩,女皇陆续往南部草原和临近黑海的南疆增派军队、构筑碉堡要塞等防御工事,尤其是维修、加固"乌克兰工事线"而出现的一种现象。"乌克兰工事线"从基辅起,沿第聂伯河通向奥恰科夫,再沿草原之路直通亚速海,长达数百公里,是俄国维护南疆边界的生命线。为了建筑、维修和加固这条防御线,女皇从基辅、沃龙涅什和别尔哥罗德等地区强征来了大批的劳工,从各个哥萨克军团调来了大量的哥萨克士兵当工人,这些人成了叶卡捷琳娜二世时期的"国内移民"。在这个移民潮流中,戍边的士兵和建造、维护防御工事的劳工混合成了一个特殊的群体:士兵要耕种,劳工要尽防御之责,于是,一种士兵与劳工相结合、屯田和戍边并举的新局面出现并迅速发展。但是,在俄国愈来愈向南扩进的边疆地区,需要大量甚至巨量的粮食储备,仅通过屯田戍边并不能解决这一问题。因此,对"垦殖移民区"和"垦殖移民者"就有了一项硬性规定:移民在这些地区必须从事和发展农耕和畜牧业。

武器的大量需求和俄国"制铁业"的不能跟进是除粮食外,女皇和朝廷同样感到棘手、难以凭俄国国力迅速解决的问题。于是,在城市和郊区定居的外国作坊和工场主就必须从事"制铁业"。俄国史籍上记载过一件事:当时俄国驻伦敦的使节曾向女皇的外交事务委员会递交过一份报告,建议应接受手艺高超的铁匠到俄国来。在这份报告上,留有一则批示:"较之丝绸匠和银匠,这样的手艺人对俄国来说要有用得多。"不过,女皇和朝廷官员都是极为敏感的人,他们在鼓励这些"对俄国来说要有用得多的人"在城市开办作坊和工场的同时,也保留了一种掌握他人命运的为君者的独特警惕性:这些作坊和工场不得设在圣彼得堡和莫斯科,而要在远离它们60俄里的地方。叶卡捷琳娜二世虽然急需能锻剑造刀的能工巧匠,但也惧怕匠人们的刀剑会加于己身。

叶卡捷琳娜二世又成立了"外国移民委员会",格奥尔基被女皇指定为负责人。格奥尔基亲自拟定了外国人宣誓效忠于俄国及叶卡捷琳娜二世的誓词,制定了宣誓仪式。格奥尔基还派出自己的亲信,前往欧洲各国招徕俄国的人。而这时,在欧洲持续了7年的混战结束不久,经济的萧条、社会的不稳定导致各国的手工业者、农民和昔日的士兵生活都没有保障。他们被俄国的优惠所吸引,纷纷踏上来俄国之途。一时间,德意志人、法国人、意大利人和瑞士人潮水一般涌进俄国,其中德意志人的数量最大。这些德意志人几乎是在瞬间,经过萨拉托夫,进入伏尔加河一带的。1763到1766年的3年中,就有 3 万人进入俄国,其中的 2.5 万人定居在伏尔加河沿岸,其他人则分布在小俄罗斯和俄国西南地区。

萨拉托夫这条线成为外国移民者进入俄国的主要通道,而由萨拉托夫上溯伏尔加河沿岸周边的外国移民区也在逐渐增多。1766 年,格奥尔基又向叶卡捷琳娜二世建议,必须在萨拉托夫设立外国移民者监管部门的分支机构,以保障外国人,尤其是德意志人能顺利进入俄国并在伏尔加河沿岸定居。1766 年 4 月,成立了外国移民者监管萨拉托夫特别办事处。格奥尔基通过监管部门及其办事处对外国人定居俄国事务进行多方面的管理。外国移民者集中定居于伏尔加河沿岸,这里成了叶卡捷琳娜二世移民诏书实施的主要和重点地区。这里的以德意志人为主的"垦殖移民区"从 1765 年的 12 个猛增至 1769 年的 100 多个。而在 1769 年的居民人口调查中,在伏尔加河沿岸的 105 个移民区中就居住着 6.5 万家德意志人。

德意志人来到了俄国垦殖区

叶卡捷琳娜二世准予外国人定居俄国的措施实际上开始了俄国历史上的一个新时期——"俄国国内农业殖民时期"(以后的史书简称为"内部殖民")。而在 1764 年 2 月,叶卡捷琳娜二世颁布了格奥尔基主持起草的《农业法》。

这份法令明确将顿河和伏尔加河沿岸一大片广阔地区开拓为垦殖移民区,规定了垦殖移民区的地理位置以及最大可容纳的移民家庭户数、每户可拥有的土地的俄亩数、各个移民区的边界的划分。法令还规定了垦殖移民区内住户间解决矛盾和保持移民区稳定的办法。法令对移民者家庭土地继承的规定十分详细:移民者的土地可以为子孙所继承,法令还列出了极为详细的继承办法和流程。法令还将池塘、湖泊、山林、移民区周边荒地列为公用地等。格奥尔基的这份《农业法》将俄国的"内部殖民"法律化,强调了在"内部殖民"进程中法律和执法机构的重要性。所以,他在给女皇呈报这一法律草案时就进言:"尽管诏书规定,移民者可根据自己的意愿有内部管辖权,但还必须要遵从一个共同的民法。因而，必须让前来定居的外国人事先了解有什么样的法律，让他们不能反对总的意图。换言之，要让这些外国人明白接受政府的这一总的意图的理由，因为没有这些就很容易自行其是，造成损害国家利益的不必要的后果，而最后由于各移民区裁决的不同，就会产生混乱和分歧，如果这样的话，就适得其反，就不能鼓励其他人来俄国了……"

叶卡捷琳娜二世的移民政策中，还有第三种移民，就是将俄国"西域"地区不稳定的（信仰上的和政治上的）居民迁移出该地区。这些移民就是叶卡捷琳娜二世诏书中提到的"逃亡国外的俄国人"又"自由回归祖国"的那部分人，也就是多年来因为宗教分合之争而流亡国外的"旧教徒"，也叫"古老仪式捍卫派教徒""分裂派教徒"，他们大多

俄国的旧教徒

逃亡去了波兰。在叶卡捷琳娜二世颁布诏书准予这些人自由回国后，他们又从波兰回到了俄国的"西域"地区。但是，女皇对这些移民并不放心。1764年10月，叶卡捷琳娜二世下令将这些旧教徒移民迁居至与西伯利亚驻军相毗邻的地区，以便对他们进行监管和控制。

第五节　叶卡捷琳娜对乌克兰哥萨克的统治

俄罗斯帝国的移民政策并不始于叶卡捷琳娜二世。早在伊丽莎白时期，乌克兰的东南部和南部就曾出现过两个特殊的垦殖移民区——新塞尔维亚和斯拉夫塞尔维亚。东南部的新塞尔维亚包括了自斯拉维扬斯克（当时叫"拓普碉堡"）至哈尔科夫的大部分地区，由移民至俄国的原为奥地利守边的塞尔维亚骠骑兵团组建。南部的斯拉夫塞尔维亚位于第聂伯河东岸下游的草原地区，由扎波罗热哥萨克军团管辖。在俄国史书上，前者被称为"村镇地区"（слобожанщина），也叫"村镇乌克兰"（слободская украина），后者被称为"盖特曼统治区"（гетманщина），也叫"盖特曼乌克兰"（гетматская украина）。

塞尔维亚骠骑兵的这一移民区成了俄国政府新的军事行政中心和帝国军队的驻防中心。

这两个移民区享有一系列的自治特权,但是,它们仍然摇摆于俄国人和土耳其人、波兰人之间,并没有信守当初移民俄国时的承诺:改信东正教,忠于沙皇,忠于俄国的君主专制政体。此外,扎波罗热哥萨克的军事组织和盖特曼的管理体制愈来愈对立于莫斯科的君主集权。其内部都动荡不定。

扎波罗热哥萨克

叶卡捷琳娜二世执政后,持续执行了开疆拓土的政策,俄罗斯帝国从土耳其人和克里米亚汗国那里夺得的土地增多了,其南疆已经越过新塞尔维亚和斯拉夫塞尔维亚一线,扩大至黑海—亚速海一线。叶卡捷琳娜二世为了"收集"黑海—亚速海沿岸更多的土地,开始了新的防御工事线的筑造。这位女皇开始推行"新俄罗斯"计划,因此,无论是村镇乌克兰,还是盖特曼统治区,都成了叶卡捷琳娜二世将乌克兰全境归于俄国的"新俄罗斯"计划的严重阻碍。于是,消灭村镇乌克兰和盖特曼乌克兰就成为女皇移民政策后续的重大行动。

1764年,在给参政院总检察官亚历山大·格列波夫的信中,叶卡捷琳娜二世就将给予新塞尔维亚和斯拉夫塞尔维亚自治特权描述成"让狼进了森林":"小俄罗斯、利夫兰和芬兰都是省,要根据赏赐给他们特权的原则对其进行管理,而违背了这些原则,骤然放弃它们,是极为下策的,不过,将他们称作外国人,又以同样的原则来与他们打交道,这就更加错误,可以确切无疑地说——真是荒谬不堪。应该以最简单易行的办法将这些省,还有斯摩棱斯克省俄国化,使之看起来不再像是狼进了森林。要做到这一点很简单,只要派那些有头脑的人去当这些省的省督就行了。而当在小俄罗斯不再有盖特曼的时候,就需要竭尽全力让盖特曼的名字永远消失……"维亚泽姆斯基以强硬手段执行了女皇的指示,所以,他被后来的史书称为"叶卡捷琳娜二世的鹰"。

1764年,参政院成立了两个委员会(新塞尔维亚事务委员会、斯拉夫塞尔维亚和乌克兰工事线事务委员会),来解决这个"狼进了森林"的问题。这两个委员会的共同结论是:这两个"垦殖移民区"的统领与莫斯科不保持一致,无法对他们进行控制。他们建议:撤销新塞尔维亚和斯拉夫塞尔维亚两个以外族人为主的垦殖移民区,将这些地区合组成一个省。委员们建议的办法是:第一,将扎波罗热非哥萨克化,取消扎波罗热军的建制并使之俄国化;第二,将盖特曼俄国贵族化,赏赐给他们土地,让他们组建俄国式庄园;第三,在新建的省制里,实行俄国的农奴制,将流动的、骁勇的哥萨克士兵转为农民,将他们固定在庄园里;第四,任命既有头脑又有铁腕手段的俄国大臣为该省的省督,以保证女皇的政策得以彻底实施;第五,将大量的大俄罗斯人和小俄罗斯人移居到这一新省中来,以保证俄国化政策的顺利实施。两个委员会的大臣们为了赞颂叶卡捷琳娜二世的圣明和伟大,建议新的省份应命名为"叶卡捷琳娜省"。

1764年3月22日,叶卡捷琳娜二世颁布诏书撤销新塞尔维亚和斯拉夫塞尔维亚,并在它们的基础上建立一个新的省。随后,沿萨马拉河、卢甘河和顿涅茨克河修筑了一条新的防御工事线:鲍戈罗季兹克-卢甘斯克工事线,即第聂伯河工事线,以替代乌克兰工事线,并将该地和巴赫穆特哥萨克骑兵团划属这个省。为便于管制,新的省下设三个分省(伊丽莎白、叶卡捷琳娜和巴赫穆特),省督为强力支持女皇设新省的大臣阿列克谢·梅里古诺夫中将。叶卡捷琳娜二世没有同意用自己的名字来命名这个新省,而是批示:"此省取名为新俄罗斯省。"

梅里古诺夫忠实地按照女皇的上谕办事。首先,他彻底改编了以骑兵团形式存在的哥萨克军,使其不再从属于盖特曼,而是归帝国军队指挥。新塞尔维亚、斯拉夫塞尔维亚的哥萨克骑兵按照俄国军队的编制改组成4个骠骑兵团,兵团司令官由梅里古诺夫亲自担任。与此同时,将驻军地和居民点分开,破除了哥萨克传统的军民一体的社会结构。

在这个新的省份内,开始了一场变草原为农耕地的大规模行动。主要措施为:一是按照俄国的方式,将省内的土地分为三类:国有土地、地主庄园土地和军团土地。这时"新俄罗斯"省总计有142.1万俄亩土地,分成36 400块。其中分给骠骑兵团的土地就达17.428万俄亩。二是将大量的土地赏赐给军官,使他们成为一方田产的所有者、有固定地产的新的庄园主。赏赐土地的多少是按照官阶的高低决定的,最高的每人可达500俄亩,而最低的则在100俄亩左右。农民也随同土地一起被赏赐,而这些农民将永远依附于该庄园主,终生不得离开。与此同时,女皇还鼓励国有土地和军团土地的所有者输出自己的自由民,以壮大庄园经济和省的农业耕作。对此,女皇的赏赐是,输出的自由民越多,封的官就越大。

另一项重大措施是彻底改变这两个特许地原来的居民结构。一是将原来的哥萨克分散,移居到别处。库班成了塞尔维亚哥萨克移居的最大去处。当局还建城镇、居民点来代替兵民一体的军事组织营地——"谢奇"。二是撤销了不允许小俄罗斯人往这些地方迁居的规定,将大量的小俄罗斯人和大俄罗斯人迁居到省内,使该省内哥萨克居民的比例大幅度下降。三是将俄罗斯中部的贵族、庄园主迁居到草原地区,利用他们的力量和经验来发展农耕、生产粮食。在"新俄罗斯"省刚建立的时候,省内人口只有 38 000 人,而到了 1768 年已猛增至 100 000 人。

"新俄罗斯"计划实施的结果是:随着这片土地上扎波罗热骑兵团归属俄国军队,乌克兰传统的盖特曼统治的基础被削弱并逐渐趋向消亡;随着大土地庄园的形成、农民终身依附于庄园主的状态固化,农民的处境极为艰难。随着俄国贵族庄园主在这一地区的开发与经营,草原地区就出现了一个俄国农奴制发展和兴盛的时期;随着大俄罗斯人和小俄罗斯人大量迁进这一省份以及哥萨克居民的外流,这里居民的信仰迅速东正教化、俄国化。总之,"新俄罗斯"省的设置与发展就是在俄国化这一主线下运作的。

通过"新俄罗斯"省的设置,俄国在乌克兰"收集"到的土地得到了稳定和巩固,帝国的疆土扩大至亚速海沿岸广阔的土地:第聂伯河左右两岸,以及远至卢甘斯克和顿涅茨克的土地上。可以说,除了克里米亚半岛,乌克兰全地已经纳入俄罗斯帝国的版图。不过,在那时,即便在"新俄罗斯"省建立之后,乌克兰土地上"俄国化"的进程也远没有结束:乌克兰的盖特曼的存在以及盖特曼的影响仍然是叶卡捷琳娜二世的心病;此外,那个在土耳其人势力影响下的克里米亚汗国还在俄国的疆土之外。

这时,乌克兰左岸(西岸)地区的盖特曼是基里尔·拉祖莫夫斯基,他是伊丽莎白女皇的宠臣阿列克谢·拉祖莫夫斯基的弟弟。盖特曼基里尔的力量要比两个塞尔维亚强大得多,这里哥萨克的军事组织和战斗力也远远超出那两个区。在基里尔的治下,这里不向莫斯科上交任何税收,而是将全部收入归为己有,在信仰上愈来愈强调乌克兰东正教的独立性。基里尔常年居住在圣彼得堡,过着西方式的奢华生活,并进而培植起一批遵从自己的哥萨克贵族和知识精英,并在他们中间煽起反俄罗斯的情绪。

归结起来,叶卡捷琳娜二世和基里尔·拉祖莫夫斯基的矛盾集中在一个焦点上:基里尔及其贵族精英集团的"哥萨克自治永恒化""盖特曼世袭化"与叶卡捷琳娜二世希望乌克兰全境归属俄罗斯帝国、该地区彻底"俄国化"之间的尖锐对抗和激烈冲突。有三件事加速了叶卡捷琳娜二世取消哥萨克自治和盖特曼世袭的行动:第一件事是1763年底,基辅主教因强烈反对女皇的教会财产国有化而被女皇处死,而这位主教恰是盖特曼基里尔的密友,这一事件最终导致了基里尔与叶卡捷琳娜二世的严重冲突。第二件事是,1764年,乌克兰哥萨克贵族精英集团密谋策划向叶卡捷琳娜二世请愿,要求女皇准予盖特曼的爵位可以继承,也就是说,基里尔可以将盖特曼位置传给自己的儿子。为此,基里尔试图利用法国王朝的力量来使乌克兰盖特曼从俄国分离出去,倒向波兰。最后一件事是,1764年8月,发生了谋杀叶卡捷琳娜二世未遂事件,行刺者被处死,阴谋者被镇压。于是,取消哥萨克自治、废除盖特曼封号,就成了叶卡捷琳娜二世和基里尔盖特曼争斗的最终结局。基里尔·拉祖莫夫斯基不得不向女皇提出辞呈,宣布放弃乌克兰的盖特曼之位。他在辞呈里说:"请准予我辞去盖特曼一职,它是个如此不堪重负和极其危险的职务。请对我这个人数众多的家族恩赐仁慈吧。"

1764年11月10日,叶卡捷琳娜二世颁布诏书,同意了基里尔的请求。她在诏书中写道:"谅察他对我的忠诚至极的请求,恩赐解除他的盖特曼封号以及他对小俄罗斯一切事务的管理。但是,小俄罗斯人民自古以来就和大俄罗斯人同族、同信仰、同宗,多少年来都臣服于我君主专制,与其他族人一起过着上帝责成我给予各族人民的幸福生活……在我有时间和经验来采取更好的治理办法之前,先在该地区建立小俄罗斯委员会,以代替原有的盖特曼统治。我任命我军上将和勋章获得者彼得·鲁缅采夫伯爵为该小俄罗斯的省督,以及能确定该委员会中大俄罗斯和小俄罗斯委员比例的主席。"

对于治理小俄罗斯,叶卡捷琳娜二世要求鲁缅采夫采取的行动包括:对小俄罗斯进行一次人口调查;要实行与俄国一样的纳税制度;要在乌克兰实行与大俄罗斯相同的农奴制度,严禁农民在庄园间的流动;要严密监控乌克兰,尤其是在哥萨克上层统领中对大俄罗斯的仇恨情绪,防止他们拉帮结派;要在普通的小俄罗斯人中间灌输和强化对大俄罗斯人的同情和信任。为此,叶卡捷琳娜二世叮嘱鲁缅采夫,在小俄罗斯实行"俄国化"的行动中,要谨慎行事,"要有狼的牙齿,但尾巴必须是狐狸的"(在俄语中,"狐狸尾巴"是狡猾的、伪善的意思)。随后,鲁缅采夫将哥萨克骑兵团的建制取消,改建为"哥萨克骠骑兵团"。哥萨克军不再是自由奔袭的剽悍军队,它的指挥权归属了俄罗斯帝国;哥萨克也失去了以前的地位,变成了必须缴纳人头税的农民。

到了18世纪80年代末,最后被消灭的命运落到了扎波罗热谢奇的身上。在"新俄罗斯"省建立之后,俄罗斯帝国的南部边疆扩展到了扎波罗热谢奇的土地。为了巩固帝国南疆的防御,叶卡捷琳娜二世加紧向这些草原地区移民和在此修筑防御工事线,而这两项措施最终都要经过扎波罗热谢奇的土地。扎波罗热哥萨克反对帝国的新防御工事线经过自己的土地,抗拒扎波罗热的土地被划进俄罗斯省的边界之中。

而这时在统领彼得·卡尔尼舍夫斯基治理之下的扎波罗热是一大片草原,因为紧靠黑海而具有极为重要的战略意义。这是乌克兰土地上最后一块哥萨克的自由之地,名称就叫作"谢奇自治村社"。1775年5月,叶卡捷琳娜二世下令军事征讨扎波罗热谢奇。最终,扎波罗热谢奇的最后一位统领卡尔尼舍夫斯基被流放至遥远北方孤岛上的索洛维茨修道院,时年85岁,他在那里被关押了28年之久,活到110多岁才去世。

扎波罗热谢奇的最后一位统领彼得·卡尔尼舍夫斯基

第六节 一次普加乔夫起义,两次俄土战争,三次瓜分波兰

在当政的34年中,叶卡捷琳娜二世开展了一系列的战争,而俄国的俄土战争、普加乔夫起义和三次对波兰的瓜分是交错在一起的。叶卡捷琳娜二世所经历的两次俄土战争和三次瓜分波兰成为大规模农民起义的重要动因,而农民起义及其被镇压又在相当大的程度上让女皇的战争和瓜分更加深入发展。

第一次俄土战争发生在1768—1774年,第二次俄土战争在1787—1791年进行。

第一次俄土战争是17世纪至19世纪一系列俄土战争中持续时间最长的一次。这次战争的起因是波兰的皇位继承人问题。1763年,波兰国王奥古斯特三世去世,没有继承人,波兰皇位空缺。波兰的贵族们要选举一位继承人,但叶卡捷琳娜二世对波兰贵族施加全面的压力,竭力要斯坦尼斯瓦夫·波尼亚托夫斯基为波兰新国王。叶卡捷琳娜二世之所以坚持要斯坦尼斯瓦夫·波尼亚托夫斯基当国王,一是因为他曾是女皇年轻时热恋之人,二是因为女皇认为此人当国王,便于她操纵波兰的国事。最后,叶卡捷琳娜二世获胜,斯坦尼斯瓦夫·波尼亚托夫斯基成为国王。1764年,在女皇的力挺下,华沙为这位新国王举行了极为奢华的加冕仪式。

但是,斯坦尼斯瓦夫·波尼亚托夫斯基并没有按照女皇的意愿、俄国的方式来行事,而是模仿西方尤其是英国的方式来治理波兰,并因此进行了一系列改革。这令叶卡捷琳娜二世大为不满和担心。女皇加强了对波兰的干预,而与此同时,普鲁士和奥地利对波兰的觊觎也愈益加深。

俄、普、奥三国君主瓜分波兰

从1768年起,叶卡捷琳娜二世就向波兰派驻重兵,镇压那里的异端改革和反对俄国的行动,进一步操纵波兰的国务。1772年,叶卡捷琳娜二世为控制波兰的需要,和普鲁士国王弗里德里希二世在圣彼得堡会谈,签署了一份瓜分波兰的秘密协议——《俄普关于瓜分波兰贵族共和国的圣彼得堡协议书》。在协议中,叶卡捷琳娜二世要求普鲁士协调两国对波兰的关系,以保证两国的利益和各自边界的安全,将波兰的某些地区并入各自的领土。为此,叶卡捷琳娜二世通知威廉二世,俄国将派遣一个兵团进驻波兰,占领俄国拥有古老权益的地区。根据1772年的这一秘密协议,俄、普、奥三国对波兰共和国进行了第一次瓜分:俄国获得了白俄罗斯的东部地区,波兰的立沃尼亚、东普鲁士的一部分土地,波罗的海的英夫兰,约92 000平方公里,人口是120万;普鲁士夺得了波罗的海西岸以及波兰中部约 36 000 平方公里的土地；奥地利割去了乌克兰西部的部分土地和波兰南部的部分土地，约为 83 000 平方公里，人口 269 万。这样，俄国不仅巩固了在北高加索的地位，而且插足进东欧的土地，成了那里的所有国家尤其是强国在解决任何问题时都不得不加以考虑的重要因素。

1768 年，俄土为争夺黑海、克里米亚爆发了一场大战，即这位女皇所经历的第一次俄土战争，它从 1768 年打到 1774 年。战争的结局是，北高加索的卡巴尔达地区归属俄国，克里米亚汗国宣布脱离土耳其独立，亚速夫和亚速海地区为俄国所控制，黑海、博斯普鲁斯和达达尼尔海峡为俄国的商队敞开了大门。

对俄罗斯帝国来讲，对波兰的第一次瓜分是与俄国历史上规模最大的一次农民起义——普加乔夫起义交错进行的。

叶卡捷琳娜二世所执行的移民、垦荒、戍边政策以及俄土战争使国内局势高速、极度紧张起来。伏尔加河中下游沿岸地区的垦殖移民区不断扩展，乌拉尔地区军事哨所的构筑和屯军越来越多，相当数量的农民流入村镇成为手工业者、工场工人，但他们的劳动条件不断恶化，生活日益艰难。在上述趋势下，社会严重动荡不安。而由于女皇的"赏赐贵族特权和自由"政策，被大量赏赐给地主贵族的国有农民转变成了失去一切权利和自由的农奴。有数据表明，这时农奴已经占了俄国农民总数的一半。此外，无论是在伏尔加河中下游，还是乌拉尔的屯兵地区，叶卡捷琳娜二世的俄国化政策导致了愈来愈强烈的民族和宗教信仰的对抗，而朝廷对这些地区农民和村镇手工业者的残酷镇压则成了使事态进一步恶化的导火线。

在牙易克河沿岸居住着大量的哥萨克，这些哥萨克都是从俄国中部地区为逃避农奴制而来的。到了叶卡捷琳娜二世时，这里的居民成分发生了很大的变化：一是相当数量的哥萨克被征召入伍，经受了"七年战争"等战争的洗礼，返回后成了掌握一定军事技术和作战经验的地方哥萨克军大小统领，有的甚至成了名震一方的盖特曼；二是原住俄国西部边界地区的古老教派等居民被大量迁入这一地区，加深和激化了这里的宗教纷争和对抗；三是这里的各少数民族、游牧部族与哥萨克、农奴以及工场工人渐渐混合成了一股具有极强潜力的政治力量。

叶梅里扬·普加乔夫就曾经历过俄国多次战争洗礼，目睹过伏尔加河中下游和牙易克河沿岸农奴、工人生活的惨状。1768 年，他参加了俄土战争，1771 年，他申请退役未获批准，遂逃至车臣的捷列克，后来又去了圣彼得堡，在那里被捕入狱,又逃跑隐匿于乌克兰。1772年11月,普加乔夫来到了牙易克镇,目睹了哥萨克生活的惨状。他在那里自称是"彼得三世",宣称要拯救世人。普加乔夫再次被逮捕,后又逃亡于顿河、乌克兰以及其他一些地区。当他再次来到乌克兰时,就以"彼得三世"的名义散发自己写的文告,号召一切不满的人起来争取自己的自由和物质福利。

1773年11月17日,在离牙易克镇100俄里的一家农舍里,普加乔夫面对60名牙易克哥萨克,以"彼得三世"的名义发布了《沙皇文告》,随即率领这支不大的队伍向牙易克镇出发,开始了一场起义。普加乔夫的队伍向该地区的政治军事中心奥伦堡进发,沿途不断有俄罗斯人、鞑靼人、卡尔梅克人、巴什基尔人、吉尔吉斯人和哥萨克参加进来。当他们到达离奥伦堡不远的塔季谢夫要塞时,队伍已经扩展到1 000人。塔季谢夫的守军没有抵抗,而其中的哥萨克士兵纷纷倒向普加乔夫。普加乔夫的军队攻进要塞后,抓住了叶卡捷琳娜二世派来镇压起义部队的长官比洛夫等人,并对他们进行审判。此时,起义者将心中的积怨和愤怒全部发泄在了这些镇压者的身上。审判的结果是比洛夫等人遭到砍头、剥皮、处死等残酷的刑罚。

经塔季谢夫一战,普加乔夫的队伍猛增至3万人,有了100门大炮、600名炮手。奥伦堡是俄国当时镇守此方的坚固堡垒,又有叶卡捷琳娜二世特派来镇压起义的卡尔将军负责指挥,所以,普加乔夫的队伍久攻不下。但是,奥伦堡的战况让叶卡捷琳娜二世坐卧不宁,她迅速下诏:第一,尽快结束与土耳其的战争,和谈签约;第二,任命彼彼科夫为征剿普加乔夫起义的新的总司令,悬赏10 000卢布要普加乔夫的人头。女皇不仅派出了大量的正规军,而且从喀山、辛彼尔斯克、平扎和斯维亚日斯克调来了人数众多的贵族军团。

1774年3月22日,普加乔夫的军队在塔季谢夫要塞附近被沙皇军队重创,数千人的军队被打散。4月,普加乔夫的军队攻打乌法时又遭到惨败。普加乔夫转战巴什基尔,占领了一些工厂,收编工人,军队的人数恢复到了11 000人。5月21日又遭惨败,死亡4 000人。此后,普加乔夫的军队转战南乌拉尔的工矿区,6月,攻陷离喀山不远的一座城堡。7月,起义军向喀山进发。7月12日,攻进喀山城内。但是,沙皇守军退守城中心的克里姆林,而米赫尔松将军率领大量沙皇援军赶到,普加乔夫的军队被打垮。普加乔夫带着残兵400人迅速逃亡伏尔加河的西岸。

普加乔夫来到伏尔加河西岸后,7月28日,他以"彼得三世"的名义发布了《沙皇给农民自由》文告,这些自由包括"不服兵役,不纳人头税以及其他赋税,拥有土地、林地、割草场和鱼塘以及盐湖,没有代役租;要使所有人免于贵族和城市受贿官员对农民所施加的恶行,并要让所有人免于赋税和沉重负担"。这份文告大受农民们的欢迎,他们纷纷起来焚毁地主庄园,杀死庄园主。普加乔夫沿伏尔加河南下,顺利攻陷沿岸的城镇村庄,打开监狱,释放犯人,开仓放粮,救济穷人;同时,审判、镇压贵族老爷,剥夺他们的财产,收集枪支弹药,征召当地人入伍。但是,普加乔夫并不停留在某一个地方,而是操持完这一切就率军继续南下。在伏尔加河西岸、牙易克河沿岸发起的普加乔夫起义演变成了一场席卷俄国中部地区的大规模农民战争。

1774年8月21日,普加乔夫的军队南下到了察里津。米赫尔松指挥的俄军跟踪追来。8月24日,米赫尔松的军队和普加乔夫的起义军在黑海边大战一场,普加乔夫的军队被打死2 000人,6 000人被俘虏。普加乔夫带领200名残兵逃往伏尔加河下游的草原。1774年9月12日,普加乔夫被他的哥萨克伙伴抓了起来,次日被押送回牙易克镇,交给了沙皇当局。1775年1月9日,沙皇当局判处普加乔夫"分尸"酷刑,后叶卡捷琳娜二世改为砍头之刑。同时被处以绞刑的还有他的四个最忠诚的起义伙伴。

普加乔夫起义规模之大、声势之强、对君主专制政体动摇之深,即使在处死了普加乔夫、扑灭了这场农民战争之后,仍使叶卡捷琳娜二世心惊胆战,连"牙易克"这个词都让她心有余悸。她下诏取消了"牙易克"这个名称,改牙易克河为乌拉尔河,改牙易克军为乌拉尔军,改牙易克要塞为乌拉尔斯克。对于这一地区以哥萨克为主的驻军,叶卡捷琳娜二世也一直不放心,平时让他们使用冷兵器,只有在打仗时才发给火绳枪和弹药。

普加乔夫在囚笼中

1774年的7月15日,俄土双方在保加利亚的一个小村庄库楚克-凯纳吉

普加乔夫死刑

签署了停战和约——《库楚克-凯纳吉条约》。这场持续了6年的战争结束。条约承认克里米亚及其毗连的鞑靼人地区独立,亚速、刻赤、叶尼卡列、金布尔恩和第聂伯河与布格河之间的土地,以及大小卡巴尔达均由俄国占领,俄国商船有权自由来往于黑海和穿越黑海海峡,摩尔多瓦和瓦拉几亚转归俄罗斯帝国保护,俄国有权在君士坦丁堡修建教堂,土耳其人要坚定地保护基督教法律、教会及教徒,俄国有权不支付任何费用地去耶路撒冷及其他圣地,俄国要土耳其人从格鲁吉亚和米格列尔地区撤走军队,那里的碉堡要塞由当地人的军队驻守。俄国还要往土耳其人派驻使节(包括译员)以保证俄国商人在奥斯曼帝国的利益。此外,土耳其人还要向俄国赔偿战争损失费750万皮阿斯特土耳其币(400万卢布)。

在其后的十几年中,俄土又进行了一次战争,波兰又被瓜分了两次。

1783年,在克里米亚并入俄国的版图后,叶卡捷琳娜二世下诏组建了俄国的第二支舰队——黑海舰队。同年,东格鲁吉亚成为俄国的保护国。1786年,达吉斯坦北部、格鲁吉亚西部和阿塞拜疆先后接受俄国保护。俄国人与土耳其人在黑海沿岸的冲突加剧。于是,1787年,爆发了女皇在位期间的第二次俄土战争,战争的结果是:签订《雅西和约》确认了俄国自第一次俄土战争后所取得的全部领土,而土耳其人放弃了在黑海北岸的全部利益。根据这一和约,俄国获得了俄土边界上重要的奥恰科夫要塞,新的俄土边界沿德涅斯特河划定。

1793年1月,俄国又与普鲁士一起第二次瓜分波兰。在这次瓜分中,俄国将包括明斯克、涅斯维日和斯卢茨克在内的白俄罗斯中部地区归为己有(土地有25万平方公里,人口有300万人),而普鲁士则获得了格但斯克、波兹南和托伦以及波兰北部的部分土地(具体的面积和人口不详)。奥地利没有参加这次瓜分。

1791年5月3日，波兰的国会通过一部宪法，其核心就是期望通过诉诸资产阶级宪法的民主和自由，来反对俄罗斯帝国的霸权，反对叶卡捷琳娜二世的君主专制独裁。甚至波兰国王波尼亚托夫斯基也站到了"五·三宪法"派的一边，他向叶卡捷琳娜二世表示，只要她能准予在波兰实行宪法，他可以将王位让与她的孙子康斯坦丁·帕夫洛维奇。1794年3月16日，波兰爆发了由塔迪乌什·科斯秋什柯领导的反俄起义，口号是："波兰人的自由，反对俄国的干预，把波兰农民从俄国的农奴制下解放出来。"俄国派大军镇压，随之普鲁士和奥地利的军队也进入波兰。1794年11月6日，科斯秋什柯起义失败，导致了俄、普、奥三国对波兰的第三次瓜分。俄国将直至涅米罗夫—格罗德诺一线的白俄罗斯、乌克兰、立陶宛的土地（包括库尔兰和沃伦的西部）并入俄国版图，总计面积12万平方公里，人口是120万人；而由费奥多尔·乌沙科夫海军上将指挥的黑海舰队则势不可当地进入了地中海。普鲁士占有了立陶宛西部的土地以及涅曼河、维斯瓦河和布格河以西的包括华沙在内的波兰土地，面积总计为5.5万平方公里，人口是100万人；而奥地利占有了包括克拉科夫、卢布林在内的"小波兰"以及布列斯特省的西部，总计面积是4.7万平方公里，人口是120万人。

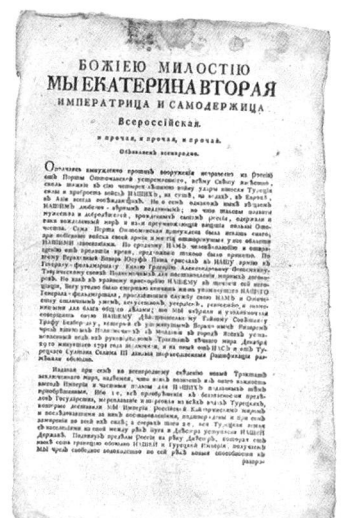

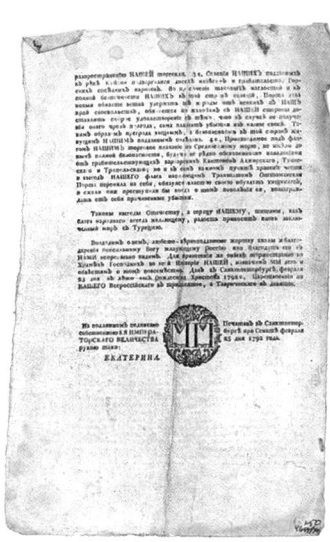

1795年10月24日，斯坦尼斯瓦夫·波尼亚托夫斯基宣布退位后，被女

《雅西和约》的影印件

塔迪乌什·科斯秋什柯

皇勒令居住在俄国的格罗德诺。尽管他多次请求觐见叶卡捷琳娜二世,但他终身再也没有见到这位女皇——自己年少时的情人。1796年,叶卡捷琳娜二世去世,新沙皇保罗一世将他转至圣彼得堡的大理石宫。他在那个极为豪华而又萧瑟冷落的宫殿里终日郁郁寡欢,往事不堪回忆。两年后,他因脑溢血而死。

第七节　波将金与高加索军路

格里戈里·波将金

格里戈里·波将金是1768—1774年俄土战争中跃上俄国政治舞台的新星。早在叶卡捷琳娜二世实施"新俄罗斯"计划的初期,他就紧随彼得·鲁缅采夫,在乌克兰境内参与彻底消灭扎波罗热盖特曼的政治和军事行动。在鲁缅采夫的统领下,他参加了一系列与土耳其军队的战争,战功卓著,声名大振。1774年7月,他被晋升为伯爵,被授予上将军衔,成为叶卡捷琳娜二世的新宠。从这时起,叶卡捷琳娜二世几乎事事都要征询波将金的看法,在她的大小活动中无不有波将金的身影。俄国的史书用"好男人"和"无价伴侣"来形容这时的这位将军。

1775年,在扎波罗热谢奇被消灭、盖特曼封号被废除之后,叶卡捷琳娜二世开始了对南疆和克里米亚的治理工作。她的目标是将克里米亚半岛和亚速地区并入乌克兰,建立一个彻底归属俄国的"新俄罗斯"省,并随之构造新的第聂伯防线——一条由俄国中部直达克里米亚的高加索军路。她将此重任交给了波将金,任命波将金为"新俄罗斯"省的最高负责人。从此,波将金集"省督"和"军督"权力于一身,成为全权处理高加索和克里米亚事务的钦差大臣和女皇的私人代表。

波将金首先处理的是移民问题。1775年起,出现了一个向"新俄罗斯"省涌入的移民潮。这些移民来自黑海对岸、波兰、俄国中部地区和克里米亚半岛。他们中有希腊人、波兰人、斯拉夫人、俄罗斯人、犹太人等。这些移民的政治态度不一,有表示臣服俄罗斯帝国的扎波罗热哥萨克,有以移民垦殖名义进入的斯拉夫人,还有从波兰和俄国中部因不堪庄园主剥削和镇压而来的农奴、骚动者和起义者。而"新俄罗斯"省所缺少的正是"人",所以,波将金鼓励这种移民,下令给每一个移民"新俄罗斯"省的男性8俄亩耕地,若是男女双方一起移民,则除土地外,尚可得到一匹马和一头牛,并且可免除赋税。

"俄国千年纪念碑"上的叶卡捷琳娜二世和波将金像(跪地者)

但是,波将金在处理移民事务时,却把宗教信仰问题放在了首位。他严令移进"新俄罗斯"省的人在宣誓效忠、臣服俄国的同时,必须信奉东正教。波将金不允许在"新俄罗斯"省有第二种宗教,实行一种"众教归一"的政策。每建一处移民垦殖地,波将金就同时兴建东正教教堂;每构筑一处要塞,教堂就随之而立,东正教神职人员就接踵而来。他将"新俄罗斯"省用作迫使古老教派皈依东正教的试验场。他将相当数量的古老教派教徒移民到"新俄罗斯"省,让他们承认并接受所居住地区的东正教教区的管辖,并给他们派去指定的神父。随着古老教派教徒的皈依,穆斯林、犹太教、天主教,以及鞑靼人的众多"神教"也在强力下(一些俄罗斯的史家称之为"在俄国的刺刀下")纷纷皈依东正教。

波将金在"新俄罗斯"省集中全力办的另一件事就是加固旧军路和新建高加索军路——第聂伯河工事线。在伊丽莎白时期,第聂伯河工事线就建造了,它从第聂伯河中游起延伸至扎波罗热。借助这条工事线,帝国政府将南疆扩展到了扎波罗热地区。1770年,叶卡捷琳娜二世下诏将乌克兰工事线向南延伸,修筑至黑海和亚速海沿岸,直至克里米亚半岛。在女皇的诏书上,这条延长线叫"沿别尔达河与莫斯科夫卡河建造工事线"。

1782年,第聂伯河工事线的延长线修筑完工。随着这条工事线的完成,波将金也逐渐将垦殖移民区推到了克里米亚半岛的北部。于是,在克里米亚半岛的中部至西南部,布满了波将金的垦殖移民区,同时是俄国军队的驻防地。于是,随之也就有了一条自半岛西南岸的阿廖什基、巴拉克拉瓦、费奥多西亚直至亚速海口的刻赤的军事线。俄罗斯帝国从此就有了一条由基辅经高加索直达克里米亚的高加索军路。

1778年6月,叶卡捷琳娜二世就下诏,要在赫尔松建造一座海港及海军城市。从1778年8月上旬到1779年5月,赫尔松的造船场就造出了第一艘黑海上的战船——60门炮的战船,该船被命名为"光荣叶卡捷琳娜号"。赫尔松成了黑海上俄罗斯帝国面对希腊人、土耳其人的第一座造船场、第一座军港、第一座军用船坞。

1778年3月,波将金任命亚历山大·苏沃洛夫为驻克里米亚和库班俄军的指挥官。苏沃洛夫按照波将金的命令,动用军队将亚美尼亚人和希腊人强行迁出克里米亚,加速实施使克里米亚和库班归顺俄国的行动。从1778年的5月到9月,他从克里米亚迁出了31 000人之众。这一行动促使了俄土之间一场新战争的爆发。

1782年12月14日,叶卡捷琳娜二世给波将金回了一份绝密诏书,要他"占领半岛并将其并入俄罗斯帝国"。与此同时,女皇又和波将金一起准备了一份名为《将克里米亚半岛、塔曼岛和整个库班地区并入俄国版图》的诏书,1783年4月8日,女皇签署了这一诏书,但为了兼并行动不出现问题、不会引起与土耳其人的战争和欧洲国家的干涉,这份诏书没有公布于世。随之,在波将金的亲自指挥下,对克里米亚半岛、塔曼岛和整个库班地区的兼并行动开始了。

波将金坐镇赫尔松,不断对克里米亚汗沙辛·格莱施加压力,告诉他克里米亚必须并入俄国版图,克里米亚的土地上必须永远消灭汗的封号,因此格莱汗的唯一出路是自动退位。与此同时,波将金为了制造"克里米亚居民自愿归顺俄国"的现象,还在克里米亚半岛搞了一场大规模的民意测验。他印制了一种"宣誓书",上有某地某居民栏,还有签字盖章栏。在俄国军队的监视下,居民们要在指定的场合,在"宣誓书"上签名盖章,宣誓效忠俄罗斯帝国。事后,波将金向女皇的报告是:"所有的人都兴高采烈地要归顺您的帝国。"

1783年6月28日,波将金登上了辛菲罗波尔郊区一处叫"白色峭壁"的高坡,站在那里宣布了克里米亚"全民投票"结果:全体居民自愿并入俄罗斯帝国。随后,他宣读了在整个兼并过程中处于绝密状态的女皇的诏书——

克里米亚汗国的最后一位汗——沙辛·格莱　　　《将克里米亚半岛、塔曼岛和整个库班地区并入俄国版图》的影印件

《将克里米亚半岛、塔曼岛和整个库班地区并入俄国版图》。诏书是这样结尾的："为此,我决定,将克里米亚半岛、塔曼岛和整个库班地区并入我伟大的帝国。我向这些地方的居民宣告,我作为君主有力量使他们的生活发生变化,我允诺我自己和我的皇位继承人虔诚地、坚定不移地使他们与我原有的国民享有同等的权利,我将维护和捍卫他们的人身、财产、寺庙和他们与生俱来的信仰,信仰自由及其一切正当礼仪都将不受侵犯。最后,准予他们中的每个人都享有与俄国人同等的全部法律和财产地位。"随后,波将金在克里米亚搞了大规模的游艺、宴饮和赏赐活动,给女皇不断呈送的报告上仍是这样的话语:"所有的人都兴高采烈、欢呼雀跃,臣服您的帝国。"至此,存在了300多年的克里米亚汗国消失。1783年12月18日,俄土签署了《克里米亚、塔曼和库班并入俄罗斯帝国协定》,这份协定废除了《库楚克—凯纳吉和约》中关于克里米亚独立的条款。与此同时,格鲁吉亚也"自愿加入"俄罗斯帝国。

1784年2月,叶卡捷琳娜二世颁布诏令,将克里米亚半岛、塔曼岛合并成立"塔夫利达区",在这份诏书上,女皇对波将金的称呼是"我的将军,叶卡捷琳诺斯拉夫和塔夫利达总督波将金公爵"。这份诏书还下令在克里米亚建设"一座包括造船场、船坞和要塞的军港——作战之城"。女皇指定由米·库图佐夫负责建造这座"作战之城"。1784年初,"作战之城"奠基,叶卡捷琳娜二世赐其名为"塞瓦斯托波尔",意即"雄伟辉煌之城"。随着这里作为黑海舰队基地的快速建设,大量的外地人涌入这一地区,绝大多数驻军、工人、居民都是来自俄国本土的大俄罗斯人和小俄罗斯人。于是塞瓦斯托波尔地区很快就成了克里米亚半岛上居民及其信仰与习俗最俄国化的地区,并由此成为克里米亚半岛上俄国化管理最强大的基础和支柱。

1787年5月19日—31日,叶卡捷琳娜二世对克里米亚半岛和高加索军路作了12天的巡视。叶卡捷琳娜二世对高加索军路大加赞赏,波将金也极尽歌功颂德之能事,称这条路"是不计钱财造成的,它绝不逊于罗马之路,我称它为叶卡捷琳娜之路"。叶卡捷琳娜二世在巡视中也高呼:"克里米亚——这是我皇冠上一颗价值无比的珍珠!"

波将金之死

1791年10月5日,波将金死于高加索军路上,时年52岁,他比叶卡捷琳娜二世小10岁。叶卡捷琳娜二世在得知波将金的死讯后悲哀地说:"谁能来替代这个人呢?"第二天,她在日记中这样写道:"昨天我被吓坏了,真是当头一棒……我的学生,我的朋友,可以说,我的偶像,塔夫利达公爵去世了……哦,我的上帝呀!我现在真的成了孤家寡人了,我又不得不亲自来调教人了!"

第八节 加斯科恩的加农炮与卢甘斯克铸造厂

叶卡捷琳娜二世移民、屯兵和戍边政策的一个重要考虑是经济开发、以土养民、以民养兵、兵民结合、守土护疆。

"新俄罗斯"省东南部的顿涅茨克地区一直是叶卡捷琳娜二世最早移民、屯兵、戍边的地方。这里不仅是俄罗斯帝国新扩疆土的最南端,而且是一个煤炭资源极为丰富的矿区，所以，最初迁移进这里的是大俄罗斯人和小俄罗斯人，最早的移民点就叫"斯拉维扬斯克"，意即"斯拉夫人的村庄"。随后，塞尔维亚人、日耳曼人、犹太人、来自更远处的波兰农奴和形形色色的冒险家也来到了这里。但是，这时的斯拉维扬斯克以及整个顿涅茨克地区虽然在新建的"叶卡捷琳娜省"的管辖之下，却仍然是荒凉的南部边疆。

这是一条从移民、屯兵、戍边到经济开发之路。在这一进程中，这位女皇非常重视引进西方的技术和科技人员，尤其是为俄国进行战争和扩张疆土所迫切需要的军事技术和人员。她在俄军中任用了一批掌握先进作战技术和作战经验的外籍军官，苏格兰籍军官萨缪尔·格雷是其中一位。此人参加了1768—1774年的俄土战争，军衔为上尉，立下不小功劳，被叶卡捷琳娜二世看中。女皇将他从尉官提升为将军，并任命他为喀琅施塔得区的长官。

格雷有个苏格兰同乡，名叫查尔斯·加斯科恩，是个制造大炮的专家。一种射程更远、火力更强大的新炮——"加农炮"就是他研制出来的。加斯科恩向格雷推荐此炮可用于俄国的舰队。格雷在参观了加农炮工厂后，高度称赞了这种新炮，就向叶卡捷琳娜二世进言用加农炮来装备俄国军队。1783年，以加农炮装备的俄军在兼并克里米亚的进程中发挥了极大作用。1784年，俄国用以购买加农炮的支出达到了3 400英镑。最后，女皇决定把加斯科恩请到俄国来制造加农炮，给出了极其优厚的条件：加斯科恩的年薪为15 000卢布，随同来的技师们也可以拿到高额的年俸。

最初，1786年，叶卡捷琳娜二世出于安全考虑，让加斯科恩在圣彼得堡地区建厂制造加农炮。加斯科恩在圣彼得堡附近先后建成了三座工厂——奥洛涅茨工厂、利佩茨克工厂和亚历山德罗夫工厂，为俄国培养出了第一批铸造和制造大炮的专家。后来，随着俄国南部边疆向黑海延伸，出于与土耳其人争夺亚速海沿岸、巩固南部边疆的需要，叶卡捷琳娜二世让加斯科恩到"新俄罗斯"东南部的顿涅茨克地区建立新的铸造厂。

1795年11月14日，叶卡捷琳娜二世颁布了《关于在卢甘河畔顿涅茨克县建造铸造工厂和安排开采该地区已经探明的煤炭》的诏书。1796年，该地开始建厂，工厂也就定名为"卢甘斯克铸造厂"。也就是在这一年，叶卡捷琳娜二世突然中风而亡，没能听到卢甘斯克工厂大炮的轰鸣。1797年，工厂开工生产，周围新建的住宅区也就以工厂的名字来命名了，于是，就有了卢甘斯克这个地名。

建设卢甘斯克工厂的工人和工程技术人员大部分是加斯科恩从北部各

省创办的工厂里调过来的,小部分来自国外。骨干力量来自奥洛涅茨、利佩茨克和亚历山德罗夫三家工厂。雅罗斯拉夫尔省的那些曾参与建造莫斯科克里姆林宫等建筑,并有着优秀工艺水准的木工和瓦工也被调了过来。管理层的行政技术人员则全部是加斯科恩请来的英国人。卢甘斯克工厂的建造集中了当时国内外最先进的工程技术和最精干的管理人员。随着这一工厂的建设,大批的俄罗斯人来到了这一地区,同时这里的外国人也逐日增多。于是,卢甘斯克地区的人口和社会情况也日益复杂起来。"卢甘斯克工厂"成了顿涅茨克地区最早开发和发展的工业基地。

斯拉维扬斯克盛产优质的湖盐,而叶卡捷琳娜二世曾严禁在这一地区私自煮盐。加斯科恩组织开发了斯拉维扬斯克的湖盐,使之不再被偷运和走私。这里产的优质盐占全俄盐产量的70%,从此俄国不再进口盐。随着卢甘斯克的经济开发、贸易的发达、铁路和港口的建成,整个顿涅茨克连成了一片。卢甘斯克地区成了俄罗斯帝国最早的经济开发区。

叶卡捷琳娜二世去世后,在保罗一世、亚历山大一世和尼古拉一世三代沙皇的统治期间,卢甘斯克以及整个顿涅茨克地区的工业开发继续进行。在1812年抗法卫国战争中,俄军所使用的大炮和弹药全是由加斯科恩的这家工厂生产供应的。

第九节　叶卡捷琳娜时期艺术品的收集与宫殿、雕塑的建造

叶卡捷琳娜二世一生还与珍宝、绘画、宫殿做伴。她一方面要将俄国的势力扩展到国外,到离圣彼得堡和莫斯科更远的地方去。她说过这样的话:"要是我能活到200岁,整个欧洲必将置于俄国的统治之下。"另一方面,她又要将外国所有的好东西,那些被启蒙学者夸赞的文明的东西、那些闪烁着古老东方璀璨文化的东西都拿到俄国来。在这方面,与她在政治、军事、经济上的措施一样,她也是殚精竭虑、全力以赴的。

在东方,随着军队的征服,她下令搜寻西伯利亚的珍宝。她在自己的日记里写过:"在我的阁楼里,在这被称为博物馆的房间里,除了来自世界各地的金银珍宝外,还有大量的来自西伯利亚的碧玉和玛瑙物件。在这个隐秘的小天地里,只有我和老鼠欣赏它们,即使小狗托姆也难得进来一次。"叶卡捷琳娜二世还十分喜爱中国的古玩,在她的收藏里就有不少中国的瓷器。

在西方,她则贪婪地、无休止地"收购"名画。在欧洲各国普遍实行"开明

专制"的情况下,绘画、雕塑的创作空前繁荣,震惊世界的作品和画家、艺术家多如群星。她通过俄国驻各国的外交官来进行这种"收购",她的驻法国和荷兰大使哥利岑公爵就是她最得力的、最主要的"收购大臣"。她还特意任命了一位"收购顾问"——"艺术事务代理人"格雷姆男爵。格雷姆忠于女王,全力协助哥利岑公爵进行这种"收购"活动,成了女皇的"无任所鉴定和收购大员"。欧洲国家的君主、帝王、收藏家们畏惧叶卡捷琳娜二世的势力和威严,不得不忍痛以极低的价格或是以馈赠为名,将自己的心爱珍藏或是好不容易搞到手的名画佳作转让给这位女皇。比如1764年,普鲁士国王弗里德里希二世花了大价钱买来的225幅画作被俄国驻柏林大使"要走";1769年,奥古斯特三世正欲购买的画作被哥利岑和格雷姆抢购。到1783年哥利岑公爵退休,俄国已"收购"了拉斐尔、伦勃朗、鲁本斯、提香等大家绝无仅有的画作以及佛拉芒和荷兰名家的共2 658幅世界级名画。叶卡捷琳娜甚至让格雷姆买来了伏尔泰和狄德罗的私人藏书。

为了这些珍宝和名画,也为了和自己宠臣的幽会,叶卡捷琳娜下诏,模仿法国帝王的风习,在冬宫里修建起一个密室,密室就采用了一个典型的法国宫廷名称——"爱尔米塔什"。在法语中,"爱尔米塔什"是"隐秘"的意思,自此,冬宫也就有了一个新的名称——"爱尔米塔什"。能进入这个密室的,只有格奥尔基和波将金这样的宠臣,有专门的升降梯供他们秘密出入。到1764年,这个密室就太小了。于是,小爱尔米塔什开始兴建。到了1771年,小爱尔米塔什又不够用了,在小爱尔米塔什近旁又建造了老爱尔米塔什。这项工程到1787年完工。叶卡捷琳娜由于逐渐迷上了戏剧和饮宴,于是在老爱尔米塔什旁建造起了爱尔米塔什剧院。最后,就有了冬宫和爱尔米塔什这些完美的建筑群和收藏于其中的无法衡量其价值的"爱尔米塔什画廊"。

由于圣彼得堡处于低洼的沼泽之地,所以涅瓦河河水经常泛滥成灾,于是,从叶卡捷琳娜二世执政伊始就开始大规模以石料作为主要建筑材料。圣彼得堡市中心的涅瓦河的河岸,新开凿的叶卡捷琳娜运河以及其他的运河、伊萨基大教堂前的广场都用上了石料。在石建筑中,除了爱尔米塔什外,最辉煌、最宏伟的是女王赏赐给宠臣的府邸。其中之一是花了17年时间建成的大理石宫,这座叶卡捷琳娜时代造价最昂贵的府邸是女王赏赐给帮她登上了帝王宝座的格奥尔基伯爵的。另一处宫殿式的府邸就是女王赏赐给宠臣波将金的,名叫"塔夫利达宫"。因为,克里米亚也称"塔夫利达",而女王赏赐给他的封号也叫"特级塔夫利达公爵"。

叶卡捷琳娜二世还在圣彼得堡竖立了一座高大、宏伟的彼得大帝纪念碑。她邀请法国著名雕塑家法里孔来主持这项工程。法里孔和他的学生科拉在一块巨大的山岩上,安放了一尊彼得大帝骑马的青铜骑像:彼得骑在马上,身披大氅,紧勒缰绳;马高扬着前蹄,神态似乎是只要缰绳一松动,它就会飞驰而去;马的后蹄下是一条被制服的蛇,蛇代表的是反对君主专制的邪恶势力。这座雕像有一个不被人们所注意的细节,那就是马背上垫着一块熊皮,而不是套马的绳索。这是法里孔设计的,按照他的解释,这熊皮是彼得一世所"文明开化了的民族的象征"。这个设计深受谙熟君主专制精髓的叶卡捷琳娜二世的赞许。这座后来被称为"青铜骑士"的彼得大帝雕像耸立在参政院广场上,这不仅是对彼得的赞颂,而且是对缔造了一个"开明专制"俄国的叶卡捷琳娜二世的歌功颂德。

最后的叶卡捷琳娜二世画像,佚名

作者点评

与彼得大帝时代不同的是,叶卡捷琳娜二世时代在引进和借用法国和意大利文化艺术成果的基础上,出现了俄国自己的著名建筑师、雕塑家,如巴然诺夫,并且在巴洛克风格的基础上产生了俄国自己的古典主义风格。与此同时,叶卡捷琳娜二世还模仿法国的制度,竭尽全力改革中央和地方的行政管理制度,引进警察、税收等体制,开办各种学校,培养符合"开明专制"的官僚人才。她让协助她取得政权的达什科娃去领导俄罗斯科学院,并将该机构的主要精力集中于对俄罗斯语言的研究之上。这不仅促进了语言科学的发展,也促进了文学艺术的繁荣和社会思潮的多面化发展。也正是在这个时期,出现了官方文学艺术的代表人物,如杰尔扎文这样的诗人、冯维辛这样的戏剧作家,还有克雷洛夫这样的寓言作家、诺维科夫与拉季舍夫这样具有激进思想的作家和思想家。

叶卡捷琳娜二世虽然宣称自己是"开明专制",但是在创作、出版方面不仅是远不开明，而且是不容异见的强硬派。尼古拉·诺维科夫在自己编辑的《雄峰》等杂志上，不仅撰文揭露了叶卡捷琳娜二世在自己办的《包罗万象》杂志上"开明专制"的真相，而且抨击了俄国的农奴制、官员的贪污腐败以及其他恶行。因此，《雄峰》等就被叶卡捷琳娜二世查封，而诺维科夫本人则被关押进什利谢里斯堡要塞达15年之久。

亚历山大·拉季舍夫在《从彼得堡到莫斯科旅行记》中，记录了沿途看到的农奴的不幸、他们与贵族庄园主的冲突，表达了民主革命思想。这本书，拉季舍夫写了9年，但写成后官方出版部门拒绝出版。拉季舍夫利用了叶卡捷琳娜二世准予"私人出版"的法令，于1790年的春天自己组织出版了此书。但叶卡捷琳娜二世看过此书后，称拉季舍夫是个"比普加乔夫更坏的造反者"。1790年6月30日，秘密警察闯进了拉季舍夫家，将他关押进彼得-保罗要塞，参政院的秘密警察头子亲自审讯了他。他先被判处最残酷的刑罚——"分尸"，后改为流放西伯利亚托博尔斯克10年。

叶卡捷琳娜二世时期是一个对出版实行严格审查和监控的时期。许多杂志都被查封，唯一能自由出版的是她自己的杂志《包罗万象》。所有的书籍，无论是写俄国的书，还是谈西方国家的书，都有可能被禁止出版，理由永远是两条：一是损害了俄罗斯帝国的形象，另一条是对俄罗斯帝国、对君主叶卡捷琳娜二世没有赞颂或赞颂不够。

叶卡捷琳娜二世的"开明"并不是文化、思想上的开明。她的"开明"是对贵族、庄园主、将军们的开明，而建立在这一基础上的"开明"，与其说是"文明"，不如说是"愚化"芸芸众生。

不过，有一点却是事实，那就是叶卡捷琳娜二世无疑将俄国送上了欧洲化，也是当时现代化的高峰，俄国不仅跻身于世界强国之林，而且在国际舞台上有了极大的发言权。这是俄国历代统治者所渴求的，也是俄国的国家发展所需要的。当然，叶卡捷琳娜二世时代毕竟是个封建君主统治的时代，她对贱民尤其是农奴和农民的压迫与剥削政策是不可能根本转变的，她的"文明"仁政是落不到农奴和贱民身上的。叶卡捷琳娜二世所做的就是以一种外表不残酷的手段和措施，来完成过去帝王们需要以残酷的方式和手段来完成的统治。她做到了，时代为她提供了这种可能性，因为在她那个时代，"开明专制"毕竟是一种时代的潮流。

叶卡捷琳娜二世的文治武功使俄国进入了发展的鼎盛时期，这种鼎盛不仅是对贵族而言的，而且是对整个俄国的未来都起了决定性作用的。因此，叶卡捷琳娜二世的"开明专制"不仅仅是恢复了彼得一世首创的帝国,而且在相当大的程度上让俄国走上了真正的崛起之路。所以,遵循叶卡捷琳娜二世的旨意编撰新法典的委员会在开幕会议上就通过了大牧首授予她"英明伟大的皇帝和国母"尊号的建议。这是彼得大帝之后获得"大帝"称号的第二位沙皇,也是俄国历史上绝无仅有的一位有"大帝"称号的女沙皇。

如果说,彼得一世的崛起是以技术的全面引进和模仿为基础、以争夺海上霸权为目的的话,那叶卡捷琳娜二世的崛起则是在更为复杂的国际环境中,以文化的引进为前提、以"开明专制"为手段、以使俄国成为有更辽阔的疆土并能在世界范围内纵横捭阖的国家为目的的。在她的治理下,到1791年,俄国的领土面积就增加了50万平方公里,达到了1550万平方公里。

还有一个问题是需要说明的。俄罗斯帝国的鼎盛时期,实际上也就是它由盛转衰的转折时期。在这一时期,社会的动荡、不稳定大都是以农奴的骚动、起义为起点和特征的。农奴起义、农民战争成了加速俄国历史发展的一种不以君主的意志为转移的动力。所以,1773年,普加乔夫在西伯利亚的牙易克以"彼得三世"的名义发动反对叶卡捷琳娜二世的起义,对女皇本人和俄国都不是件意外的事。因为在此之前,一次又一次的农民起义都是打着"未死皇子""皇位继承人仍活着"的旗号的。在"基辅罗斯"、在莫斯科公国、在俄罗斯帝国,这个旗号是农民心中唯一的希望,他们相信他们的生活之所以如此艰难和不堪忍受,就是因为没有一个"好大公""好沙皇"。农民造反的对象是"坏大公""坏沙皇",而不是君主专制和君主专权。

第十章

亚历山大一世：不自觉地开启了一扇大门

第一节　从保罗一世到亚历山大一世——又一场"宫廷政变"

由于与丈夫彼得三世的关系恶劣，叶卡捷琳娜二世从来不喜欢自己的儿子保罗·彼得罗维奇，而是把全部爱和希望寄托在孙子亚历山大·帕夫洛维奇的身上，所以在临死前她曾经立下遗诏，废除保罗的继承权，将其监禁，立亚历山大为自己的继承人。但是，这份遗诏并没有付诸实行，保罗仍然被支持他的重臣和禁卫军团拥戴为新沙皇。1796年11月6日，保罗·彼得罗维奇加冕，是为保罗一世，时年42岁。

保罗一世与母亲叶卡捷琳娜二世的关系针锋相对，他对于母亲的宫廷政变和父亲的暴亡一直耿耿于怀，所以改变叶卡捷琳娜二世执政时的一切就成为他须臾不愿推迟的事。在尚未举行加冕典礼之前，他就颁布了第一道诏书，规定从他开始俄罗斯帝国的皇位继承人必须是男性，只有帝王之子才可以头戴王冠。这份诏书反映了保罗一世对女皇专权、宫廷政变再次发生的严重担心，也在实际上消除了女性继承皇位的可能性。诏书取消了彼得一世的"帝王可自行决定继承人"的法令，恢复了罗曼诺夫王朝古老的继承传统——长子继承，长子无嗣时由兄弟继承。而正是从保罗一世起，俄罗斯帝国的帝王全部为男性，而且他们是按照这个继承法继承皇位的。对皇位继承法的改革既是保罗一世对俄国古老传统的回归，更是对母亲叶卡捷琳娜二世篡政杀夫的一种报复。

保罗一世既担心可能发生新的宫廷政变，又害怕法国革命对俄罗斯帝国的影响，因此他严禁外国书籍进入俄国，并禁止派遣青年到国外去学习。对于国内此起彼伏的农奴骚动，保罗采取了减轻农奴负担、限制世袭领地庄园主和朝中贵族重臣的部分权益等措施。这一切措施引起了掌握重权的贵族和禁卫军将领的不满、抵制和反对。

保罗当政的时间很短,不足5年,但他却处在一个法国大革命兴起并深刻影响到欧洲各国关系的时期。1798年,俄国与英国、奥地利、奥斯曼帝国结成反法同盟,其目的就是采取最有效的措施遏制法国的武力扩张,迫使它退回到自己的原有边界之内去,保持欧洲的"永久和平与政治均衡"。为此,这些国家组成了反法联军,保罗任命亚·苏沃洛夫为联军总司令,苏沃洛夫打了两仗——1798年的意大利战役和1799年的瑞士战役,随后又兵发法国。俄军在越过阿尔卑斯山后再也没有能够继续前进。但是,苏沃洛夫却在阿尔卑斯山下骄傲地宣称:"俄国的刺刀插进了阿尔卑斯山!"

保罗又令乌沙科夫统领的黑海舰队开进博斯普鲁斯海峡,并与奥斯曼帝国建立了联合舰队,攻占了法国占领的希腊科孚岛,在那里成立了亲俄的"七岛共和国"。

1798年,保罗一世当选为马耳他骑士团的大首领。这位沙皇马上就将马耳他作为"收集"新土地的目标。他诏令将马耳他建为"俄罗斯帝国的一个省",将该岛并入俄国。导致保罗作出这一决策的是两件事。一件事是,地中海上的马耳他岛是英国重要的海军基地,而保罗以"马耳他请求俄国保护"为名,想让该岛归属俄国,计划在那里建立地中海舰队。另一件是,保罗和法国拿破仑谈判,希望联合组军远征印度,这一远征的目的是期望能打开通往中亚的道路。然而,无论是地中海海上争夺霸权的行动,还是远征印度的谋划,保罗的政策都是对大英帝国海上霸权和"东印度之路"的严重挑衅,这是英国所不能允许的。于是,俄英关系急速恶化,俄罗斯帝国转而亲近法国。

1800年9月,大英帝国的舰队重新占领了马耳他岛后,12月,俄国联合瑞典、丹麦和普鲁士反英,结成了武装中立同盟。同一年,他下诏让哥萨克军队远征印度,试图将那里占为己有,但力不从心,远征以惨败告终。保罗的这一外交决策也遭到了叶卡捷琳娜二世时期以圣彼得堡总督帕连为首的大臣和军官们的坚决反对。于是,厄运就降临到了这位沙皇的身上。1801年3月23日深夜,他在自己米哈伊洛夫宫的寝室中被杀死。据俄国档案记载,验尸的结果发现,保罗的脖子上有绳索的痕迹,表明他是死于暴力——被绳索勒住脖子,窒息而亡。这是保罗想预防而没有预防得住的一场宫廷政变。保罗被杀后,其长子亚历山大·帕夫洛维奇马上被政变者推为新沙皇。亚历山大没有拒绝政变者的建议,但是他的加冕典礼直到同年的9月才举行,他成为亚历山大一世,时年 24 岁。

亚历山大一世是在叶卡捷琳娜二世亲自监管和宠爱下长大的,但也一直处于父亲保罗和祖母叶卡捷琳娜二世矛盾与冲突的关系之中。亚历山大很会处世,在祖母面前是一个乖巧的、大有希望的继承人,而在父亲面前,也是个毕恭毕敬、俯首听命的好孩子,这种处境造就了亚历山大的两面人生。自保罗继承皇位之后,在叶卡捷琳娜二世的旧臣和禁卫军官中,就不断酝酿反对保罗的密谋。密谋的信息也传到亚历山大的耳中,但他对这些阴谋不置可否。但父亲的被杀,毕竟是沙皇宫廷中又一次政变的结果,无论如何亚历山大靠宫廷政变上台的名声是摆脱不掉的,所以在这场宫廷政变后,亚历山大马上宣布:保罗一世死于"脑中风"。

第二节 "秘密委员会""立宪专制"的改革风向

亚历山大一世接受的遗产是一个农奴骚动、起义此起彼伏,朝内政治派别相向而立,社会动荡不安的国家,是一个变幻莫测的欧洲,一个各强国在对待法国态度与决策上犹疑不定的外交舞台。亚历山大一世宣称要"按照我的至圣至尊的祖母叶卡捷琳娜皇帝的智慧"施政,全力改变他父亲遗留下来的俄国,恢复他祖母叶卡捷琳娜二世的各项政策。他首先特赦了一万名保罗一世时期遭到监禁、流放,失去自由的旧朝大臣,废除对神职人员的肉体惩罚,恢复对贵族的赏赐特权,以减轻对自己准备进行改革的压力。

但是,亚历山大对那些发动政变、谋杀父亲的旧朝大臣帕连等人并不信任。在他看来,保罗一世可废但不能杀。而让他不敢重用帕连等人的一个更深层原因是:他担心这些人还可能发动另一场宫廷政变。1801 年,他成立了一个"秘密委员会",作为自己身边的决策顾问。其成员有尼古拉·诺沃西里采夫、亚当·恰雷托尔斯基、维克多·柯楚别依和帕维尔·斯特罗加诺夫。亚历山大自幼是在祖母崇尚法国的"自由、民主"和"开明专制"的环境中受教育成长的,而这个委员会的成员都是亚历山大年轻时的朋友,都属于自由派知识分子,所以他们制定的内政外交改革方案基本是符合亚历山大的想法的。

在亚历山大一世举行加冕典礼的前夕(1801 年 9 月 15 日),"秘密委员会"起草了一份诏书。这份诏书中列有"贵族和居民享有言论、信仰、从事经营活动的自由,私有财产不受侵犯,被告人有辩护权"等条款,并要对参政院进行改造,还要对现行法律加以修改等。这份有着立宪倾向的诏书是"秘密委员会"行动的纲领,其后的"改革"实际上都是按照这份诏书实施的。但是,这份诏书绝对"立宪民主"的色彩并不为亚历山大一世所完全接受。

为此,在"秘密委员会"行使职能的同时,亚历山大重用了米哈伊尔·斯佩兰斯基,让他起草改革的方案。斯佩兰斯基为沙皇起草了一系列有关国家司法和政府机构的改革、调整社会关系和减缓农奴骚动压力的方案。斯佩兰斯基赞赏法国启蒙学派的思想,主张向西方学习,将俄罗斯帝国的专制君主制改造为具有自由、民主色彩的立宪君主制。他认为这样一种改造既可预防在俄国发生法国那样的革命,也可平息国内农奴的骚动和起义。所以,他的改革方案是建立在立宪君主的思想基础之上的,总的指向是:在对政府机构实行改革的基础上,建立一个与欧洲国家议会相似又有差异的杜马制,也就是既有立法、行政和司法三权分立,又有四级杜马分权,最后归结为国家杜马集权的政府机构。

斯佩兰斯基画像,约翰·道伊

从1802年起,斯佩兰斯基就是亚历山大改革思想的主要推手,他对改革方案的设计与"秘密委员会"的行动基本上是同步的,也是对"秘密委员会"行动的补充和完善。在亚历山大执政的最初十年中,"秘密委员会"的改革措施和斯佩兰斯基的改革方案的实施,使俄罗斯帝国的内政和外交都出现了向好的新转机。

在内政方面:第一,改革政府机构,将"委员会"改为"部",设陆军部、海军部、外交部、司法部、内务部、财政部、商业部和国民教育部等,各"部"组成"部务委员会",由大臣负责,八部组建"大臣会议",由亚历山大一世亲自主持,他与大臣一起共商国是;第二,对参政院进行改革,建立皇帝所掌的立法机构——由12人组成的"常设委员会"(1810年改组为"国务委员会");第三,为防止农奴大规模的骚动和起义,1803年颁布了《自由农民法令》,根据这一法令,在农奴缴付赎金或者以劳工代替赎金后,地主可允许农奴获得自由,但农奴制不废除;第四,改革教育制度,建立没有等级限制的学校,初级教育免费,在大城市成立大学,在中等城市成立中学,还成立了专门的培养贵族的中学。

在外交方面,这时为第三次反法同盟时期,俄国与法国为争夺欧洲的势力范围对抗正激烈。亚当·恰雷托尔斯基向亚历山大进言:"现在,俄国的注意力不应死盯在波罗的海和德国的北部,而应该在巴尔干、地中海和近东。俄国必须紧急在伊奥尼亚群岛派驻自己的军队并强化地中海舰队。俄国还应该强化对巴尔干半岛的军事干预并将军队集中于摩尔多瓦公国的边界。"恰雷托尔斯基进言的实质,是要亚历山大一世将俄罗斯帝国的外交战略重心由西方(英国、波兰等)转向西南方向(地中海和巴尔干)。"秘密委员会"的其他三位成员在俄罗斯帝国的外交战略转向上都具有大致相同的看法。"秘密委员会"的这一意见深刻地影响了亚历山大一世的外交决策。

"秘密委员会"和斯佩兰斯基的合力使年少气盛的亚历山大一世的改革取得了良好的成效,一个最重要的现象是:帝国的各个区域局势缓和,趋于稳定。因此,亚历山大一世执政的前十年,张扬的是一面改革的风向标,被历来史家称作"改革的十年"。

第三节 俄罗斯的反法战争与《蒂尔西特和约》的签署

1804年,法国拿破仑称帝。他兼并整个欧洲的野心触及了俄罗斯帝国的利益。这时,多瑙河沿岸的土地和波兰处于俄罗斯帝国的控制之下。亚历山大一世不甘心将它们拱手让给拿破仑。他需要一个帝国、一个欧洲霸主的地位。俄法矛盾和冲突骤然升级。

1805年4月,俄国、英国、奥地利、瑞典和那不勒斯组成第三次反法同盟。亚历山大建立这个反法同盟的目的是十分明确的,一是遏制拿破仑在欧洲的扩张,保住帝国在多瑙河与波兰的利益;二是按照"秘密委员会"和斯佩兰斯基的改革方案,将帝国的外交方针转向地中海和巴尔干。

俄国与奥地利组成反法联军,向拿破仑宣战。1805年12月初,俄国皇帝亚历山大一世和奥地利皇帝弗朗茨二世亲率联军抵达奥地利的奥斯特里茨城下。但是,做好了一切迎战准备的拿破仑赢得了奥斯特里茨之战的胜利。弗朗茨二世败逃,转而与法国讲和,而亚历山大也不得不接受一个完全失败的结局:本来已经控制在手的土地被法国夺去,进军巴尔干和地中海的愿望也无法实现。

亚历山大一世不甘心就这样退出欧洲、将祖先"收集"到的土地让给拿破仑。1806年秋天,俄国又与普鲁士、英国、瑞典和萨克森组成了第四次反法同盟,俄国和普鲁士是这次反法同盟的主角,普鲁士积极参与是因为此时的普鲁士正处于法国大军兵临城下的危境。俄军与普鲁士军队对拿破仑展开了军事行动,但面对大量的、势如破竹的法国军队,普鲁士惨败,弗里德里希三世只身逃亡。1807年6月2日,在弗里德兰之战后,俄军也遭到了法军毁灭性的打击,溃不成军。法国大军乘胜前进,直逼俄国西部的界河——涅曼河。

木筏谈判:蒂尔西特和谈

第四次反法同盟惨败,亚历山大一世不得不派使节去见拿破仑要求议和。作为胜利者的拿破仑没有轻易地与俄国来使谈判,而是盛气凌人地对使节说:"我只与俄国皇帝谈判!"1807年6月,失败者亚历山大一世不得不屈尊与拿破仑和谈,但亚历山大一世为了保住帝王的尊严,向拿破仑提出了和谈的先决条件:一是和谈的地点不能在法国及其仆从国家,必须在一个中立的地区;二是法国不可觊觎俄国的领土。拿破仑很爽快,立马同意。于是,和谈的地点就定在了涅曼河的中游,它既不属于俄国,也不在法国占领的地区内。为了此次谈判,涅曼河上建造起一个"木筏谈判所"。因为谈判地点紧邻蒂尔西特村,所以这次和谈就被史书称为"蒂尔西特和谈"。

1807年6月25日,双方签署了《蒂尔西特和约》。根据这一和约,拿破仑皇帝和亚历山大一世重新划分了欧洲的国界:普鲁士所占领的大片土地归属拿破仑,战前属俄国的伊奥尼亚群岛重归法国,而法国建立了一个臣属自己的"华沙公国",作为与俄国的缓冲地区。俄罗斯帝国的国界被逼到了涅曼河边。这次和谈还签署了一份密约,其主要内容是:俄国和法国保证,在遭遇任何进攻和防御性战争时,只要情况需要就相互支援。这个附加的秘密条款表明,《蒂尔西特和约》不仅仅是个和约,而且是俄国与法国之间的一个盟约。这个新的俄法同盟对法国绝对有利,而对俄国则是绝对的失败。拿破仑对这个"同盟"规定了一个严格的先决条件,那就是要俄国断绝与英国的一切贸易关系,转到联法反英的立场上来。俄国与英国的经济伙伴关系受到了法国的严厉制裁。在谈判桌旁与亚历山大一世第一次对话时,拿破仑就提出了"联法反英"的问题。拿破仑问:"我们为什么要打仗?这会让英国高兴的。"亚历山大一世马上明白了拿破仑的意思:"阁下,我对英国人的仇恨和您一样强烈。"拿破仑接着说:"那这样的话,我们签订和约就没有任何障碍了。"所以,蒂尔西特和谈以及和约的签订都是在联法反英的基础上进行的。不过,这一密约本身所预示的是俄法未来的新争夺和更大规模的战争,它根本没有付诸实施。

《蒂尔西特和约》对亚历山大一世是极大的刺激,成了他心中有朝一日定要一报此仇的种子。俄法双方在欧洲的争夺暂时搁置在涅曼河这条新的边界线上。但是,俄法的争夺并没有止息,双方都在积蓄力量,等待战马再驰、兵戎重见的时刻。拿破仑觊觎的是涅曼河东岸直到莫斯科甚至西伯利亚的土地,而亚历山大一世渴望的是重新踏上欧洲的土地,成为那里的新霸主。

《蒂尔西特和约》遭到了帝国贵族大臣、禁卫军军官和外交界的强烈反对,他们谴责亚历山大一世不仅把土地让给了法国,损害了帝国的利益,而且在和约中并没有保证双方执行此条约的条款。拿破仑利用这一条约继续在欧洲扩张,而亚历山大也利用这一难得的喘息时机开始了一场又一场扩张国土之战。

第四节　兼并格鲁吉亚以及将军们的"南高加索之战"

格鲁吉亚位于大高加索山的南部,一直是俄罗斯帝国觊觎之地,历代沙皇对该地讨伐、征剿不断。还在保罗一世执政时,他就派大军急行至梯弗里斯,将格鲁吉亚的格奥尔基十二世及其子女控制于手,并设置了"格鲁吉亚事务全权大臣"这个职务,掌控这个王国的全部事务。

1800年12月,保罗一世下诏,宣布永远保持对格鲁吉亚的"保护":废除东格鲁吉亚这个王国,将其变为俄罗斯帝国的一个边疆省份。1801年1月30日,保罗一世发布了《俄国兼并格鲁吉亚诏书》:"我帝王金口玉言,宣布将格鲁吉亚王国永久合并于我帝国之内,这不仅使每个人能得到属于他的全部权利、尊位和财产,而且上述地区的各族民众也都能得到自古以来俄国臣民所享受的那些权利、自由和尊位,亦如我的先祖恩赐之保护。"随后,沙皇朝廷举行了盛典,庆祝格鲁吉亚并入俄罗斯帝国。

但是,这一兼并和保护遭到了格鲁吉亚王室的激烈反对,格奥尔基十二世的妻子设计杀死了俄国驻格鲁吉亚的将军。此外,保罗一世兼并的只是东格鲁吉亚,而这时的格鲁吉亚包括五大王国:卡特尔-卡赫基亚(首府在梯弗里斯)、伊梅列基亚(首府在库塔伊西)、米格列尔、古里亚(位于黑海沿岸)和位于高山区的斯万基亚。

在"秘密委员会"和"常设委员会"的进言下,亚历山大一世登基伊始就有了一个向大高加索山脉以南扩展国土的谋划:其时,大高加索山脉是俄罗斯帝国的天然边界,守住了这条边界,就守住了俄罗斯帝国辽阔无边的土地;而大山那边的南高加索是俄国在亚速海、黑海沿岸的基地和出发点,占领了南高加索就能巩固对亚速海和黑海的占领并建立可攻可防的亚速海黑海战线。南高加索的一系列小王国和汗国也是信奉东正教的,让它们臣服于俄国,不仅能整合对抗伊斯兰教和天主教国家力量的侵犯,而且能在此基础上建立起一个大一统的东正教帝国。

1801年9月12日,亚历山大一世颁布了帝国的又一份《俄国兼并格鲁吉亚诏书》,宣布:"我们此次重新激起的希望绝不是欺骗。不是为了扩展力量,不是为了私利,不是为了扩张疆土,更不是为了这世上最辽阔无边的帝国,我们承担治理格鲁吉亚王国的重荷,这是我们共同的尊严、共同的荣誉,是人类呼吁我们的神圣职责,是在关注人们的祈祷。这祈祷渴望预防灾难不幸,期盼能在格鲁吉亚实施一种公正的、有个人和财产安全并能给每个人法律保障的国家管理。"他还保证:在格鲁吉亚王国不复存在的条件下,皇子们可以保留自己的封地;在这个从此成为俄罗斯帝国边疆区的格鲁吉亚,"每个人都将会有自己的优惠地位,都能自由信奉自己的信仰,私有财产都不受侵犯"。

在对格鲁吉亚的继续兼并中,亚历山大一世采用了武力与怀柔相结合的手段。1802年9月,他任用一个"俄国化"了的格鲁吉亚将军帕维尔·齐齐安诺夫负责实施继续兼并格鲁吉亚的计划。齐齐安诺夫通晓格鲁吉亚的语言、风土人情,了解当地局势,他对南高加索地区的兼并有自己的看法:若要治理格鲁吉亚、高加索,单靠"欧洲方式"是不行的,要用"欧洲方式"和"亚洲手段"并行,用他的话来说,就是"要把东方文明架在刺刀尖上"。因为齐齐安诺夫是格鲁吉亚人,所以他的委任曾一度得到格鲁吉亚人的欢迎。他们纷纷向他上书请愿,期望齐齐安诺夫的到来能为他们减轻俄罗斯帝国的压力和控制、改善自己的处境。但是,齐齐安诺夫的回答却是残酷的:"你们,这些个不守信义的歹人,大概是认为我是格鲁吉亚人,所以你们才敢这样写。我是生在俄国也长在俄国,我有一颗俄国心。你们等着吧,我会来的,那时,我烧的不仅会是你们的房子,还要烧死你们,把你们孩子和女人的内脏挖出来。你们不交出粮食,就别想安生。我要以神的名义向你们保证,如果你们不缴纳所需的粮食,你们也就不会有自己吃的粮食。这就是我向你们这些背叛者要说的最后的话。"

帕维尔·齐齐安诺夫

齐齐安诺夫在平复了东格鲁吉亚后,兼并了卡特尔-卡赫基亚王国、达吉斯坦的一系列小公国,进军阿塞拜疆,又灭掉了甘扎汗国。灭甘扎之战尤为残酷。齐齐安诺夫不仅按照帝国的传统手法严厉警告甘扎汗必须臣服俄国,否则将是"火与剑"的结局,他还任用了多名格鲁吉亚人和被兼并进俄国的一系列汗国的人,通过"用当地人制当地人"的手段,对甘扎发起强攻,最后将甘扎城毁成废墟。他又用亚历山大一世的皇后伊丽莎白之名,改称甘扎为"伊丽莎白堡",以此表示对皇帝的忠心与顺服。齐齐安诺夫的大军继续西征,用俄罗斯帝国的传统手段——"自愿臣服""接受保护",先后灭掉米格列尔和伊麦列基亚汗国。

甘扎之战的胜利令亚历山大一世十分高兴,他奖赏齐齐安诺夫一枚帝国最高级别的勋章——"亚历山大·涅夫斯基勋章"。亚历山大一世对南高加索各地的觊觎是极为强烈的,因为这里的汗国处于黑海沿岸,是俄国与波斯人和土耳其人争夺极其激烈的地区,而且这里的财富、资源更是俄国所迫切需要的。于是,齐齐安诺夫奉亚历山大一世之命,挥师南下,加速了征服南高加索地区的进程。他先是从"伊丽莎白堡"南下征讨卡拉巴赫汗国。卡拉巴赫汗先是要求和谈,但齐齐安诺夫的回答是:"世上可曾听说过苍蝇与雄鹰谈判之事,强者本性注定是发令者,而弱者是生来就要听命于强者的。"最后,

齐齐安诺夫大军行进在征服卡拉巴赫等三汗国途中

1805年5月,卡拉巴赫汗国不得不"在锤子和铁砧下"签署了"自愿臣服俄国"的《丘列克恰伊斯克和约》。在这份条约中,卡拉巴赫汗保证:"我,舒欣和卡拉巴赫汗,以我的、我的继承人和后代儿孙的名义庄严声明,永不以任何附属、任何封号的形式依附于波斯或其他任何强国,并以此向普天下宣布,我不承认其他的君主专制凌驾于我之上,除了至高无上的俄国皇帝以及俄国皇位的崇高继承人及其后代儿孙的最高政权,我承诺忠于该皇位,做它忠诚的奴隶。"

在该和约中,亚历山大一世的保证是:"皇帝以自己的和自己继承人的名义真心实意地允诺,舒欣和卡拉巴赫汗及其继承人可放心,他们将受到平等对待,他们所得到的是对忠君顺民的仁慈和可靠保护,这保护将永不会失去。为此至高无上的皇帝保证,汗及其继承人现有的全部领地将保持不变。"而事实上,卡拉巴赫汗国名存实亡,汗国的一切事务均由驻格鲁吉亚总司令处理,甚至新汗要宣誓效忠于俄罗斯帝国并且承认俄罗斯帝国是自己及其继承人的最高和唯一的政权,而且所有宣誓仪式都要有总司令在场监管。

对于俄罗斯帝国来讲,卡拉巴赫汗国的臣服是具有极其重大的战略意义的。卡拉巴赫汗国的臣服使俄国在南高加索有了一个基地,这个基地一是为俄国进而占领整个阿塞拜疆地区做好了准备,二是为俄国展开了攻占巴库、打通里海的诱人前景。俄罗斯帝国的军队随后通过卡拉巴赫这扇"通往阿塞拜疆的大门","征服"和"保护"了巴库地区的几个汗国,夺得了巴库这个优良的军港。为此俄军在巴库举行了隆重的"胜利之师"入城式,齐齐安诺夫胸前挂满了亚历山大一世赏赐给他的勋章昂首阔步地入城,也就是在这个瞬间,他遭巴库汗国设伏的军官行刺,被割掉了脑袋。

亚历山大一世重新任命了南高加索战区的司令长官,由格里戈利·格拉泽纳普担任。自1804年5月至1806年,格拉泽纳普指挥下的俄军对卡巴尔达进行了数次武装讨伐,镇压、平息了卡巴尔达人的两次起义。为此,亚历山大一世给他颁发了一枚"二级圣弗拉基米尔勋章",并令他继续南高加索之战,其目的,一是为齐齐安诺夫报仇,二是将俄国的疆界扩展至黑海之滨:"我委以您特别重要的庇护之责,采取一切必要的手段,尽快打通高加索战线与格鲁吉亚的联络。如果以强力的军事手段来彻底实施这些措施需要增加战线的部队,在此情况下您可以从哥萨克军长官普拉托夫中将的团队中调用部队,归您指挥,所需数量,由您酌定,我今日已经就此给他下达了诏令……"

1806年,格拉泽纳普指挥下的俄军攻下了杰尔宾特,灭掉了这个古老的汗国。杰尔宾特位于里海和高加索大山之间,素有"里海之门""锁钥之门""铁门"之称,又是东来西去的古丝绸之路的重镇,商贸发达,在高加索地区雄踞一方。攻占了杰尔宾特,俄国就有了一条从本土经达吉斯坦至南高加索的战略通道。谁占领了这一地区,谁就控制了这条沿里海之路。所

杰尔宾特城下的"丝绸之路"商队

以,杰尔宾特一直是俄国人、波斯人和土耳其人争夺的地方。在历次的俄波战争中,杰尔宾特都是双方军队鏖战的战场。格拉泽纳普在攻下杰尔宾特之后,俄军又占领了库班和巴库汗国,夺得了港口要塞巴库。

在这场对格鲁吉亚、南高加索一系列汗国的征战和"保护"中,俄国不仅掌握了"里海之门",而且又击退了波斯几十万大军对格鲁吉亚和卡拉巴赫的再争夺。在这持续不断的"南高加索之战"中,亚历山大一世的执政地位得以巩固,俄罗斯帝国也有了新的转机。

第五节　从"我用我的军队征服的国家"到"芬兰大公国"

在南高加索战场有了一定的战果之后,亚历山大一世的目光转向了北方的芬兰。他欲兼并芬兰的目的很明确:一是根据《蒂尔西特和约》,亚历山大

一世只有控制了芬兰湾沿岸,尤其是其北部的港口(赫尔辛福斯和图尔库),才能真正切断俄国与英国的贸易来往;二是芬兰是亚历山大先祖们世代争夺的要地,为此与实际控制芬兰的瑞典刀枪相对了好多年,而这时的芬兰依然控制在瑞典的手里。所以,亚历山大想一举解决多年的"波罗的海之争",将芬兰据为己有。

对于兼并芬兰,亚历山大着重考虑的是拿破仑的态度,他期望在这件事上能得到拿破仑的支持。而拿破仑签署《蒂尔西特和约》的一个重要目的,就是瓦解俄英联盟的关系,取代英国得到欧洲北部和波罗的海沿岸地区,所以在签署《蒂尔西特和约》之后,拿破仑不断示意亚历山大加速兼并芬兰的行动。

1808年2月2日,拿破仑致函亚历山大一世:"请竭力扩大和增强您的军队。您将得到我的全力支援,我将尽己所能提供这种援助。对俄国我没有任何的妒忌之感;相反,我愿她光荣、安康、扩张。陛下您是否乐意听听一个温情地和真诚地忠于您的人的劝告。您必须使瑞典人远离您的首都,您应该将自己的边界扩展到尽可能远的地方去。我准备在这方面竭尽全力帮助您。"这位法国皇帝还用了美妙的言辞来说服亚历山大一世:"圣彼得堡离瑞典边界太近了,圣彼得堡的美女们再也不应该坐在自己的家中听见瑞典大炮的轰鸣了。"

1808年2月,亚历山大一世向瑞典宣战。他任命费奥多尔·布克斯格夫登为指挥官。这时俄军虽然只有24 000人,但却采取了不宣而战的突然袭击方式,迅速进入芬兰的领土。芬兰有19 000人的军队,但不集中于边境线上,而是驻防各地,因此对俄国的突然入侵猝不及防、全军覆没。一周后,俄军占领了芬兰的战略港口赫尔辛福斯,又一周后攻下了芬兰当时的首府图尔库。亚历山大一世向欧洲各国发表了下述宣言:"至高无上的皇帝向欧洲所有大国宣告,至今名义上为瑞属、俄国军队虽历经多次战斗未能占领的那部分芬兰,现在已是被俄国军队所征服的地区并将永远兼并于俄罗斯帝国。"包括法国在内的欧洲各国均没有对俄国入侵芬兰的军事行动表示异议。亚历山大随即令上任不久的陆军大臣阿列克谢·阿拉克切耶夫发布文告,向全国民众通报,皇帝正在进行一场新的俄瑞战争,目的是夺取芬兰。1808年4月—5月,俄军又攻占了芬兰最坚固的要塞"苏米堡"。苏米是芬兰语,即芬兰堡,是赫尔辛福斯为防范俄国的入侵专门修建的一座海上要塞。在苏米堡被俄军攻占后,亚历山大一世颁布了《亚历山大一世皇帝关于征服瑞属芬兰并将其永远兼并进俄国的诏书》,宣布兼并芬兰成功。

亚历山大在此诏书中这样说:"我,至高无上的皇帝,遵守宗教训诫,拯救了我国的事业。我的军队以他们常有的英勇气概克服艰难险阻,战胜了他们所面临的所有困难,给自己在至今被认为无法通过的地区开辟出一条道路,虽到处遭遇敌人,但都英勇地击毙了他们,攻克并占领了几乎全部瑞属芬兰。

"这是我用我的军队征服的国家。我将从现在直至永远将其兼并于俄罗斯帝国,有鉴于此,我已下令要其居民宣誓效忠于皇帝,臣服于我。

"在向我的忠诚的臣民宣布这一兼并时,我保证,他们会和我有一样的感激之情和对至高无上皇位的感恩之意,他们会为此虔诚地祈祷,愿他的无所不在的力量能让他的英勇无畏的军队继续创建功勋,愿为我的军队祝福并为我的军队的胜利加冕,让敌人试图用来破坏我国的贫穷远离我的国界。"

在这次入侵芬兰的军事行动中,亚历山大一世先后调用了两名指挥官(费奥多尔·布克斯格夫登和鲍格丹·克诺林)和多名将军(巴克莱-德-托利、彼得·巴格拉季昂、帕维尔·舒瓦洛夫和尼古拉·卡缅斯基等)。这些统帅和将军都是在历次的俄瑞、俄波以及高加索的战场上驰骋、挥刀厮杀过多年的骁勇军官。亚历山大一世甚至将自己的御林军——贴身的哥萨克骑兵团派上了芬兰战场,兵团由哥萨克将领格奥尔基-杰尼索夫统

俄国陆军大臣、芬兰战场监军阿列克谢·阿拉克切耶夫

领。俄军的监军则由 1808 年 1 月刚刚上任陆军大臣和炮兵总监的阿列克谢·阿拉克切耶夫担任。

俄军每到一处必要做两件事:一是让居民宣誓效忠亚历山大一世皇帝、永远臣服于俄罗斯帝国;二是让投降的芬兰士兵放下武器,背叛效忠誓言者格杀勿论。俄国军事行动遭到了芬兰全国军民的抵抗。瑞典国王古斯塔夫四世发表文告,号召全国军民起来反抗俄国的入侵,随之,各地的游击活动频起。但芬兰人的抵抗遭到了俄军官兵的残酷镇压。在战场上,俄军的指挥官及其统领下的俄军都极为凶猛和残忍。由哥萨克士兵组成的御林军更是凶

狠。据俄国史书记载，他们沿途留下的是被焚烧的村庄、劫掠的残迹、尸体和绞架，而指挥官们在阵前对士兵的鼓动词是："让芬兰人看看，什么叫俄国人！"

1808年6月5日，面对芬兰人的抗俄游击战争，亚历山大一世开始改变决策，颁发了一份专门针对芬兰居民的诏书。诏书强调了俄罗斯帝国对众多民族的庇护："芬兰的居民们！愿所有这些实情永不磨灭地镌刻于你们之心。数量众多的民族现在都在我的庇护之下，我一视同仁，他们的命运同等珍贵，你们从加入我的帝国时起，就享有了与他们平等一致的权利……除了你们国家所固有，我也必须要保留的规章外，我为你们的活动敞开了新天地。在俄国强大的盾牌下，你们的农业、贸易、手工业，人民财富和福利的一切来源都将获得新的活力和扩展……

"你们国家的命运已经注定、不可挽回了。瑞典希冀恢复对你们的统治，但是他们的一切宣告都是枉费心机的，是全力要伤害你们的谎言。居民们若对此类的暗示有任何信任并服从，这对你们来说，就是不可避免的死亡和毁灭。

"忠诚的芬兰居民们！你们对俄国的忠诚应该坚定不移、毫不动摇。我承诺你们统一，这是不容置疑的，并且我会始终以我的帝王之仁慈眷顾你们。"

这份诏书显然是这位沙皇在治理芬兰问题上的一个转折：由全部寄希望于"我的军队的征服"，到寄希望于借芬兰居民对俄国的绝对臣服和忠诚来进行治理。但是，亚历山大的这种转变是经过了一番曲折的。对用武力兼并过来的芬兰如何进行治理，朝中大臣有用军派和改革派针锋相对的争辩。用军派大臣鼓动沙皇乘胜前进，为将芬兰"从现在直至永远兼并于俄罗斯帝国"，就必须将芬兰变为俄国的一个省，实行俄国国内的君主专制政体；而改革派大臣则进言，要想真正让芬兰成为俄国永远的领土，就不能在这个久居瑞典管辖之下的地方实行君主专制，必须给其某种形式上的自主和和政治上的"立宪民主"。双方争论的焦点，是让芬兰成为俄国君主专制下的一个省，还是让它拥有一个空头的国家名号，实行君主专制下的"立宪民主"。

在改革派中，两个关键人物对亚历山大一世的最后决策起了决定性的作用：一个是斯佩兰斯基；另一个是叶戈尔·斯普林波尔藤，他是亚历山大任命的芬兰督军。斯佩兰斯基向沙皇进言："芬兰应该是个国家，而不应是个省。"斯佩兰斯基的意思是：芬兰700年来居于瑞典的保护之下，现在芬兰被俄国征服了，臣属俄国是芬兰的最佳选择，但应该让芬兰人看到，俄国的征服和保护比瑞典的保护要好得多。不能让芬兰人看到去了一个皇帝，又来了一个皇帝；俄国皇帝要比瑞典国王开明，俄国的政治制度要比瑞典的民主；俄罗斯帝国要把芬兰看成一个国家，看成俄国与瑞典之间的一个地缘政治上的缓冲地带。

而斯普林波尔藤虽然名为"督军"，其实在俄军入侵芬兰的行动中并没有去过芬兰，而是埋头于为沙皇设计芬兰未来的治理方案。他是斯佩兰斯基的同道人。两人都深受法国教育和文化的影响，都崇尚"立宪民主"制，因此二人对芬兰的未来有共同的想法：在俄罗斯帝国君主专制的政体下，成立一个非君主独裁的权力实体，或是有"宪政"色彩的政治制度，这就是俄国君主专制下的"芬兰大公国"。这个设计最后由斯佩兰斯基完成。

亚历山大一世此时对朝政的改革正处于雄心勃勃的时期，"芬兰大公国"的设计让他明白一点：用"我的军队"，可以占领芬兰的土地于一时，但却不能持久，不能彻底征服芬兰的人心；而用一种君主专制下的较为宽容的政治体制来治理芬兰——建立一个君主专制政体下的"芬兰大公国"，也许是更好的选择。

斯佩兰斯基和斯普林波尔藤还设计了一个"芬兰各界人士请愿团"来觐见亚历山大一世，表示芬兰"自愿臣服和并入俄国"。1808年12月25日，亚历山大一世接见了这个代表团，接受了他们送上的"芬兰大公"的称号，同时向他们宣示：从此芬兰的事务将由他这个俄罗斯帝国皇帝、芬兰大公亲自处理，各部大臣都不得插手。1809年3月，在芬兰的波尔戈城（今波罗沃）召开议会，宣布"芬兰大公国"的成立。斯佩兰斯基和斯普林波尔藤还为亚历山大一世来参加会议策划和组织了一场盛大的入城式，并且通过高悬于凯旋门上的横幅再次宣扬他们设计的"芬兰大公国"的"立宪民主"色彩和"亚历山大一世的仁慈"："亚历山大一世用他的军队占领芬兰，而用仁慈征服人心""亚历山大一世——芬兰文明、法律的捍卫者"。

亚历山大一世亲自参加并主持这一议会。他用法语宣读了斯佩兰斯基写就的《俄国皇帝诏书》。这位沙皇保证："我愿再次肯定并确认芬兰大公国的宗教、基本法、权利和特殊性，尤其是公国的种种现实情况，而所有居住于此的臣民，毫无例外，都可按照施行至今的宪法继续生息。我承诺这个宪法的权力并保证它们不受破坏。本诏书由我亲自签署并核准。"

但是，在筹建"芬兰大公国"的同时，亚历山大一世非但没有停止在芬的军事行动，还派出了两名强硬派的统帅彼得·巴格拉季昂和米哈伊尔·巴克莱-德-托利指挥俄军。1809年3月初，他们发动了一场大规模的进军瑞典本土的"冬季之战"，占领了奥兰群岛、攻占了斯德哥尔摩，迫使瑞典国王开展"和谈"、投降。同年8月20日，俄军又进军斯德哥尔摩，并在其附近的拉坦小城与瑞军激战一场。结果是，俄军获胜，瑞军被歼2 000人，被俘2 000人。

1809年9月18日，俄瑞签订了《腓特烈斯海姆和约》。这一和约的核心内容有二：一是奥兰群岛、芬兰全部土地永久地并入俄国。二是确认了"芬兰大公国"的成立，将俄国在18世纪的多次俄瑞战争中夺得的卡累利阿地峡和拉多加湖周边地区，包括维堡和凯克斯霍姆（今普利奥焦尔斯克）在内划归"芬兰大公国"。由此，圣彼得堡至芬兰的边界只有30俄里之遥。

"芬兰大公国"这个新的政治实体名义上是自治的，但实际上仍是皇帝专权下的一个"省"。为了控制"芬兰大公国"，亚历山大一世还将芬兰的首都从原来濒临波的尼亚湾上的图尔库迁到了波罗的海沿岸、靠近圣彼得堡的赫尔辛福斯。

兼并芬兰使俄国获得了极大的利益：在西北部，俄国的力量越过了波的尼亚湾，进入了北海，有了通往大西洋的通道；而在北部，则将巴伦支海、白海和喀拉海连成一片，开辟了向北冰洋扩展的辽阔通道。从黑海、波罗的海，再至白海、北冰洋，俄罗斯帝国作为海上强国的雏形开始出现。

波尔戈议会

第六节　1812年的卫国战争的胜利与神圣同盟的建立

《蒂尔西特和约》后，俄国并没有完全切断与英国的贸易来往，而"芬兰大公国"的成立又为俄国打开了一条与英国联系的通道。亚历山大一世与拿破仑的"新的俄法联盟"关系只是一种表面的关系缓和,而俄法双方都在等待一个决定性的时刻到来。对法国来说,拿破仑是要占领全欧洲后,将俄国控制于手;而对俄国来说,亚历山大一世所期盼的是俄国能把拿破仑的军队打回到法国原先的边界,俄国能在欧洲称霸。

所以,拿破仑和亚历山大表面上打得火热,相互恭维,说尽了甜言蜜语,利用一切机会来显示法俄两国的友好与协作。1808年9月,亚历山大一世带了外交大臣尼古拉·鲁缅采夫去埃尔福特会见拿破仑,希望在"芬兰大公国"问题上得到拿破仑的支持。而拿破仑始终模棱两可,只是用豪华的宴会、美艳的歌舞、君王、权贵的招待来搪塞。在埃尔福特长达半个月的会晤中,两个皇帝不断地在众人面前拥抱、亲吻、相互赠送贵重的礼物。亚历山大一世送给拿破仑的是一件紫貂大氅,拿破仑给亚历山大一世的礼物是一个极其精致的梳妆盒。拿破仑对亚历山大一世一副居高临下的姿态,而亚历山大也私下对鲁缅采夫说:"瞧他那样子,看谁笑到最后吧!谁笑到最后,谁才是真正的强者!"

拿破仑和亚历山大都在准备"笑到最后"。

1811年,亚历山大一世颁布了《贸易中立条例》,准予"中立的船只可以进入俄国的港口",同时还规定,船只运进俄国的货物必须缴税。这就意味着任何中立船只,包括英国的,都可以进入俄国从事贸易活动,而这势必会大大减少法国的商船贸易税收。拿破仑认为这是俄国破坏了《蒂尔西特和约》,遂着手准备与俄国开战。而亚历山大一世也在准备,他向朝中大臣和统帅们表示:无论是他,还是他的军队,都不应该对法国人作出任何妥协。

1812年6月24日,拿破仑向俄国宣战,亲自指挥65万大军强渡涅曼河,入侵俄国。拿破仑期望以闪击战,彻底击垮俄国军队,占领莫斯科,迫使亚历山大一世签署和约、接受法国的控制,最终彻底地加入反英联盟。对俄国来说这是一场灾难,亚历山大一世实际上并没有料到拿破仑会如此快速地采取入侵俄国的军事行动,而此时俄国能动员与法国作战的军队只有23万人,同时分布在莫斯科、白俄罗斯和南部三个方向上,难以全力对付法军对俄国自基辅至莫斯科的这一心脏地区的全力进攻。

俄军8月在斯摩棱斯克与法军激烈一战,死伤惨重。斯摩棱斯克的失守,既是因为俄军没有足够的实力,又是因为指挥官之间的分歧。亚历山大下令放弃该城,同时组建一个新的指挥部,由在俄军中拥有极高声望的米哈伊尔·库图佐夫任统帅。俄军在库图佐夫指挥下迅速撤退至离莫斯科只有

125 公里的波罗金诺村庄。8 月 26 日，俄法军队在波罗金诺打了一场极其惨烈的战争，俄军损失惨重，伤亡 45 000 人。结果是，法军没能消灭俄军，而库图佐夫的军队也没能挡住法军的进攻。

库图佐夫不得不下令从波罗金诺向莫斯科撤退。9 月 1 日，库图佐夫又下令俄军撤离莫斯科。俄军撤退时，莫斯科全城居民也随军撤退，烧毁了仓库等粮食与军需品的存储之地，留给拿破仑的是一座空城。9 月 2 日，拿破仑随军进入莫斯科。库图佐夫将俄军转至南部地区进行了休整、改组，补充兵员、辎重后，于 10 月 6 日重返莫斯科，向法军发动反攻。7 日，拿破仑离开莫斯科向南撤军。

库图佐夫像

俄国的冬天来临了，法国军队没有抵御酷寒的装备，粮草和辎重都断绝了来源，拿破仑以闪电战击败俄国的计划彻底破产，法军的南撤成了一场溃不成军的败逃。12 月 16 日，只剩下 1 600 人的法军残兵败将由涅曼河仓皇逃出俄国。而拿破仑几乎是只身一人跑回巴黎的。这次卫国战争到此结束，持续的时间不到 200 天。

12 月 25 日，亚历山大一世发布了卫国战争结束诏书。从拿破仑率军渡过涅曼河至这份诏书的颁发是 185 天。在这场战争中，俄国的损失是惨重的：21 万人战死，首都莫斯科被大火烧成了焦土，大片土地上的城镇被毁，居民伤亡无数。但是，俄国取得了最后的胜利。

俄国抵抗拿破仑入侵的这场战争被称为"卫国战争"：一是因为尽管这场战争的诱因是法国与俄国对欧洲霸权的争夺，但自从拿破仑率领法军踏上俄国土地那一刻起，这场战争就是一场侵略战争，军队所捍卫的是国家领土完整和民众生存的权益；二是因为参与并决定这场战争俄国最后胜局的，除统帅的指挥有方、军队的英勇奋战外，更重要的是俄国民众的支持，这是一场全民反抗法国入侵的战争，是一场俄国广大地区的农民全力支持国家的游击战争。也正因为如此，拿破仑法军无敌的神话被彻底粉碎，俄罗斯帝国内部的民族主义和爱国主义急速发展，进入一个蓬勃张扬的时期。1812 年的卫国战争成为俄国历史上光辉的一页。然而,在这场战争中,俄军出现了一批骁勇善战的指挥官,如伊凡·帕斯凯维奇和阿列克谢·叶尔莫洛夫后来成为征战高加索和克里米亚的司令官,从卫国战争的功臣转变为征剿"非俄罗斯族人"的暴力、冷酷的铁血将军。

对于亚历山大一世来说,这次卫国战争的胜利成了他重上欧洲战场的诱因。他下诏让库图佐夫率军征剿欧洲各国拿破仑法军的残部。库图佐夫对亚历山大一世进言:在欧洲的土地上征剿拿破仑的残部将使英国得利,而俄国需要休养生息。亚历山大一世没有听从,1813年1月,亚历山大一世下令俄军向欧洲进发。10月,在莱比锡城下一战,拿破仑的残部被消灭,1814年4月,拿破仑宣布退位。

当1814年3月俄军攻下巴黎时,亚历山大一世是骑着高头大马进入巴黎的。他在巴黎举行了盛大的阅兵式,还下令抽调禁卫军士官来演奏军乐,为阅兵伴奏。行进间,这位皇帝突然听到军乐声与部队行进的步伐不协调,顿时大怒,立即下令将军乐队中的几位军官关进禁闭室。而这些被抽调来演奏的士官均来自围攻巴黎的一支骁勇部队,它的指挥官叫阿列克谢·叶尔莫洛夫。当叶尔莫洛夫接到皇帝的命令时,发牢骚说:"禁卫军士官到巴黎来不是为了这次阅兵,而是为了拯救祖国和欧洲的。"

1814年5月,以俄罗斯帝国为首的各盟国召开巴黎和会,18日,亚历山大一世主持的巴黎和会签署了《巴黎和约》。根据此约:波旁王朝的路易十八为法国国王,法国的国界恢复到1792年时的状况,解除拿破仑在法国境外的军队武装。面对各盟国要求法国归还失地、进行赔偿的条件,亚历山大一世坚持,各国不要求法国赔偿(拿破仑夺取的艺术品不在此列),不能削弱法国的国力。亚历山大一世的解释是:"我们反对的是拿破仑,而不是法国。"

1814年10月,维也纳会议召开,但直到1815年6月,维也纳会议才签署了长达121条的《维也纳宣言》。根据这一条约:法国的边界按照《巴黎和约》的规定,恢复到1792年前的状态;华沙公国被再次瓜分;萨克森保持独立;被拿破仑消灭掉的各个公国不再恢复,保留下的38个公国组成以奥地利为首的德意志联盟;等等。维也纳会议是欧洲各大国重新瓜分欧洲势力范围的大会,是一个被拿破仑打散的欧洲重新组合起来的大会。而在这次大会中,亚历山大一世是以胜利者的姿态出现的,是以新霸主的身份亮相于欧洲政治舞台并作出重要决策的。

1815年6月6日,拿破仑率领重组的军队与威灵顿公爵指挥下的英军在布鲁塞尔附近激战。普鲁士等国军队驰援英军,拿破仑的军队惨败。盟国军队再次攻进巴黎。亚历山大一世倡议,与奥地利皇帝弗朗茨二世和普鲁士国王弗里德里希三世建立一个能保持法国现状、稳定欧洲局势的新的大国联盟。9月,三国在巴黎签署了《神圣同盟宣言》。11月,法国加入这个新成立的联盟,随后,除了英国和梵蒂冈,所有的欧洲国家都被卷进了这个"神圣同盟"。亚历山大一世是"神圣同盟"的策划者和组织者,他的目的是以"神圣同盟"的形式,将欧洲的一切汇集于他所倡导的"基督精神"之下,用"基督精神"作为欧洲社会和政治的基础。而在这"基督精神"旗号掩盖下的,是他作为欧洲新霸主的强烈追求和行动。

《神圣同盟宣言》的主要内容是:再次确认并支持欧洲各国战后边界的稳定不变;竭尽一切手段与革命行动进行不调和的斗争。所以,"神圣同盟"的主要使命就是:干涉各国的内部事务,镇压欧洲的一切革命力量,保证俄国、奥地利和普鲁士三国所获得的势力范围的现状。在其后的几年中,"神圣同盟"不断镇压欧洲各地的革命运动和起义:1820—1823年的西班牙革命、1820—1821年的那不勒斯革命、1821年希腊反对土耳其统治的起义,等等。"神圣同盟"成了镇压欧洲革命的宪兵,而亚历山大一世则是这"宪兵队"的统领。

在维也纳会议上,波兰土地的重新瓜分及其未来的政治结构曾是争论得极其激烈的问题。但在最终对波兰的瓜分中,俄国是最大的得益者。根据《维也纳宣言》,波兰土地被分成了三部分,东南的波兹南和格但斯克部分归普鲁士,大克拉科夫及其周边地区成为由俄国、奥地利和普鲁士保护下的"自由城"。而俄罗斯帝国作为战胜拿破仑的主要力量和"神圣同盟"的倡议者和组织者,夺得了波兰的大部分地区,组成了有土地面积127 700平方公里、人口320万的"波兰王国"。

在成立了"波兰王国"后,亚历山大一世就将对"波兰王国"的治理提上了议事日程。他试图以"芬兰大公国"的方式来解决波兰的归属和治理问题。这个"波兰王国"的设计和操作是由改革派的大臣、波兰人亚当·恰尔托雷斯基和尼古拉·诺沃西里采夫负责的,其过程从巴黎和谈延续到维也纳会议。1814年5月3日,领导过1794年立陶宛和波兰反俄大起义的科斯秋什柯给亚历山大一世呈递请愿书:沙皇要无条件地赦免所有参加了拿破仑军队的波兰人;亚历山大一世可宣布自己是波兰国王,但要给波兰一部英国式的自由宪法。亚历山大回信说:"我期望实现您的英勇和可敬的民族的复兴。我已经承担了这一神圣的职责。"

1814年5月25日,亚历山大一世颁布了《给波兰王国居民诏书》。在诏书中,亚历山大一世宣布,成立俄罗斯帝国治理下的"波兰王国",并给波兰人一部宪法。1815年6月《维也纳宣言》中列明:"自宪法生效时起,波兰王国就将与俄国密不可分,并且是在全俄帝国皇帝陛下,以及他的继承人、后来者的永久治理之下。"11月15日,亚历山大一世在华沙的皇宫中亲自签署了这部用法文写成的宪法——《波兰王国大宪章》。这部宪法的内容包括下列几个方面:波兰保留自己的武装部队,建立议会,承认天主教为波兰国教,波兰语为国语,准予波兰人在国家机关中任职,保证波兰人的出版、人身和财产的自由。这部宪法还明文规定,由俄国沙皇兼任"波兰王国"国王;王国的国徽是一只处于俄国双头鹰国徽包围之中的白色苍鹰;国王的继承将按照俄国传统的继承法办理,甚至波兰国王的加冕仪式都必须按照俄国宫廷的礼仪来举行;虽有议会等按照宪法建立的朝廷机构,但没有亚历山大一世的授权与批准,一切皆不可行;在对"波兰王国"日常政务的处理上,由亚历山大一世特派的督军负责。

1818年3月15日,亚历山大一世身着佩戴有"白银勋章"的波兰制服,以"波兰王国"国王的身份出席了"波兰王国"的第一次议会。在亚历山大一世看来,按照"芬兰大公国"模式创建的"波兰王国"是他对欧洲的一种拯救,因此他在议会开幕式的讲话中特别强调了俄罗斯帝国的这种"拯救行动"。他表示要把"由波兰王国宪法开始实行的这种拯救行动"以及"这样的合法、自由的制度扩展到俄罗斯帝国的其他领土上去"。

亚历山大一世给了波兰一部宪法,而这一宪法却是俄国、奥地利和普鲁士再次瓜分波兰的结果,是他以"确立与英国大宪章类似的宪法"为手段,将波兰置于俄罗斯帝国绝对控制下的再兼并。

波兰历史上使用过的徽章

第七节 亚历山大一世的转向

从1815年开始,亚历山大一世的改革集中在了改组军队提高其作战能力、加强对社会的控制方面。与此同时,参与他决策的近臣班子也进行了改组,改革派的策划者斯佩兰斯基等人失宠,而主张以强力手段巩固专制政权的大臣如阿拉克切耶夫则成为影响亚历山大一世的实权人物。于是,亚历山大一世执政前十年的改革逐渐从"自由的""民主的""芬兰大公国"式的改革,转向了"神圣同盟""波兰王国"式的俄国皇权名义下的绝对控制。此时,有三个方面决定了亚历山大一世执政的动向:一是阿拉克切耶夫全力实行的"军屯村制",二是年轻军官秘密组织的活动,三是贵族的不满、农奴的骚动和对社会舆论的严密控制。

首先,1815年,亚历山大一世实行军队改革,也就是要在"军民合一"的基础上提高军队官兵的士气、加强其战斗力,同时节约国家的开支。完成"军民合一"的方式就是建立"军屯村":让士兵和农民居住到指定的地区,形成新的村落,平时士兵是农民——耕田、备战;战时农民是士兵——村落成为战争的堡垒。这种军事改革实际上将农民变成了俄罗斯帝国的常备军,农村变成了戒备森严的军营。

军屯村的改革由阿拉克切耶夫全权负责。从1817年开始,全俄各地建造军屯村,遍及俄国本土的诺夫哥罗德、莫吉廖夫、维捷布斯克,以及乌克兰的"税收优惠乌克兰"、赫尔松和叶卡捷琳诺斯拉夫各省。军屯村中原来的农民失去了做买卖、外出打工和从事手工活动的一切可能,生活受到了严格的限制。军屯村中士兵的不满和农民的起义此起彼伏:1819年,在乌克兰爆发了军屯村士兵和居民的大规模冲突;1820年,谢苗诺夫军团为抗议军屯村武装起义。

其次是年轻军官秘密组织的活动。在1812年的卫国战争以及其后的俄国军队远征欧洲的进程中,大批年轻的军官在法国和欧洲度过了三年左右的时间。他们首次见识到除俄罗斯帝国的沙皇专制政体外,还有"立宪民主"政权;除俄国的农奴制外,还有其他的农村和农业经济的发展方式。俄罗斯帝国的生活方式不是唯一的,世界上还存在生活方式的多种选择。因此,这些年轻军官一返回国内,就立即开始有组织地行动,纷纷成立起各种协会来实现自己的理想。

这些年轻军官都有一个共同的社会背景——他们都是贵族出身,有的还是皇村贵族学校的毕业生,而这个皇村贵族学校又恰恰是亚历山大一世前期"自由、民主"倾向改革的成果。因此,他们受法国式教育,狄德罗、伏尔泰、卢梭的启蒙思想影响甚为深刻,这成了他们组织秘密活动的思想基础,而他们在法国和欧洲的经历则是他们"造反"的客观条件。

最早的军官秘密组织是"拯救协会",组织者是俄军参谋总部的上校穆拉夫约夫-阿波斯托尔,成员约 30 人,其主要成员有帕维尔·彼斯捷里、谢尔盖·特鲁别茨科伊等人。他们声称要消灭农奴制并限制俄国君主的权力。1818 年,该协会解散,重新组织了"幸福协会",发表了《绿皮书》,宣称自己的纲领是:为取消农奴制,通过支持朝廷的自由改革在俄国建立有限君主制而斗争,并为此在社会上进行相应观点的宣传。

1821 年和 1822 年,在俄国先后出现了两个新的秘密组织:"南方协会"和"北方协会"。南方协会的领导人是 28 岁的军官彼斯捷里。在协会成立的会议上,彼斯捷里提出了一个明确的政治纲领《俄国真言》:取消俄国的君主专制,代之以三权分立共和政权。随后由穆拉夫约夫领导的"北方协会"也提出了自己的政治纲领——《宪法》。在《宪法》中,穆拉夫约夫宣称要在俄国实行联邦结构的君主立宪制。两个协会的纲领有共同之处,就是要对俄国现有的君主专制实行改革,要取消农奴制,要给民众自由、民主。但是双方的差异是很大的:南方协会追求的是分权的共和,"北方协会"的目的是联邦的君主立宪。

对于这两个协会,亚历山大一世采取了镇压的措施。1822 年,他颁布诏令完全禁止一切秘密协会的活动,并由阿拉克切耶夫负责追踪所有的秘密组织成员。

最后是贵族的不满、农奴的骚动和对社会舆论的严密控制。俄罗斯帝国的农奴制改革问题是从波罗的海沿岸臣属俄国的三个省——埃斯特兰、库尔兰和利夫兰起始的。早在 1811 年,这里的庄园主就请求亚历山大一世取消农奴制,让农奴可以获得自由,但不允许农奴带走土地。这些庄园主的目的是想让失去土地的农奴更加依附于自己,变成庄园主廉价的、循规蹈矩的劳动力。这时正是亚历山大一世年轻气盛、蓄意改革旧朝制度的时期,所以他准许了这些庄园主的请求。

1818 年,亚历山大一世让阿拉克切耶夫起草全国性的取消农奴制的方案。他提出两点:一是改革要逐步实行,二是方案中不能有任何限制地主的措施。阿拉克切耶夫和财政大臣古里耶夫一起制订了一个改革计划:解放农奴,在地主和农民建立新契约关系的基础上,农民向地主租种土地,最终建立一种欧洲式的"农庄"土地制度。1821年,亚历山大一世会见波尔塔瓦和切尔尼戈夫省的地主,要他们同意解放农奴、实施阿拉克切耶夫的计划,但遭到了地主们的拒绝。而朝中的大臣贵族更是反对这一计划。此外,这时的亚历山大一世所关心的已经不是农奴本身的解放问题,而是自身的皇位稳固与否的问题。他担心农奴制的取消将会引起另一场危及自己的宫廷政变。

而这时,在高加索的土地上,名义上归属俄国的地区始终处于不断对抗和各民族时刻伺机反叛的动荡不安之中。1816年,亚历山大一世派遣叶尔莫洛夫去高加索进行治理。关于治理高加索,叶尔莫洛夫向亚历山大一世的进言是:俄国不能再靠封号、金钱来收买汗和部族首领,不能再用臣服、和约的手段来控制高加索了;高加索必须成为俄国不可分离的一部分,要守住黑海的这个前哨阵地,要在那里进行俄国化的治理(军事的、文化的和信仰的)。叶尔莫洛夫去高加索前,亚历山大一世对他的嘱咐是:"一定要在高加索站稳脚跟!"

草原小偷

从1816年到1825年,叶尔莫洛夫以铁血手段对车臣地区进行清剿和镇压,他的这一行动得到了亚历山大一世的批准,并由阿拉克切耶夫具体领导。1825年的严冬,正当叶尔莫洛夫沿捷列克河进攻车臣首府格罗兹尼、俄罗斯帝国尚未在高加索最后站稳脚跟时,亚历山大一世于11月19日谜一般地死于乌克兰最南端的塔甘罗格,俄罗斯帝国的官方说法是:死于伤寒。

作者点评

亚历山大一世的一生是十分矛盾的。他既有彼得一世和叶卡捷琳娜二世对于欧洲文明的那种渴求和仿效,又深缠于以农奴制为基础和核心的君主专制的蛮横与残酷之中。

历来,史家都将他执政的一生分解为两个独立的部分,先是"自由改革"的十年,后是"专制独裁"的十年。这两个部分的标签指向两个人,一个是斯佩兰斯基，一个是阿拉克切耶夫。从亚历山大一世与这两个人的关系亲疏、改革方案的如何制订、政策的执行与否来叙述和评价亚历山大一世及其执政时期的俄罗斯帝国已经成为习惯，甚至定论。

事实上，无论是斯佩兰斯基，还是阿拉克切耶夫，他们所需求的、所坚持的都是一样的。他们都不愿意俄国的君主专制彻底解体，都从没有想过在俄罗斯帝国废除沙皇，都想确保罗曼诺夫王朝能传承、再传承下去。只是斯佩兰斯基和阿拉克切耶夫的手段和方式不同：斯佩兰斯基希望用一种不同于俄国传统思维、观念、准则甚至语言，也就是用"欧洲文明"尤其是"法国文明"的方式和手段来延续沙皇专制；而阿拉克切耶夫的思维、观念、准则甚至语言，都是俄罗斯帝国的传统，都是一代代沙皇继承、再继承下来的"治国宝典"。

亚历山大一世作为沙皇，他的运筹帷幄之妙就在于，他从不将这两个标签绝对分开地利用。他统治前后达二十年，从执政伊始到谜一般暴亡，始终以武力征战四方，北至芬兰，南达高加索大山之南。这就像他自己所标榜的："我以我的军队所征服的，所占领的……"在"我以我的军队所征服的，所占领的"全过程中，没有间隔、没有分歧。无论是斯佩兰斯基的"立宪民主"的改革，还是阿拉克切耶夫的检查、监控和镇压，都从未打断过亚历山大一世的这种"宏图大略"。

对于亚历山大一世来说，这种征战四方、"收纳"他人他国土地的宏图大略是在完成一种上帝赋予他的神圣使命——"拯救"。对格鲁吉亚的兼并是"拯救"，"绝不是欺骗。不是为了扩展力量，不是为了私利，不是为了扩张疆土，更不是为了这世上最辽阔无边的帝国，我们承担治理格鲁吉亚王国的重荷，这是我们共同的尊严、共同的荣誉，是人类呼吁我们的神圣职责，是在关注人们的祈祷：这祈祷渴望预防灾难不幸，期盼能在格鲁吉亚实施一种公正的、有个人和财产安全并能给每个人法律保障的国家管理"。对波兰的兼并是"拯救"："俄罗斯帝国的拯救行动，不仅是拯救波兰，而且是拯救欧洲的行动"，"这种由波兰王国宪法开始的拯救行动是合法的，自由的制度，应该将其扩展到俄罗斯帝国的其他领土上去"。对芬兰的兼并是"拯救"，是"拯救了我国的事业"，"这是我用我的军队征服的国家。我将从现在直至永远将其兼并于俄罗斯帝国，有鉴于此，我已下令要其居民宣誓效忠于皇帝，臣服于我"。

亚历山大一世的这种"拯救使命感"并不是他自己的独创，而是源自他先祖们的遗训。他的父亲保罗一世就曾在自己的《俄国兼并格鲁吉亚诏书》中写过："将格鲁吉亚王国永久合并于我帝国之内，这不仅使每个人能得到属于他的全部权利、尊位和财产，而且上述地区的各族民众也都能得到自古以来俄国臣民所享受的那些权利、自由和尊位,亦如我的先祖恩赐之保护。"

这父子两代人的"拯救""使命感"何等一致。所谓"拯救",对沙皇来说,就是"兼并";对被兼并者来说,就是"臣服";而所谓"使命感",对沙皇就是"皇权神授""普天之下莫非帝国之土";而对接受这"拯救使命"的他族他国人民来说,则是终身为"拯救者"奴役的厄运。

说到斯佩兰斯基和阿拉克切耶夫,一个极为有意义的事实是:当阿拉克切耶夫作为陆军大臣、总督兼并芬兰俄军时,斯佩兰斯基几乎同时在筹备"芬兰大公国"的组建。也许,悬挂在波尔戈城墙上的巨幅标语更能准确揭示出他对亚历山大一世兼并芬兰和组建"芬兰大公国"的真实想法:"亚历山大一世用他的军队占领芬兰,而用仁慈征服人心""亚历山大一世——芬兰文明、法律的捍卫者"。

在对周边土地的兼并和在欧洲与拿破仑的争夺中,亚历山大一世打开了一扇大门。这扇大门是直对欧洲的,从大门中走出的是忠于沙皇的雄赳赳的俄国军队,但返回的却是思想被"西方文明""法国革命""异化"并对君主专制有了"异心"的年轻军官队伍。

亚历山大一世是不自觉地打开这扇大门的。他开门时,只想到了"拯救"和"使命感"。这与他的先祖彼得一世不一样,彼得打开的是一扇"面向西方的窗户",要让欧洲的文明之风吹进来,那时的彼得还没有力量跑到欧洲土地上去打仗。亚历山大一世也与叶卡捷琳娜二世不一样,他的这位雄心勃勃的祖母是在有限效仿法国的前提下把向欧洲的门打开的,她的注意力放在了乌克兰和黑海之上。所以,亚历山大一世是位与先祖们有很大差异的沙皇。不自觉打开的这扇门不仅让俄国走上了欧洲霸主的政治舞台,而且让他有了"伟大卫国战争统帅"的名声。

亚历山大一世是位让俄国真正走上帝国之路的强君。他将俄国传统的"拯救使命感"发挥到了极致,为后来的继承者提供了两面之路:一面是从"拯救者"到"解放者",另一面是从"兼并者"到"刽子手"。

而这场多方位兼并的结果是俄国和法国在欧洲的争夺与对抗激化成了一场大战。当拿破仑的军队不宣而战进入俄国后,亚历山大一世瞬间成了"伟大的统帅""俄国爱国主义的旗帜"。亚历山大一世打开了一扇通向欧洲的大门,也就是开启了俄国式的"拯救"之路,而这种"拯救使命感"让他最终得以以胜利者的姿态,骑着高头大马进入巴黎,并进而以欧洲霸主的身份登上政治舞台,同时深刻影响了他以后的罗曼诺夫王朝的沙皇们。后代沙皇们奉此为治国宝典。

第十一章
尼古拉一世：仁慈与残暴，铁腕和怀柔

第一节 没有继承权的沙皇与"十二月党人"起义

亚历山大一世没有子嗣，只有两个弟弟，二弟叫康斯坦丁，三弟叫尼古拉。按照罗曼诺夫王朝的传统继承法，亚历山大一世的合法继承人应该是康斯坦丁。所以，亚历山大一世对待自己的两个弟弟的态度是不一样的。他一直把康斯坦丁当作自己的继承人来培养、任用，让他在国内外的舞台上频繁活动、参与处理各项重要的国政。康斯坦丁参加过1812年的卫国战争以及对欧洲的各次征讨，战功卓著。1814年，亚历山大一世让他组建波兰军队。从1816年起，康斯坦丁担任"波兰王国"军队的总司令，在波兰拥有很大的权力，但他对亚历山大一世给予波兰的宪法并不满意，常常为此嘲笑和谴责波兰的贵族和军官。亚历山大一世对尼古拉也很看重，常常把一些有关军务和战事的差事交给他办，而尼古拉自小热爱戎马生涯，跟随军队纵横战场，因此他的成长过程是与他在军队中军衔的步步高升紧密联系在一起的。不过亚历山大一世从没有想到要对尼古拉进行皇位继承人的任何培训，而尼古拉也从未想过有朝一日要当沙皇。

1820年5月，康斯坦丁与波兰女公爵结婚，决定留在波兰，不再回归俄国。1822年1月14日，康斯坦丁给亚历山大一世呈递一信，宣布自己放弃继承俄罗斯帝国皇位之权。亚历山大一世不得不面临一种新的选择。根据父亲保罗一世重新恢复的皇位继承法，即父传子，若无子，传给最年长的兄弟，如无年长的兄弟可传，则按照顺序传给下面的弟弟。亚历山大一世无子，康斯坦丁又主动放弃继承权。所以，1823年8月16日，亚历山大一世下诏同意康斯坦丁的请求，并且决定尼古拉为自己的继承人。但是，这份诏书并没有公布,朝中大臣大多不了解亚历山大一世的最后选择。

因此,亚历山大一世一死,朝廷按照旧制马上宣布拥戴康斯坦丁为新沙皇。随即,尼古拉大公,以及拥戴康斯坦丁的宫廷大臣、显贵立即向康斯坦丁宣誓效忠。但是,此时身在华沙的康斯坦丁拒不接受皇位,并要让尼古拉继承皇位。于是,俄罗斯帝国再次出现了继承人危机,皇亲贵族和各派大臣又开始了一场继承人之战。一派主张康斯坦丁继承,另一派拥戴尼古拉。帝国禁卫军的指挥官、圣彼得堡的督军、握有实权的大臣米哈伊尔·米洛拉多维奇就支持康斯坦丁,说他能继承亚历山大一世的改革。而拥戴尼古拉的大臣的理由是,亚历山大一世最后遗诏是让尼古拉继承皇位,而且尼古拉有子,罗曼诺夫王朝后继有人。这场继承人之战对社会上日益强化的反对君主专政的思潮和行动起了强烈的催化作用。

两派争斗的结果是:俄国国务委员会和参政院决定,1825年12月14日,在参政院广场上举行向尼古拉宣誓效忠的仪式。这让禁卫军团中的"南方协会"和"北方协会"的领导人兴奋不已,他们认为这是他们将自己的理想和信仰付诸实践的最佳时刻。正如他们中的一位军官所说的:"丧失这次机会就是犯罪!"

这时青年军官的秘密组织——"南方协会"和"北方协会"的领导人决定采取行动实现自己的理想和信仰。尽管他们对帝国未来的看法有差异,但是在废除农奴制和改革君主专制方面却是一致的。于是,他们决定在12月14日这天,将军队对尼古拉的宣誓效忠变为反对尼古拉以及沙皇专制的武装起义。这一天的午夜,两个协会的领导人拟订了一个起义的计划:将占领冬宫和彼得-保罗要塞、杀死尼古拉作为发动起义的信号;在士兵中展开宣传工作,让他们转到起义者方面来;阻止参政院的宣誓效忠仪式,动员参政院转到起义者方面来。起义的总指挥一职最后落到了谢尔盖·特鲁别茨科伊头上,另外,每项行动都决定了由专人负责执行。

但是,军官队伍中有人向参政院和尼古拉密告了起义者的计划。而前来广场宣誓效忠的部队也不知道这一起义行动。此外,并不是协会的所有领导人都同意和支持这次起义行动,被任命为起义总指挥的特鲁别茨科伊伯爵就坐在参谋总部,迟迟不到

尼古拉一世画像

广场上来。参政院在得到密报后,将宣誓效忠仪式提前到午夜,在这一仪式后,尼古拉就成了正式的新一代沙皇——尼古拉一世,拥有了沙皇的一切权限。结果是,广场上的禁卫军没有采取任何行动,而尼古拉一世立即下令调动军队,炮轰起义者进行镇压。

这些年轻的军官因在十二月发动起义,而被称为"十二月党人"。对这些"十二月党人",尼古拉一世毫不留情,镇压的手段极其残酷。

第二节 尼古拉一世的高压体制

在亚历山大一世死后,尼古拉一世在翻阅给沙皇的卷宗时,就已发现有关青年军官秘密组织的密报,上面写明了他们准备起义的筹备工作和日期。当时,尼古拉就惊呼:"这是一场可怕的阴谋!"尼古拉还注意到呈送这些密报的人是亚历山大·本肯道夫。

早在亚历山大一世时期,本肯道夫就担任了皇帝的将军衔副官。对于这些青年军官的监视,他已经进行了四年。在他的密报里,对于这些军官的活动和行为描述得十分细致:"他们约好了集会,叫'俄国早茶',喝纯净的伏特加,就酸白菜。近期,成为秘密组织的成员在贵族中间成为一种时尚。他们聚集在一起激烈地争辩,讲述自己内心的想法。这些组织中最具影响的是北方和南方协会。"因此,在"十二月党人"走上参政院广场之前,尼古拉就令本肯道夫负责逮捕可疑的军官。

尼古拉一世本就是个脾气暴躁的人,而"十二月党人"起义给了他极大的刺激。尤其令他担心的是,俄国在欧洲的霸主地位会因为这次起义而动摇。12月20日,尼古拉一世召见外交使团,向他们解释起义的事实:"我想,应该让欧洲了解12月14日事情的真相,什么也用不着隐瞒。皇帝的去世只是一个借口,而不是起义的原因。这不是军队的叛变,而是一场大规模的阴谋。其根源可追溯到1815年,其时,一些军官受革命学说的侵蚀。不幸的是,许多贵族也卷入了此案之中。"

1825年12月17日,尼古拉一世下令成立了"秘密侦讯委员会",1826年6月1日,又下令组建了"最高刑事法庭",对300名左右的起义者进行了审判。1826年7月,起义的策划者,两个协会的五位领导人——帕维尔·彼斯捷里、谢尔盖·穆拉夫约夫-阿波斯托尔、米哈伊尔·别斯图热夫-留明、康德拉季·雷列耶夫、彼得·卡霍夫斯基先被判处中世纪时最残酷的刑罚(先砍去手脚,再砍头),后改为绞刑;121人被削去一切官职、封号和财产,流放西伯利亚服苦役;还有一批人被放逐到偏远农村。

用最残酷的刑罚处死起义者、将反对君主专制的贵族军官流放到荒漠之地后,尼古拉一世开始依靠本肯道夫建立一套完整的高压体制。他在执政伊始就把全部精力放在了巩固和加强君主专制上。1826年6月,尼古拉一世颁布了新的《检查法》。这部《检查法》在其总则里就明确规定了"检查"的三项目的:"1.实施检查,是为了文学、科学和艺术作品通过印刷、雕刻和石印出版时,能保证它们是对祖国有利的,至少是无害的。2.为此,针对在国内出版的所有的书籍、著作、手稿、地图和地形图、图案、图纸、草图、平面图、画像、绘画作品和乐谱进行检查。3.在审阅所有这些作品时,检查者的职责,是要保护神圣的宗教、帝王及其所确立的权力、国家的法律、人民的风习及尊严不受一切企图的侵犯,包括恶意的、犯罪的以及非预谋的企图。"《检查法》还特别提出了检查中三个应特别注意的问题:一是关于科学和青少年的培养,二是有关风习和国内安全,三是有关政治局势和社会舆论的动向。

这部《检查法》还责令人民教育部全权负责这种检查,并且为此成立了"最高检查委员会"协助解决一些最重要的案件。最高检查委员会由三人组成:人民教育大臣、内务大臣和外交大臣(或履行其职责的部门大臣)。

这部有着230条禁令的《检查法》对社会生活的各个方面作出了极其严格的限制和查禁,被称为"铁腕法令"。为了保证《检查法》的执行和在此基础上的君主专制的强化,1826年1月底,本肯道夫上书尼古拉,建议建立一支专门的政治警察部队。6月25日,尼古拉下诏组建"特别宪兵团"。1826年7月,尼古拉一世下诏改组原有的皇帝陛下办公厅,将内务部的"特别办公厅"改组为"皇帝陛下办公厅直属第三厅",负责《检查法》的执行和对社会言论、出版、结社的全面监控,而第三厅和宪兵团的负责人就是得到尼古拉一世充分信任的本肯道夫。

第三厅并不大,但是它却是尼古拉一世强化君主专制最完善、最强硬的手段和工具。它的权限包括:对国家机构的工作进行控制,对国事犯和最危险的罪犯的审判、确定流放或是监禁的地点,对社会各阶层情绪的全面监控,对文学、报刊等出版物的审核和查禁,对被怀疑为不可靠人士(包括古老教派和外国人)的监视、跟踪等。

为此,本肯道夫组建了宪兵队和秘密警察。宪兵队负责向皇帝呈交有关各阶层人士情绪以及各省局势的报告,秘密警察则负责与"破坏活动"做斗争。第三厅在朝廷、社会各组织和居民中间雇用了大量的密探,利用并鼓励他们进行检查、告密活动。在俄国历史上,本肯道夫的第三厅首次将朝廷机构与宪兵队、秘密警察组成了一个有无限权力的大网,组成了成员难计其数的告密者网,形成了一个"无所不知,无事不能,无处不在"、密探到处横行、检查大员满天飞的超级权力机构,而本肯道夫本人则握有生死大权。

从《检查法》的颁布到第三厅的成立,尼古拉一世将原先由教育部牵头、内务和外交两部结合的检查体制转到了以第三厅为主、宪兵队与警察融为一体的监视和控制网络,俄罗斯帝国加速了维护、巩固君主专制政体的官僚机构的建立过程。也正是在这个时候,1826年8月,在莫斯科克里姆林宫中的圣母升天大教堂,举行了尼古拉的加冕仪式,封号为"尼古拉一世"。尼古拉一世同时宣布他兼任"波兰王国"的君主。

第三节 乌瓦罗夫与"东正教、君主专制、民族性"

本肯道夫的第三厅将检查和监控社会思潮的重点放在了禁卫军团和学校青年的身上。对于尼古拉一世来讲,这一重点的确定源于他镇压"十二月党人"起义所得到的最严重的教训,它是保证俄罗斯帝国君主专制须臾不可舍弃的立场。在第三厅采取大规模监控措施的同时,尼古拉一世开始了对学校和教育的改造,成立了专门的委员会来处理此事。谢尔盖·乌瓦罗夫是这个委员会的成员,他接到的第一件事就是操办俄国科学院成立100周年的庆祝活动。在庆祝措施中,他一方面开展了选举科学院院士的活动,将当时一些著名的国内外学者选举成院士,另一方面设计了一个特别的项目,授予尼古拉一世和他的兄弟"荣誉院士"的称号。因此,乌瓦罗夫对科学文化事业的热忱和办事的精明强干受到了尼古拉一世的关注。

普希金和本肯道夫

在"教育改革委员会"中,乌瓦罗夫不断参与尼古拉一世亲自交办的事情,起草过新的《检查法》,陈述过自己对强化俄罗斯帝国君主专制的种种意见。1832年春天,乌瓦罗夫被任命为人民教育大臣助理,大臣退休后,他又被任命为人民教育大臣办公厅主任。又一年,1833年3月20日,升任人民教育大臣。升任第二天,乌瓦罗夫给各学区的督学写了一封信,信中宣告了自己办教育的思想和信仰:"我们共同的职责就是要根据皇上的意愿,以东正教、君主专制和民族性相结合的精神来进行人民的教育。"11月19日,他又给尼古拉一世呈递一份报告——《关于在人民教育部的管理中可以遵循的几个共同的原理》。在这份报告中,乌瓦罗夫重申了自己的思想:"对作为俄国特有(而每个国家,每个民族都有自己的帕拉斯)的原理的深入探讨并寻找,结论很清楚,俄国没有这些原理就不可能幸福、强大、生存——我所指的这三个主要的原理是:1.东正教信仰;2.君主专制;3.民族性。"

其后,在担任人民教育大臣的17年中,乌瓦罗夫不断地陈述这种"三位一体"思想。关于东正教,乌瓦罗夫这样说:"俄国人深刻地和真诚地依附于自己祖先的宗教,把它视为家庭和社会幸福的保障。若不热爱祖先的信仰,无论是人民还是个人都会灭亡。若是削弱他们的信仰,就等于是挖了他们的心,让他们流血而死。"关于君主专制,他说:"君主专制,这是国家政治上存在的必定条件。俄国的柱石是奠立其上的,它是国家伟大庄严之基石。"关于民族性,在乌瓦罗夫看来,就是必须坚守自己民族的传统,在保存农奴制的前提下,给俄国各族民众一个统一的思想,以防范和对抗思想自由、个性自由、个人主义和理性主义等外国思想的影响。关于这一点,他说得十分清晰:"我们生活于政治风暴和骚动之中。各国民众都在革新,改变自己的生活方式,向前进。谁也不可能在这种情况下去制定法规。但是,俄国尚青春年少,不应该去承受这些血腥的动荡,必须更长久地保持俄国的青春并培育这种青春,这就是我的政治体系。如果我得以将国家从一些理论所预示的后退50年,那我就尽到了自己的职责。而我也就可以心安理得地离开了。"

尼古拉一世对乌瓦罗夫的这种"三位一体"思想、理念,尤其是他的大力弘扬俄国精神、屏蔽一切外国思想侵蚀的建议大加赞赏,诏令他按此来进行学校的改革。1828年,乌瓦罗夫制定了新的学校条例,实行严格的等级制度,宣称学校只能培养忠于东正教、沙皇和君主专制的臣民,因此只允许贵族和权贵阶层的子女进入正规学校和大学,其他阶层的子女求学被强制限制在一个近乎愚昧的范围之内。1835年8月,乌瓦罗夫制定了《学区章程》。为了防止欧洲思想的影响、社会上兴起的各种思潮的侵蚀以及革命思想的传播，这个章程规定废除大学自治，在各学区设置督学。12月，乌瓦罗夫又制定了《帝国大学总章程》。在这个章程中，乌瓦罗夫将在《学区章程》中的一系列表述完整化和系统化，将教育改革归结为两个目的："其一，将大学的教育提升到合理的形式并对尚未成熟青年的入学设置合理的障碍。其二，吸引最高阶层的子女进入大学，结束外国人对他们错误的家庭教育，削弱外国教育受追捧的地位——尽管它外表鲜亮，但却是迥异于学问和理性的真谛的。要在大学的青年人中确立对人民的、独立自主教育的渴求精神。"

尼古拉一世很快就批准了这一章程，随即开始了一场以"东正教、君主专制、民族性"为旗帜和基础的大学改革。根据这部总章程，教育界采取了相应的措施，一是开设宗教史和神学、斯拉夫历史和俄国史课程，二是俄国教授必须在课堂上用俄语讲授课程，三是必须在课堂上讲授、传播俄国科学的创新和辉煌。于是，在乌瓦罗夫领导下的大学里，督学队伍就以检查、监控、告密等手段实施对学校的管理，而俄国的各级学校就真正成了"培养教会的忠实儿子、上帝和沙皇的忠实臣民"之所在。

乌瓦罗夫的大学改革还扩展到了俄国科学院的改革。1841年，他呈文尼古拉一世改组科学院，建议在原有的两个分部之外，再增设一个分部——第三分部，专门从事对俄国文学和语言的研究。而这种对文学和语言的研究实质就是：查禁来自欧洲的危险思想，不允许它们见诸报章杂志；密切关注文学方面的争论，监视异端言论；不允许对君主专制治理有任何的攻击等。在这一研究旗号下，乌瓦罗夫协助本肯道夫查禁了一系列反对"东正教、君主专制、民族性"的杂志。

对于乌瓦罗夫的这种教育、科学、文化改革方案、查禁一切非官方言论的做法，以及随之出现的"东正教、君主专制、民族性"的俄国文化世界，本肯道夫都称赞不绝："俄国的过去令人惊奇，现在美妙绝伦，而它未来将超乎所有的想象。"

第四节　检查、监控制度下的"精神病人时代"

在尼古拉一世镇压了"十二月党人"起义之后，出现了乌瓦罗夫的"东正教、君主专制、民族性"三位一体的政治思想体系。尼古拉一世本以为，有了这一思想作保障，俄罗斯帝国的江山就会永固。但是，"十二月党人"起义却导致了各种各样社会思潮的出现,催生了一场关于俄国前途和命运的大辩论。在这场大辩论中,哲学、历史、政治、文化、艺术创作各个领域的知识精英纷纷提出了各自的有关俄国前途和命运的思考、判断、结论。

归纳起来,当时俄国有三大派别。一派被称为"西方派",他们强调俄国的落后,欧洲国家的先进;而俄国和欧洲的历史发展有共性,所以应该"走欧洲国家走过的道路"。此派反对第三厅控制下的警察官僚政体,强调人性的自我价值,要求改革司法和实行公民自由,反对农奴制。这一派的代表人物有亚历山大·赫尔岑、尼古拉·奥加廖夫、尼古拉·杜勃罗留波夫、维萨里昂·别林斯基等。这些人是最有教养的贵族知识分子,或与"十二月党人"有交往,或是在"十二月党人"起义影响下成长起来。由于久居欧洲或与欧洲文化有密切的联系,他们深受西方思想、文化的影响,他们观点的理论基础是德国的古典哲学。所以,赫尔岑自己就这样描绘过西方派的人士:"我们就像双面的雅努斯,看着不同的方向,可我们的心是连在一起跳动的。"

另一派叫"斯拉夫派"。他们则强调俄国自古以来固有的斯拉夫传统、道德、信条,认为俄国应该按照自己固有的特点,走自己的道路。对他们来说,俄国的基本特点就是农村的村社和东正教。这一派的口号是:"执政的力量——给沙皇,舆论的力量——给人民。"他们对此的解释是:人民不应干预政治,政治全交由君主;而君主则不要干涉人民的内心生活,并要考虑他们的要求。该派的领军人物是阿列克谢·霍米亚科夫。他的一段话充分揭示了这一派的思想实质:"难道斯拉夫派的人想要倒退,期望退却的运动?不,斯拉夫派的人认为,应该回归的不是古罗斯的状态(这将意味着僵化、停滞),而是要回归古罗斯的道路。斯拉夫派的人不是要往回走,而是要重新走原先的路,不是因为它是原先的,而是因为它是正确的道路。"

第三派被称为"官方民粹派"。它是在乌瓦罗夫政治体系的基础上出现的,其名称源于"三位一体"的"民族性"。该派认为,俄国的现行政治制度是最好的、是睿智的、是符合东正教的教义和要求的,俄国的君主专制和农奴制是自古已存在的和合法的,农奴制需要改善,但却有许多"有古风的东西"。最能体现这一派思想实质的是这句话:"好地主比农奴自己更能捍卫农奴的利益。"这一派的代表人物都是拥护沙皇君主专制政体的,都与朝廷上层有各种各样的联系,除乌瓦罗夫外,还有波哥金和格列奇等人。

在这场大辩论以及随之而起的政治风潮中,一切都是从哲学、历史领域开始的,然后扩散、增强于文化艺术领域。一大批贵族出身、与"十二月党人"

有关系或是受"十二月党人"影响成长起来的知识精英,以他们的文字、作品、艺术抨击了农奴制、君主专制下的种种丑恶现象。他们忧郁、彷徨、愤怒、徘徊、抗争、无奈,甚至遭流放。这一切组成了一个前无古人后无来者的"精神病人时代",一个尼古拉一世检查、监控制度下的"精神病人时代"。

哲学家彼得·恰达耶夫长居欧洲各地,深受各国的文化与思想的影响。回国后,1836年,他在《望远镜》杂志上发表了八封《历史哲学通信》中的第一篇。这封信涉及的主要是他对俄国现状的考虑和判断,其中一个主要的思想是:"我们从来也没有与其他民族并驾齐驱,我们不属于人类大家庭中的任何一个家族,既不属于东方,也不属于西方,既没有东方的传统,也没有西方的传统。"恰达耶夫这番话表达了他对俄罗斯帝国现状的不满,给它刻画了一个远离全人类教养、精神停滞的破落形象。他的这封信拉开了"走欧洲国家走过的道路"思潮的序幕。

恰达耶夫的言论是与乌瓦罗夫所倡导、尼古拉一世所坚守的思想及其治国方略大相径庭的。尼古拉一世对此大发雷霆说:"读完了这篇文章,我认为它的内容是厚颜无耻的荒谬和精神病人呓语的混合。"《望远镜》杂志当即被查封,编辑纳杰日金遭流放,负责审查的人被撤职,恰达耶夫遭莫斯科警署传唤,被宣布为精神病人。对他的惩处是:监禁在家,每天由医生查诊,每天只能外出散步一次。

恰达耶夫在保证不再写作任何文章后,才于1837年被解除家中监禁。在其后的20多年,他默默地生活于莫斯科,出入于当时各派思想家激烈争辩的集会中,但沉默寡言。最后,他仍然写下了《一个精神病人的辩护》,表达了对君主专制政体的不满和思考。

无论是《历史哲学通信》,还是《一个精神病人的辩护》,恰达耶夫所追求的是,俄国应该走欧洲国家走过的道路。在尼古拉一世把"东正教、君主专制、民族性"当成国家唯一思想的俄国,恰达耶夫的思想是绝不可能容许存在的,他不仅遭到王朝的清剿,而且引起维护专制政体人士的激烈反对。但是另一方面,他的"走欧洲国家道路"的呼吁也震动和激励了俄国哲学界、思想界和文学界的大批精英知识分子。

1829年,在"十二月党人"起义后的第四年,后来闻名于世的文学批评家别林斯基进入莫斯科大学学习。他可算是在"十二月党人"起义影响下成长起来的一代青年。在大学里,他热衷于对欧洲道路的探索与追求,就在自己的宿舍里与志同道合的朋友一起议论国家的政治和社会大事,组织起大学生小组。参加集会的人中有斯坦凯维奇、赫尔岑、奥加廖夫、科尔什和克切尔等人,他们在一起大谈国事,抨击君主专制,介绍欧洲国家的思想。这个小组叫作"11号文学协会",它的活动受到检查委员会的检查、监控,最后被勒令解散,别林斯基被开除学籍。

第五节 尼古拉铁路:帝国的工业

尼古拉一世上台的时期正是欧洲各国工业革命发展到顶峰的时期,而俄罗斯帝国的工业状况却是非常落后的。在俄国见不到席卷欧洲各大国的工业革命哪怕一星半点的苗头,俄国仍然处于原料出口国的地位,几乎所有国内所需要的工业品都要从国外进口。

尼古拉一世登基后,竭力发展公路的建造,先后建成了莫斯科—圣彼得堡公路、莫斯科—伊尔库茨克公路、莫斯科—华沙公路。这些新公路组成了一个网,向西通达华沙,向东直达远东,俄国成了一个水路和公路相交织的帝国。而这时,随着科学技术的进步与实际利用,欧洲各国开始铺设利用蒸汽机车牵引的铁路。1825年10月,英国建成了世界上第一条这样的铁路。而在1825—1835年,奥地利、法国、美国、比利时和德意志等相继建成了这样的铁路并投入运营。俄国也逐渐铺设了一些轨道,供马拉车使用,但交通仍以水路和公路交通为主,而马拉车的平均运行速度要大大缓慢于欧洲的火车,所以俄罗斯帝国仍处在"有轨马拉车"的时代。

以牵引机车代替马车牵引不仅是一场技术革新,而且是一场大大促进生产力发展的工业革命,孕育了国家未来的现代化。但是,对于铁路的出现,一些专制君主将之视为洪水猛兽,尼古拉一世就是其中之一。他担心铁路的出现将使俄国与欧洲的联系更方便,自由、民主的思想,革命的风暴会随着铁路进入俄罗斯帝国,"东正教、君主专制、民族性"执政理念会动摇。尼古拉一世更担心的是,随着现代工业的发展,俄罗斯帝国的君主专制将会崩塌。所以,执政伊始,他就拒绝了在俄国修筑铁路的建议,而朝中的大臣也对修筑铁路持否定态度。

1835年,奥地利工程师格斯特勒来到俄国,在对一些地区作了实地考察后,他向尼古拉一世呈递了一份修筑"圣彼得堡—莫斯科—下诺夫哥罗德—喀山""圣彼得堡—敖德萨"铁路的论证充分的设计报告,在报告中他向沙皇进言:"现在欧洲都有了不少铁路,而俄国却没有。俄国的皇帝应该向欧洲表明,他不是如某些欧洲君主那样落后、不开化的人。"他还写道:"您不用担心革命会进来。请允许我以英国为例。在爱尔兰骚乱时,英国朝廷仅用了两个小时就将军队从曼彻斯特调动到了利物浦,并且迅速开赴都柏林镇压爱尔兰的骚乱。"

尼古拉一世最后同意修筑圣彼得堡至郊区皇村的铁路。这条铁路的设计师是格斯特勒,技术人员大多是外籍,蒸汽机车和车厢都是在英国定制的。1838年8月,皇村铁路线延长至帕夫洛夫斯克。这条铁路总计用费1 528 423卢布,每俄里的造价是61 136卢布。1837年10月30日,这条俄罗斯帝国的第一条铁路通车,格斯特勒亲自担任了这趟列车的司机。火车平均时速为51公里,最高时速达到64公里。同年,格斯特勒回国,皇村铁路的修筑工作转由第三厅厅长本肯道夫负责。

皇村铁路是供沙皇以及皇族出行所用,实用而方便,但其所显示的经济和政治意义却让尼古拉一世更加关注,因为,他想到如果有了铁路,从圣彼得堡经波兰通往维也纳的行程就会大大缩短,帝国军队的调集就要快速多了。1839年1月7日,尼古拉一世下诏修筑自华沙通往奥地利边境的华沙—维也纳铁路。1842年2月1日,尼古拉一世下诏修筑圣彼得堡至莫斯科的铁路。这项工程的总顾问是美国工程师威斯特勒,他建议使用适用于宽度为5英尺(152.4厘米)铁轨的车轮,这样可将平均时速提升至53公里,但这种车轮俄国没有,于是在英国订货。铁轨大部分也是英国制品,锅炉以及大量的铁轨铆钉、机车等都是由俄国建厂自行生产的。这条铁路于1851年通车。

从1839年到1855年,俄罗斯帝国总共修筑了979俄里的铁路,其中,皇村铁路25俄里,华沙—维也纳铁路308俄里,圣彼得堡—莫斯科铁路604俄里。这些铁路是按照当时最先进的西方技术标准修筑起来的,因此它们的质量可与当时欧洲国家铁路相提并论。圣彼得堡—莫斯科铁路是当时世界上在技术上相当完善的一条双向行驶铁路。

这些铁路组成了一个网络,提高了交通运输的速度,畅通了贸易,使俄国国内外的联系得到了极大的改善,一个以水路为主、公路为辅的国家开始走上利用蒸汽机车的有轨交通的道路,一个封闭的俄国开始沿着这些铁轨与工业革命的欧洲接轨。

在这些铁路的修筑过程中,参与设计、规划和主持实际的修筑工作的是西方的先进工程师和技术人员。他们带来的技术、经验培养出了俄国自己的技术人才。而对欧洲国家先进的科学技术成果的大量利用,也催生了对蒸汽机车、大型车轮、铁轨等材料的设备的制造。这一切迫使俄国原有的古老作坊转变为新的生产形式,催生了俄国自己的锻造、冶金、机械制造、纺织、制糖、木材加工、玻璃、瓷器和皮革等新工业部门的出现。随着这些工业部门在全国各地的分布,新的城市陆续建起,城市人口、工人人数激增。

修筑这些铁路利用了大量的劳动力。仅仅圣彼得堡—莫斯科铁路的修筑就使用了 80 多万名劳工,而其中绝大部分是农奴。将大量农奴从贵族地主庄园转送到利用蒸汽机车等先进技术的工地上,使农奴受奴役的角色开始转化,成为工业企业中的工人。农业积累也转换为工业资金,贵族庄园主逐渐演变为新企业的所有者,成为企业家。无论从企业的规模、性质还是从组成人员来讲,俄国经济中开始出现资本主义的因素,资产阶级和无产阶级开始形成。

铁路铺设现场

尼古拉铁路

圣彼得堡—莫斯科铁路成为俄罗斯帝国经济生活发展的一个历史转折点。尽管尼古拉一世在维护君主专制政体上毫不退缩,极力抵制西方的自由、民主思想,镇压革命的星星之火,但是蒸汽机车和铁轨却是毫不留情地砸开了帝国紧锁的门户。1855 年,尼古拉一世去世时,这条铁路被帝国朝廷改名为"尼古拉铁路"。

第六节　鼠疫、霍乱和"土豆骚动",农奴制的调整及"宗教改革"

1828 年,在黑海沿岸和克里米亚地区出现鼠疫。正处于俄土战争中的塞瓦斯托波尔海军基地立即采取强制的检疫措施,所有要进入该城的人都必须在检疫地区实行 2—3 周的隔离,所携带的物品均由国家机关没收。随后,阿斯特拉罕地区出现霍乱,塞瓦斯托波尔的检疫措施加强,在家隔离 2—3 周的措施继续执行。当局对贫苦下层居民区的控制更为严格,尤其是在"造船场村镇"。塞瓦斯托波尔军事当局认为鼠疫来自这个村镇,为防止这一村镇的居民破坏检疫措施,对该地区居民实行多方面的隔离和限制措施,甚至派两个步兵营的士兵在其四周严防死守,严禁居民出入。

1830 年 6 月,"造船场村镇"居民强烈抗议当局的措施,骚动顿起。塞瓦斯托波尔督军派兵镇压了这一骚动。最后,7 人被处死,约 1 000 人被戴上镣铐流放去服苦役,4 000 多人被迁徙到荒漠之地。

1829 年,俄国遭遇了干旱,是个饥荒年。1830 年塞瓦斯托波尔的"鼠疫"骚动之后,1831 年又爆发了席卷大半个俄国的"霍乱骚动"。有人记录下了当年的可怕情况:"空气灼热,云层火红。可怕的旱灾! 草地枯黄,到处都火烧火燎,大地在颤抖。"就在这天灾中,奥伦堡地区、与波斯接壤的阿斯特拉罕地区又暴发了霍乱。1830 年深秋,霍乱蔓延至俄国的中部地区,随后迅速扩展到莫斯科和圣彼得堡,仅仅在最初两周,感染的人数就达到了 3 000 多人,死亡 500 多人。

尼古拉一世害怕传染上霍乱,立即带领自己的皇亲贵族跑到了圣彼得堡近郊的皇村。居民得知皇帝跑掉了,也纷纷逃离圣彼得堡。但是当局却下令封城,设立检查岗哨,严禁居民离开圣彼得堡。于是谣言四起,说霍乱是外国人故意带进来的,是要灭绝俄国人的。1831 年 6 月 22 日,人群拥上街头,到处寻找和殴打"放毒"的欧洲人,首当其冲的是俄国的宿敌——法国人和波兰人。人群冲进参政院广场,捣毁那里的帐篷医院,赶走医务人员,打死医生。

圣彼得堡当局立即调动了配备有大炮的最精锐的禁卫军团进入参政院广场。最后,在大炮的射击和士兵的刺刀下,广场上的动乱被镇压了下去。而尼古拉一世也随即来到广场,向居民表示"亲善"和"关怀"。

自 1829 年开始,因鼠疫和霍乱引起的骚乱和起义席卷了大半个俄国,其中最激烈的地区是塞瓦斯托波尔、坦波夫和诺夫哥罗德。而对于俄罗斯帝国来讲,这些地区都是至关重要的,它们或是军事基地、"军屯村",如塞瓦斯托波尔和诺夫哥罗德,或是粮食的主要产地,如坦波夫。因此骚乱和起义所涉及的是农民、农奴的利益以及他们与庄园主和国家的关系问题,是以庄园和国有土地为主的农业的生产和发展问题。最终,涉及在俄国根深蒂固的农奴制是否还能存在和发展的问题。

这时,农奴制是否需要进行改革的问题再次被提上沙皇的议事日程。其原因:一是封地农民、农奴与庄园主的关系日益恶化,农奴对命运的抗争和对人身自由的追求与庄园主日益繁苛的剥削及其坚守农奴制的顽固立场严重对立;二是国有农民与国家的传统关系也在转化、分裂。封地农属地主所有,没有人身自由,作为农奴,处境最为艰难,人数也是农民中的绝大多数。而较之封地农,国有农是较为自由的人,他们在国家提供的土地上耕种,收成绝大部分都得上交国家,留给自己的只是极少的一部分。此外,他们还得纳税,在必要时参军。这时期,俄国的国有农只有2000万人。

作为俄罗斯帝国的君主,尼古拉一世的使命就是维护作为君主专制基础的农奴制。因此,他对农奴制的"改革"是在提升国有农的地位、在某种程度上改善农奴的处境,但又不触动庄园主和贵族利益之间摇摆的。为此,他不断成立各种委员会,试图制定一个对农奴制进行"改革"的方案来。由于鼠疫、霍乱、歉收、饥荒的持续不断,俄国的粮食供应始终处于严重短缺甚至危机状态之中,尼古拉一世农奴制"改革"的措施是从栽种土豆开始的。1834年3月,尼古拉一世诏令在国有土地上栽种土豆,以解决国家粮食的严重短缺,但是却遭到各地农村的坚决反对。维雅茨特和弗拉基米尔省爆发了"土豆骚动",警察、宪兵和军队一起镇压了这些骚动,骚动的发起者和组织者遭到军事法庭的审判,一些人被逮捕监禁,一些人遭鞭笞。

1837年,尼古拉一世又组织了一个新的委员会——"基谢廖夫委员会",继续进行对农奴制的改革。随着委员会的成立,一个新的朝廷部门——管理国有土地的国有财产部组建了,该部大臣由帕维尔·基谢廖夫担任。在这一时期的改革中,尼古拉一世下诏,禁止为了债务出卖农奴,禁止在出卖农奴时连同其家小一起出卖。

1840年,俄国又是个大灾年,许多地区粮食歉收,农村动荡不安。尼古拉一世再次下诏栽种土豆:"立即在有社会耕地的所有村庄栽种土豆。而在没有社会耕地的地方,土豆的栽种由乡公所负责,都得种上,一俄亩的土地也不能漏种。"这一诏令遭到了国有农的激烈反对,他们觉得栽种土豆将使他们失去归自己耕种的好地,回到受庄园主奴役的地位上去。而封地农(农奴)既担心自己命运的恶化,又无法改变传统的种植习惯,同时还怕这种外来的"块根"是有毒的。他们将土豆说成"魔鬼的苹果""撒旦的吐沫",人吃了它死后会下地狱的。于是,各地纷纷抵制栽种土豆。面对农民的反对,上层官吏严令下级地方官员限期完成土豆的栽种,而地方官员则采取种种措施,不仅强迫农民栽种土豆,而且谎报自己所属村镇的土豆栽种都是农民自愿的。于是,在俄国更大的农村地区相继爆发更大规模的起义。这次的"土豆骚动"最后扩展到北方各省和伏尔加河中下游沿岸地区,一直持续到1844年。沙皇朝廷往各骚动地区派出了惩罚队。村社居民进行了抵抗。但是,惩罚队以枪击和炮轰最终残酷镇压了这次大规模的"土豆骚动"。

1842年4月12日,基谢廖夫委员会所起草的改革法案——《义务农民法》颁布。根据这份法令,地主可以通过"赎买"让农民获得人身自由,但土地不能归农民所有;地主可将土地提供给农民在一定时期内利用,但农民除耕种土地外,有义务承担地主土地上的劳役或者代役租。在这份法令实行后的17年中,只有2.7万农奴获得"没有土地"的人身自由,仅占全国农奴总数的0.26%。

《义务农民法》的基本目的是满足庄园主、贵族地主对土地利益的最大占有,并没有触动农奴制的根本问题,将农奴从农奴制的残酷压榨下解放出来。尼古拉一世既害怕农民骚动和起义,又担心会失去地主、贵族的支持,既害怕维持农奴制的现状会引起革命,又畏惧农奴制的改革会彻底动摇王朝的根基。所以,基谢廖夫委员会及其《义务农民法》只不过是尼古拉一世"改革"农奴制的一个折中方案,其目的是在缓和庄园主与农奴关系的基础上,巩固和强化君主专制。

与此同时,尼古拉一世还采取了"宗教改革"的措施。东正教是俄国君主专制的基石,强化东正教在国内事务中的地位、削弱甚至消除其他教派如"合并教派""古老教派"等对民众的影响对国家事务的干预,是尼古拉一世的先祖们执行的一项强硬的国内政策。而尼古拉一世所面临的国内局势是极其复杂的,骚动遍地,危机四伏,皇权需要教会的力量以及神职人员的支持。

所以,从执政伊始,尼古拉一世就重组了东正教会的管理机构,拥有了对东正教最高会议及其下属宗教事务所乃至主教区的神职人员的管辖控制权。他制定了一系列法令,规定了神职人员的义务和权利。尼古拉一世给予东正教神职人员的特权是:取消对他们的体罚,免除其人头税,警务、政务义务和兵役,准予他们购买地产等。对东正教的这种重建和特权不仅使帝国君主成为东正教实际上的最高统治者,而且使东正教的神职人员成为俄国社会中仅次于罗曼诺夫皇族的享有特权的社会阶层。

尼古拉一世还采取强制手段,迫使"合并教派"的神职人员签署自愿并入东正教的声明。这不仅加强了俄国东正教的力量,而且削弱了白俄罗斯、第聂伯河西岸乌克兰和立陶宛土地上的波兰地主所有制及天主教。

尼古拉一世还对古老仪式捍卫派采取了强制措施:禁止这个教派修复和建造祈祷用房,不准在他们的居所从事祈祷活动,拆毁该教教堂的十字架,甚至禁止敲钟。禁止他们接受、藏匿被迫逃亡的其他教派的教徒。古老仪式捍卫派兴盛和传播基地——伏尔加河沿岸的古老仪式捍卫派教堂都被毁成平地,大批古老仪式捍卫派教徒或改宗东正教,或潜入西伯利亚的荒山密林中继续坚守自己"古老的信仰"。

尼古拉一世的宗教改革措施使俄国东正教肩负起越来越多的教化使命,对内是让民众虔诚信仰东正教,支持和维护君主专制,对外则是使被征服土地上的国民"俄国化",不可动摇地臣服于俄罗斯帝国。尼古拉一世的宗教改革强化了皇权与东正教相结合的体制,加速了俄罗斯帝国"政教合一"的进程。其宗教改革所形成的东正教的管理体制和活动方式,一直存在至罗曼诺夫王朝的终结。

第七节 帕斯凯维奇与高加索战争、俄波战争、俄土战争

从1817年开始,亚历山大一世委任阿列克谢·叶尔莫洛夫为高加索战场司令官,推行所谓的"平息计划",对车臣和达吉斯坦地区实施极其残酷的征剿。1825年11月,叶尔莫洛夫对车臣地区实行冬季清剿,开始了一场新的高加索战争。但在1825年12月24日,"十二月党人"在圣彼得堡的参政院广场上起义时,叶尔莫洛夫在战场上集合自己的部队,向尼古拉的哥哥康斯坦丁·帕夫洛维奇宣誓效忠:"部队秩序井然地和安静地向陛下宣誓效忠。"叶尔莫洛夫虽然在俄国选择新沙皇这件事上站错了队,但尼古拉一世登基后,为了继续进行并且强化车臣地区的战争,还是继续让叶尔莫洛夫担任高加索战场的司令官。

1826年1月,叶尔莫洛夫再次进军讨伐车臣。他下令吊死了所有被俘的车臣人和隐匿他们的人,并且通告:"如果居民再接纳和藏匿掠夺者,他们

失去的可能就不仅是自己的房舍,连自己的性命也要搭上。"车臣人进行反抗,在格罗兹尼城下与叶尔莫洛夫的军队进行了一场生死之战。最终的结局是:叶尔莫洛夫获胜,将俄国的防线从捷列克河推进到孙札河,将原先属于车臣人的土地归属俄国所有,车臣地区一时间平息下来。

尼古拉一世登基后执行的是继续并强化高加索战争的政策。对这位新沙皇来讲,没有了车臣,就没有了北高加索,没有了北高加索,南高加索就不会成为俄国的土地,没有了整个高加索归属俄国,就不可能建立黑海的霸权,就不可能终结与波斯、土耳其世代争夺土地的战争。而归根结底,这样一来就没有了俄国的南疆,俄罗斯帝国就会暴露在不设防的危险境地。

高加索位于黑海与里海之间,是亚洲通往欧洲的一扇门户,而其中间横亘着大高加索山脉,它将高加索一分为二:北高加索和南高加索。这块具有极其重要战略意义的风水宝地历来是俄罗斯帝国与波斯、土耳其争夺的地方和为此鏖战不息的战场。因此,俄罗斯帝国的高加索战争就与俄波战争、俄土战争错综复杂地交织在了一起。

1826 年 8 月 22 日,是尼古拉一世加冕典礼举行的日子,也就是这一天,尼古拉任命伊凡·帕斯凯维奇为高加索独立兵团的司令。帕斯凯维奇将军是尼古拉的亲信,一直伴随其左右。尼古拉一世让他参加过对"十二月党人"的审讯。帕斯凯维奇出征高加索所面临的是相继发生的两场战争。一场是 1826—1828 年的俄国与波斯之战,另一场是 1828—1829 年的俄土战争。

尼古拉一世和帕斯凯维奇——俄国高加索战争中的忠实君臣

早在 1804—1813 年的俄波战争中,波斯因战败不得不将高加索的一大片土地(达吉斯坦、格鲁吉亚的几个汗国、阿布哈兹以及阿塞拜疆土地上的多个汗国)割让给俄国。波斯对此一直耿耿于怀,试图报复。1826 年 9 月,波斯的阿巴斯-米尔扎率数万大军直逼俄国西部的边防重镇——伊丽莎白堡城下,要夺回失去的土地。在伊丽莎白堡城下,帕斯凯维奇以数千俄军打败了数万波斯军队,阿巴斯-米尔扎兵败撤回波斯。帕斯凯维奇乘胜进军夺取了亚美尼亚的埃里温。

1828年2月10日,俄国和波斯在离大不里士50公里的土库曼恰伊签署和约。这是一份对俄国极为有利的和约,根据这一和约,波斯承认1813年的《古利斯坦和约》划给俄国的土地仍为俄国所有,埃里温和纳希切万汗国(亚美尼亚东部)割让给俄国,波斯不得阻碍亚美尼亚居民向俄国境内迁移,俄国有权在里海驻扎海军舰队,波斯向俄国赔款2 000万银卢布。除和约外,俄波还签署了通商条约,根据这一条约,俄国商人有权在波斯全境自由通商。这一条约极大地提高了俄国在南高加索的地位,并为其争夺从里海至黑海的战略防线奠定了基础。

在对南高加索的亚美尼亚、阿塞拜疆以及格鲁吉亚一带地区的觊觎和争夺上,俄国与奥斯曼帝国是宿敌。1827年,俄国支持希腊的"独立",与奥斯曼帝国对抗。俄国联合英、法,在诺瓦林海湾一战中歼灭了奥斯曼舰队。奥斯曼帝国作出激烈反应,对俄国舰队封闭了博斯普鲁斯海峡。尼古拉一世认为土耳其人此举阻碍了俄国军队向西扩张的进程,遂于1828年4月,任命帕斯凯维奇为这次俄土战争的指挥官,向土耳其宣战。土耳其苏丹也立即加强多瑙河一线的防卫,准备与俄国开战,并将首都迁到阿得里安堡(今土耳其埃迪尔纳)。

1828年6月25日是尼古拉一世的生日。帕斯凯维奇选择这一天兵发多瑙河,占领了高加索的一系列要塞,灭掉了瓦拉几亚和摩尔多瓦。1829年,俄军进攻土耳其人所占领的城堡卡尔斯。随后又经过12个小时的残酷战斗,俄军以死亡500多人的代价夺得了奥斯曼重镇阿哈尔季赫。俄军从阿哈尔季赫进军巴尔干,于1829年7月占领了奥斯曼重镇埃尔祖鲁姆和阿得里安堡。

奥斯曼帝国苏丹默罕穆德二世不得不求和。1829年9月2日,双方签署了《阿得里安堡和约》。根据这一和约,奥斯曼将黑海东岸全部土地划给俄罗斯帝国,正式承认伊梅列基亚、卡特尔-卡赫基亚王国、古里亚和米格列尔、埃里温和纳希切万汗国归属俄国,土耳其解除对博斯普鲁斯海峡的封锁,俄国和外国商船可通行博斯普鲁斯和达达尼尔海峡,臣属俄国的人也有权在奥斯曼帝国全境经商,奥斯曼还要向俄国支付巨额赔款。除此之外,奥斯曼还同意塞尔维亚以及摩尔多瓦和瓦拉几亚王国的自治和希腊的独立。全部条款中只有一条对奥斯曼帝国是有利的,即俄国将这次俄土战争中占领的地方还给奥斯曼,但不包括多瑙河三角洲及其附近的岛屿。

这次俄土战争结束后,帕斯凯维奇多次组织队伍,对北高加索地区"不安分"的山民和村庄进行讨伐,大肆烧毁村庄,抓捕人质,以保证帝国在大山那边的南高加索土地平安无事。帕斯凯维奇的信条是,高加索山民的一切问题都得在战场上解决。如果说,始自1817年直至尼古拉一世执政初期(到1829年)的高加索战争,俄国所面对的主要是高加索各地山民各自的反抗、骚动和起义的话,那在1829年以后,北高加索地区出现了各个民族联合起来争取独立的局面,反抗者有了领导人沙米尔,有了伊斯兰教教义和国家为支撑。因此,俄国继续高加索战争的目的也就在于一劳永逸地兼并高加索,使其成为俄国南部牢固的新边疆,朝廷移民和流放哥萨克之处,新的税收财源,尼古拉一世修筑军事要塞、碉堡、工事的人力来源之地。

1833年,俄国和奥斯曼签署了宣布两国"和平与友好"的《安吉阿尔—斯凯莱西条约》。根据这一条约,奥斯曼保证除了俄国舰队,不许其他外国船只通过博斯普鲁斯和达达尼尔海峡。这一条约受到其他西方国家尤其是英国的反对和抵制。1840年,英、俄、法、普鲁士签订了"集体保障"奥斯曼的《伦敦协定》,1841年又签订了一个关于博斯普鲁斯和达达尼尔海峡的协定。根据这一协定,奥斯曼封锁博斯普鲁斯和达达尼尔海峡,不准所有外国船只、舰队通过。俄国再次失去了黑海的出海口。

1848年,整个哈萨克斯坦被兼并进了俄国,尼古拉一世的帝国疆界推进到了中亚。哈萨克斯坦是优质棉花的最大产地,英国也染指这里。俄国对哈萨克斯坦的兼并和俄军向奥斯曼的推进,促使俄英之间、欧洲各国之间的矛盾加深,奥斯曼重新成为各国争夺的目标。

第八节 镇压华沙起义,充当"欧洲宪兵",以及克里米亚战争的败北

1830年7月,法国爆发革命。尼古拉一世诏令在波兰征兵去镇压法国革命,波兰局势极端恶化。11月底,波兰华沙爆发了反俄起义,起义者要求波兰独立,俄国督军、波兰王位继承人康斯坦丁·帕夫洛维奇下台,将疆界恢复到1772年时的波兰国界,也就是波兰第一次被瓜分前的边界。起义者攻占了康斯坦丁所住的贝尔凡达尔宫。这位大公在起义者"杀死暴君"的喊叫声中逃离波兰。当天,尼古拉一世就派出大军去波兰镇压起义,但遭遇到起

义者的激烈反抗,俄军一度败退。

1831年6月,尼古拉一世重组大军,起用已经退休的帕斯凯维奇去波兰当俄军的总司令,负责镇压这次起义。帕斯凯维奇率领12万大军,挺进波兰。波兰起义者只有6万之众,兵力悬殊,节节败退,最后死守华沙城。8月下旬,在帕斯凯维奇的猛烈炮火和士兵的厮杀中,华沙城陷落,华沙起义失败。攻进华沙后,帕斯凯维奇又指挥俄军对波兰各地进行了3个月的清剿。8月26日,帕斯凯维奇在向尼古拉一世的报告中写道:"现在,华沙已经臣服于皇帝陛下您的脚下。"因为这次镇压,1833年,尼古拉一世封帕斯凯维奇为俄国驻波兰王国的总督,赐予"特级华沙伯爵"的封号。

此后,帕斯凯维奇在波兰进行了25年的治理:没收起义者的财产,关闭当地的大学,取消自治,解散议会,按俄国制度将波兰的领土划分为省,实行戒严,取消波兰货币改用卢布……当然,帕斯凯维奇如同所有谙熟统治之术的铁腕人物一样,深知娱乐休闲之举可转移人们对残酷现实的视线,消磨人们的斗争意志,于是,就在波兰大兴戏剧、餐饮、娱乐之事。这些措施令波兰处于高压之下。波兰人称帕斯凯维奇统治波兰的时期为"帕斯凯维奇的黑夜"。

1833年,埃及穆罕默德·阿里帕夏利用自己强大的舰队,占领了属于奥斯曼帝国的一系列土地后,兵发伊斯坦布尔。奥斯曼帝国向俄国求援。尼古拉一世认为埃及的军事行动不仅会引起奥斯曼帝国的动乱,而且会激发新一轮的欧洲革命,于是派停泊于达达尼尔海峡的俄国黑海舰队帮助奥斯曼的苏丹,让12 000俄国士兵登陆于海峡的亚洲一岸。此举让埃及的阿里帕夏占领伊斯坦布尔的军事行动失败,而尼古拉一世也充分显示了俄军在干预国外事务中的力量。

1848年3月,奥地利帝国统治下的匈牙利爆发革命,匈牙利与奥地利帝国进入战争状态。1849年4月,匈牙利宣布独立,奥地利皇帝弗朗茨·约瑟夫一世向尼古拉一世求援。尼古拉一世当即任命帕斯凯维奇为讨伐队司令,率领四个军团的14万大军,于6月初突进匈牙利全境,到8月初,在不到两个月的时间里,清剿了起义者的地盘,迫使起义者投降。这场对匈牙利起义者的讨伐保住了俄国在多瑙河三角洲的阵地,起到了它维护欧洲君主专制的"宪兵"的作用。

1853年3月中旬,尼古拉一世向土耳其人提出,要保护奥斯曼境内的东正教居民。奥斯曼苏丹当即拒绝。于是,尼古拉一世决定以战争解决问题。

他派大军占领了多瑙河地区的摩尔多瓦和瓦拉几亚王国。奥地利的反应是：要俄军退出多瑙河地区，否则兵戎相见。帕斯凯维奇对奥地利和奥斯曼联合起来反对俄国的前景感到不安：因为如此一来，俄国不仅保不住多瑙河地区，还会失去波兰和立陶宛。

1854年春，一场新的战争——克里米亚战争开始了。尼古拉一世任命帕斯凯维奇为多瑙河军区司令官。俄军进入摩尔多瓦和瓦拉几亚，攻占了多瑙河沿岸的一些重要的城堡，粉碎了土耳其人的舰队。这是克里米亚战争的第一阶段。从1854年开始，克里米亚战争进入第二阶段。此阶段的战争是俄国与英国、法国、奥斯曼、奥地利和萨丁王国争夺对近东的控制权。面对奥斯曼、英、法、奥的联合紧逼，尼古拉一世不得不下令从摩尔多瓦和瓦拉几亚撤退。1854年9月3日，英法联军登陆克里米亚半岛，并进而围困了军港塞瓦斯托波尔。俄军准备反击，指挥官是俄军最著名的统帅，三位海军上将——帕维尔·纳希莫夫、弗拉基米尔·科尔尼洛夫和弗拉基米尔·伊斯托明。10月5日，联军战舰开始猛烈炮击塞瓦斯托波尔。在这天的炮击中，科尔尼洛夫和伊斯托明阵亡。

1855年8月4日，联军战舰对塞瓦斯托波尔开始了一场更为猛烈的炮击，英法军队发起进攻，城中的主要堡垒——马拉霍夫山岗失守。随即，俄军从各处的堡垒败退，塞瓦斯托波尔失守。

塞瓦斯托波尔的失守和英法萨土奥联军的胜利，给予尼古拉一世致命的重击。这位一生尚武的帝王、一位崇尚暴力和强权的帝王，一个梦寐以求要将所有斯拉夫民族都统一在他大旗下、建成一个大俄罗斯帝国的帝王终于郁郁成疾。临终前，他满含悲哀、无限感慨地嘱咐继承人亚历山大二世："为俄国效劳吧！我本想把最困难、最沉重的担子担起来，把一个和平的、一切安排就绪的、幸福的帝国留给你，但上帝却作了另一种安排。"1855年2月18日，尼古拉一世溘然长逝(有人说他因耻于塞瓦斯托波尔的失守和克里米亚战争的失败而服毒自杀)。死前，他分别给莫斯科、基辅和华沙发去了如下电文："皇帝正在死去，并向所有的人道永别。"

而帕斯凯维奇在经受了高加索战事纷扰、克里米亚战争惨败、宠幸自己的尼古拉一世暴亡等多重打击后，于1856年抑郁离世。

作者点评

罗曼诺夫王朝的皇位曾经有两种继承法：一种是传统继承法，即皇位必须由长子来继承,没有长子,则可以传位给兄弟;另一种继承法是彼得一世修订的,即皇位必须传给长子,如没有长子或者长子不能继承,则由沙皇自己来指定继承人。前一种继承法源自莫斯科公国,甚至更久远的"基辅罗斯",而后一种继承法则是从彼得一世去世时起,一直使用到亚历山大一世的父亲保罗一世执政。这两种继承法的变更所反映的是罗曼诺夫王朝各派政治力量在皇位继承上的激烈斗争,而在这些斗争中,父系力量和母系力量之间的博弈是不变的焦点。

亚历山大一世谜一般的暴亡,让帝国猝不及防。也就是说,亚历山大一世生前没有以任何形式、任何诏书正式确定过自己的继承人。于是,亚历山大一世一死,朝廷中为争夺皇位继承人的斗争顿时爆发并迅速演变成一场密谋下的宫廷政变。这场宫廷政变本会以兄弟相残、子侄血斗的传统方式开启一代新沙皇的统治。但是,沙皇军队中青年军官的"起义"对这场皇位继承起到了颠覆作用。

所谓颠覆,就是彻底打乱了帝国皇位的继承进程,继承人不再由大臣权贵决定,而受"起义"进程掣肘。这时,在俄国的政治框架下,传统宫廷政变的组织者、推手都退居次位,在舞台聚光灯下登场的是一批新人,一批从未有可能在皇位继承中表达意见的人。这批新人就是历来被俄国史书称为"十二月党人"的叛逆的军官。

一种言之确凿、影响深远的说法是:"十二月党人"是为了选择康斯坦丁为沙皇而走上参政院广场的,其目的是废除君主专制、建立立宪民主制度。至于"十二月党人"为什么选择康斯坦丁、认定他就能担此重任,而尼古拉就是君主专制的忠实继承人,"十二月党人"自己并没有确凿的言论来证明。因此,事实上,当"十二月党人"走上参政院广场时,所考虑的显然是两点:一是他们认为这是一个难得的机会,可以借此从秘密活动状态下走出来,与君主专制进行一次面对面的较量;二是他们并不是面临二者择一的选择,也就是说,他们并不是非要选康斯坦丁而除掉尼古拉,他们要的是一个"好沙皇"。

也许可以说,"十二月党人"需要的是某种程度上的君主专制的改良,而不是推翻旧制度的变革。事实上,"十二月党人"的起义一开始就注定是要失败的,因为第一,它不仅没有一个团结、坚强的领导核心,甚至起义的总指挥都一直处于观望状态;第二,它在参政院广场上,以拒绝军队向尼古拉的宣誓效忠为由举行起义,达到刺杀尼古拉的目的,却没有对起义本身作出任何进一步的安排;第三,也是更为重要的一点,组织这次起义的南、北两个协会的领导人在军队中并没有广泛、深厚的基础,被他们调到参政院广场上的队伍,那些中下级军官和士兵并不知道实际要干什么。因此,起义的领导人、队伍只能在尼古拉一世调来的大部队的血腥镇压中惨遭厄运。

总的来讲,"十二月党人"的起义充其量就是一场预设很好、谋划不当的兵变,或者兵谏。后人对"十二月党人"以及他们的起义显然有很大的误读,为其赋予了极为耀眼的光环。这也许是因为:其一,"十二月党人"都是贵族出身,或本身就是贵族,并且与"黄金时代"的大家、贵族出身的文人有密切的交往,像普希金这样的"黄金时代"代表的光辉把他们也照得光彩夺目。其二,俄国文学大家对"十二月党人"的讴歌以及对"十二月党人"妻子们的忠贞不渝的赞叹,让"十二月党人"及其起义本身有些变形。把起义和文学相等同,让"十二月党人"和他们的妻子混为一体,大概就是造成误读的原因吧。当然,俄国人的误读也深刻影响了他国对"十二月党人"及其起义的看法。

还有一点是,"十二月党人"这个中文译名很怪异,不知初始译者的用意是什么。当时南、北两个协会都不是党,没有党的组织和纲领,而且俄文用词也很有分寸,俄文原文"декабристы"的意思十分明确,是"十二月的那些人"。这里暂不说这个词是贬是褒,但它指的是一个事实,即这些活动者并未组织成"党"。而"起义"这个词在南、北两个协会的文件里也似乎不见,"十二月党人"自己也从未称自己是"декабристы"。"十二月党人"及其起义显然是史家们操刀耍笔的结果。而中文译名又似乎更添了某种特定的色彩。"十二月党人"和"起义"不能反映历史的原状,但现在人们还不得不姑且用"十二月党人"和"起义"这两个词。

对于尼古拉一世来讲,起义虽然被镇压下去了,"十二月党人"也付出了鲜血和生命的代价,而沙皇的天下并非平安无事。

至于克里米亚战争的结局并不如尼古拉一世所愿,高加索战争也未能使大山两边的土地彻底并入俄国。这里的山民从没有真正臣服过俄罗斯帝国,而是一代又一代地对抗圣彼得堡。从19世纪30年代起,北高加索的各族山民就在沙米尔的领导下进行反对沙皇俄国的斗争。在尼古拉一世执政的时期内,沙米尔领导的斗争使俄国再度失去对西达吉斯坦、车臣以及一系列北高加索地区的控制。

尼古拉一世想西进夺取君士坦丁堡,再进巴尔干,结果败北,失去了摩尔多瓦和瓦拉几亚。他想让自己的舰队毫无阻碍地出黑海,过博斯普鲁斯和达达尼尔海峡,结果被打回,海峡对俄国封闭,俄国退回到黑海的南岸。他想让高加索大山两边的土地彻底并入俄国,但沙米尔领导的反俄起义此起彼伏,让他的"高加索之梦"始终未圆。

晚年,尼古拉一世对保住克里米亚和保住黑海沿岸这两件事给予了特别的关注。他曾经在给帕斯凯维奇的一封信中谈到了保住克里米亚的重要性:"保住克里米亚和保住黑海沿岸,如果将这两件事与其他事做一比较的话,它们不仅对欧洲,而且对亚洲的影响,特别是对我们外高加索地区的影响,都要重要得多。但是,我也并不认为,为了保住我们在南方所夺得的,就可以不经战斗地放弃波兰。"这些话表明了这位沙皇对罗曼诺夫王朝传统的土地"收集"政策的忠实继承和坚持不懈。

第十二章

亚历山大二世：以"休养生息"之名行扩张之实

第一节　"俄国没有生气，俄国在凝神静思"

1855年2月19日，尼古拉一世的长子亚历山大·尼古拉耶维奇继承沙皇位，时年36岁，同年8月举行加冕典礼，封号是"全俄国的皇帝和君主，波兰国王和芬兰大公"，是为亚历山大二世。

在罗曼诺夫王朝的皇位传承上，亚历山大二世与父亲尼古拉一世的关系可算是正常甚至良好的。在尼古拉一世执政期间，他就把亚历山大随时带在身边，让他知晓执掌俄国大权所需要的一切礼仪、规章、制度以及应该做的事情，让他在政治和军事的不同部门担任要职，参与解决农民问题的秘密委员会，处理改革与战争的重大问题。尼古拉一世曾经对朝臣说过："在俄国只有我和儿子是干净的。"所以，亚历山大的皇位继承没有宫廷争斗与阴谋。延续200多年的兄弟相残、父子相争、后宫夺权的"宫廷政变"式皇位继承没有出现。

亚历山大二世一登基就是一个训练有素的帝王，顺利地开始了俄国新王朝的历史进程，但是他面临的是一个已经丧失了欧洲霸权地位、经济发展落

亚历山大二世在莫斯科克里姆林宫圣母升天大教堂中的加冕仪式

后于欧洲国家、亟待重振帝国雄风的俄国。而他执政伊始是受尼古拉一世的政治遗产所约束的。在错综复杂的国内外事务中,没有结束的高加索战争、惨败的克里米亚战争以及悬而未决的农奴制问题是尼古拉一世留给儿子的最为棘手的遗产,而尼古拉一世以强力的监控措施和军事手段治国的种种后果也有待亚历山大二世来重新运筹。作为新政的一种象征,亚历山大二世在加冕仪式上首先宣布大赦"十二月党人"、彼得拉舍夫分子(主张武装起义消灭农奴制)和1830—1831年的波兰起义者。

在内政方面,亚历山大二世以某种宽松的政策替代警察治理,以减轻农奴的负担为主线实施一系列改革。而在外交方面,新沙皇则需要某种程度上的改弦易辙,放弃与所有欧洲国家的对抗,实行与法国亲近的政策,尽快结束克里米亚战争。

1856年2月,巴黎召开了以俄罗斯帝国为一方,以英国、法国、奥地利、普鲁士、奥斯曼和萨丁为另一方的和谈。3月30日,诸国签署了被后人称为"巴黎和约"的《巴黎协议书》。

《巴黎协议书》的主要内容:一是停止军事行动,各国军队撤出克里米亚,相互交换俘虏,同意今后共同努力、协商解决可能出现的冲突,俄国将在战争中占领的所有土地归还奥斯曼,盟国同意将所占领的黑海沿岸的城市和港口归还俄国;二是各国尊重奥斯曼的所有权益,居住在巴尔干半岛的基督教居民仍然归伊斯坦布尔治理,各公国自治,奥斯曼当局要保障这些公国的自治权,俄国无权干涉摩尔多瓦、瓦拉几亚和塞尔维亚的事务,黑海成为中立地区,各国不得在黑海驻扎舰队,也不得在沿岸修筑要塞、碉堡、武器库,只准商船通过,各国商船都可通行多瑙河,俄国将比萨拉比亚的部分土地让给摩尔多瓦公国。

俄国在克里米亚战争中惨败,失去了先前夺得的一系列土地。对俄罗斯帝国更为致命的是,帝国舰队遭到了重创,再也无法出航黑海之口,由此,南疆的防卫能力大大减弱。但是,《巴黎协议书》毕竟开始改变俄国的艰难处境,使俄国有了重新夺回黑海权益的机遇。而这一切与他的外交大臣亚历山大·戈尔恰科夫有密切的关系。

戈尔恰科夫作为俄国的特使在普鲁士工作了12年之久,对于普鲁士和欧洲各强国的情况了如指掌,并且与这些国家的上层人士,如后来当了普鲁士首相的俾斯麦过从甚密。在1853—1856年的克里米亚战争期间,他被调任俄国驻奥地利维也纳宫廷的使节,肩负的使命是劝说奥地利不要与英国、

法国和奥斯曼帝国结盟反对俄国。戈尔恰科夫还向亚历山大二世进言,俄国经济、军事力量不足,国际舞台上的威信极度低落,因此应当立即结束克里米亚战争,不应卷入错综复杂的欧洲冲突,而要养精蓄锐,先解决最为迫切的内政问题,等待重新崛起的时机。1856年巴黎和会的召开和《巴黎协议书》的签署与戈尔恰科夫的外交努力密不可分。所以,在《巴黎协议书》签署后不久,戈尔恰科夫就被亚历山大二世任命为俄罗斯帝国的外交大臣。

亚历山大二世为戈尔恰科夫授勋

戈尔恰科夫所主张的俄国要养精蓄锐,等待重新崛起的外交决策受到了俄国朝野,尤其是以俄国利益为首位者的激烈指责,他们说"皇帝和大臣无所作为"。戈尔恰科夫

亚历山大二世和外交大臣戈尔恰科夫

不为所动,只是回答了一句话:"人们在指责俄国自我孤立、一言不发;他们说,俄国在生气。俄国没有生气,俄国在凝神静思。"最后这句话就是这位外交大臣新的外交决策——静观国际舞台上的变化,潜心研究对策,择机再起。所以在其后的26年外交大臣生涯中,"俄国没有生气,俄国在凝神静思"就成了他的座右铭,成了俄国在欧洲舞台上的行动守则。

第二节 古尼布堡之战的胜利与高加索战争的结束

在克里米亚战争结束之后,俄国得到了喘息的机会,于是,解决旷日持久的高加索战争又成了亚历山大二世极为紧迫的事情。从1817年开始到

1856年，高加索战争已经打了近40年之久，俄罗斯帝国已经被它拖得精疲力竭。但是，这场战争的核心地区——车臣依然处于反抗俄国统治的风暴之中，沙米尔领导的斗争20年来此起彼伏，车臣和整个高加索地区暴动四起，弄得俄军疲于奔命。1856年8月，亚历山大二世任命亚历山大·巴里亚津斯基为高加索总督和高加索军团的总司令。

巴里亚津斯基向亚历山大二世建议，将高加索分成几个战区，每个战区设司令长官统筹领导，同时建立战区的参谋部，负责对作战事宜的计划和安排。他还进言，要胜利地结束高加索战争，必须做两件事：一是要改变传统的治理高加索的办法，要改变对待山民如仇敌的镇压方式，要用了解山民的军官来治理高加索。二是要往高加索派驻大量的军队，保证充足的钱粮、武器弹药和后勤供应。巴里亚津斯基所要的数额，因经过计算，要占俄国军费的1/3，陆军部和财政部首先反对，而亚历山大二世也犹豫不决。但外交大臣戈尔恰科夫却认为必须这样做，若高加索战争再不结束，俄罗斯帝国会面临更大的厄运。最终亚历山大二世接受了巴里亚津斯基的建议，下诏将原来的高加索军团扩建为高加索军，步兵和马队的总人数为20万，并配备了200门大炮。

而这场高加索战争的主要对象就是车臣。巴里亚津斯基起用了一批哥萨克军官，在他的军帐中组成了一批被称为"高加索人"的军官参谋班子。这些军官对高加索地区尤其是车臣山民的生活风习、道德准则，以及车臣的山川地形非常了解，很熟悉与山民打交道的手段，懂得收买民心，能以"亲近""宽容""仁慈"的手段来平息车臣地区的暴乱。而巴里亚津斯基的作战策略是：用大军对车臣形成难以突破的包围之势，以最小的损失和最快的速度取胜。而在高加索山民与奥斯曼、波斯和英、法等的联系方面，则采取了严格的隔绝措施。

经过三年的准备后，1858年夏末，巴里亚津斯基对沙米尔活动的车臣地区展开了大规模的军事行动。大小车臣地区被俄军占领，沙米尔率领少量忠于自己的部队撤退到了达吉斯坦境内，这里高山耸立，到处是无法攀登的峻岭险峰。节节败退后，沙米尔困守于自己最后的根据地——达吉斯坦境内的高山堡垒古尼布。1859年8月25日，俄军包围了古尼布堡垒，同时，巴里亚津斯基向沙米尔劝降，他保证只要沙米尔投降，"绝不杀害妇女和儿童"。沙米尔在众叛亲离下只好选择投降。

8月25日下午3时，从古尼布堡传出了沙米尔决定投降的声音："沙米尔放下武器了,沙米尔向俄国人走来了。"这时,围困古尼布堡的数千俄军大声欢呼,而巴里亚津斯基则下令鸣炮庆祝这场征服车臣、达吉斯坦战争的胜利。而沙米尔手下的一员战将拜桑古尔·别诺耶夫斯基拒不降俄。结果,在沙米尔被俄军俘虏后,拜桑古尔继续与俄军作战,直到1861年被俄军捕获后处死。

巴里亚津斯基在沙米尔投降后,当即给亚历山大二世呈送了一份报告:"古尼布攻下。沙米尔被俘并正押解往圣彼得堡。"1861年夏天,亚历山大二世在皇村接见了沙米尔。据俄国的史籍记载,沙米尔向亚历山大二世表示祝贺,说皇帝将俄国人从奴隶状态下解放了出来。随后沙米尔和儿子都加入了俄国籍,沙皇赠予他世袭贵族荣誉与地位,让他永久定居在南方的卡卢加城。

古尼布堡一战、沙米尔的投降、车臣和达吉斯坦的臣服,这一切都给巴里亚津斯基带来了巨大的荣誉。他被封为大元帅这一俄军最高军衔。而巴里亚津斯基本人却因为常常萦绕于脑海之中的血肉横飞、尸横遍野的景象而精神恍惚,不得不到国外疗养,并且于1860年向亚历山大二世呈递了辞职报告,最后在归隐中死去。亚历山大二世任命叶夫多基莫夫伯爵为高加索军新司令员。

古尼布堡之战结束后,从1859年底起,俄军在车臣、达吉斯坦地区修筑道路,将原山民从所占领的地方驱赶出去,并将哥萨克人从俄国内部迁移到这里来定居。1862年12月初,米哈伊尔·尼古拉耶维奇大公被任命为高加索的督军。到1863年初,在俄军所征服的西高加索地区,从里海边直到库班的大片地区都成了哥萨克移民区。从1864年春开始,俄军急速向高加索西部挺进。4月初,高加索督军米哈伊尔大公巡视部队,高加索军司令官叶夫多基莫夫伯爵下令军队继续清剿原住民。到4月末,从库班河口沿海岸至索契,从拉巴河至库班河口的大高加索山脉北侧的大片土地的原住民,被督军和司令官称为"敌对我们的部族"而被完全清剿出境。1864年5月20日是亚历山大二世征服东高加索周年祈祷日,就在这一天,俄军对这里的最后一个部族——哈库切伊人挨门挨户进行了清剿,他们的土地被俄军占领。同月,持续了47年之久的"高加索战争"结束。

第三节 亚历山大二世的农奴制"改革"与农奴起义

在尼古拉一世时期,亚历山大二世参加过一系列解决农民问题的秘密委员会,深知农奴制的存废是亟待解决的国家大事。但是,他对此问题的最终解决方式犹豫不定,既不能彻底废除农奴制,又对农奴制对国家经济、政治诸方面所造成的破坏性后果深感恐惧。1856年3月,他在莫斯科省贵族代表会议上的一番讲话正是这种犹豫的反映。他一面向贵族们辟谣,说"解放农奴"是谣言,是不真实的,一面又说:"然而,我不想对你们说我是完全反对这件事的。在我们生活的这个时代,这种事随时都可能发生。我想,你们和我有同样的看法:要做,就得做得更好,让这件事不是自下,而是自上而下地进行。"

从1857年到1860年,亚历山大二世先后成立了"农民问题秘密委员会"和"农民问题总委员会",制定解决农奴制问题的方案。1857年间,波尔塔瓦省以及其他三个省份的贵族上书亚历山大二世,要求在保存对土地的所有制的基础上,给农奴自由。与此同时,在尼古拉一世时期就采取了"给予农奴没有土地的自由"措施的爱沙尼亚和立陶宛,农民和德意志地主的矛盾加剧,这也促使了俄国中部地区农奴制危机的恶化。

1861年初,"农民问题总委员会"将制定好的有关农奴制问题的法案呈报亚历山大二世。1861年3月3日,亚历山大二世颁诏批准了这份后来被称为"解放农奴宣言"的法案,它的正式名称是《大仁至圣皇帝赏赐农奴自由农村居民身份》诏书。与此同时,沙皇还批准了实施这一法令的《关于脱离农奴依附关系的农民问题总则》。这一天正是亚历山大二世继承皇位六周年纪念日,又适逢俄国的东正教大斋节前夜的"宽恕星期日"。就在这一天,亚历山大二世下诏在所有教堂做日祷的时候,要钟声齐鸣,官员们和神职人员们高声向全国的臣民宣读这份诏书。

这份被称为"解放农奴宣言"的法案主要内容有下列几个方面:一是地主必须给农民提供耕种用的份地和一小块宅旁土地,但土地的所有权仍归地主;二是提供给农民的耕种份地必须在村社里集体耕种;三是农民在耕种份地的同时,必须为地主服劳役或者缴纳代役租,为期49年不得变更;四是农民可以赎买地主的份地,但是必须支付赎金,而赎金的价格大大高于土地的价格;五是为了农民能够以赎金购买地主的份地,朝廷向农民提供贷款,而这种贷款分期支付,年利率为6%,本息49年才能偿还完。

这份解放农奴的诏书"赏赐"给农民的"人身自由",包括农奴可以自己耕种土地、不经地主允许可以结婚、可以改变居住地点、可以离开农村到城里去、可以弃农经商,等等。但是,农民没有土地所有权,获得土地必须付出大量赎金,还必须承担对原地主的各种劳役、代役租等义务。49 年的赎金分期支付将获得"人身自由"的农民仍然捆绑于农奴制的构架之上。农民所获得的耕地都是偏远的、贫瘠的土地,好地都集中于原来的地主之手。此外,村社的集体耕作是农民获得份地的硬性限制、首要条件,农民个人对土地的耕作并没有决定权,而一小块宅旁地的存在则成了他们离不开原庄园的生存所必需。这一切使这些名义上的"自由农民"仍处于为地主劳役的"义务农民"的位置上,仍然使这些"自由农民"紧紧依附于地主和地主庄园经济而不能真正自由行走。

各地地主庄园中的农民群起反对这种"自由",骚动此起彼伏,在彼尔姆、坦波夫、喀山和平扎等地区声势尤为浩大。农民对没有土地的"自由"和继续为地主服劳役、交租税不满,彼尔姆的农民喊出的口号是:"我们是沙皇的人!"这个口号意味着,他们不愿再做地主的农奴。当地的警察在给上级的报告中列述了农民骚动的原因:"村里的人们激烈地表示,他们不想再给地主服任何的劳役,不想再给老爷干活,他们现在是国有农了,他们现在只有一个主人——沙皇,他们要像国有农那样纳贡。"

1861 年 4 月,在彼尔姆地区的农民骚动中,军队向农民开枪镇压骚动。彼尔姆省督的报告是这样描述这次枪击农民事件的:"在这一地区,骚乱逐日扩大,不满的村民聚集得越来越多,集会具有明显的反抗性质。尤其是在伊格瓦村,4 月 8 日,农民开始集结,到了晚上,已经聚集了 1 000 人,不管当地警察如何警告,他们就是不散去。当军队开始驱散人群时,农民设置警戒线,向士兵扔脏东西、石块,大声斥责他们。这样的野蛮行为激怒了塔里波格少校,他警告农民:如果不赶快散开回家,他就不得不下令向他们开枪。"伊格瓦村的农民反对"解放农奴宣言"的斗争最后被军队开枪镇压了下去。

农民的抗争也激发了城市的骚动。在其后两年的农奴制改革中,在彼尔姆省的 94 个乡村和 19 个工厂区先后发生过大规模对抗朝廷的行动,其中有八次农民起义、三次武装冲突。彼尔姆省对骚动和起义采取了坚决的镇压,大批农民被逮捕受审,总计约有 250 人被流放西伯利亚。

1861 年 4 月,在喀山省,骚动席卷了 3 个乡的数万农民。在别兹德纳村的农民骚动中,领头的农民安东·彼得罗夫要求朝廷将地主所有适宜耕种的土地分给农民,呼吁农民不要听命于地主和官员、不要服劳役、不要缴纳代役租。别兹德纳村的农民骚动迅猛发展,声势浩大地扩散到各地。最后朝廷派来了正规部队,对骚动的农民进行了残酷镇压,安东被枪决。与此同时,在平扎、涅日哥罗德等省份也爆发了众多的农民骚动。

1861年4月初,在平扎省的26个乡村中发生农民骚动,中心地点是在坎捷夫卡村。朝廷派大部队进行镇压,士兵向集合在一起的上万名农民开枪,枪杀了19名农民。174名农民被送上法庭,其中的114人被判处苦役、流放西伯利亚。

按照亚历山大二世颁布的"农奴制改革"方案,给农奴办理"人身自由"证书的手续需要长达2年的时间,在这两年中,农奴实际上仍处于地主的控制之下,被劳役、代役租牢牢地束缚于农奴制中。所以,农民对"解放农奴"行动的抗议、骚动并没有止息在1861年的4月。在其后的7个月中,在1 176个地主庄园中发生了反对农奴制改革的农民骚动或起义,其中的499处受到了军队的镇压。在其后的两年中,不仅在彼尔姆省,在其他省份农民骚动和起义也持续不断。

第四节 巴枯宁、赫尔岑与奥加廖夫,"土地与自由"及1864年波兰起义

巴枯宁与赫尔岑

农民的骚动和起义促使各种社会思潮蓬勃发展。如何废除农奴制成了各种思潮争辩的焦点、各种社会组织采取行动的出发点。社会思潮基本上分成两大趋势:一种是以激烈的、革命的行动推翻现有的君主专制、铲除农奴制存在的根源;另一种是向沙皇进言,用立宪民主代替君主专制,在改良的基础上完善农奴制,巩固君主专制政体。

米哈伊尔·巴枯宁、亚历山大·赫尔岑站在激进的营垒里,尽管他们的思维、方式和手段有着极大的差异。巴枯宁终身信守的是"砸碎旧的国家机器""以暴动解决一切问题",在他的眼中到处都有暴动的形势,随时都能进行暴动。对他来说,暴动就是一切。他的一生是从无政府主义到泛斯拉夫主义的一生,也是这两种思想杂糅于一身的一生。早在1848年,

巴枯宁就因为在德国发动德累斯顿起义而被当局判处死刑,后改为流放,被遣送回俄国,在西伯利亚服苦役。1861 年,在得知亚历山大二世宣布废除农奴制的消息后,他认为又有了一次"暴动"的机会,设法逃出了流放地。

而与此同时,他的两个弟弟,阿·巴枯宁和尼·巴枯宁也参与、组织了另一次"暴动"——召开特维尔省贵族会议。这次会议的观点在向亚历山大二世的呈文中有所显示,沙皇朝廷已经完全无力解决社会中的一切问题,改革不能靠法令,而是要成立一个由俄国各地选举出的代表组成的统一机构——立宪会议来解决农民骚动所引起的问题。这种名义上的"立宪民主"实质上要废除的是沙皇专制。亚历山大二世对这种"暴动"当然不会宽容,他严惩了这些贵族,将参加会议的 13 人全部关进彼得-保罗要塞,对其判处监禁 2 年至 2 年半不等的刑期。巴枯宁兄弟俩则被流放至西伯利亚。

赫尔岑此时定居在伦敦,与奥加廖夫一起出版《北极星》和《钟声报》,坚持对俄国农奴制进行最尖锐的抨击。1859 年 4 月,沙皇朝廷勒令赫尔岑回国。在他拒绝后,沙皇朝廷缺席审判,剥夺了他的一切权利、将他终身放逐、勒令他不得归国。1861 年 4 月,彼尔姆省的农民骚动遭到枪击镇压后,沙皇当局对此事严加封锁。5 月,赫尔岑在《钟声报》上发表了《彼尔姆省开枪屠杀农民》一文,披露了这一事件,斥责负责这次镇压的省督说为"危害性最大的一位省督,他疯狂的专断独行在全省是首屈一指的"。而奥加廖夫也在《人民需要什么?》一文中,抨击亚历山大二世的这份诏书使"人民被沙皇欺骗了",提出了"土地与自由"的口号,并着手准备在俄国中部地区发动农民起义。

1862 年 11 月,以"土地与自由"命名的秘密革命组织——"俄国中央革命委员会"成立。这个组织的纲领是:发动一场农民战争,推翻沙皇专制政权,召开由人民自由选举的代表组成的立宪会议,建立新的政治权力机构。在奥加廖夫、赫尔岑和尼古拉·车尔尼雪夫斯基的影响、参与下,圣彼得堡的"土地与自由"总部与俄国各地建立联系,其分组织纷纷成立。而这时,在被亚历山大二世特赦的波兰的反俄起义者中,有一部分人从流放地西伯利亚回到了波兰。他们在波兰的一系列城市举行游行示威,宣传波兰的"独立""自主",随之,波兰内部的"爱国主义情绪"空前高涨。还有相当一部分波兰人留在了俄国,这些波兰人则与"土地与自由"总部建立起了密切的关系,密谋革命行动。

早在 1861 年,巴枯宁就已从西伯利亚的流放地逃到了伦敦。巴枯宁一贯主张建立俄国与波兰革命者的联盟,用暴力的方式摧毁沙皇的君主专制。而这时,他认为波兰的形势已经完全成熟,可以振臂一呼完成革命的伟业了。所以,他力劝赫尔岑和奥加廖夫起事。赫尔岑把注意力转向了波兰,在《钟声报》上发表一系列文章,呼吁"要全面地和无条件地将波兰从俄国和德国中解放出来",主张波兰的自由和自治。这时,他们相信"俄国人能解放波兰人"。1861年底,"俄国军官波兰委员会"成立,开始了一系列的秘密行动。6月29日,驻守莫得林要塞的三名俄国军官因密谋活动被杀,赫尔岑当即在《钟声报》上写道:"三名俄国受难者是为波兰人而死的。"7月初,革命军官的代表向《钟声报》递交了一份信件——《当起义开始时,俄国军官应该做什么?》,《钟声报》的回答是鼓舞军官去行动——宁可被捕被杀,也要像被枪杀的三名军官那样去拼杀。

1863年1月下旬,在波兰爆发了反俄起义,起义者要求俄国归还占领的土地,恢复1772年波兰的东部边界。这次起义规模很大,除了波兰本土,还席卷了立陶宛、白俄罗斯和乌克兰右岸地区。法国和英国朝廷支持起义者,要俄国答应起义者的要求。相当数量的俄国军官支持并参与了这次起义。

波兰起义一爆发,赫尔岑、奥加廖夫和巴枯宁就声明支持波兰的起义。赫尔岑说:"我们与波兰在一起,因为我们为俄国而斗争。我们站在波兰人方面,因为我们是俄国人。我们要求波兰独立,因为我们要求俄国的自由。我们和波兰人在一起,因为同一条锁链将我们二者锁在一起。"

亚历山大二世当然不会接受这种起义的胁迫。他知道在克里米亚战争使俄国国力衰微之际,波兰这个"后院"绝不能出事,波兰一出事,俄罗斯帝国本土必将动荡瓦解,而失去波兰,就将波及俄国在欧洲的所有臣属土地,俄罗斯帝国会因此而解体。亚历山大二世立即派遣大军分两路镇压起义。一路由新任督军贝格伯爵率领,进军波兰本土,另一路由米哈伊尔·穆拉维约夫扫荡立陶宛和白俄罗斯。

1864年5月,波兰起义被穆拉维约夫统领的俄国大军镇压了下去。对于起义者,穆拉维约夫采取了极其残酷的惩罚措施:128人被处死,12 500人被流放各地,还有涉嫌起义的2 000名暴乱者被处以绞刑。更为重要的是,沙皇取消了波兰的王国称号,将波兰划分为10个省,改称"维斯瓦河沿岸边疆区",并随即在这个边疆区内实施类似于俄国"解放农奴宣言"法案的农民改革,实行普遍的"俄国化"措施:行政机构的公文来往和学校的教学中,都必须使用俄文；波兰人必须改信东正教。与此同时，沙皇朝廷还采取向波兰迁徙大量俄国人的措施，允许这些人在波兰搞殖民化的"俄国垦殖园"，实施俄国式的土地制度。对起义者试图恢复的"1772年边界"内的地区，即第聂伯河西岸的立陶宛、白俄罗斯等地区，穆拉维约夫则采用一切可能的强制手段，实施了大规模的宗教、社会生活各方面的"改革"，尽力削弱波兰的影响。

因此等"丰功伟绩"，在波兰起义被镇压后的第二年，即1865年，穆拉维约夫被亚历山大二世册封为"维斯瓦伯爵"，而波兰人则给他起了个绰号——"绞刑刽子手"。对波兰起义的残酷镇压也使亚历山大二世有了"刽子手"的绰号。

第五节 "民粹主义者运动"的发展与刺杀亚历山大二世的尝试

随着农民暴动的此起彼伏和波兰要求独立、自由运动的高涨，俄国内部的各种社会思潮也风起云涌，大学生反对君主专制的运动蓬勃发展。1861年秋天，沙皇朝廷禁止大学生举行集会，同时实施大学收费。大学生纷纷集会，表示抗议，风潮顿起。

在19世纪50—60年代，大学生们受屠格涅夫、涅克拉索夫等作家和诗人的影响，沉迷于他们所塑造的"多余的人""虚无主义者"皮丘林、巴扎罗夫等角色的影响之中。他们对世事表示出一种既不满又冷漠的态度，离群索居搞科学和教育。而亚历山大二世的"解放农奴宣言"，以及随之而来的农民的骚动、朝廷对大学和教育的种种禁令，令他们从彷徨中拍案而起。这时，在伦敦的赫尔岑也在《钟声报》上发文支持学生浪潮："年轻人，你们被禁止搞科学了，而你们该到哪里去呢？到民间去！去民众之中！——这就是你们，你们这些科学放逐者的位置！"

于是，以"到民间去"为核心的风潮在大学生中间迅速蔓延，发展成了一个声势浩大的"民粹主义者运动"。加入这一行列的除了大批自愿"去民众之中"的年轻人，还有相当数量的被第三厅流放至农村的大学生。"民粹主义"是赫尔岑和车尔尼雪夫斯基积极倡导并力主实施的，是一种对资本主义制度持否定态度、信奉社会主义乌托邦的学说。民粹主义者认为，俄国所具有的一切传统决定了可以跨越资本主义制度时期，直接进入理想的社会主义，而在行动上，他们则是在农民中间做宣传鼓动工作，试图发动农民的革命，来彻底废除农奴制，以保卫农民的利益，进而保障帝国最下层民众的利益，达到最彻底的民主。

民粹主义者运动的发展是从主张渐进改革转向激进革命的过程。民粹主义者中的代表人物有米哈伊尔·巴枯宁、彼得·拉夫罗夫、彼得·特卡乔夫等人,他们的活动也体现了这一进程复杂多变的特点。民粹主义和民粹主义者运动的兴起、壮大以及最后归于消沉,还与车尔尼雪夫斯基个人的活动密不可分。

1861年,车尔尼雪夫斯基就撰文揭露"农奴解放宣言"是对农民更为残酷的剥削。他提出,俄国生活中的主要问题,即将农民从封建土地制度中解放出来的问题并没有得到解决,只有人民革命才能带来俄国的解放及其复兴。这一年11月,主持《现代人》杂志的杜勃罗留波夫去世,车尔尼雪夫斯基接手了这一工作。他所面对的是一个转变关头:大学生和知识分子由主张对农奴制进行改革向采取激烈的、革命的手段推翻君主专制转变。车尔尼雪夫斯基主持的《现代人》也在逐渐发生相应的变化。

有两件事令车尔尼雪夫斯基的生活发生重大的变化。一件事是,1861年夏天,在车尔尼雪夫斯基父亲的庄园里,一个"到民间去"的大学生散发了一份《年轻的俄国》的传单,其中呼吁农民:"去进行一场流血的、无情的革命,这场革命应该彻底地改变一切,现代社会的所有基础也无一例外,并且要杀死当今制度的捍卫者。"这份传单甚至要求取消家庭和婚姻,建立一种"共产主义的制度和生活"。这名大学生的行动引起了第三厅对车尔尼雪夫斯基的密切监控。另一件事是,1862年的夏天,农民骚动和"到民间去"运动蓬勃发展,而这一年又逢旱情严重,圣彼得堡发生了一场大火灾,第三厅随即在圣彼得堡的大学生中间加强了监控和镇压活动,于是主张并支持大学生"到民间去"的车尔尼雪夫斯基也就厄运难逃了。

1862年7月,第三厅逮捕了车尔尼雪夫斯基,查封了《现代人》。给车尔尼雪夫斯基定的罪名是:他写了号召农民举行起义、反对地主和沙皇的"反动传单"。车尔尼雪夫斯基被关押在彼得-保罗要塞。1864年,车尔尼雪夫斯基以"叛国罪"被判处7年的流放、苦役。为了警告"闹事"的大学生和阻断风起云涌的"到民间去"运动,第三厅搞了一个"流放车尔尼雪夫斯基的示众仪式":警察将他押送到梅特宁广场,悬挂在那里设置的刑台上,给他胸前挂上写有"国事犯"的牌子,用锁链将他绑在柱子上好几个小时。这种刑罚与沙皇制度下的"剜鼻刑"一样,是第三厅采用的最侮辱人格的重刑。车尔尼雪夫斯基受此刑罚既是当局施加于他本人的奇耻大辱,也是对"到民间去"的大学生们的最严重警告。这一年,车尔尼雪夫斯基36岁。

对车尔尼雪夫斯基的这种羞辱性示众不仅没有吓倒大学生和以"到民间去"为核心的民粹主义运动,反而促使他们走上地下活动的道路。早先已经存在,并在莫斯科、喀山、下诺夫哥罗德和彼尔姆等地建立分支机构的土地与自由社,这时也开始分化,总部自行解散。但莫斯科的土地与自由社不仅没有停止活动,而且采取了更为激烈的行动,准备对自警察局、第三厅等的官员直至亚历山大二世本人进行"猎杀"活动。

该土地与自由社的领导人是莫斯科大学生尼·伊休金。他与同伴组织了一个极其秘密的组织,取名"地狱",筹划让车尔尼雪夫斯基从苦役地逃跑并组织"猎杀"活动。在伊休金等人看来,只要刺杀了第三厅的长官,检查和监控就会减弱、消失,杀死了亚历山大二世,君主专制就可被推翻。因此,他们给该组织起名"地狱",也就是要将这些统治者打入十八层地狱。

亚历山大二世有午后散步的习惯,每次散步不是沿着皇宫外的运河,就是在花园中。常常有群众隔着铁栏杆围观皇帝散步。"地狱"就选择了这个地点,准备在亚历山大二世散步时刺杀他。1866年4月的一天,亚历山大二世散完步,登上四轮马车准备离去时,"地狱"成员卡拉科佐夫向他开枪,但没有击中。卡拉科佐夫是莫斯科大学的学生,是受到"到民间去"深刻影响的年轻人。24岁时他加入土地与自由社,实施这次谋杀时,他才26岁。

这次谋杀后,亚历山大二世曾亲自审问过他:"你是波兰人?"他回答:"纯血统的俄国人。"皇帝又问:"那你为什么要枪击我?"他回答:"你欺骗了人民。答应给土地,而又没有给。"

这段话准确地反映了这个时期沙皇、农民、土地与自由之间交织在一起的关系,也清晰地表明像土地与自由社这样的组织并没有找到俄国真正的未来之路。在这次谋杀事件后,亚历山大二世彻底放弃了"自由主义的改革",解除了朝廷中所有倾向自由主义的大臣;重用彼得·舒瓦洛夫为宪兵队负责人和第三厅厅长,强化了对俄国社会生活的检查和监控。尤其是在大学里,第三厅和教育部联手对学生言论自由实施了最严格的检查制度。鉴于卡拉科佐夫就是个"缺少生活保障的年轻人",教育大臣下令由警察监管大学,并以"缺少生活保障"为名,严格限制像卡拉科佐夫那样的年轻人进入大学。卡拉科佐夫于1866年9月被枪杀。在6月,杜勃罗留波夫和车尔尼雪夫斯基主持过的《现代人》也被彻底停刊。

第六节 亚历山大二世的军事改革以及军工发展

克里米亚战争的结果让亚历山大二世明白,与欧洲国家的军队相比,俄国军队中70%的军官都没有受过正规的军事培训,军队的部署也没有一定的成规。更为重要的是,武器、作战技术都远远落后于欧洲先进国家的军队。因此,亚历山大二世认定必须对军队进行改革。1861年,他任命季·米柳京为陆军大臣,负责对军队的改革,改革的主要目的是:完善军事管理体制,培养高水平的军官,建立一支经过培训的后备军,引进新武器来装备军队,消除俄军与欧洲军队武器和技术上的巨大差距。

这一改革从1861年开始。米柳京在全俄国组建军区,1862年建起了华沙、基辅和维尔诺三个军区,到1864年时,全俄国分为15个军区。这种军区建制保证了各军区司令官对所辖军区军队的统一指挥。为节约军队的开支,1864—1869年,军事改革体现于如下政策:减少现役部队的人数,将他们转为后备部队;实行全民义务兵役制,年满20岁的男性必须服兵役。在免除服兵役的人中,除神职人员、各宗教信徒外,还特别提出"来自中亚、高加索和哈萨克斯坦的异族人不得进入俄军服兵役"。最后一项措施显示亚历山大二世对克里米亚战争和高加索战争仍然心有余悸,对曾经参与过这些战争的克里米亚和高加索地区的"外族人"恐惧犹存。

陆军大臣米柳京向亚历山大二世进言,必须用最先进的武器、军事技术来重新装备俄军。为了重新装备俄军,亚历山大二世动用大笔国库资金,向外国购买最先进的武器装备。1868年,俄军开始配备当时在欧洲各国军队里已经使用的美式"伯丹步枪"。1877—1878年,在又一次与土耳其的战争中,俄军则全部配置了最新式的射击武器——美式"戈切基斯步枪"。而"伯丹步枪"和"戈切基斯步枪"都是花大价钱从法国购买的。1875年,普鲁士皇帝向亚历山大二世赠送了一支"毛瑟枪"以及子弹。于是,俄国利用这唯一的"毛瑟枪"开始了实验和仿制进程。1869年,俄国制造出了第一艘装甲舰——"彼得一世号"。1870年,俄军全部用轻便、快速的"巴拉诺夫斯基大炮"装备。

这些新式武器的引进与装备与两个人有关:一个是路德维希·诺贝尔,一个是约翰·休斯。路德维希·诺贝尔是大名鼎鼎的"黄色炸药的发明人"、"诺贝尔奖"的创始人阿尔弗雷德·诺贝尔的哥哥。1862年,他定居在圣彼得堡并且租用了英国人开的一家铸机厂,将其改建为"路德维希·诺贝尔机器和武器制造工厂"。在他的工厂里,拥有当时最先进的机器设备和制造技术。而这时,米柳京急需一家工厂来引进、仿制欧美最先进的武器,于是就向该厂大量订货。诺贝尔的工厂为陆军部先后生产了俄军急需的炮弹、炮架、步枪、机关枪以及各种车床和工业设备。"伯丹步枪"、"戈切基斯步枪"、巴拉诺夫斯基大炮的制造都与该厂密切相关。

路德维希·诺贝尔机器和武器制造工厂不仅成了亚历山大二世用最新技术武装部队的基地,而且大力推进了俄国其他兵工厂以及一些工业部门的发展。1871—1875年,路德维希·诺贝尔负责对俄国古老的兵工厂"伊热夫武器制造厂"的技术改造工程,将这个工厂升级为俄国最先进的武器制造工厂。1875年,他又与弟弟合作开采巴库的石油,建成了俄国第一座石油加工厂,使俄国有了保存石油的大型储存装置和运输石油的设备,有了能一昼夜输送13万吨石油的油田。路德维希·诺贝尔机器和武器制造工厂还为亚历山大二世征服土库曼斯坦以及其他中亚地区制造、提供了一系列大型机器、武器装备、弹药。

亚历山大二世的军事改革,尤其是用最新技术装备军队的一系列措施催生、壮大了俄国的军火工业,而新兴军事工业的发展又带动了其他工业部门的兴起和发展,并且在此基础上促进了俄罗斯帝国内部商品的流通和贸易。1870年5月,在圣彼得堡举办了第十四届"全俄工厂手工业产品展览会",路德维希·诺贝尔机器和武器制造工厂因其在军事改革中的作用和所提供的军需产品而特许获得荣誉:亚历山大二世准予它在自己的产品、广告和招牌上使用俄罗斯帝国的双头鹰国徽。

英国威尔士工业家约翰·休斯是一位冶金和机械制造专家,尤其是装甲钢板专家。在亚历山大二世的军事改革中,对海军舰队的改革是一个核心。海军部准备加固喀琅施塔得要塞,为此需要大量的优质装甲钢板。亚历山大二世下令在法国和英国的一些工厂采购,但检验的结果是只有休斯工厂生产的装甲钢板完全符合要求,足够坚固和可靠。于是,亚历山大二世承诺给予休斯优惠条件,让他到俄国西南部煤炭和铁矿资源丰富的顿涅茨克地区开办工厂。

1869年4月18日,亚历山大二世准予休斯的工厂生产俄国战舰所需的装甲钢板,并同意为此成立一个"股份公司"——"新罗西斯克煤炭、铁路、钢铁和铁轨生产协会"。同年,休斯在伦敦组建了一个名为"新西伯利亚协会"

的组织,为顿涅茨克的开发筹集到了大批资金。

俄国朝廷和休斯签约开发顿涅茨克。根据合约,休斯将承担下述责任:(1)开采煤炭,其开采量应达到朝廷所需要的数量,即每天 2 000 吨;(2)不迟于签约后 9 个月,炼铁厂应建成并全部开工,炼铁炉的出铁量不应少于每月 100 吨;(3)铁轨工厂的建造应于签约后两年完工,并将炼出的铁压制铁轨投入使用;(4)建造机械修造厂,生产工程所需的机器和所有铁制品。除上述条款外,俄国朝廷提出"休斯有责任尽快完成全部工作"。随后,俄国朝廷又附加了一项条款:如果休斯不能履约,将罚款 20 000 英镑并取消全部合约。

1869 年,休斯来到顿涅茨克,随身带来一批英国工程技术人员。经过两年的建厂和生产,原本荒凉的地区有了两座高炉炼铁厂。休斯还开采煤矿,以保证工厂所需。而为了运送煤炭,他开始修筑矿区专用铁路——康斯坦丁铁路。到 19 世纪的最后 10 年,顿涅茨克已经建成了俄国最大的冶金制造厂,成了俄国冶金、矿山机械制造、煤矿开采、优质盐生产的重要基地。最终,它与叶卡捷琳娜二世时期建成的卢甘斯克开发区连成了一个整体,成为俄罗斯帝国势力最为雄厚的工业基地和国防重地。

第七节 重返黑海,"解放巴尔干",征剿中亚

1856 年的《巴黎协议书》是俄国的耻辱。亚历山大二世对《巴黎协议书》一直耿耿于怀。而在 1856 年巴黎和会之后,他的外交大臣戈尔恰科夫一直在寻求机会废除黑海中立区,收回因该条约而丧失的土地,使俄国舰队能重新西出博斯普鲁斯和达达尼尔海峡。为此,戈尔恰科夫开始转变俄国外交政策努力的方向,寻找机会打击《巴黎协议书》的主要推手——法国。

1870 年,法国和普鲁士为争夺欧洲霸权地位爆发了战争,动因是西班牙的王位继承问题。这时,掌握普鲁士重权的是奥托·俾斯麦。俾斯麦期望与俄国结盟,对法国开战。于是,他向戈尔恰科夫表达了这个意向。戈尔恰科夫与俾斯麦私谊不错,认为这一建议对俄国有利,但他要俾斯麦答应,战争胜利后,普鲁士必须保证废除《巴黎协议书》中有关黑海中立的条文。俾斯麦承诺,他将支持俄国的利益要求。亚历山大二世起初并不看好与普鲁士的结盟,但在戈尔恰科夫的反复进言下,同意在普法战争中保持中立。

在戈尔恰科夫的主持下,俄国在外交行动上采取了对普法战争不干涉的方针,但后来亚历山大二世却更倾向于普鲁士,实际上是在积极支持普鲁士

的军事行动,为其军队提供各种方便,结果使普鲁士大胜法国。1870年9月,法国皇帝拿破仑三世投降。普鲁士的胜利不仅大大削弱了法国的力量和影响,而且使普鲁士建立了一个统一的、强大的德国。

德国皇帝致信亚历山大二世,对俄国的支持表示感谢。1870年10月19日,戈尔恰科夫照会欧洲各强国,说明现在局势发生变化,《巴黎协议书》中有关黑海中立的条款必须删除,呼吁召开一次国际会议来解决这一问题。签署《巴黎协议书》的各国都同意去掉这一款,也就是废除黑海中立的条款,准予俄国在黑海上拥有舰队。

1871年初,伦敦会议召开。3月签署的《伦敦协议书》规定:取消对俄国、奥斯曼和黑海沿岸各国在黑海上的所有限制,俄国和奥斯曼可以在黑海上拥有不限量的舰船;俄国军舰禁止通过海峡的条文不变,但是准予奥斯曼友好国家的军舰通过海峡。《伦敦协议书》使俄国得以在黑海上重建海军舰队。这不仅是戈尔恰科夫个人的胜利,还是俄罗斯帝国重出黑海、争霸小亚细亚和巴尔干土地的机遇,但也埋下了俄国和奥斯曼再度争夺黑海的伏线。

1877—1878年的俄土战争将这种争夺变成了现实,巴尔干成了主战场。

巴尔干地区具有极其重要的战略意义,它扼守于黑海和亚得里亚海之间,南下可通地中海,东去可达印度洋和远东,所以历来是俄、奥斯曼、普、英、法争夺的地区。1873年10月,俄、奥斯曼、德的皇帝签署了一份协定,各方承诺将协调在这一地区的军事行动、不缔结新的军事同盟。

但是,巴尔干在奥斯曼的统治下长达500年之久,保加利亚、马其顿、波斯尼亚、黑塞哥维那、阿尔巴尼亚、埃皮尔、菲萨利亚在奥斯曼的掌控之下,塞尔维亚和罗马尼亚处于奥斯曼苏丹的保护之下,而黑山只是名义上独立,只有希腊是独立的国家。这种情况导致俄国与奥斯曼之间频频发生争夺这一地区的战争。巴尔干地区被俄国认为是斯拉夫人的聚居地,多数居民信奉东正教。所以,历来的俄土战争中,俄国总把奥斯曼帝国对巴尔干东正教居民的压迫作为旗号,说那里的人们在奥斯曼的政治制度、封建剥削和伊斯兰教会的排斥下,过着水深火热的生活。俄罗斯帝国朝野还形成了一种共同的认识:俄国解放巴尔干是巴尔干各国真正的独立自由之路,是巴尔干人民生活的幸福之路。因此,解放巴尔干的东正教居民、将巴尔干地区从土耳其的压榨下解放出来、归属俄罗斯帝国,就成了俄罗斯帝国伟大的"解放使命"。

不过,巴尔干各地的居民从没有停止过反对土耳其人压迫的斗争,他们的目的是争取自身的解放、国家的真正独立,而不是要归属俄罗斯帝国。这是巴尔干人民的解放斗争和俄罗斯帝国"解放"巴尔干政策的实质性区别。亚历山大二世执政后,通过一系列手段对巴尔干人民的斗争进行了干预,其中包括在巴尔干地区增强亲俄、亲亚历山大二世的势力。

1875年,巴尔干地区饥荒,暴动此起彼伏。黑塞哥维那和波斯尼亚的起义者宣布:"不自由,毋宁死,我们要战斗到最后一个人。"而在俄国,此时也出现了在"拯救东正教斯拉夫兄弟"旗号下的运动,支持巴尔干人民的斗争。奥斯曼和俄国处于一触即发的战争前沿。1877年4月24日,亚历山大二世向奥斯曼宣战,派出了18.5万大军,后来增加到50万。俄军对多瑙河发起了强攻,突破了这条天然防线。于是,又一场俄土战争爆发了。1877年6月25日,俄军挥师进攻希普卡。这是通往伊斯坦布尔最短的道路。夺取了希普卡,俄军就能沿着去伊斯坦布尔的道路进军巴尔干。希普卡是位于希普卡山口的一座险峻碉堡。俄军夺得了希普卡后,遭到了土耳其人的围困,不得不困守希普卡碉堡长达数月之久。希普卡一战后,俄军占领了土耳其人的主要堡垒锡斯托夫,最后攻克了普列夫纳。1878年1月13日,苏丹给亚历山大二世写信,愿议和投降。

1878年2月19日,俄土签署了《圣斯特法诺和约》,俄罗斯帝国成了这次战争的最大的赢家。土耳其向俄国支付14.1亿卢布的战争赔款,其中部分赔款要土耳其用土地来偿还。为此,土耳其将巴图米、卡尔斯、阿尔达甘、巴雅泽特以及比萨拉比亚南部的两个区割让给俄国。此外,巴尔干各国虽然都重新划分了各自的政治地图、有了不同程度的自治或独立,但是对俄罗斯帝国的依附又大大增强了。而俄罗斯帝国的皇帝亚历山大二世则因此被称为"解放者"。

《圣斯特法诺和约》并没有彻底解决巴尔干问题,"解放者"亚历山大二世在巴尔干所碰到的麻烦也没有全部解决。在其后俄土、俄国与欧洲各强国的争霸中,巴尔干"战争火药桶"的危险性仍在与日俱增。

1863年,亚历山大二世成立特别委员会,商讨征服中亚三个汗国——浩罕、布哈拉和希瓦的对策。沙皇、外交大臣和陆军大臣的一致看法是,这三个汗国是"野蛮的亚洲人奔袭俄国南疆"的主要基地,必须将它们兼并入俄国,以保帝国南疆的安全。1864年,参加过克里米亚战争和高加索战争的切尔尼亚耶夫率领大军征讨塔什干,先后攻克了奇姆肯特和塔什干,随后征剿并征服了布哈拉、浩罕和希瓦汗国。切尔尼亚耶夫因作战凶猛、无情,有了"塔什干雄狮""塔什干征服者"的绰号。塔什干地区成了俄国的领土,改名为"土尔克斯坦州",切尔尼亚耶夫被任命为该州总督。俄国夺得塔什干,南下通往印度的道路就敞开在它面前。

1877—1879年,俄国军队三次征剿土库曼的阿哈尔帖金绿洲,都被帖金人打败。1881年1月,亚历山大二世组织新的讨伐队——"阿哈尔帖金讨伐队",任命米·斯克别列夫为司令官,重战阿哈尔帖金。斯克别列夫骑着高头大马在城下指挥,以路德维希·诺贝尔机器和武器制造工厂生产的重炮轰城,并挖地道炸开城墙缺口,攻陷了帖金人的堡垒。阿哈尔帖金、土库曼不得不表示臣服俄国。对阿哈尔帖金的征服成了亚历山大二世"收集"中亚土地的最后一战。

第八节　亚历山大二世的战略"东倾"与对远东的侵略

1847年9月,尼古拉一世任命尼·穆拉维约夫为东西伯利亚总督,让他承担的主要使命是:了解西伯利亚和整个远东、太平洋沿岸地区,如黑龙江地区、楚科奇、堪察加、萨哈林岛(库页岛),以及远至太平洋中、俄、美海洋边界线的阿留申群岛和北极地区一些岛屿的地理、社会、经济、人文情况,以便规划俄国向远东、太平洋的推进扩张。

为此,穆拉维约夫支持和协助根纳季·涅维里斯科伊对阿穆尔和萨哈林岛(库页岛)进行了"探险"。1850年8月,涅维里斯科伊闯进了黑龙江口的中国土地——庙街。他为自己的"新发现"激动不已,当即升起俄国的国旗,给这个地方取名为"尼古拉耶夫斯克",意即"尼古拉的城市",以表示对尼古拉一世的礼敬。这是俄国"收集"新土地的传统仪式:每"发现"一块新土地,必升俄国国旗和构筑屯兵的碉堡,宣称新土地归属俄罗斯帝国。1853年,他的"探险队"进入了库页岛,随即在那里构筑碉堡,宣布这是沙皇的土地,把库页岛称为萨哈林岛。自这次"探险"返回后,他兴奋地对穆拉维约夫说:"萨哈林是个岛!进入黑龙江是可能的!"

根据涅维里斯科伊的"探险"结果,穆拉维约夫向沙皇呈报了自己对阿穆尔地区的看法:阿穆尔河是该地区唯一由西向东流的河流,是将西伯利亚和太平洋连接起来的唯一河流,"谁掌控了阿穆尔河口,谁就掌控了西伯利亚,至少是直至贝加尔湖的地区"。用武力夺取阿穆尔和沿岸地区成为穆拉维约夫矢志不移的决策和终身追求的"伟业"。他在中国黑龙江河口修筑碉堡、建立哥萨克移居村落和"外贝加尔哥萨克军队",对该地区实行军事控制。

1854年初,穆拉维约夫受尼古拉一世之命与清廷就黑龙江沿岸的两国边界问题进行"谈判"。亚历山大二世登基后,在外交大臣戈尔恰科夫的支持下,核准了穆拉维约夫向阿穆尔地区的扩张计划,同时准备在军事压力下,与清朝廷解决黑龙江河口地区的"划界问题"。穆拉维约夫立即开始强化对黑龙江河口的军事部署,目的是好在谈判桌上从清廷那里强占更多的土地和利益。他在黑龙江河口增设了几个军事哨所,在河的左岸(俄国一岸)建立了五个军事武装的哥萨克村落,并在沿河地区增兵防守。俄国还在黑龙江河口部署了104艘大船、4艘汽船、50艘小船,总计8 000多人,此外还有多门大炮、大量的弹药、马匹和大牲口。穆拉维约夫还指挥大军直至瑷珲城下,这种兵临城下、欲打大仗的阵势表明了俄国进行谈判的强横:黑龙江的左岸是俄罗斯帝国的了。

1858年5月28日,穆拉维约夫与清廷代表奕山签署了不平等条约《瑷珲条约》。此约总计三条。主要内容是前两条。第一条是领土的"划分":黑龙江右岸、自阿尔贡河至黑龙江的出海口、乌苏里归属中国;黑龙江左岸划归俄国;自乌苏里江至海滨的地方和土地由中俄共管;黑龙江、松花江和乌苏里江只允许中俄两国船只通行,其他外国船只不得通过;黑龙江左岸从精奇里江再往南直至豁尔莫勒津屯地区仍归当地居民居住,由清廷管辖,但他们不得伤害和排挤俄国人。《瑷珲条约》所规定划给俄国的土地总面积在60多万平方公里,其中包括后来被称为"江东64屯"的中国领土。第二条是有关互市的问题:居住在乌苏里江、黑龙江和松花江两岸的居民可以互市,两国朝廷应保证对两岸居民互市的保护。

亚历山大二世为此赏赐穆拉维约夫一个新的爵位封号——"穆拉维约夫-阿穆尔斯基",意即"阿穆尔河的穆拉维约夫",或者"阿穆尔王"。这就如同历史上的"涅瓦王""顿河王"一样。此外,沙皇为庆祝这次"伟大的胜利"和迎接"阿穆尔王"的凯旋,还在东西伯利亚的首府——伊尔库茨克建立一座宏大的凯旋门——"阿穆尔门",门上镌刻的是"通向海洋之路"。

同年6月13日,俄国又与清廷签订了不平等条约《天津条约》。俄国有了在上海、宁波、福州、厦门、广州、台湾(台南)和琼州等口岸的通商权和设立领事馆,东正教在中国的自由传教权。1860年11月14日,俄国又迫使清朝廷签署了不平等条约《北京条约》,割走了乌苏里江以东地区包括库页岛在内的约40万平方公里的土地。

就在1860年,穆拉维约夫在巡视了清朝的海参崴(符拉迪沃斯托克)、纳霍德卡(中国外东北故土)等南部海湾地区后,向亚历山大二世建议,将滨海地区从东西伯利亚分出来,成立独立的滨海区。亚历山大二世同意了这个方案,穆拉维约夫因此有了在远东和滨海地区处理涉外事务的权力。穆拉维约夫设置滨海区的目的,除与清廷谈判夺取更多的土地和权益、在自黑龙江河口至库页岛进行各种军事部署外,还在于对英、法、美等国在这一地区势力增长的担心和预防。

在"探险""考察"堪察加的过程中,俄国与已经在鄂霍次克海上的英、法舰队发生数次战斗。对此,穆拉维约夫的描述是:"鄂霍次克海上,现在到处都是欧洲各国的捕鱼船,还有英国的战舰在那里游弋。"所以,他向亚历山大二世进言:应立即在远东采取行动,迟了俄国将失去太平洋沿岸的地位和权力。

外交大臣戈尔恰科夫也持这样的立场:俄国在远东、太平洋沿岸的利益绝不允许其他国家染指。他认为,美国和日本是俄国应该争取的盟友,并提出了"用土地换安全"和"用土地换主权"的决策。

1863年,也就是波兰起义的那一年,戈尔恰科夫向亚历山大二世进言,俄国的外交政策应该从传统的面向欧洲转向亚洲,实施一种战略上的"东倾"政策,为此,应该向美国派舰队,支持美国南北战争中的北方。这样既可向欧洲国家表明,俄国有充分的信心保持住自己在欧洲的地位,也能争取到美国对俄国的支持。尽管这样做可能冒极大的风险,但是亚历山大二世还是决定采取这项冒险的行动——将两支海军舰队派往大西洋和太平洋,支持美国南北战争中的北方。这一行动最后导致了俄国将阿拉斯加出卖给美国。俄国的目的有三:一是遏制英国对阿拉斯加的觊觎,挑起美国与英国的矛盾,以保证俄国在这一地区的安全;二是俄国经济不振,外债缠身,亚历山大亟须摆脱财政窘境;三是寻求太平洋沿岸边境安全的保证。

但是,美国人起初并不识货,不太情愿接下这个"烂摊子":因为在这时的阿拉斯加,只有2 500名俄国人,而爱斯基摩人和印第安人却有6万之众。俄国人还大多集中在俄国在阿拉斯加的第一个居民点,俄国人称为"光荣属于俄国"(Слава России)的地方。俄国人和爱斯基摩人、印第安人的矛盾又深重,这令美国踌躇。俄国人不得不求美国买下阿拉斯加,俄国的驻美使节甚至向美国官员行贿14.4万美元。不过,交易最后成功,1867年3月30日,美国以729万美元买下了阿拉斯加。其后,美国在阿拉斯加发现了几十处金矿矿藏,在短短的30年中,开采出的黄金总值达2亿美元,超出了买价的28

倍。不过，亚历山大二世也不吃亏，因为在阿拉斯加出售后，俄国在远东、太平洋地区少了一个对手，东北部的边界得到了更好的保护。而在 8 年后，即 1875 年，亚历山大二世又与日本以中国领土为筹码完成利益交换，签订了《库页岛千岛交换条约》（日名：《木华太千岛交换条约》），将千岛群岛的北部划给了日本，而换得了俄国在库页岛的"主权"。

在穆拉维约夫"开发"（侵占）黑龙江河口沿岸地区以及戈尔恰科夫实施俄国外交政策"东倾"的期间，即从 1858 年至 1864 年，俄国与清廷先后签订了不平等条约《瑷珲条约》《天津条约》《北京条约》等，将外贝加尔湖地区、乌苏里斯克（双城子）边疆区、哈巴罗夫斯克（伯力）边疆区以及满洲里的一部分非法强占，中国不仅丧失了 150 万平方公里的土地，也丧失了日本海出海口。随之，俄国在这一地区建立符拉迪沃斯托克（海参崴）。

从 1855 年 3 月到 1881 年 3 月在位的 26 年中，亚历山大二世向中亚、外高加索、黑海沿岸和远东扩张，兼并了许多新土地，将俄罗斯帝国"收集"土地的进程推进到一个前所未有的高峰。对罗曼诺夫王朝和这个帝国来说，亚历山大二世的战功辉煌，业绩非凡：俄国疆土西起波罗的海，东至太平洋，北起北冰洋，南达黑海，一个庞大的帝国定格下来。在亚历山大二世之后，虽然还有两代沙皇，但俄罗斯帝国的疆土再也没有发生重大的变化，可以说俄罗斯帝国延续了上千年的土地"收集"进程基本上定格在了亚历山大二世的战功和业绩上了。

直到 1914 年，俄罗斯帝国从东到西的长度是 10 732.3 公里，从北至南的距离是 4 675.9 公里；全部国界的长度是 69 245 公里，其中陆地疆界为 19 941.5 公里，海岸线为 49 360.4 公里。这样一个庞大的帝国是上千年来，莫斯科公国和罗曼诺夫王朝历代帝王的野心和被"收集"土地上居民的血泪与生命换来的。

第九节　工人运动与革命团体的发展

19 世纪 70 年代中期，俄国工业尤其是军火工业、纺织工业发展迅速。产业工人的人数剧增，而他们的劳动条件极度恶化，只能在超强度的工作中求生存。60 年代风起云涌的社会思潮发生重大变化，其中最值得注意的是"到民间去"的民粹主义思潮不再为年轻人所信仰，一直处于秘密状态的"土地与自由"组织分化，其成员组成了不同的新组织，提出了新的纲领和口号。

革命民主主义者开始在工厂工人中进行社会主义的宣传、鼓动。工人运动的兴起成为这一时期俄国社会思潮发展的转折点。1875年7月,乌克兰敖德萨"南俄工人协会"成立,领导人是奥·扎斯拉夫斯基。这是俄国社会运动中第一个提出"推翻资本主义"口号的组织。它呼吁工人团结起来,在工人中间宣传从资本的压迫下解放出来的思想。这个组织的成员有260多人,他们与俄国南部工业中心的工人以及北方强大的纺织工业的工人都建立了联系。1875年底,警局查抄和禁止"南俄工人协会"的活动,几位领导人被捕受审,扎斯拉夫斯基于1878年死于狱中。

1878年,在圣彼得堡,"北方工人协会"成立,领导人是维克多·奥布诺尔斯基和斯捷潘·哈尔土林。协会的纲领是:要求言论、出版、集社的自由,废除政治审查制度;实行免费教育;限制工作时间,禁止使用童工。协会呼吁工人们"推翻现有的政治和经济制度""建立自由的村社联邦""消灭土地和生产工具的私有制"。这个组织在圣彼得堡工人中间从事宣传鼓动活动。

在"到民间去"运动遭遇失败后,圣彼得堡出现了一个新的秘密组织,其领导人是1861年的"土地与自由"信仰者马克·哈坦逊、格奥尔基·普列汉诺夫和亚历山大·米哈伊洛夫等人,他们继续使用"土地与自由"这个名称,以表示对先行者的敬意,同时,也表明其成员、组织和思想仍与旧的"土地与自由"有着千丝万缕的联系。米哈伊洛夫等人宣称的纲领是:将土地交给农民,实行完全的村社自治;言论和出版自由;信仰自由;给各民族自决权。他们同时主张在农民中间宣传社会主义思想。

1876年12月18日,该组织在圣彼得堡的喀山教堂广场上举行游行示威和集会,声援被囚禁于沙皇监狱中的政治犯,同时向社会宣布自己的存在和活动。前一天,该组织召开会议,决定在游行和集会上要高举"红旗"作为斗争的象征,还要在白绸旗子上绣上鲜红的"土地与自由"的大字。这是俄国历史上,从"到民间去"直至革命民主运动的时期内,革命运动中第一次正式使用血红的颜色作为自己斗争的象征。18日这天,恰是纪念圣徒"上帝的使者尼古拉"的宗教节日。这一天,教徒们都会来到喀山教堂参加圣事活动,沙皇当局也在这一天准予教徒们进入这个广场和教堂。所以,"土地与自由"的组织者选择这个日子是有着充分的政治和安全考虑的。

游行示威者首先在教堂里为流放西伯利亚服苦役的车尔尼雪夫斯基祈祷。然后,深受别林斯基和车尔尼雪夫斯基思想影响、一度积极支持"到民间去"运动的这时还是矿山学院大学生的普列汉诺夫跳上台激昂慷慨地演讲,揭露了农村中地主对农民的暴行、城市工人受无情剥削的情况,呼吁人们起来反对君主专制政体。随后,集会者到教堂外的广场上举行游行示威。这时,大批警察闻讯赶到广场,逮捕集会者。大批游行示威者被捕,不过"土地与自由"的领导人都得以逃脱:米哈伊洛夫穿一身昂贵的服装,没有被警察认为是"暴徒";普列汉诺夫在示威者的保护下逃跑。这次游行示威中,总计有31人被捕,其中5人被判处10—15年的苦役,10人被流放西伯利亚,3名工人被囚禁于修道院中。

这次集会和游行示威的结果是惨痛的,它导致"土地与自由"中出现了严重的意见分歧。1879年,"土地与自由"的成员分别持有两种观点:一种主张开展政治活动,面对强大的警察力量,必须以恐怖手段从事革命斗争;而另一种则认为,行动不能过激,必须长期进行宣传,准备不流血的革命。于是,1879年,这个新的"土地与自由"又分裂成两大派:一派以米哈伊洛夫等人为主,组成了"民意党";而另一派则是"土地与自由"的原核心人物普列汉诺夫和他的志同道合者,他们组成了"黑分社"这一组织。

民意党集中了"土地与自由"中的多数人。民意党人主张武装推翻专制政体,将权力交给由普遍选举选出的立宪会议。他们寄希望于采用恐怖手段来威胁和震慑沙皇朝廷,以达到最终推翻它的目的。其活动在进程中,越来越倾向于采取恐怖行动(对个人的暗杀)来解决问题,组织原则是绝对服从和高度集中。1879年8月26日,民意党缺席审判亚历山大二世,判处其死刑。到1881年,民意党的人数扩展到500人,其下设置了大学生、军人和工人等不同的小组。它还将自己的人打入警察局做卧底。民意党人密谋、组织了一系列暗杀事件,仅仅谋划刺杀亚历山大二世就达五次之多。1881年3月13日,民意党人成功刺杀了亚历山大二世。

黑分社的主要成员除普列汉诺夫外,还有阿克雪里罗德、维拉·扎苏里奇等人。他们都忠于老一代"土地与自由"主义者的民粹主义原则。"土地与自由"分裂时,黑分社只有22人,而在最好的时期也只有百人之众。黑分社与民意党的重大分歧是在行动上,即黑分社的成员坚决谴责个人恐怖行动,也不强调绝对的服从和高度的集中。除了圣彼得堡的黑分社,它的分组织主要集中于莫斯科、哈尔科夫和喀山。他们在大学生、工人和农民中间进行宣传,也曾组织过一些民粹主义的村社,但效果都不好。黑分社也出版过自己的杂志和报纸,但时间都不长。

1880年,黑分社成员——一名叫作日尔诺夫的工人向警察局密告了黑分社的全部成员的名单。它的九名领导人被逮捕,黑分社的许多成员被流放至西伯利亚,而普列汉诺夫、扎苏里奇、道伊奇和斯捷潘诺维奇则躲过追捕,流亡瑞士。

第十节 亚历山大二世时期的文学、艺术成就

这一时期,除社会政治运动的高涨外,工厂、工人数的增多,经济的发展,资本主义因素的滋生也催生了文化艺术的蓬勃发展。革命民主主义的思想家、运动的领导人、"到民间去"和民粹主义运动的实践者们同时是文化艺术方面的杰出代表。这是一个作家、诗人、戏剧家、画家涌现,作品璀璨的时代。

车尔尼雪夫斯基在长篇小说《怎么办?》中塑造了一个革命家的形象,回答了现实社会中的一个迫切问题:为彻底废除农奴制和改变俄国现存的社会该怎么办?他作品中的主人公不再是莱蒙托夫和屠格涅夫作品中"多余的人"和"虚无主义者"的形象,而是普通"新人",其作品成为俄国现实主义文学的启蒙作品和杰出代表。

列夫·托尔斯泰的《战争与和平》《安娜·卡列尼娜》《复活》等作品歌颂了1812年卫国战争和反抗侵略的人民伟绩,揭示了19世纪60—70年代俄国社会的种种矛盾,描绘了一幅幅社会生活尤其是农村生活的图景,揭露了君主专制的丑恶、官员的腐败、贵族道德的沦丧。他的作品不仅对俄国的作家、诗人,而且对世界文学产生了强力的催化作用和不可磨灭的影响,使其成为俄国现实主义文学史上一座难以逾越的高峰。

伊凡·屠格涅夫在《猎人笔记》中描述了俄国农奴生活的悲惨状况,揭示了农奴制的罪恶,塑造了一个个对农奴制深恶痛绝又无能为力的知识分子的形象。他在自己作品中提出了"农奴""农民"问题。从此之后,这成了俄国文化艺术中一个永恒的命题。他塑造的"多余人"的形象,深刻影响了同一时代的作家和诗人。他的《罗亭》中的罗亭、《贵族之家》中的拉夫列茨基、《前夜》中的英萨罗夫、《父与子》中的巴扎罗夫成了几代人心目中不会褪色的"多余人"和"虚无主义者"的形象。

伊凡·冈察洛夫于1859年写成了小说《奥勃洛莫夫》。他在这部小说中塑造了一个俄国农奴制下典型的庄园主形象,这个地主整日无所事事、因循

守旧、冷眼看世界和社会,却过着奢华的寄生生活,期望着农奴制的永存。"奥勃洛莫夫"成了俄国惨无人道的农奴制的一块碑石。冈察洛夫一生在沙皇的检查机构担任公职,但他在检查中常常庇护那些触犯检查条例的同行,为他们的作品开绿灯。这触犯了帝国的利益。1867年,亚历山大二世下令,以他"健康不佳"为由勒令他退休。

尼古拉·涅克拉索夫在《在俄国谁能过好日子?》中,全景式地描绘了俄国农民复杂多变的生活和在农奴制下所承受的苦难和伤痛,尖锐地提出了"谁能过好日子"的问题,对沙皇及其农奴制进行了猛烈的抨击。从此,"在俄国谁能过好日子?"成了一句判断俄国国家实际状况的经典名言,历经沧桑而不变。他所创作的《俄国女人们》和《祖父》成了俄国几代人向"十二月党人"致敬和表达永恒怀念的鸿篇巨制。涅克拉索夫还在《现代人》当过编辑,发现并发表了屠格涅夫、冈察洛夫、亚历山大·奥斯特洛夫斯基、米哈伊尔·萨尔蒂科夫-谢德林和费奥多尔·陀思妥耶夫斯基等人的一系列作品。

亚历山大·奥斯特洛夫斯基最著名的喜剧是《大雷雨》《无罪的人》和《森林》。他在这些戏剧作品中,无情揭露了农奴制下俄国社会生活的丑恶现象,对生活极度艰难但仍坚持斗争和反抗的知识分子寄予了深切的同情。他以精神分析的手法,剖析了主人公们的精神世界,描述了他们内心的折磨和痛楚。1866年,奥斯特洛夫斯基成立了一个戏剧艺人小组,1874年,成立了"俄国戏剧作家和歌剧作曲家协会",集中了当时俄国最优秀的戏剧家和作曲家。

费奥多尔·陀思妥耶夫斯基的是一位极其特殊的作家,他的作品对处于社会底层人心理状态的描写充满了宗教神秘感和特有的哲学理解,对社会黑暗角落的揭露无以复加,对人心的幽深和幻变的鞭挞无人能及。19世纪60年代中后期,他处于最贫困、最无助、最黑暗的岁月之中,他的《白痴》《罪与罚》《卡拉玛佐夫兄弟》《死屋手记》《地下室手记》成了他困顿潦倒的一生最真实的记录、他留给俄国文学继承人的启示录、他为自己建造的纪念碑。

米哈伊尔·萨尔蒂科夫-谢德林是一位以讽刺和鞭挞见长的作家。他的《戈洛夫廖夫家的老爷们》和《一个城市的历史》揭示了官员、庄园主贵族的昏庸、愚蠢、贪婪,描绘了狠毒的官员、地主、贵族的群像,在笑骂中把沙皇专制政体鞭挞得体无完肤。

这一时期,美术界也是人才辈出,创新思潮蓬勃发展。亚历山大二世的改革也涉及了"帝国美术学院"。1859年,该院准备进行一次大规模的绘画作品金奖赛,但参赛者不得自选题目,画题由学院统一规定。1863年11月

9日,参赛的该院14名有才华的学生上书院领导,请求改为自由选题。在遭到拒绝后,这些年轻人愤而离开了美院,自行组织起"圣彼得堡美术家组合"。1870年,莫斯科的美术家和这个组合的画家联合成了一个新的画家组合。倡议成立这样一个组合的是伊凡·克拉姆斯科伊和克·列莫赫,该组合的新章程里写明了三点:一是为外省居民提供了解俄国艺术的可能,二是在社会中培养对艺术的热爱,三是为画家提供出售其作品的保证。而为此,组合的目的是要在全俄国的所有城市举办巡回画展。

1871年11月29日,该组合在圣彼得堡的美术学院里举办了第一次画展,展出了16位画家的作品。画作中的《白嘴鸦飞来了》《彼得一世审问皇子阿列克谢·彼得罗维奇》和《伊凡雷帝的雕像》收到佳评。随后,他们在莫斯科、哈尔科夫和基辅举办了巡回画展,展出了20位画家的82幅画作。从此,该组合就以"巡回展览派"而闻名。在该组合存在的近半个世纪中,一共举办了47次巡回画展,除了每年一次在圣彼得堡的大展,还在一些城市举办过不同的画展。"巡回展览派"画展只展出该派画家的作品,并且只展不售。

彼得一世审问皇子阿列克谢·彼得罗维奇

"巡回展览派"画家的领军人物是伊凡·克拉姆斯科伊。他是愤而离开帝国美术学院的14人之一,也是一位杰出的肖像画家、独具慧眼的批判现实主义者,信奉的是"画作不仅是艺术,而且是变革社会的一种工具"。他所坚持的原则是"对生活严肃思考,对个人与社会关系无情解剖,对人性精辟解释",这个原则对"巡回展览派"画家的创作产生了深刻的影响。

克拉姆斯科伊与收藏家帕维尔·特列季亚科夫的友谊和合作对"巡回展览派"画家的成长、画派风格的形成以及"巡回展览派"画家队伍的建立起了重大的作用。作为美术作品的收藏家,特列季亚科夫首先看到的是瓦西里·彼罗夫的《边界口的最后一家小酒馆》。画幅中描绘的是一幕十分凄凉的生活情景:寒冷的冬日里,一个小姑娘坐在雪橇上,冻得缩成一团。厚厚的积雪、昏黄的灯光、无人的凄凉和边界口外的苍茫一片都揭示了一个痛苦的真理：人在现实中是孤单的，在一个寒冷的、残酷的世界里，生存是极其艰难的。此画深深地触及了这位收藏家的灵魂，从此他热爱上了"巡回展览派"画家的作品，开始收藏他们的作品，并且与画家们成了好朋友，与克拉姆斯科伊成为至交。

有一次，克拉姆斯科伊问特列季亚科夫："你为什么不收藏画家和名人？"收藏家不解其意，克拉姆斯科伊说："你要去更多地关注有才能的画家，让他们更多地把社会问题反映在画幅上，而且你要让画家去把名人画下来，再把画幅收藏起来，你不就能收藏画家和名人了吗？"特列季亚科夫明白了克拉姆斯科伊的意思，马上就说："那我现在就从收藏您开始吧！"于是，克拉姆斯科伊就画出了一幅《帕维尔·特列季亚科夫肖像》，后来又连续画出了《列夫·托尔斯泰肖像》《涅克拉索夫肖像》等著名的肖像画。此后，彼罗夫画了《费奥多尔·陀思妥耶夫斯基肖像》，尼古拉·格画了《列夫·托尔斯泰肖像》，等等。

在"巡回展览派"存在和活动的整个过程中，先后出现了一大批才华横溢的画家：瓦西里·彼罗夫、阿列克谢·萨夫纳索夫、伊凡·什希金、伊利亚·列宾、尼古拉·格、伊凡·克拉姆斯科伊、瓦西里·波列诺夫、瓦斯涅佐夫兄弟、瓦西里·苏里科夫、阿尔希普·库因吉、伊萨克·列维坦、马科夫斯基兄弟和瓦连京·谢罗夫等。

特列季亚科夫向年轻的画家们提供资助，向他们订购并包销他们所有的作品。所有的画作他都不出售，只是私藏在家中一处狭小的展室里。特列季亚科夫的这种收藏方法是收藏界少见的。他收藏的是尚未成名画家的作品，而最终使这些未成名的画家成为杰出的"巡回展览派"大师。特列季亚科夫的收藏不是以赚取高利润为目的，而是为了保存俄国艺术的精华和人才。在特列季亚科夫的"收藏式"资助下，到19世纪的80—90年代，

禁卫军临刑的早晨

"巡回展览派"就发展到了一个高峰时期,大量关注俄国历史和社会问题的天才画作频频出现,比如瓦西里·马克西莫夫的《一切都烟消云散》、列宾的《库尔斯克省的宗教游行》、瓦西里·苏里科夫的《禁卫军临刑的早晨》、维克多·瓦斯涅佐夫的《伊戈尔·斯维雅托斯拉维奇和波洛伏齐人大血战之后》。

对于俄国自然景色的描绘也达到了一个前所未有的高度,有阿尔希普·库因吉的《白桦林》、瓦西里·波列诺夫的《莫斯科的庭院》、列维坦的《金色的秋天》和《永恒的安宁》、什希金的《森林和熊》,等等。

特列季亚科夫终身收藏、保管"巡回展览派"画家的作品,40年不间断。1892年,他将1 287幅画作、518幅素描和9尊雕像以及自己的私宅全部无偿捐献给莫斯科朝廷,而他自己的唯一要求是:他对这些美术杰作有终身监护权,并且可以继续住在这所房子里,直到离世。

1878年7月13日的柏林会议

亚历山大二世登基后不久,就下令建造"俄国千年纪念碑",来庆祝1862年的俄国建国一千周年。为建造这座纪念碑,帝国美术学院的画家和著名的建筑师进行了设计和施工。朝廷还动员全国各阶层人士捐款15万卢布,并从国库拨款40万卢布。纪念碑所需的大理石采自拉多加湖北岸的采石场,青铜铸件由圣彼得堡的两家铸造场生产。"俄国千年纪念碑"于1862年完工,耸立于诺夫哥罗德克里姆林宫中心广场上。它的主体是一个圆形的大球,这是沙皇专制王权最重要的象征物。大球的上面有两座雕像:站立的是天使,他手执高达3米的十字架,面前是另一座雕像——一位身穿俄国民族服装的顶礼膜拜的女人。天使代表东正教,而女人则代表虔诚信奉的俄国。这组雕像表达的是俄国的立国根基——政教合一。这个高耸入云的碑尖向这个国家臣民的昭示是不言而喻的:"皇权神授""朕即国家"。这是专制皇权的核心和基础,神圣不可侵犯。

纪念碑的中间,环绕的是六组雕像:第一组"留里克大公",表述的就是"瓦良格人被请来"(призвание Варяг)和"罗斯于862年建立";第二组是"弗拉基米尔大公"，表述的是"罗斯于988—989年接受洗礼"，开始了东正教成为俄国国教的百年征途；第三组是"季米特里·顿斯基大公"，表述的是"1380年的'库利科沃之战'成了俄罗斯从蒙古人桎梏下解放出来的象征"；第四组是"伊凡三世"，表述的是"将莫斯科周边的俄罗斯的大部分土地合并和俄国专制统治的奠立"；第五组是"米哈伊尔·罗曼诺夫、帕扎尔斯基公爵和库兹马·米宁"，表述的是俄国"混乱时期"的结束和罗曼诺夫王朝的建立；第六组是"彼得一世"，表述的是"俄罗斯帝国的伟大创立者""打开面向世界窗口的改革"。

在俄国的千年历史中，不是仅有这六位大公和沙皇，但"俄国千年纪念碑"要向帝国的臣民展示的是：这是俄国历史上最重要的、最具决定意义的时期，他们是最伟大的和承前启后的大公、沙皇、将帅。

在这一层的下部是109座浮雕像。有31名俄国的启蒙教育家，其中接受东正教的弗拉基米尔大公居于首位，还有创造文字的基立尔和梅福季，有奥列格大公，有撰写《往年纪事》的基辅山洞修道院修士涅斯托尔。25名国务活动家：除"基辅罗斯"时期的大公外，叶卡捷琳娜二世与波将金、亚历山大一世与斯佩兰斯基的并列引人注目。有36名军事家和英雄，如亚历山大·涅夫斯基、将西伯利亚收归俄国的哥萨克叶尔马克、"自愿臣服俄国"的乌克兰哥萨克鲍格丹·赫梅里尼茨基、苏萨宁、苏沃洛夫、纳希莫夫，甚至还有阿列克谢·格奥尔基。还有16名俄国著名的学者、诗人、戏剧家、建筑师、音乐家和画家，其中有罗蒙诺索夫、杰尔扎文、莱蒙托夫、普希金、格林卡。有意思的是，在这个俄国重要人物齐集的纪念碑上，却没有伊凡雷帝和乌沙科夫海军上将。

俄历1862年9月8日，亚历山大二世亲自为"俄国千年纪念碑"揭幕。52门大炮齐发，震耳欲聋的轰鸣宣告了亚历山大二世把俄国推到了世界舞台的中央，彰显了罗曼诺夫王朝的鼎盛。当天，举行了盛大的宗教游行，皇朝大臣和诺夫哥罗德的显贵都齐集于纪念碑前，祈祷、祝圣、礼拜、饮宴。

"俄国千年纪念碑"的落成被亚历山大二世当成俄国国运达到顶峰的盛事来庆祝。虽然这纪念碑上没有关于亚历山大二世时代的任何画面，但这座千年纪念碑却不仅仅是为先辈先皇建立的，亚历山大二世实际上是在对先人的崇敬和讴歌中，为自己和自己的时代建造了一座丰碑，是他留给后代儿孙、未来帝王铭记他丰功伟绩的刻石。

作者点评

在俄国历史上,亚历山大二世是位被赞颂得无以复加的沙皇。他之所以被赞颂,是因为他做了他的先祖们没能做到的事情。其中最主要的,一是他颁布了"解放农奴宣言",二是他成了巴尔干民族的"解放者",三是他的东征西略缔造了一个空前膨胀的大帝国。这三个结论的言之凿凿,极为深刻地影响了并仍在影响着人们对俄罗斯帝国历史的认知,误导了并仍在误导着人们对这位"中兴帝王"的判断。

农奴制问题是俄国历史进程中最重要的阻力和最难以克服的障碍。在亚历山大二世之前的几代沙皇就在不断想办法,进行一系列"改革",要解决农奴制带来的严重问题。所有"改革"的目的并不是要把农奴从农奴制下解放出来、废除这个沙皇专制制度得以存在和发展的基础,"改革"的对象根本就不是农奴极其卑下的社会地位和艰难的生活,而是贵族庄园主的利益以及他们与沙皇的日益激化的利益冲突。

尼古拉一世时的农奴制"改革"将核心放在了缓和贵族庄园主和沙皇的矛盾之上。这种"改革"的结果是,农奴制的问题愈改愈积重难返。亚历山大二世更为明确地认识到,不"自上而下"地对农奴与贵族庄园主之间、贵族庄园主与沙皇之间日益恶化的关系进行调整、缓和与改善,就会发生"自下而上"的农奴的暴动、起义和战争,维持和保障贵族庄园主、沙皇利益的农奴制就会分崩离析,直至导致沙皇专制的不复存在。

在这个问题上,比起自己的先祖沙皇们,亚历山大二世的头脑是清醒的。尼古拉一世没有看到这种危险性,在农奴制鼎盛时期的沙皇们对农奴制产生的恶果和艰难前景更是嗤之以鼻,所以,俄国农奴制"改革"的对象和核心不是农奴的处境和命运,而是贵族庄园主与沙皇利益的合理分配和权力的相互平衡。因此,亚历山大二世要"自上而下"解决农奴制问题。而在颁诏时,正式诏书没有用"解放农奴"这个名称,而是用了《大仁至圣皇帝赏赐农奴自由农村居民身份》。从这个名称可以看出,亚历山大二世不是要解放农奴,而只是给予农奴"自由农村居民身份"。尼古拉一世农奴制"改革"的核心是"给予农奴没有土地的自由",而亚历山大二世要的是"给予农奴有一定份地的自由"。

当然,这种"给予农奴有一定份地的自由"的"改革"还是在一定程度上对俄国农业的发展起了推动作用。

在亚历山大二世时,无论是亚历山大二世本人,还是支持他"改革"的大臣、帝国朝廷的官方文件,都没有用"解放农奴宣言"这个名称。"解放农奴宣言"的名称也是后来出现的。用"解放农奴宣言"来称呼亚历山大二世的《大仁至圣皇帝赏赐农奴自由农村居民身份》,显然是对亚历山大二世的赞颂,赞颂他的英明伟大,而这种赞颂是有着极强的政治含义的。

至于说到"解放者"这个称呼,并不是俄罗斯帝国朝廷的正式封号,亚历山大二世本人也从来没有使用过这个名称,但是亚历山大二世在整个执政期内的确自认为是肩负"解放使命"的沙皇。

所谓"解放使命",实际上就是俄国专制君主自诩的"君权神授"。沙皇的一切权力都是上帝给的,其权力都是神赋予来拯救世人的。这种"皇权神授"自伊凡雷帝就已经十分明确了,其后的历代大公和沙皇更是把这种"使命感"变得更为神圣、庄严、不可亵渎。沙皇的"使命感"有两种,一种是内向的,即对国内民众的"拯救";一种是外向的,即对非俄罗斯族人的"拯救"。在亚历山大二世之前,沙皇的"使命感"多施加于国内的民众,拯救农奴的"使命感"是这种内向"使命感"的基点。亚历山大一世强化了外向"使命感"并付诸行动,如兼并芬兰、使格鲁吉亚"臣服"等,这就是要去"拯救"非俄罗斯族人。亚历山大二世"肩负"起了内外双向"使命感"的实施,并使其成为强君治国的重要决策。

沙皇的"使命感"是建立在三个基点上的:一是俄罗斯民族是最优秀的民族,所以它就天生具有"拯救"其他民族的权力;二是在信仰、文化上,俄罗斯民族是站在智慧之峰的最顶端的,因此它拥有"解放"其他民族的强力;三是俄罗斯人之外的其他民族都处于"水深火热"的状态不能自拔,他们需要"拯救"、等待"拯救"。所以,"拯救"就是上帝的授权,而"解放"就是"拯救"的必然结果。在叶卡捷琳娜二世时,这位女大帝将这种"拯救"和"解放"提升到了一个很高的高度,将这一切归结为"俄国化"。

亚历山大二世将这种内向、外向的"使命感"糅合在一起,将帝国的"使命感"极大地"扩大"到俄国疆界之外其他民族的土地之上。他继承了祖先争夺巴尔干的未竟事业,竭尽全力地实施俄罗斯帝国对巴尔干地区的"拯救"与"解放"。对于巴尔干,亚历山大二世高举三个旗号:一是宗教信仰的旗号,即巴尔干的基督教居民受到伊斯兰教会的"排斥";二是民族、民生的旗号,即巴尔干人和俄罗斯人都是斯拉夫人,但他们过着"水深火热"的生活,需要"脱离苦海";三是自由、幸福的旗号,即巴尔干人民是"不自由的、不幸福"的,俄国的"拯救"是巴尔干各国真正的"独立自由"之路,是巴尔干人民生活的"幸福之路"。因此,"解放"巴尔干的基督教居民、将巴尔干地区从奥斯曼的压榨下"拯救"出来,归属俄罗斯帝国,就成了俄罗斯帝国伟大的"解放使命"。

亚历山大二世对巴尔干的"解放"和"拯救"激起的是巴尔干各族人民的反抗,他们以武装斗争开始了一场谋求自己真正的自由和幸福之路的解放斗争。

亚历山大二世"解放"和"拯救"巴尔干的美梦最终破碎。在世人的眼中,他是"解放者"和"刽子手""镇压者"的结合体。但他"解放"和"拯救"的使命并没有在这个帝国终结,"解放""拯救"这面旗帜被他的后人所继承并继续使用,到处践行他们自认为的"神授"的"使命感",到处推行"俄国化"。

第十三章

尼古拉二世：残阳余晖，最后的帝国

第一节 亚历山大二世遇刺，亚历山大三世登基

自1866年、1867年、1879年5月和12月、1880年数次刺杀亚历山大二世未遂后，民意党人决定在1881年3月13日再次刺杀这位沙皇。最后三次谋杀的主要执行人叫索菲娅·彼罗夫斯卡娅。她和其他民意党领导人，如她的"初恋和终身之恋"——热利亚波夫，都坚信杀死了沙皇，俄国的君主专制就能被推翻，农奴就能得到真正的解放，他们渴望的自由、平等的社会就能到来。1879年5月的那次谋杀，她负责在铁路上炸毁亚历山大二世乘坐的火车，但没有成功。对这次谋杀，侥幸逃过一难的亚历山大二世曾愤怒地表示："这些暴徒，他们干什么要反对我？为什么他们追踪我，就像是追踪一头野兽？"1880年那次，她潜进皇宫，准备在宴会厅中刺杀亚历山大二世。彼罗夫斯卡娅的炸弹爆炸了，但亚历山大二世在沙皇卫队的保卫下又躲过一劫。民意党人的这次谋杀，炸死了10人，伤了80名沙皇卫队的士兵。

民意党人继续密谋刺杀亚历山大二世。经过多次被刺之后，亚历山大二世已经十分警惕，对皇宫周边的例行巡视时间缩短，而且行程不断变化，但是民意党人对沙皇的谋杀行动也策划得越来越周密。1881年3月13日，彼罗夫斯卡娅重新策划了谋杀行动，在亚历山大二世的巡行线沿途布置了数个爆炸点，又在沙皇回宫必经的叶卡捷琳娜运河(今格里鲍耶多夫运河)沿线埋伏了四个爆炸杀手：格里涅维茨基、雷萨科夫、叶梅里亚诺夫和米哈伊洛夫。这天午后，当亚历山大二世的马车沿着运河行驶时，早已埋伏在那里的雷萨科夫向他扔出了一枚炸弹，马车被炸坏，亚历山大二世下车看个究竟。这时离他仅两米远的格里涅维茨基又向沙皇扔出了一颗炸弹。亚历山大二世当即

被炸倒在地。他知道这次是活不了了,就对左右说:"把我抬回宫去,我要死在宫里……"一个半小时后,标志沙皇的旗帜在冬宫落下,宣布了亚历山大二世的死亡。

格里涅维茨基当场被炸死,而彼罗夫斯卡娅在逃亡国外途中被抓。沙皇朝廷将谋杀事件的策划和参与者,包括彼罗夫斯卡娅和先前已经被逮捕的热利亚波夫,在谢苗诺夫练兵场处以绞刑。亚历山大二世最终被民意党暗杀掉了,但是,俄国的君主专制政体并没有因此而消亡,又一个沙皇继位,仍然执行先祖们的传统政策,只不过是打着各式各样的改革旗号。而对于民意党人来讲,他们谋杀君主的恐怖政策也并没有到此终结。六年后,1887年3月13日,亚历山大·乌里扬诺夫密谋刺杀亚历山大三世没有成功,也被沙皇处以了绞刑。

民意党人刺杀亚历山大二世

亚历山大二世的二儿子继承皇位,是为亚历山大三世。按照俄国的古老传统,如皇室有人被谋杀,必须在"凶杀地"修建一座教堂,以寄托对死者的尊敬和纪念、表达继承者的政治和宗教愿望。教堂建成后叫"基督复活教堂",在这个名称中,凝聚了信奉东正教的罗曼诺夫家族对死者升天、成为圣者和复活的强烈愿望。但是,人们习惯地称这种教堂为"凶杀地教堂"或"喋血教堂"。亚历山大三世和父亲在政治观点、治国

在亚历山大二世被杀现场修建的"凶杀地教堂"

方式上,尤其是在亚历山大二世的一系列改革问题上有很大的分歧。但是,祖传的规矩不能变。于是,在父亲死亡的当天,他就下令在亚历山大二世被杀地修建一座用于追悼和纪念的教堂。

这座教堂由著名的建筑师帕尔兰德负责设计。教堂高耸,其外形整体上是17世纪俄国的建筑风格,同时混杂了拜占庭、巴洛克、希腊、中亚、东方以及现代主义的各种风格。教堂大厅的穹顶高达45米,顶端是透明的、用各种宝石镶嵌的基督画像。大厅的地面是用各种彩色大理石铺砌的,并且拼成了各种美丽的图案。大厅的四壁、供台、神龛、圣像画都是用红色的名贵的意大利和法国的大理石,阿尔泰和乌拉尔的碧玉、斑岩以及蔷薇辉石等20多种宝石镶嵌起来的。而圣像画的画稿是由帕尔兰德和"巡回展览派"的画家创作的,镶嵌师们再用切削、精磨得大小相等的宝石,按照画稿拼贴成画。

帕尔兰德在教堂的钟楼里,保存了亚历山大二世被杀地点的原地面:在那里修建了一个祭坛,上有宝盖,下有围栏,中有雕花石柱,祭坛下台阶深处是一块亚历山大二世被杀时染有血迹的鹅卵石地面。帕尔兰德在教堂的三面外墙上,镶嵌了亚历山大二世时期俄国128个省、区、市、县的徽章。教堂的5个葱头形圆顶以及外墙都是用精雕细刻的珐琅覆盖的,珐琅覆盖面积达到了1 000平方米。

帕尔兰德还特意在教堂外墙上、在围墙柱石的凹槽里,镶嵌了20块赭红色的大理石板。每块板上都镌刻金字,记录了亚历山大二世一生的征战、杀伐和在他治理下俄国对他国领土的兼并和疆土的扩大。例如,第8块板:"1861年2月19日将农奴从奴隶依附地位中解放出来。"第13块板:"征服高加索。1859年8月25日攻占古尼布和俘虏沙米尔。1864年5月25日结束高加索战争。"第16块板:"俄国夺回在黑海上的霸权。"第18块板:"为解放巴尔干的基督徒而战。"第20块板:"1860至1861年征服中亚。"

为建造这座教堂,亚历山大三世动用了国库中300万银卢布的巨款,后来罗曼诺夫家族又拿出100万银卢布。这座教堂直到尼古拉二世时才最终建成。1907年8月"夏救主节"那天开堂时,尼古拉二世亲自参加,进教堂的人必须持有总理大臣斯托雷平亲自签发的通行证。

这座"凶杀地教堂"成了俄国由国家供养的第三座皇家专用教堂(前两座是圣彼得堡的伊萨克大教堂和莫斯科的基督救世主大教堂),它从不做祈祷和洗礼,只进行布道和安魂弥撒。这是亚历山大二世的儿孙们为他建立的纪念碑,是承继了亚历山大二世为自己的先人建造"俄国千年纪念碑"传统的碑石。

第二节　唯一的君主专制政体和唯一的专制君主

俄历1881年4月29日，亚历山大三世颁布了《君主专制不可动摇》诏书。这份诏书的核心思想就是宣布俄国传统的"君主专制不可动摇"，呼吁所有忠贞的臣民要虔诚、忠实地为伟大的皇帝和国家效劳、肃清卑鄙的谋反行为、坚定信心和道义、以慈爱之心培养孩子、消灭欺骗和盗劫、在俄国机构的活动中重新确立秩序和正义。

这份诏书谴责对亚历山大二世的谋杀是"一件可怕的、可耻的、在俄国从未听说过的并使我们国家蒙受不幸和恐怖"的事，呼吁"要强化和捍卫人民的利益，免受一切对它的损害"。亚历山大三世还声称他"要承担君主专制统治的神圣职责"，为此，他要进行一系列改革。

这份诏书不仅是亚历山大三世对民意党人谋杀亚历山大二世以及他们要求大赦一切革命者的强硬回答，还是他即将实行的"巩固君主专制"的施政纲领。除了这份诏书，亚历山大三世在一份通令中对颁布上述诏书作出了解释，更清楚地表达了他对父亲一系列改革的异议："前朝时期伟大的和深思熟虑的改革并没有带来'解放者'有权从它们那里期待的全部利益。4月29日诏书向我们指明，最高当局对使我们祖国遭受折磨的这场灾难的规模作了评估，于是决定动手肃清它……"

亚历山大三世在恐怖行动后登基，又处于方兴未艾的恐怖行动的威胁之中，所以对他来说君主专制的首务就是清除亚历山大二世改革中的"自由化倾向"，解除具有自由主义倾向的大臣和高官的职务。而为了加强对言论、集会的检查，杜绝"自由""民主"思想在青年学生中的传播，亚历山大三世任命强硬的斯拉夫派尼古拉·伊格纳季耶夫为内务部大臣。1882—1884年，沙皇朝廷颁布了一系列新的有关报刊、图书馆和阅读室的检查、查禁法令。1884年，沙皇朝廷颁布了新的大学章程，取消了大学的自治。1887年，沙皇朝廷颁布通令，限制低等阶层的孩子进入中学学习。1889年，沙皇朝廷取消农民的自治管理，地方自治由地主总揽行政和司法大权。此后沙皇朝廷又陆续颁布法令加强了对地方和城市的控制和限权，在采取一切措施保护和强化地主贵族利益的同时，还强化东正教会在社会上的影响和作用，在全国各处兴建东正教教堂，将俄国的主教教区扩大至64个，并残酷镇压古老教派和分裂教派的教徒。朝廷在波兰、芬兰、波罗的海沿岸地区，乌克兰以及边疆地区实行大规模的"俄国化"措施,强力推行俄语,限制异族人尤其是犹太人的权益。

在外交政策上,亚历山大三世没有改变亚历山大二世遗留下来的"西进东扩"的总政策。在"西进"上,沙皇将注意力放在了巴尔干地区,陆续调整与该地区国家的关系。在与欧洲大国英、法、德的关系上,亚历山大三世时期俄德关系恶化,俄法开始接近。1891年7月,法国军舰访问喀琅施塔得军港,亚历山大三世亲自来到法舰上,受到隆重欢迎。8月,俄法签署了盟约,盟约规定,如果法德发生战争,俄国应无条件支援法国,后来双方又签署了军事专约。但是,亚历山大三世也不敢轻易与德国翻脸,所以他要求法国对此盟约要高度保密,若有泄露,盟约将废除。直到1893年俄国军舰访问了法国土伦港,受到隆重欢迎后,亚历山大三世才最终批准了绝密的军事专约。

而在"东扩"上,1892年4月,亚历山大三世下令非法占领中国的帕米尔地区;6月,俄国将萨雷阔勒岭以西两万多平方公里的中国领土非法据为己有。

第三节 维特:将俄国推进到一个全新阶段的神话

自亚历山大三世(1881—1894年在位)至尼古拉二世(1894—1917年在位),罗曼诺夫王朝又持续了36年。这是俄罗斯帝国最后的36年,是俄罗斯帝国衰落、崩溃的时期,是一个庞大帝国的残阳余晖。在这36年中,谢尔盖·维特和彼得·斯托雷平成为最后的为支撑俄罗斯帝国生存而搏斗的勇士,他们虽骁勇而溃败、虽闪烁而终归熄灭。

亚历山大二世时期,乌克兰的敖德萨港成为俄国南出黑海的重要港口,建设一条铁路将敖德萨港与俄国南部边疆和中部地区联系起来就成了帝国迫切的需要。于是,亚历山大二世动用了大量苦役犯人和惩罚队的士兵,花了3年的时间,于1865年修成了乌克兰的第一条铁路——敖德萨—巴尔塔铁路。1868年,该铁路沿第聂伯河左岸继续铺设,1870年这条铁路通达基辅。这条"敖德萨铁路"后来扩展延伸到了乌克兰南方各地,建成了"南方铁路",组成了一个包括乌克兰西南和第聂伯河沿岸重要工矿区、产粮区的"西南铁路网"。

1869年,谢尔盖·维特在敖德萨督军办公室供职,负责的正是这条铁路的经济核算工作。1870年,铁路通到基辅后,他被任命为敖德萨铁路运营部门负责人。1879年,维特作为西南铁路管理局运营部负责人来到圣彼得堡工作。亚历山大二世留下的铁路遗产集中于中部地区,尚未能将俄国全境最重要的工矿区、产粮区组成一个统一的网络,而且铁路的建造和管理都在私人的手中。亚历山大三世执政后,为了"西进东扩"的需要,加快了国营铁路的建设,组建了国营铁路管理局。1887年,亚历山大三世批准了一个铁路建设规划,计划在未来25年内增建62 000公里铁路线。正在此时,亚历山大三世看中了维特管理和经营"西南铁路网"的经验与才能,让他负责处理铁路事务。1888年10月17日,亚历山大三世乘专列巡视西南铁路。在离哈尔科夫不远处,火车因高速行驶颠覆,亚历山大三世受伤。1889年,亚历山大三世任命维特为交通大臣。年底,维特转任财政大臣。

这时,"西伯利亚大铁路"的铺设再次提上了亚历山大三世的议事日程。于是,以铺设"西伯利亚大铁路"为中心的工矿建设和经济发展成了维特的使命。1857年,东西伯利亚总督穆拉维约夫为了"东扩",曾经向亚历山大二世进言,建议在俄国的东部边疆地区修建铁路,但是亚历山大二世没有答应,一是因为当时的俄国根本没有财力来承担这一巨大的工程,二是俄国的外交政策仍以欧洲为中心,并没有发生根本性的"东倾"。

1887年,亚历山大三世成立了三支考察队,前往中西伯利亚、外贝加尔湖和南乌苏里地区考察可能铺设铁路的线路。此次考察到1890年初结束。大臣会议经过讨论,认为从两个方向修筑"西伯利亚大铁路"的方案可行,一个是从车里雅宾斯克方向,另一个是符拉迪沃斯托克(海参崴)方向。1891年3月,亚历山大三世和大臣会议先后批准了"西伯利亚大铁路"的建设。大臣会议预算工程的全部造价约为3.5亿金卢布。1891年5月13日,"西伯利亚大铁路"开始铺设,皇位继承人皇子尼古拉·亚历山德罗维奇(即未来的尼古拉二世)为此在符拉迪沃斯托克(海参崴)为铁路奠基。

维特原本想采用发行"西伯利亚债券"和大量印刷卢布的办法来解决铁路建设急需的资金和增加国库收入的问题,但是,结果引起的是通货膨胀。他不得不转向一系列的财政改革。一是对内外债务实行赎买政策,严格限制预算支出。同时,对财政部官员进行大幅度调整,严惩贪污渎职、滥用国库资金者,起用有高度技能的专业人员担任财政部各职务。二是改革税制,增加关税收入。三是实行对酒的生产和销售的"酒垄断":酒的生产量必须限制在国家需要的范围之内,而销售也必须由国家垄断,即国家既是酒的生产者又是酒的售卖者。四是为防止货币贬值,实行币制改革,采用金本位制。在俄国唯一能发行货币的是国家银行,货币单位是17.424%含金量的金卢布。

维特的财政改革虽然遭到了沙皇朝廷中贵族官僚的坚决反对,但是这种改革却满足了俄国铁路建设、工业发展和国家资金积累之急需。1895年,西伯利亚铁路修到了贝加尔湖,维特向亚历山大三世进言,要求撤销原来的环贝加尔湖的铁路线,将线路改为直达符拉迪沃斯托克(海参崴)的线路,理由是:这样的直达铁路将保证俄国势力对远东滨海地区、中国东北地区和越过太平洋向萨哈林岛(库页岛)的渗透和占领。横亘西伯利亚的大铁路于1904年10月通车。这条铁路的建成和通车给俄罗斯帝国带来的是难以估量的利益,它不仅促进了俄国工业的极速发展、生产技能和科技水平的大幅度提高、国力的增强,还使国内经济中的资本主义因素迅速增强、工人和无产者的队伍迅猛扩大。更为重要的是,这条铁路让俄国将波罗的海、黑海和太平洋连成了一个大的政治、经济、军事区域。对周边地区和国家来说,它潜藏的战争空间是极其巨大的,也是极其危险的。

维特改线修筑西伯利亚铁路的建议付诸实施正值1895年,而这是一个极为不平静的年份,发生了两件大事。一件事是,这一年的11月,维特修筑北满铁路的建议被清廷拒绝。但是,维特并没有就此罢休。而就在1894年11月,亚历山大三世去世。1896年6月,新沙皇尼古拉二世举行加冕典礼,清廷特使李鸿章参加了这一加冕典礼。维特再次向中国提出修筑北满铁路的建议。这次,他与李鸿章签署了《中俄密约》,清廷最终同意了修筑北满铁路。这一密约还规定,如果日本侵犯俄国远东地区或是中国和朝鲜的领土,双方都应出动海陆军参战,各方不得与日本单独议和。战争期间,俄国舰队有权进入中国的各个口岸。这一年的另一件事是,尼古拉二世批准在圣彼得堡成立有法国和俄国合资的道胜银行。在俄方操纵下,清廷被迫以向俄国借款形式向道胜银行注资500万两白银。后道胜银行董事长乌赫托姆斯基和清廷使节许景澄在柏林签署了《中俄合办东省铁路公司合同章程》,随后双方又签订了《东省铁路公司续订合同》,俄国取得了在中国东北东部地区由哈尔滨、长春、沈阳到旅顺、大连的铁路(即中东铁路)的修筑权。章程规定,这条铁路的管理和经营活动均由公司全权经办,俄国运输货物一律免税,中国利用此铁路则需付费。俄国还享有利用此铁路免费运输军队、军事物资的特权。名义上,铁路以80年为期,期满由中国收回,但实际运营中,该铁路成为沙俄殖民扩张的工具。

在修筑该铁路问题上,维特和阿穆尔督军、阿穆尔军区司令员杜霍夫斯基持不同的看法。维特坚持修筑铁路,他的理由是:修筑铁路可以促进俄国对中国东北的"和平殖民",使俄国能在亚太地区获得新的销售市场;可以利用此铁路将俄国军队迅速投入东方,使俄国获得近期在中国北方以及远期在中国南方修筑铁路的控制权,改变欧洲和亚太地区的交通运输状况;可以将部分货物经苏伊士运河从西方运进远东地区,将该铁路与中国其他地区的铁路连接起来,使中国广大的内陆地区成为俄国商品的销售市场,进而保证俄国对太平洋水域全部商业活动的霸权地位。

维特的这些想法所涉及的不仅是铁路本身,还有更深层次的对日本、对亚太地区的战略考虑。1893年3月,俄国强租旅顺、大连并将租地北部的辽东半岛划为"中立区"的事实,印证了维特所设想、沙皇所赞同、俄国金融资本所支持的这种战略考虑。

1903年7月1日,该铁路全线通车,与"西伯利亚大铁路"连成一个整体。维特以铁路修筑为主线,全力引进欧洲资本和先进科技的工业振兴,将俄国推进到了全新的阶段。对于沙皇和整个帝国来讲,这是一个神话,一个由维特尽力制造和实现的神话。

第四节　俄日战争:从旅顺口到朴茨茅斯

中东铁路的修建、对旅顺口的租用,致使俄国霸权扩张到了中国的辽东半岛,而这时工业和军力处于强劲发展阶段的日本又通过不平等条约《马关条约》侵占了朝鲜以及中国台湾、澎湖列岛与包括旅顺口在内的辽东半岛。俄国因失去辽东半岛,而与日本在此地区对利益和霸权的争夺急剧尖锐。双方都想通过一次战争,将旅顺口和辽东半岛最终据为己有。西方各大国如英、美、德都严重担忧俄国在太平洋沿岸势力的扩张,也期望有一场战争来阻挡俄国的"东扩南下"。

1903年6月,俄日间进行了一次"和谈",双方都不愿让出任何已得的权益、退出所占领的地区。谈判最后失败,俄日双方的武装冲突已无法避免,俄日都积极备战。1904年初,日本通牒停止谈判,向俄国宣战。1904年2月8日,日本舰队向俄国驻旅顺口的舰队发起突然袭击,俄国最精良的瑞典造装甲舰"列特维赞号"和"皇子号"以及巡洋舰"帕拉斯号"遭重创。在朝鲜仁川港,巡洋舰"瓦良格号"和另一艘战舰"朝鲜人号"也受重创沉没。在这次海战中,俄太平洋分舰队司令员马卡罗夫丧命。日本人获得了制海权,随即登陆,向满洲里和旅顺口两个方向发起猛烈进攻。

1904年7月,日军围困旅顺口,对旅顺口进行长达数月的猛烈进攻,使对方伤亡10万之众。1905年1月,旅顺口被日军占领。1905年2月中旬,日军在长达100公里的战线上,从两个方向向沈阳发起总攻,总兵力超过55万人,大炮2500门。沈阳之战持续了三周,俄军遭到惨败。

当俄国太平洋舰队实际上已经不复存在的时候,尼古拉二世下令从波罗的海舰队中抽调战舰近60艘,组成"第二太平洋舰队",任命季·罗杰斯特文斯基为司令,紧急驰援旅顺口的俄军。当这支舰队抵达马达加斯加岛时得知俄军旅顺口失守。尼古拉二世命令舰队继续东行,同时从波罗的海舰队增调舰船,组成另一支太平洋舰队开往远东。1905年5月,当这两支舰队驶进对马海峡时,中了日本舰队的埋伏,被日舰全歼,舰队司令员罗杰斯特文斯基受伤被俘。

对马海峡之战成了俄日战争的最后一战,到此时,双方投入战争的兵力已经达到94万(俄国)和75万(日本)之多,而俄日也都已经为此战耗去了无数的财力:俄国花去的军费达到65亿卢布之巨,日本则为17亿日元。对于日本来说,继续战争的兵员问题变得十分尖锐。而对于俄国来说,国内的革命运动又风起云涌,沙皇朝廷已无力他顾。最早提出和谈的是日本,参与斡旋的是英国和法国,和谈的主要条款是俄国必须赔款、割地,但是遭到了俄国的拒绝。1905年4月,日本请求美国总统罗斯福支持和谈。罗斯福表示支持,但是提出和谈的前提是,"日本首先必须将俄国从东亚挤出去"。事实上,美国和英国早在1905年1月就已经在秘密策划俄日和谈的主要内容:将旅顺和辽东半岛让给日本,承认日本在朝鲜的权益。

对马海峡之战后,1905年6月6日是尼古拉二世的皇后亚历山德拉·费奥多罗夫娜的生日。这一天在圣彼得堡近郊的皇村大宫举行招待会,美国大使乘机觐见尼古拉二世,劝说沙皇进行和谈。实际上,尼古拉二世这时正面临国内日益高涨的革命形势,若不尽快结束战争,想要拯救动荡不定的俄国已无他法。尼古拉二世接受了这一建议,回复了俄国的立场:"国内的福祉比战争的胜利更为重要。"但他提出了一个和谈的先决条件:和谈必须由日本提出,绝不能给世人造成是俄国在祈求和谈的印象。

维特被沙皇任命为与日本和谈的全权代表,尼古拉二世对这次和谈的条款并没有给出任何具体的建议。据维特回忆录记载,临出发前,尼古拉二世对他的授权是:"和谈一定要谈成,但是陛下绝不允许有一个卢布的赔款,也不能割让一寸的土地。"

俄日在美国朴茨茅斯城开始和谈。谈判的焦点是日本提出的战争赔款和割地的问题,尤其是割地问题。日本之所以坚持割地,实际上就是不想将已经武装占领的萨哈林岛（库页岛）再还给俄国。在日本看来,一是这个地区曾归属日本所有;二是该地区渔业资源丰富,对日本的经济开发意义重大;三是这里有优良的港口,是战略要地。在这次和谈前,即 1905 年 6 月—7 月,日军就在萨哈林岛南部登陆,实际控制了该地区。尼古拉二世在得知这一消息后,称"从俄国尊严的角度来说,这完全是不可接受的"。尼古拉二世在给谈判中的维特的指示是:"对我们来说,若将萨哈林岛交给日本人的最严重的后果是,现在唯一可通航的、由日本海北端进入太平洋的拉彼鲁兹海峡就落在日本人的手里了,并且该海就如同黑海那样,也几乎被封锁住了;再次,从让给日本人的萨哈林岛到阿穆尔河口,我们在该河上的船运和买卖就瘫痪了;最后,由于在滨海区河运系统的重要性,我们就不得不受日本的经济控制了。"

朴茨茅斯和谈代表团的合影

美国、英国、德国先后对尼古拉二世做"说服工作",让俄国接受日本赔款和割地的条件。对于法国的劝说,尼古拉二世的回答是:"俄国不是战败国,它不像 1870 年的法国。如果需要,我自己上前线。"尼古拉二世之所以在割地问题上持如此强硬的立场是有原因的。这正如他在 8 月的一封信件中所说的:"关于割让萨哈林的问题没有再谈的必要了。俄国人民是不会原谅我把任何一寸土地让给敌人的。"美国人是精明的,罗斯福总统对尼古拉二世的这种立场提出了这样的建议:沙皇可以召开国家杜马会议,让它来作出这样的决定,你可免于承担责任。

尼古拉二世最终给出了妥协的方案:"我同意日本拿走萨哈林岛的南部,但是,必须一分钱也不花地将北部保留在我们的掌控之下。"8 月 3 日,尼古拉二世电告俄国谈判团："把我的指令转达给维特,明天无论如何都必须结束谈判。我宁愿去继续战争,也不愿等待日本方面的仁慈让步。"

8月,维特在和会上提出了俄国和谈的最终方案:不赔款,准备将萨哈林岛(库页岛)的南部让给日本,条件是日本必须无偿地将北部还给俄国并且要保证不在岛上构筑工事、俄国可自由通航拉彼鲁兹海峡。最后,维特说："俄国的全权代表荣幸地宣告,根据我们至圣至尊君主的命令,这是最后的让步,俄国准备采取这一步的唯一目的是达成协议。"也就在这一天,维特给尼古拉二世发了一份大唱赞歌的电文："日本接受了您和谈的要求,因此,和平将恢复,这都归功于您英明和坚定的决定以及您所作的详尽指示。俄国将成为远东伟大的强国,这个强国和过去一样强大并且将永世强大。"

经过谈判桌上的反复较量,割地问题最终以土地换赔款的方式解决,即俄国同意将萨哈林岛的南部让给日本,日本同意放弃战争赔款的要求。9月5日,双方签署了《朴茨茅斯和约》。这场为了争夺中国的土地、在中国瓜分势力范围、在中国的土地上进行的俄日战争宣告结束。根据这一和约,俄国承认朝鲜是日本的势力范围,俄国把旅顺、大连以及辽东半岛的租用权"让给"日本,俄国还将自长春至旅顺的中东铁路的权益"让给"日本,并且将萨哈林岛(库页岛)南部"割让"给日本。

1905年9月15日,维特回到圣彼得堡。尼古拉二世因谈判有功赏封他为"萨哈林伯爵"。但是,俄国的爱国主义者,包括一些革命者,还是认为维特在朴茨茅斯的和谈中没有尽力、没有将整个萨哈林岛"保住",于是他们讽刺维特的封号是"半个萨哈林伯爵"。

第五节 普列汉诺夫和列宁、布尔什维克和孟什维克、第一次俄国革命

在19—20世纪之交的时期内,俄国的革命运动发生了重大的变化。1883年,格奥尔基·普列汉诺夫在日内瓦建立的"劳动解放社",做了大量的工作来与民粹派做斗争,为在俄国创建独立的马克思主义社会民主工党做了准备。弗拉基米尔·乌里扬诺夫(列宁)在圣彼得堡将二十几个马克思主义工人小组组成了"工人阶级解放斗争协会",为创建马克思主义的工人政党奠定了基础。1895年12月,列宁因"解放斗争协会案"被沙皇朝廷逮捕、流放西伯利亚。1898年3月,俄国社会民主工党在明斯克开会,宣布党的成立,

但实际上并没有建立起真正的党的组织。1900年初,列宁回到圣彼得堡,同年秋天,列宁出国,与普列汉诺夫等人会合,创建了《火星报》。该报的报头题词是"十二月党人"的一句诗:"星火可以燎原。"

进入20世纪后,在工厂工人的集会、罢工、游行示威中开始出现"打倒沙皇专制制度"的口号。1903年7月17日,俄国社会民主工党召开第二次代表大会,党组织开始建立。但是,这次大会上派别众多,对俄国革命的前途和策略意见相左,在最后通过"《火星报》人员的组成"时,分裂成以列宁为首的"多数派"和以马尔托夫为首的"少数派"。这两派的斗争日趋激烈,到1904年夏,"少数派"掌控了原先的《火星报》和中央委

普列汉诺夫

员会。随后,"多数派"计划召开俄国社会民主工党的第三次代表大会,把失去的权力重新夺回来。1905年,"多数派"另辟阵地,出版了《前进报》并组建了自己的中央委员会。从此,在社会民主工党内就存在两个各自独立的中央委员会和机关报,即后来所俗称的"布尔什维克"("多数派")和"孟什维克"("少数派")。

俄日战争使俄国国内的各种矛盾升级并错综复杂地交织在一起。工人们在大工业蓬勃发展、资本主义生产关系日趋发达的局势下,自身的生活却日益艰难。他们要求改善悲惨的处境,争取自由、平等的权利。骚动、罢工、集会、游行示威在一些工业城镇不断出现。农民的处境同样艰难,他们把斗争的矛头指向了地主,迫切要求摆脱地主赎金的束缚,将地主的土地归为己有。而在少数民族聚居的边疆地区,俄罗斯帝国与各民族的矛盾也不断深化,甚至出现剑拔弩张的状态。

导致这种局面的原因之一是俄国在1900—1903年出现空前的经济危机。这场危机是从1899年8月开始的,曾经一度极为繁荣的铁路建造和制造业突然停摆。9月,圣彼得堡出现了有价证券危机、私人商业银行和国家银行危机、工厂停工、商品短缺、通货膨胀,最后是工厂关闭的风潮。在1900—1903年整个危机期间,有3 000家中小企业关门,造成这些企业中11万余名工人的失业。而且大型工矿企业,甚至一些大型联合企业也相继停产。

在这一场蔓延全国的矛盾、冲突和斗争中,有着各种势力的代表人物在思想上的分歧,有着各派政治力量的搏斗,有着在进行斗争和革命活动方式与手段上的对立,但概括起来,是俄国普通民众与帝国君主专制的纷争、对抗和搏斗。对于这种纷争、对抗和搏斗,尼古拉二世一直持强硬的立场,调动军警进行镇压是他最终选择的解决办法。内务部的监控、检查,沙皇军警的镇压所造成的流血事件频频发生,而这种情况在远离圣彼得堡和莫斯科的偏远乡村也时常出现。

俄日战争爆发后,帝国内部的状况更趋紧张。在工人运动、革命运动的队列里,采取何种手段来结束沙皇专制的争论和实际措施也相向而立。一时间,对执政的沙皇、大臣采取恐怖手段的趋势又抬头。1904年7月,在内政大臣被社会革命党人暗杀后,沙皇任命持较为自由立场的斯维亚托波尔克-米尔斯基为新大臣,试图以此来缓和群众对专制朝廷的抗议。这时,在工人群体中有影响的东正教神甫加蓬经内务部的同意,成立工人组织——"圣彼得堡广场工人大会"。对于这个"工人大会",圣彼得堡市市长伊凡·弗隆也给予了大力支持。"工人大会"中经常组织茶会、舞会,搞一些互助活动,内务部的密探和警员混迹其中,试图以这种活动来瓦解工人队伍。但是,工人们却利用这一大会,不断地组织罢工、争取自身的利益,其中包括要求实行8小时工作制和增加工资。

在加蓬活动最频繁的圣彼得堡最大的普梯洛夫工厂也成立了"工人大会",加蓬鼓动工人通过向沙皇请愿的办法来达到自己的目的。这年年底,这个"工人大会"的几名工人被警局逮捕。在加蓬的鼓动下,工人们酝酿罢工。加蓬再次呼吁组织一次向沙皇的和平请愿,这时的工人们仍然相信,沙皇对个人的请愿一定会恩准。而布尔什维克却否定和平请愿,呼吁工人拿起武器去进行斗争。

1月22日清晨,普梯洛夫工厂的工人们举着圣像、十字架、沙皇的旗帜,向皇宫出发,举行请愿活动。布尔什维克的领导人没有参加这次和平请愿,但在工人队伍中也有一些普通的党员,他们有的甚至随身携带了枪支。尼古拉二世对于工人的请愿毫不手软,在得知工人将举行请愿的前夜,尼古拉二世就下令圣彼得堡全城戒严,让内政大臣斯维亚托波尔克-米尔斯基和圣彼得堡市市长弗隆在全城的主要大道上布满武装部队。沙皇随即离开圣彼得堡去了近郊的沙皇村,圣彼得堡全城的管理权交给了圣彼得堡军区司令员——尼古拉二世的叔叔弗拉基米尔·亚历山德罗维奇。9日,当工人的和平请愿队伍走进皇宫时,司令员下令开枪,结果,96名工人被当场击毙,333人受伤,其中的34人随后不治身亡。

1月22日正好是星期日。这个被称为"流血星期日"的事件发生于俄日战争的高潮时期,它既动摇了尼古拉二世在俄日战争中树立的爱国主义者形象,更催生了各地工人的游行示威,集

神甫加蓬在鼓动工人向沙皇请愿

会抗议进入一个新的阶段,"打倒沙皇专制"的政治口号逐渐替代"8小时工作制"和"增加工资"的生活诉求。尤其是在《朴茨茅斯和约》签署后,俄国的自由知识分子和革命者强烈谴责这一条约,说它是一份卖国条约,是俄国外交的可耻失败。抗议集会接连在一些城市中持续发生。

在俄国,形势越来越白热化,大规模的革命动荡已经一触即发。而革命者的行动再起。1905年2月,社会革命党人杀死了莫斯科督军——尼古拉二世的另一个叔叔谢尔盖·亚历山德罗维奇。而更令沙皇朝廷恐惧不安的是,军队也开始骚动:6月,黑海舰队的"波将金"铁甲舰起义;11月,塞瓦斯托波尔港的数艘战舰起义。

1905年8月,尼古拉二世颁诏应允召开咨议性杜马,因这份诏书是由内政大臣亚历山大·布里根起草的,所以这个杜马被称为"布里根杜马"。"布里根杜马"遭到了布尔什维克的强烈抵制。1905年10月,铁路工人罢工,随之发生了全国性的大罢工,俄国经济瘫痪。

在10月全国性大罢工的巨大压力下,在维特的进

1905年的俄国街头

言和参与下,尼古拉二世不得不颁布《完善国家制度诏书》,答应给人民"公民自由,人身不可侵犯"以及"信仰、言论、集会和结社的自由",并同意召开立法杜马。他根据这一诏书建立了大臣会议,任命维特为大臣会议主席。该诏书还宣布实行大赦,流亡国外的反对君主专制各党派负责人有可能回国了,一些处于地下的反对党开始了更多的公开活动。11月,列宁从国外回到俄国,而以米留可夫为首的立宪民主党和在古契柯夫领导下的"十月十七日同盟"("十月党")以及杜布罗温等人组织的"俄国人民联盟"也开始进行活动。

从1905年5月开始,俄国各地纷纷成立"工人代表苏维埃",社会民主工党和社会革命党积极参与了各地"工人代表苏维埃"的成立工作。全国出现了55个"工人代表苏维埃"。最早出现的苏维埃是纺织重镇伊凡诺沃-沃兹涅先斯克的"全权代表苏维埃",最大的苏维埃是于1905年10月成立的"圣彼得堡工人代表苏维埃",成员达到了562人,主要是圣彼得堡各大工业企业的工人代表和各个革命政党的代表。11月列宁从国外回到俄国后,俄国社会民主工党莫斯科委员会成立了战斗小组,并在军队中进行宣传、鼓动工作,出现了"士兵苏维埃"。而与此同时,各地的"农民代表苏维埃"也纷纷成立。1905年12月初,铁路工人再次举行大罢工,但被军警镇压了下去,"圣彼得堡工人代表苏维埃"被勒令解散,其领导人遭到逮捕。

1905年12月,布尔什维克莫斯科委员会作出决议:宣布总罢工并进行武装起义。在莫斯科苏维埃的领导下,十几万名工人举行大罢工。由社会革命党人和社会民主工党人组成的武装队伍遭到了沙皇军队的镇压。武装起义者迅速转入胡同和居民楼的门洞里。他们筑起街垒,与军警对峙。起义者和沙皇军队的武装冲突持续到12月18日。但是,沙皇朝廷从圣彼得堡和华沙军区调来大批军队,镇压这次起义。起义者节节败退,沙皇军队沿街道和胡同清理起义者。士兵还奉命开枪杀死任何手执武器的人。起义者最后退到普列斯尼亚工人区,军警又炮击民宅,普列斯尼亚瞬间变为一片火海。于是,被称为"第一次俄国革命"的起义被残酷镇压了下去。

但在革命风潮有可能再起的巨大压力下,尼古拉二世也不得不作出某些让步,1905年12月,颁布了《改变国家杜马选举条例》法令,规定凡满25岁的男性公民均有选举权(但出于对工人运动和革命风潮的恐惧,士兵、大学生、计日工人和一些游牧民族不得有选举权)。1906年,沙皇又颁布了《建立国家杜马》令,规定国家杜马的权限是预先制定和讨论立法议案、编制国家预算,但在选举程序上作出了强制性规定:作为议会下院的国家杜马由选举产生,而上院的成员则由沙皇任命,其中半数以上均为原国务委员会的成员。这种杜马选举制度的改变是完全适应君主专制的需求的,改变的结果是使大臣会议成为拥有立法大权的事实上的朝廷,而大臣会议主席是由尼古拉二世任命的维特。

1906年3—4月,第一届"国家杜马"进行选举。1906年7月,尼古拉二世下令解散杜马,宣布重新进行杜马选举。

第六节 斯托雷平的"改革"及其本人的命运

自从1905年革命失败后,俄国的恐怖事件增多,甚至先后两任内政部部长都遭到了暗杀。尼古拉二世任命对恐怖行动持强硬态度的彼得·斯托雷平为内政大臣。斯托雷平对于俄国国内的混乱局势有个基本的看法——"先稳定局势,再进行改革"。1906年8月,斯托雷平在没有通过国家杜马的情况下,实施"战地法庭法",试图用此法"先稳定局势"。1906—1907年,在宣布为战时状态和实施紧急安全的83个(全俄国有87个省)省中实施此法。凡是在现场被抓住的反对朝廷的人,其中包括恐怖分子和参与反对地主的骚乱的农民都按此法处理。根据此法,审判秘密进行,在48小时内作出判决,判决在24小时内执行,不得上诉。"战地法庭法"被执行到1907年4月,在这8个月中,"战地法庭"判处了1 102人绞刑。

斯托雷平

斯托雷平还对杜马选举法作出了变动,组建了第二届杜马。但是,第二届杜马仍然不被尼古拉二世看好。而左派力量的增长则让杜马中各派政治力量的搏斗更趋激烈。一位地主杜马代表甚至把这届杜马形容为"500名普加乔夫"的杜马。1907年6月,斯托雷平要求杜马取消55名社会民主工党杜马代表的资格并立即剥夺他们的不受侵犯权,以"阴谋反对君主专制"的罪名对他们进行审判。结果是,6月,沙皇颁发诏书,解散第二届杜马。诏书中宣称:"第二届杜马中相当多数的代表不是我所希望的。许多民选的代表实无诚意,并不愿意为让俄国强大、为改善它的制度而工作,而是明显要扩大混乱和促使国家分裂。这些人在国家杜马中的活动是开展有效工作不可克服的障碍。他们在杜马中制造敌意,而这种敌意妨碍了愿意为祖国利益工作的代表们的团结。"

斯托雷平宣布了新的杜马选举法,进行新的杜马选举。结果是,第三届杜马代表的政治构成发生了明显有利于沙皇专制的变化,地主和大资产阶级的代表占了优势,从而保证了专制君主对杜马的绝对控制。而在斯托雷平以"战时法庭"大力镇压反对君主专制的革命者的情况下,城市的工人集会、游行示威,农民的骚动和抗议,各个政党的公开活动都明显减少。这场被史书称为"六三政变"的国家杜马改选实际上成了第一次俄国革命彻底失败的标志。

与此同时,从1906年起,斯托雷平就开始一系列改革,其中最重要的是"农业改革"。"农业改革"的目的是在地主土地所有制不可动摇的前提下,将农民从传统的村社制及其耕作方式转移到现代的农业组织和生产方式上来,调整地主与农民极端对立的关系,适当改善农民生活和耕种土地的艰难处境,促进俄罗斯帝国所急需的农业的发展,尤其是粮食的供应和出口。这种改革一直持续到1911年。他的"农业改革"有两项主要内容:一是农民可以要求将自己的份地转为自己私有的土地,二是农民可以赎买超过份地数额的土地。为此,斯托雷平给农民颁发身份证,让他们有选择耕地和迁居的行动自由,并建立了国家农民银行,为农民赎买土地提供贷款。他还采取措施将农民移居到西伯利亚和高加索的荒地。但是,这种"农业改革"在杜马遭到了激烈的反对。

1907年5月10日,斯托雷平在杜马发表了名为《关于农民生活的安排及其财产权》的讲话,为自己的"农业改革"进行辩护。他说:"我负责土地制度的问题有10年左右的时间了,因此我有了一个深刻的信念,在这件事上需要顽强的努力,需要持续的艰苦工作。在西方国家为此需要几十年的时间……而我现在向你们建议的是一条简单但可靠的道路。国家政权的反对者们试图选择一条激进主义的道路、离开俄国历史的道路、离开文化传统的道路。"讲话的最后,他谴责了"国家政权反对者":"他们需要的是剧烈的动荡,我们需要的是伟大的俄国!"

但斯托雷平的"农业改革"在杜马中仍有质疑和反对的声音。1907年11

月29日,斯托雷平对此的答复是:"朝廷要做的事,不是讲多余的话,而要讲表达感情的话,讲那些数百年来让俄国人的心剧烈跳动的话。这些感情、这些话应该刻印在脑海里、反映在执政者所做的事情上。这些话是:要一贯地忠于俄国,对抗没有根基的社会主义的历史实验。这是愿望,这是振兴、启蒙和光大祖国,对抗那些想使它瓦解者的愿望。"

这番话所表达的是斯托雷平进行包括"农业改革"在内的一系列改革的真实想法:君主专制政体不可动摇,对沙皇的历史性忠诚不可动摇,对"没有根基的社会主义"的反对不可动摇。斯托雷平"农业改革"所导致的最终结果是,农村的村社制度受到了很大的冲击,但新的农业组织和耕作制度并没有建立起来;农民有了利用土地的某种自由,进而使俄国耕地和播种面积都有所扩大,粮食产量和出口量也都有所增加。随着大量的农民从俄国中部地区迁出,一方面使西伯利亚和高加索等地的垦荒迅猛发展、可耕地面积大幅度增加,另一方面使相当数量的农民进入工厂,城市工人数量和城市人口都激增,促进了工业尤其是军事工业的迅猛发展。

除了农业,斯托雷平的改革还包括了地方自治、宗教和文化等方面的措施。而在一切改革中,斯托雷平的一个主导思想是忠于君主专制,忠于自己的沙皇——尼古拉二世,忠于以沙皇为象征的俄罗斯帝国。1908年3月31日,斯托雷平在第三届杜马会议上讲话,坚决主张向远东、滨海地区扩张,力挺在阿穆尔修建国内的和国外的铁路,"到时你们就认不出如今的俄国了!"而对俄国在远东滨海地区的扩张,斯托雷平描述得很极致:"我们的鹰,继承的是拜占庭的双头鹰。当然,单头鹰也是有力的和强劲的,但是,若把我们俄国的鹰砍去一颗面向东方的头,你们就不会将它变成单头鹰,你们就只能使它流血而亡……"

支持斯托雷平改革的是他的唯一信念——沙皇君主专制的永恒。1909年9月23日,萨拉托夫省的《伏尔加河报》主编尼·加尔维采访了斯托雷平。在采访中,斯托雷平简练地总结了自己"农业改革"的意义和前景:"农业改革"的使命,就是"首先应该去塑造出作为私有制农民、小土地所有者的公民,而这一任务实现之日就是国民性在俄罗斯欢庆胜利之时。首先是公民,然后才是国民,而在我们这里常常鼓吹的却是相反的东西。我们伟大的任务是,朝廷要坚定不移地去塑造强大的、个体的所有者——国家和文化最可靠的支柱。时至今日,对于我国总是依赖于他人的一亿农民来说,道路只有一条,一条从庄稼汉到富农之路。现在,在他们面前展开的是另一种,较为光明的地平线。只有成为个体所有者,成为锻造自己幸福的私有者,我们的农民才有广泛的可能,在理智地安排自己的生活和自己的农耕时,表现出自己的个人的意志、个人的首创精神……土地改革在各地实施所取得的成就本身就说明,它不是官员们臆想出来的。如果是这样的话,那就是太夸奖他们了。这种改革显然是生活本身的需求。它可能在某些方面是错误的,但它根深蒂固,生命长青"。

在这篇采访中,斯托雷平不仅对于自己的"农业改革",而且对即将开始的另一项改革——地方政治机构的改革充满了必胜的信心。所以,斯托雷平在谈话结尾时情绪激动地说出了一段话:"在相互信任的基础上,友好地、共同地工作吧,这就是我们所有的人,所有的俄国人的座右铭。给俄国20年的安宁岁月吧,无论是国内的还是国外的,到时你们都认不出如今的俄国了!"

斯托雷平的改革是在"战地法庭法"的严刑下,在无情镇压反对君主专制的革命者和工人运动下进行的。1906—1909年,被判处死刑的已有6 200多人,而被处以绞刑的就有近2 700人。这种以绞刑来镇压群众的暴政行为被称为"斯托雷平的领带",而"斯托雷平的领带"所引起的是更强烈的反弹。在俄罗斯帝国,每当朝廷宣布"社会安定",恐怖暗杀活动必兴起。斯托雷平一生已经经受了10次刺杀,但都侥幸保住生命。1911年9月,无政府主义者、基辅保安局的雇员季米特里·鲍戈罗夫对他实施了第11次刺杀。

斯托雷平曾经的遇刺场景

当日是尼古拉二世的命名日。沙皇及其近臣斯托雷平等人去基辅剧院看戏。在第二幕休息时,鲍戈罗夫闯进大厅,向斯托雷平连开两枪。当时在场的基辅督军后来做证说:"我听到了两声短促的枪声,一声接着一声。剧院里人们在大声讲话,没有几个人听到枪声。但是,当大厅里喊叫声四起时,所有人的目光都盯住了斯托雷平，几秒钟后，大家都噤声不语了。斯托雷平似乎没有马上明白发生了什么事。他垂下了头，看着自己雪白的制服，鲜血从制服的右侧胸前流了出来。"几天后，斯托雷平死去，被葬在了基辅著名的山洞修道院中，而鲍戈罗夫也被判处死刑。

这场恐怖行动终结了斯托雷平的生命，也终结了他拯救沙皇和俄国的改革计划。这个后来被称为"俄罗斯帝国最后一位改革家"的斯托雷平没能等到他期盼的"20年"。

山洞修道院中斯托雷平的墓地

第七节　战争和沙皇，瘟疫和饥荒，危机和革命

1914年6月28日，奥地利皇位继承人斐迪南在萨拉热窝被刺杀后，欧洲的政治局势激变。四大帝国——德意志帝国、俄罗斯帝国、奥匈帝国和奥斯曼帝国以及英、法、意在巴尔干地区的利益争夺迅速变成了一场热战。1914年8月1日，德国向俄国正式宣战。第二天，尼古拉二世从冬宫的阳台上，向聚集在广场上的数千名圣彼得堡人宣读了向德国宣战的诏书。广场上顿时一片欢呼，人群支持俄国与德国打仗。尼古拉二世任命自己的叔叔尼古拉·尼古拉耶维奇为俄军总司令。8月4日，英国向德国宣战，奥匈帝国向俄国宣战，一场"巴尔干战争"就激化成了"第一次世界大战"。

冬宫广场上的人群对沙皇宣战的支持实际上是一场"爱国主义宣示"。在俄国遭受了俄日战争的重创之后，"让俄国重新崛起，重振军威"的社会舆论强劲一时，俄国朝廷也在1913年开始了新一轮的重组军队、扩军备战的行动。这成了尼古拉二世对德宣战的底气。对于这位沙皇来讲，决意打这场战争的目的很清楚：一是要保住自己帝国的领土不受德国的侵犯；二是借战争之力强化俄国对东南欧和地中海的政治、军事影响，尤其是"泛斯拉夫主义"的影响；三是将已经被奥匈帝国占有的西乌克兰的土地兼并进俄国。

俄国在开始进行这场战争时,经过竭尽全力的总动员,正规部队和后备部队总计有597.1万人,7 088门炮。相对于当时俄国的主要对手德国(450万人和6 528门炮)来说,俄国在兵力和火炮总数上还具有一定的优势,所以尼古拉二世对这场战争的胜利充满了信心,认为不需要很长的时间就可以结束这场战争。

为了进行这场战争,俄国朝廷采取了相应的措施:在杜马里成立了"国防、燃料、粮食和交通运输委员会",其主要的工作就是协调各方面的关系,保证战争所需的武器弹药的生产、对军队的粮食供应以及交通运输的通达、前线与后方不间断的联系。参加这个委员会的有杜马里的各派代表、朝廷和军队的代表、社会组织的代表和大企业家。在战争初期,这个委员会与各社会组织的协调工作,曾一度保证了前线军队武器装备和粮食的供应。

1915年,俄军在取得对奥斯曼帝国军队作战的胜利后,英、法确认了俄国取得博斯普鲁斯和达达尼尔海峡的权益。但是,从1915年下半年开始,战争的形势对俄军越来越不利,窘境和失败接踵而至。尼古拉二世本以为,对军事的改革不仅会大大提升俄军的作战能力,而且能促进工业的发展,并使战争状态下的社会保持稳定。但是,俄国实际上并没有打一场大战的准备和力量,军队还远没有重新武装,缺乏现代的自动武器、汽车以及各种通信联络设备。更为严重的是,与欧洲各个强国相比,俄军的高级指挥员都垂垂老矣,指挥意识和作战决策都已经陈旧过时。而到1915年夏秋之交时,俄军短缺枪炮、弹药等供给的情况就十分严重。俄国的财政状况也越来越恶化,而战争的失利使俄国失去了西部大量的土地:俄国失去了波兰、加利西亚和立陶宛。俄军死亡达85万人。到1915年8月,前线处于极端危险的境地,俄罗斯帝国已经处于"无力再继续战争"也"无法退出战争"的危机状态。

战争失败的责任被推到了陆军大臣苏霍姆里诺夫和总司令尼古拉·尼古拉耶维奇的头上。苏霍姆里诺夫被指责为"叛国者",而尼古拉·尼古拉耶维奇则被削去总司令之职,降为高加索战线的司令官。1915年8月23日,尼古拉二世自任俄军总司令,试图全力挽回俄国的败局。从此时起,尼古拉二世基本上待在了莫吉廖夫的作战总部。1916年,俄军在黑海舰队的支持下曾一度攻下了黑海东南岸的桥头堡特拉佩松。但是,在此战之后,俄军在各条战线上的形势急剧恶化。

战争伊始时，社会上爱国主义情绪极度膨胀。支持尼古拉二世战争决策的圣彼得堡人袭击德国和奥地利的大使馆、报社，到处洗劫德国人的商铺。在此背景下，1914 年 8 月 31 日，沙皇朝廷将具有德国意味的圣彼得堡改名为更俄国化的"彼得格勒"。在杜马里所有的党派都极力支持这场帝国战争，只有俄国社会民主工党布尔什维克派的立场是：反对这场战争，要在战争进行中坚决反对沙皇专制制度、反对地主资本家、反对帝国主义战争。1914 年 11 月，杜马中的布尔什维克代表被逮捕。1915 年 2 月，布尔什维克杜马代表被处罚为"西伯利亚的永久居民"，也就是说，他们将被永久流放至西伯利亚。

在前线的尼古拉二世

随着战争的进行，沙皇在国内实行了一系列"紧缩"措施。从 1915 年开始，由于应付战争的需要，军事工业尤其是军火工业的生产迅猛发展，而民生所需被严格控制，民生相关的生产和供应不断缩小。1915 年本是个丰收年，但由于大量的成年人上了前线，农村劳动力严重短缺、粮食丰而不收，导致城市中食物供应紧张、物价飞涨，朝廷不得不大量发行货币来救急。为了保证前线军队的食品供应，朝廷禁止战线周边地区的粮食外运，再加上铁路运输的粮食绝大部分被送往前线，因此城市的民用粮食供应断绝，这种情况也严重影响到了彼得格勒和莫斯科等大城市。1916 年，沙皇朝廷不得不实行粮食的国家垄断定价和按此垄断价格进行的粮食征集制。而在农村，农民失去了在集市上买卖粮食的自由，随之出现了黑市交易。

前线的俄军无粮无弹，帝国战争无法进行下去，杜马内部逐渐分裂成了支持尼古拉二世和反对他的两派政治力量。朝廷的失控源于三个重要的原因：

一是对尼古拉二世继续执政的能力的怀疑。此时，尼古拉二世迷信东正教神甫拉斯普京，无论是皇子的治病还是对战场上战事的决策都要听信于拉

拉斯普京

斯普京的"圣言",最终形成了一种自己的皇后和拉斯普京一起对沙皇施加压力的奇怪局面。杜马对此持强烈的反对态度。而当拉斯普京和皇后一起支持尼古拉二世自任俄军总司令一职时,杜马与尼古拉二世的对峙就发展到了朝廷面临解体的地步。

二是城市工人的罢工再度频起。罢工的最初要求是经济上的:应对物价飞涨、通货膨胀。自1914年8月到1915年2月,在彼得格勒,盐的价格上涨了57%,黑麦面粉上涨了18%,荞麦粒上涨了51%,肉上涨了26%,牛奶上涨了25%,糖上涨了14%。这一切加速了工人们反对沙皇朝廷的风潮。10月,彼得格勒的肉市发生骚动,莫斯科近郊的大纺织工厂的工人因为糖的短缺和价格的暴涨举行罢工。1915年8月22日,伊凡诺沃-沃兹涅先斯克的纺织工人举行罢工,除经济要求外,他们提出了"停止战争"的政治口号。在由当地布尔什维克负责人起草的传单上清楚地写明了这样的要求:"工人和士兵同志们!兄弟相残的战争打得越来越厉害,是的,越来越厉害了。所有身强力壮的、健康的和能干活的人都为了资产阶级的利益被送上了战争的祭坛。寡妇、孤儿和母亲的血泪在不断地流淌。到处都可见饥饿、贫穷、破产和专横……这一切究竟是为了什么?人民的血为什么要无休无止地流淌下去?要知道,无论是德国的工人还是俄国的工人都不需要战争。工人只知道要有一种斗争——阶级斗争,只有一个敌人——资产阶级……和朝廷不可能有任何的和解。我们始终是它的敌人。"1915年9月初,彼得格勒的普梯洛夫工厂工人再度罢工。随后罢工浪潮席卷了莫斯科、库尔斯克省、梁赞省、哈尔科夫省、雅罗斯拉夫尔省以及罗斯托夫、阿斯特拉罕等城市。

三是布尔什维克加速了反对沙皇专制政体的斗争。1914年10月,列宁提出了新斗争口号——"变帝国主义战争为国内战争""使本国朝廷在帝国主义战争中失败"。这口号在工人的罢工、起义,农民的骚动和士兵苏维埃的活动中渐渐变成现实。

在俄国的土地上，一场新的、以推翻沙皇专制朝廷为目的的革命已经蓄势待发。所有党派、所有革命者的目光和行动都集中到了这一点上，都在渴望这场新革命早点到来。这就像当时正在美国的高尔基所呼吁的那样："让暴风雨来得更猛烈些吧！"

第八节 罗曼诺夫王朝的终结与列宁的归来

到了1917年，俄军士兵死亡150万人、被俘200万人、230万人失踪、400万人受伤，俄国在战场上严重失利，败局已定。而国内粮食奇缺、通货膨胀、东正教信仰动摇、民心不满、社会动荡，新的革命风暴再起。发动工人举行大罢工，组建工兵代表苏维埃、农民代表苏维埃，策划军队参与推翻沙皇专制制度的斗争，成了布尔什维克、社会革命党和孟什维克的共同目标，它们的协同动作日复一日地加速了俄国新一次的革命高潮的到来。

这时，布尔什维克的领导人列宁不在国内，彼得格勒的工作由该党的"俄国局"具体负责。俄国局的负责人亚·施略普尼科夫的注意力集中在发动工人的大罢工和军队的策反上。用沙皇朝廷士兵的枪支来武装工人，进而发动推翻沙皇朝廷的武装起义，这是俄国局的行动策略。关于这点，施略普尼科夫后来在回忆录《二月的那些日子》里有过记录："我们对工人们说，去夺取兵营，那里有武器。我们认为可以通过巷战把士兵争取过来。我们设想，彼得格勒当局没有足够的警力来镇压大罢工，而我们正周复一周地接近这次大罢工。"这时，布尔什维克约有2.4万名党员。

俄历（下同）1917年2月24日，彼得格勒普梯洛夫工厂工人大罢工。该工厂是俄国最大的机械制造和冶金工厂，军队所用的大炮、装甲车、炮弹、驱逐舰、巡洋舰等武器装备都是由它生产的。该厂的生产或停工决定着俄国前线军事的成败。俄国局散发了俄国社会民主工党中央委员

1917年2月，动乱中的彼得格勒

会的《告俄国全体公民书》,其中写道:"必须推翻这个政权!是进行坚决斗争的时候了!全俄总罢工——这是我们主要的武器。我们拥有各式各样武器的朋友应该来帮助我们对抗马队和步兵,与这些镇压人民的刽子手进行斗争。让士兵们、我们的兄弟和孩子们手执武器站到我们的队伍中来。"随之,全国总罢工转变成了一场武装起义,起义者捣毁警局、监狱,占领了大半个彼得格勒。军队也随之纷纷转入起义的行列中来。帕夫洛夫团的士兵,彼得格勒卫戍部队的部分军队先后转到起义者方面来。与此同时,沙皇军队开枪镇压在兹纳缅斯基广场集会的工人群众。

2月27日,一个起义者的新权力机构——彼得格勒苏维埃成立,主席为尼古拉·齐赫泽。为解决严重政治危机,国家杜马成立了临时委员会,主席为罗将柯。2月28日,起义者占领了彼得-保罗要塞、冬宫、海军部,逮捕了沙皇的大臣。

3月1日,彼得格勒苏维埃改组为"彼得格勒工兵代表苏维埃",发布了军队民主化的《第一号命令》。尼古拉二世签署组建责任朝廷的诏书。3月2日,彼得格勒工兵代表苏维埃与国家杜马临时委员会谈判,成立临时政府。

而在俄历2月的这场大规模武装起义的进程中,尼古拉二世一直待在莫吉廖夫的作战总部。也就在2月27日这一天,他下令伊凡诺夫将军前往彼得格勒镇压起义,率领的是保卫作战总部的一支可靠的部队——格奥尔基骑兵连。但是,这支部队行动的信息泄露,它被起义者拦截在了中途。尼古拉二世没有得悉这一消息,遂于28日乘车前往彼得格勒附近的皇村。3月1日,他的列车也遭起义者的拦堵,列车改线,当驶达北部战线的普斯科夫时,尼古拉二世被战线司令官鲁兹斯基扣留。第二天清晨,鲁兹斯基向尼古拉二世宣读了罗将柯的电报:他的皇后等家人已被起义者所控制,为了保证罗曼诺夫王朝的存续,必须将皇位传给皇子阿列克谢,并由他的弟弟米

沙皇尼古拉二世全家

哈伊尔·亚历山德罗维奇摄政。

尼古拉二世随即向各战线司令发电，征求他们对罗将柯电报的意见。各大战线的司令官，包括他的叔叔尼古拉·尼古拉耶维奇（高加索战线司令员）都回复同意罗将柯的意见。唯一拒绝的是黑海舰队司令员、海军上将高尔察克。但是，尼古拉二世不同意自己一人退位，而要带着儿子阿列克谢一起放弃皇位。几经周折，尼古拉二世最后于3月2日签署了退位诏书，宣布退位，放弃俄国的最高权力："我不想与我心爱的儿子分开，所以我把皇位传给我的弟弟，我的米哈伊尔·亚历山德罗维奇大公并祝福他登基俄国的皇位。"退位诏书是以这样的语句结尾的："为了我极其热爱的祖国，我呼吁所有对祖国忠诚的儿子，在对全民考验的艰难时刻，要服从沙皇，并帮助他与人民的代表们一起将俄国带进胜利、幸福和光荣之途。"最后他的弟弟也没有接受杜马临时委员会继承皇位的建议。

退位前的尼古拉二世

当夜，尼古拉二世在日记中记述的却是另一番心情。他是这样写的："核心内容是，为了挽救俄国和保持前线军队的安定，我必须退位。我同意了。从作战总部寄来了诏书的草案。晚上，古契柯夫和叔尔金从彼得格勒来，我与他们谈了谈并且将经过修改和签署了的诏书给了他们。凌晨

在孤独中的俄国最后一位沙皇

1点，我带着一颗因痛苦而沉重的心离开了普斯科夫。我周围到处都是背叛、怯懦和欺骗！"

尼古拉二世的退位标志了沙皇专制政权的垮台。临时政府于1917年3月3日宣布成立，其组成人员共11名，包括立宪民主党人5名、十月党人

2名、自由保皇党人1名、中间派分子1名、劳动派分子1名。临时政府宣布要对沙皇制度进行一系列改革，李沃夫公爵兼任内政部部长，负责对警察和省制进行改革：以民警替代警察，但民警不直接服从于临时政府，而是归属地方自治机构；取消"省督"称号，改为地方自治机构的代表。外交部长、立宪民主党人米留可夫主张动员力量，将战争进行到完全的胜利。劳动派成员克伦斯基担任司法部部长，他上任后的第一件事就是释放反对沙皇制度的囚犯。而为彼得格勒工兵代表苏维埃起草了《第一号命令》的古契柯夫担任陆军和临时海军部部长，继续他写在《第一号命令》中的使命。

克伦斯基在军队中

这是一个不包括布尔什维克在内的各党派的联合政府，因此从它成立时起，布尔什维克就强烈谴责它，强力支持工兵代表苏维埃来行使国家权力，提出了"和平、土地和面包"的口号。于是，从临时政府成立时起，彼得格勒就出现了"两个政权"的局面：两个各自认为是唯一合法的权力机构、各自行使自认为拥有的权力。对于这种"两个政权并存"的局面，临时政府的主席李沃夫公爵是这样形容的——"没有力量的政权和没有政权的力量"，前者指的是临时政府，后者指的是工兵代表苏维埃。

早在俄国第一次革命失败之后，列宁就侨居到了国外。他先是在巴黎，后来到过奥匈帝国各地，第一次世界大战期间居住在瑞士，而当"二月革命"进行时，他在苏黎世。大批的布尔什维克，还有季诺维也夫、加米涅夫、克鲁普斯卡娅和拉狄克等人与他同时流亡国外。与此同时，滞留国外的还有相当数量的孟什维克、社会革命党人和无政府主义者。由于远离俄国、大战阻隔、消息不畅，列宁在一段时期内对俄国革命的前景并不持乐观态度。他曾经说过这样的话：在俄国，革命也许是下一代人的事情；还需要经过一段相当长的资本主义发展时期，俄国才有可能出现革命爆发的形势。尼古拉二世的退位,列宁是在将近两个月后才得知的。在了解了俄国国内的形势后,列宁立即转变了自己的看法,认为形势大好、社会主义革命成功有望,决定立即回国。

但是,列宁等布尔什维克领导人的回国是件难以实现的事。一方面,大战尚未结束,俄国与各交战国的关系不可能让列宁这样的布尔什维克领导人返回俄国;另一方面是,临时政府不仅不欢迎列宁回国,而且对他的态度是仇视的;此外,在战火纷飞的欧洲土地上,到处都有封锁、严厉的检查,几乎是无路可通;最后还有一点,如果流亡国外的布尔什维克真的能返回俄国,就有可能被当成"间谍"或"通敌之人"遭逮捕监禁。

反对列宁回国者举标语上街抗议

列宁最后决定利用德国的力量回国,但是他坚决拒绝了德国朝廷对他提出的任何要求和交换条件。列宁还坚持了自己、俄国布尔什维克不亲自与德国当局接触,他的回国之路由瑞士社会党书记弗里茨·普拉滕全权负责。4月16日,普拉滕向德国当局提交了一份文件,列述了列宁等人的回国之路及有关保证。文件全文如下:

1.我,弗里茨·普拉滕,对愿意经由德国去往俄国的政治侨民和合法人士乘坐的车厢负全部的和不间断的责任。2.唯有普拉滕能与德国当局联系,没有他的允许任何人在旅行的全程中都不得进入封闭的车厢。3.车厢拥有治外法权。无论是进入德国还是离开,都不得对护照或人员进行检查。4.准予进入车厢的人绝对没有任何政治倾向的不同,他们与战争或和平问题也没有关系。5.普拉滕为所有乘车的人提供了正常票价的车票。6.火车要直达运行,应尽可能不作停靠。若不出现技术问题,途中不得停留。不管有什么命令,也不管什么个人的请求,绝对不允许乘车人离开车厢。7.准予乘车人作为德国和奥地利俘虏以及被扣留在俄国的人出行。8.中间人和乘车人都保证遵守在社会中,尤其是在工人中约定俗成的公则。9.将尽可能在最短时期内离开瑞士边境到达瑞典边境,至于一些技术细节(行李等)将很快确定。

列宁从瑞士乘封闭车回国

列宁回国途中在斯德哥尔摩(照片右边手持雨伞者)

1917年6月,彼得格勒街头的游行示威。横幅上标语为:"打倒资本家部长!全部政权归工兵农苏维埃!"

德国当局同意了这份报告。于是,在普拉滕一人的"保护"下,公历1917年4月16日23时10分,这列封闭的列车驶进了彼得格勒附近的芬兰车站,列宁结束了长期滞留国外的生活,回到了俄国。这时正是深夜时分,包括斯大林在内的一些布尔什维克领导人迎接了列宁。列宁在众人的簇拥和保护下走出车站。在车站外的广场上,列宁向聚集在那里的一些人挥手问好,随即乘车匆匆消失在仍被冬夜笼罩的道路上。4月17日,列宁才在塔夫利达宫里,对自己的布尔什维克战友们作了后来被冠以《四月提纲》的报告。

而在这寒夜的道路上,列宁和布尔什维克党还要经历与临时政府的数月较量,而临时政府也要历经三次危机和联合朝廷的改组、各个党派再次的联合和协同动作,才能最终迎来垮台以及俄国沙皇专制制度彻底结束的时刻。不过,那场彻底改变俄国命运、深刻影响世界发展进程的1917年11月7日(俄历10月25日)的革命风暴已经不可阻挡了。

而作为罗曼诺夫王朝象征的尼古拉二世在退位后依旧是全俄国密切关注的对象,成为试图复辟专制独裁者的旗帜。1918年7月17日,尼古拉二世及其全家在叶卡捷琳娜堡被处决。

不过,这是后话。俄国历史不会停止在1917年,这部历史还要继续下去。

作者点评

在尼古拉二世统治的23年中，俄罗斯帝国经历了两次战争、两次革命，为拯救帝国的败亡，这位末代沙皇重用了两位大臣。

两次战争，一是1904—1905年的俄日战争。这是俄国与日本为争夺中国东北和太平洋沿岸地区势力范围的一场恶战，主战场包括从辽东半岛的旅顺口直到沈阳一带的中国大片土地，战火燃烧到萨哈林岛（库页岛），蔓延于从拉彼鲁兹海峡至对马海峡的广阔太平洋海面之上。尼古拉二世本以为，俄罗斯帝国军事工业发达、军队不可战胜，加之有从圣彼得堡直达符拉迪沃斯托克（海参崴）再南下至旅顺口的铁路支撑，此战必胜。而他的海军将领们也自认为帝国海军舰队天下无敌。但是，此战的结果却是俄国惨败，俄国不得不与日本割地议和。另一是1914年7月开始的第一次世界大战。尼古拉二世以向德国宣战的方式参加了这次战争。这是一场四大帝国（德意志帝国、奥匈帝国、奥斯曼帝国和俄罗斯帝国）及与它们有利害关系或盟约关系的国家间的一场大混战，为的是争夺巴尔干并重新划分欧洲的势力范围。尼古拉二世宣布参战的理由与俄日战争时是相似的：这位沙皇认为俄军强大、武器装备好，而且他的先皇们历来在欧洲地盘上享有霸主的声誉，俄国军队对欧洲土地的争夺也从没有偃旗息鼓过。但战争打到1916年时，俄国的败局已定，沙皇专制政体面临崩塌危机，而尼古拉二世本人也四面楚歌，不得不在一片反对声和各派力量的密谋中退位而去。

这两场战争虽然发生在俄国的东、西两端，但它们却有一些共同之处：一是它们都是为争夺土地、重组势力范围而战，都寄希望于战争能使俄罗斯帝国变得更强大；二是它们都在"维护俄罗斯帝国的利益"，在"俄国爱国主义高潮"中进行，又是在"俄国爱国主义衰落"声中不得不承认和接受失败的；三是沙皇的自信、将领的自傲、朝廷的无能、与世界先进科学技术的隔绝，是俄罗斯帝国在这两次战争中失败的主导原因；四是对俄罗斯帝国来讲，失地、议和是这两次战争的相同结果。不同的是第一次世界大战永远结束了罗曼诺夫王朝304年的统治，欧洲的其他三个帝国也不复存在。

在俄罗斯帝国的历史上，在无数次的争夺与交战中，沙皇们几乎总是以胜利者的姿态、以虏获战利品的手段，向战败者要求割地、赔款。而在这次俄日战争中，不可一世的俄罗斯帝国却被日本要求割地、赔款。这样一种结局是尼古拉二世没有想到也无法接受的。所以，他一开始对日本的这种要求坚持强硬的态度：绝不允许有一个卢布的赔款，也不能割让一寸的土地。

尼古拉二世并不愚蠢，他坚持不失"一寸土地"，是因为他深知这对俄罗斯帝国有极其重要的生存与战略意义。但是，"不赔款"和"不割地"却不能兼得，最后他不得不以"不赔款"而妥协割地结束和谈。最后让尼古拉二世妥协的原因不是坚持"一寸土地"的强硬立场，而是自己作为帝国沙皇的尊严和地位，正是为了得到这种尊严和地位，就必须保住萨哈林岛（库页岛）北部。这正如他自己对维特所说的两句话，一句是"从俄国尊严的角度来说，这（让出萨哈林全岛）完全是不可接受的"，另一句话是"俄国人民是不会原谅我把任何一寸土地让给敌人的"。所以，对这位末代沙皇而言，"不失一寸土地"并不是强者的战令，而是弱者的呼号；不是战胜者的冷峻面貌，而是失败者的虚张声势。

两次革命，一是1905年的"第一次俄国革命"，二是1907年的"二月革命"。而所谓"革命"实际上还算不上真正意义上推翻沙皇专制的革命。就俄国当时的形势来说，这两次革命所显示的：第一是工人的工作环境愈发恶劣，生活水平日益低下，受经济剥削和政治迫害的程度更深，所以工人的骚动、罢工、集会频频发生，但他们的诉求还大都集中在缩短工作时间、增加工资、改善工作和生存条件上。"打倒沙皇""停止战争"这样明显的政治口号是到1917年下半年才逐渐出现的。而在工人的行动方式上，开始了从"和平请愿"向武装斗争的转变。第二是各个党派事实上都仍未有明确的组织计划和具体的行动纲领，来进行一场反对沙皇专制政权的武装革命。他们对工人的罢工、集会、游行示威仍不处于绝对的领导和组织地位。

1917年的"二月革命"，一些史书上把它的失败归罪于"两个政权并存"后，"苏维埃执行委员会的社会革命党-孟什维克领导把政权拱手交给了资产阶级"，使临时政府篡夺了政权。事实上，这次革命的失败是因为：大罢工的工人并没有真正武装起来，没有实战训练和战斗力，更没有足够的武器装备；士兵苏维埃并没有真正成为起义的中坚力量；作为发动、组织这次武装起义的各党派，尤其是俄国社会民主工党还没有成熟到能从地下斗争完全转变到公开武装斗争的舞台上来。而且这次起义的策划者、组织者，事实上并没有亲临第一线去参加起义，而起义后又迅速流亡国外。

至于说到尼古拉二世重用的两位大臣：一位就是参加俄日战争和谈的维特；另一位是坚持强硬改革，试图力挽狂澜的斯托雷平。尼古拉二世之所以能最后有"尊严"地让俄国人民接受俄日和谈的结果，使所有的骂名都落在了维特的头上，是因为忠于君主制和尼古拉二世本人的维特深知，朴茨茅斯和谈对俄国是绝对的屈辱,但他还是把屈辱转换成了对沙皇尊严的赞颂。所以,尼古拉二世封赏他为"萨哈林伯爵"不是没有道理的,这是对维特拯救他、使他免于被俄日战争失败的风暴所席卷的感谢。

而斯托雷平作为末代沙皇的末代改革者,更是一位具有传奇色彩的大臣。他手段强硬、锲而不舍。他对俄国农村、农民、农业的理解与决策是有别于俄国历史上其他改革者的。他"从庄稼汉到富农之路"的农业改革不仅对当时的俄国,而且对这个国家其后的历史进程都产生了深刻的影响。

"给俄国20年的安宁岁月吧,无论是国内的还是国外的,到时你们就认不出如今的俄国了!"斯托雷平的这句名言,既是他欲力挽俄国于狂澜的雄心,又是他无力拯救君主和君主制的发自肺腑的哀叹。罗曼诺夫王朝的历史上曾出现过一位又一位满怀雄心壮志的改革家,但谁也没有能发出这样的豪言壮语和悲壮哀叹。斯托雷平所虔诚膜拜的上帝并没有给他这一"安宁的20年",革命的狂风暴雨将他所期待的20年终结在了1917年。但他的这句话极为深刻地影响了俄国后来的当权者。

参考资料

一、史籍与原始资料

［1］Лихачёв Д Сред.:«Повесть временных лет》,Азбука-Аттикус,2023.

［2］Долгова Д В:Историческое значение указа Петра III «О даровании вольности и свободы всему российскому дворянству», Ответственный редактор, 2016.

［3］Манифест:«Овсемилостивейшемдаровании крепостным людям прав состояния свободных» РИА Новости, 2021 марта 3.

［4］«Манифест Александра II об отмене крепостного права», Полное собрание законов Российской империи. Собрание 2. Т. 1, 1830:550-571.

［5］В.В. Глушков, К.Е. Черевко сост:«Русско-японская война 1904-1905 гг. в документах», внешнеполитического ведомства России, 2006.

［6］А. Н. Долгих: Вреформе: Крестьянский вопрос в России в царствование Николая I: исследование и документы, https://histerl.ru/lectures/19_vek/ukaz-ob-obyazannyh-krestyanah.htm.

［7］Текст капитуляции Берлина 9 октября 1760 г, https://histrf.ru/lenta-vremeni/event/view/siemilietniaia-voina.

［8］Цензурное законодательство Николая I. 1826-1857 гг., «Полное собрание законов Российской империи». Собрание 2. Т. 1. Санкт-Петербург, 1830. С.550-571.

二、俄罗斯史学专著

［1］Новые учебники по отечественной и мировой истории для учащихся 5-10 классов/Под редакцией помощника президента РФ, председателя Российского военно-исторического общества Владимира Мединского В. Ю, Москва, Издательство «Просвещение» в сотрудничестве с РВИО, 2021.

［2］Единый учебник истории России с древних времен до 1917 года/Сергей Федорович Платонов, Питер, 2015.

［3］Краткий курс истории России: с древнейших времен до начала XXI века: учебное пособие по истории России/Под редакцией В. В. Керова, Москва, АСТ · Астрель · Хранитель, 2016.

［4］Отечественная история/Под общей редакцией Р. Г. Пихои, Москва, РАГС, 2005.

［5］История России от Рюрика до Путина: люди, события, даты/Евгений Викторович Анисимов, Питер, 2013.

［6］История России с древнейших времен до наших дней: том 1/А. Н. Сахаров, А. Н. Боханов［и др.］, Проспект, 2010.

［7］История России с древнейших времен до наших дней/А. Н. Боханов, Л. Е. Морозова, М. А. Рахматуллин（наследники）, А. Н. Сахаров, В. А. Шестаков, ООО «Издательство АСТ», 2016.

［8］Курс истории России с древнейших времен до начала XXI века: учебное пособие/Под редакцией В. В. Керова, АСТ · Астрель · Хранитель, 2018.

［9］История России: краткий справочник школьника, Слово, ОЛМА-ПРЕСС Образование, 2003.

三、俄罗斯学术论文

［1］Национальный Исследовательский Университет, Высшая Школа Экономики, факультет гуманитарных наук, Лекции по истории, http://hum.hse.ru.

［2］Кавказская война 1817-1864 гг. и Имам Шамиль, https://histerl.ru/kratkie_kurs_konspekti/kavkazskaia_voina_imam_shamil.htm.

［3］Самсонов Александр, Витте и дальневосточный капкан для России, https://topwar.ru/25166-vitte-i-dalnevostochnyy-kapkan-dlya-rossii.html.

［4］Крестьянское движение 1861 года., https://histerl.ru/periudi_istorii/rossia_v_seredine_19_veka/krestianskoe_dvegenie.htm.

［5］Владимир Николаевич Карпов, Кратко и понятно о восстании Емельяна Пугачева (1773-1775 гг.), 2020.

［6］Крестьянский вопрос при Николае I.//Шелгунов, Русск. Арх., 1887, кн. 6

［7］Васильчиков А. И. Землевладение: во Франции, в Англии, Германии и России, 1876

［8］Шибанов Н.С., Оренбургское казачество XVIII—XIX века, 2003.

四、俄罗斯学术期刊及网站

«Источник»

«Исторический архив»

«Вопросы истории»

«Отечественная история»

«Новая и новейшая история»

www.historbook.ru

五、中文俄国史专著及史籍译注

孙成木、刘祖熙、李建:《俄国通史简编》(上、下),人民出版社1986年版。

王钺:《往年纪事译注》,甘肃民族出版社1994年版。

王松亭译注:《古史纪年》,商务印书馆2010年版。

图书在版编目(CIP)数据

俄罗斯通史. 公元 9 世纪—1917 年 / 闻一著 . — 上海 : 上海社会科学院出版社, 2025
ISBN 978 - 7 - 5520 - 4143 - 9

Ⅰ．①俄… Ⅱ．①闻… Ⅲ．①俄罗斯—历史—公元 9 世纪-1917 Ⅳ．①K512.0

中国国家版本馆 CIP 数据核字(2023)第 108047 号

俄罗斯通史(公元 9 世纪—1917 年)

著 者：闻 一
责任编辑：王 勤
封面设计：陆红强
技术编辑：裘幼华
出版发行：上海社会科学院出版社
　　　　　上海顺昌路 622 号 邮编 200025
　　　　　电话总机 021 - 63315947 销售热线 021 - 53063735
　　　　　https:// cbs.sass.org.cn E-mail：sassp@ sassp.cn
照　　排：理工出版信息技术(南京)有限公司
印　　刷：上海颛辉印刷厂有限公司
开　　本：710 毫米×1010 毫米 1/16
印　　张：23.75
插　　页：1
字　　数：399 千
版　　次：2025 年 6 月第 1 版 2025 年 6 月第 1 次印刷

ISBN 978 - 7 - 5520 - 4143 - 9/K · 692　　　　　　　　定价：98.00 元

版权所有 翻印必究